权威·前沿·原创

皮书系列为
“十二五”“十三五”国家重点图书出版规划项目

中国社会科学院创新工程学术出版资助项目

世界能源蓝皮书
BLUE BOOK OF WORLD ENERGY

世界能源发展报告（2016）

ANNUAL DEVELOPMENT REPORT ON WORLD ENERGY (2016)

中国社会科学院研究生院国际能源安全研究中心
主　编／黄晓勇
副主编／邢广程　解树江

社会科学文献出版社
SOCIAL SCIENCES ACADEMIC PRESS (CHINA)

图书在版编目（CIP）数据

世界能源发展报告. 2016 / 黄晓勇主编. -- 北京：社会科学文献出版社，2016.6
（世界能源蓝皮书）
ISBN 978 -7 -5097 -9298 -8

Ⅰ. ①世… Ⅱ. ①黄… Ⅲ. ①能源工业 - 研究报告 - 世界 - 2016 Ⅳ. ①F416.2

中国版本图书馆 CIP 数据核字（2016）第 125086 号

世界能源蓝皮书

世界能源发展报告（2016）

主　　编 / 黄晓勇
副 主 编 / 邢广程　解树江

出 版 人 / 谢寿光
项目统筹 / 祝得彬　王晓卿
责任编辑 / 王晓卿　林兆功　刘晶晶　于　跃

出　　版 / 社会科学文献出版社 · 当代世界出版分社（010）59367004
地址：北京市北三环中路甲 29 号院华龙大厦　邮编：100029
网址：www.ssap.com.cn
发　　行 / 市场营销中心（010）59367081　59367018
印　　装 / 北京季蜂印刷有限公司

规　　格 / 开 本：787mm × 1092mm　1/16
印 张：20.5　字 数：371 千字
版　　次 / 2016 年 6 月第 1 版　2016 年 6 月第 1 次印刷
书　　号 / ISBN 978 -7 -5097 -9298 -8
定　　价 / 99.00 元

皮书序列号 / B -2013 -315

世界能源蓝皮书编委会

主编简介

黄晓勇 1956年出生，1982年毕业于中国人民大学世界经济专业。国务院政府特殊津贴专家，国家社科基金、国家出版基金评审专家。现任中国社会科学院研究生院院长，教授、博士生导师，兼任全国日本经济学会副会长、中国城市发展研究会副理事长、中国社会科学院研究生院国际能源安全研究中心主任等职。主要著作有《中国节能管理的市场机制与政策体系研究》、《石油的优势——俄罗斯的石油政治之路》、《民间组织研究报告》（《民间组织研究蓝皮书》）、《世界能源发展报告》（《世界能源蓝皮书》）、《中国的能源安全》、《中国的能源困境与出路》等。

邢广程 1961年10月生，黑龙江省绥棱县泥尔河乡人。中国社会科学院中国边疆研究所所长，中国社会科学院研究生院教授、博士生导师，中国社会科学院上海合作组织研究中心主任。主要著作有《苏联高层决策70年——从列宁到戈尔巴乔夫》、《中国和新独立的中亚国家关系》、《列宁对社会主义的探索》、《阿富汗战争的悲剧》、《强人弱势——米洛舍维奇的下台和入狱》、《2005年：应对挑战》、《2006年：俄罗斯东欧中亚国家发展报告》、《上海合作组织研究》、《俄罗斯东欧中亚国家发展报告（2008）》、《苏联高层决策研究》、《邢广程论文选》、《俄罗斯东欧中亚国家发展报告（2009）》、《上海合作组织发展报告》、《俄罗斯议会》（合著）、《普京和梅德韦杰夫：最高权力的组合》（合著）等。

解树江 经济学博士、博士后，《中国能源报》总编辑、中国能源经济研究院院长、俄罗斯能源金融研究院客座研究员、中央民族大学研究员、中国经济发展研究会副秘书长。主要研究领域为能源经济、城市经济、产业经济和资本市场。先后出版了《虚拟企业：理论分析、运行机制与发展战略》《中国的资本市场：基于竞争理论的分析》《中国能源集团500强分析报告》《中国能源装备年鉴》等著作，并在《人民日报》《光明日报》《经济学动态》《经济理论与经济管理》《社会科学辑刊》《当代经济研究》《中央党校学报》等发表论文50余篇。

摘　要

总报告分行业回顾了2015年世界能源行业的发展状况，并对影响市场走向的经济形势、政策、地缘政治等因素进行分析。在此基础上，预测了2016年能源行业走势。总报告还结合中国实际提出了中国相关领域的发展战略。

“市场篇”继续分行业对2015年全球石油、天然气、煤炭、可再生能源、电力等市场进行分析。“市场篇”以定量和定性相结合的方法，深入分析了各行业、各区域的供给、需求、价格等情况。

“热点篇”分析了“一带一路”建设与国际能源合作、清洁能源发展与应对全球气候变化、全球与国内核电市场等热点话题。

本书附录部分增加了案例研究，从油气、煤炭、光伏和电力行业中分别选取一个企业作为代表，着眼于2015年企业的经营状况、面临的机遇和挑战、转型升级的举措等多方面，窥探整个行业的变化。

本书还对2015年全球能源行业大事记进行了归纳。

关键词　全球能源趋势　价格　供给需求

前 言

刚刚过去的2015年，国际经济形势错综复杂，复苏进程缓慢。受全球需求增长乏力等因素影响，世界能源行业也呈现出跌宕起伏的发展局面。2014年下半年国际油价大幅下挫，2015年国际油价继续震荡下行。欧佩克与俄罗斯等就限产保价展开了多轮会谈，但在目前的国际形势下，显然近期不会有实质性结果。油价目前持续低迷，虽偶有小幅反弹但仍无望在短期内有大幅回升，这令各石油出口国的财政支出和国际支付能力普遍不足。同期，全球天然气价格亦大幅下跌，美国天然气价格几乎呈直线式下跌，其中现货价格跌至1998年以来的最低水平。油气价格的持续低迷影响了全球经济复苏的各个环节，包括以美国页岩气产业为代表的技术与金融等相关领域。

我相信，经济形势的不乐观与油气价格现状二者的叠加作用，虽然已经呈现出种种后果但尚未完全显现，全球油气市场供需格局继续自发或在各种国际政治、战略因素的交互作用下不断变化、修正。

回顾2015年的全球能源市场，似乎也可以看到一些亮点。虽然面临低油价的不断冲击，但清洁能源和可再生能源基本继续保持良好的发展势头。全球范围内核电发展逐步复苏，公众对核电的信心有所恢复，全球核电装机容量实现小幅增长。2015年全球风电装机容量同比增长了17.2%，增速较2014年的16.4%继续提高。其中，2015年中国风电装机增量独领风骚，占全球增量的51.8%。2015年世界可再生能源发电也稳步增长，其中德国的可再生能源发电量和消费量均创历史新高，2015年德国约1/3的电力消费来自风力、太阳能、水力和生物质能发电，较2014年的27.3%实现了较大增长。

全球新能源和可再生能源的快速发展和核能的复苏，逐渐对石油等化石能源形成了一定规模的替代效应。有观点认为，石油作为目前全球最主要的化石能源，其产量已经达到或者接近峰值，全球能源消费和生产结构已经临近重大变革。客观来看，这或许已是一种趋势，但短时期内经济、社会发展依然需要倚重油气能源。能源结构转型是一个不可逆的过程，人类对能源的利用必将随着生产力水平和科技水平的提升而向着清洁化、高密度转型，但转型需要一个由各种促成要素集合、发展的过程。虽然新能源发展增速较快，在能源总供给增量中已占据较大比重，但在总供给和总消费中的占比仍然有限。能源供给结构处于不断调整的进程之中，但是否、何时出现颠覆式的变革，不仅取决于资源禀赋、能源的相对价格和能源投资，更取决于能源技术的革命，同时在等待一个契机。

当前，以智能电网、储能设备等为核心的能源互联网技术与设备的研发，正成为世界各国在电力和能源领域角逐的重要领域之一。2015 年 9 月，中国国家主席习近平在纽约联合国总部出席联合国发展峰会时发表了题为《谋共同永续发展做合作共赢伙伴》的重要讲话，他表示，中国倡议探讨构建全球能源互联网，推动以清洁和绿色方式满足全球电力需求。

在全球能源市场动荡的大格局下，2015 年我国能源市场亦有喜有忧。其中在新能源利用方面取得了举世瞩目的成就，启动了电力和天然气等多个领域的体制改革。2015 年，中共中央国务院出台了《关于进一步深化电力体制改革的若干意见》，提出新一轮电力体制改革的重点在于建立“管住中间、放开两头”的体制构架，一方面对输配电网环节加强政府监管、实行政府定价，确保电网的安全、稳定；另一方面，在发电侧和售电侧引入竞争，放开用户选择权，价格由市场形成，逐步实现电力市场的公平开放。此轮改革意在打破电网企业对发电侧和售电侧的双重垄断，以实现进一步提升电力行业的效率和我国产业的竞争力的总体目标。当然，能否全面实现改革所希望的目标与实际效果，尚需拭目以待。

同时，我国能源行业暴露出一些隐忧。首先，受国际油气价格下跌影响，包括“三桶油”在内的主要油气企业利润大幅下降。其中，2015 年中石油净利润 355 亿元，同比大幅下降 67%。受国内煤炭行业产能严重过剩和价格持续低迷影响，全行业亏损面超过 80%。电力投资过热导致的电力过剩局面进一步凸显。我国发电装机容量连续三年大幅增长，而发电设备平均利用小时数逐年下降。2015 年，全国 6000 千瓦及以上电厂发电设备累计平均利用小时为 3969 小时，同比减少 349 小时。此外，当前弃风、弃光、弃水现象日益恶化。2015 年国家电网调度范围内累计弃光电量 46.5 亿千瓦时，弃光率达 12.6%。其中，甘肃弃光率高达 30.7%，新疆达 22.0%。

国际能源格局风云变幻，对于国内能源行业是挑战也是机遇。我国能源行业一要以供给侧结构性改革为重点，加快能源革命进程，积极稳妥化解煤炭、发电等行业的过剩产能，优化产业布局，着力提升电网调峰能力，化解弃风、弃光、弃水等现象；二要以创新为引领，增强能源革命的驱动力，加快第三代核电等成熟技术的产业化，增强传统装备核心竞争力，培育、壮大战略性新兴产业，重点推进电力体制改革和油气体制改革；三要以扩大有效需求为抓手，提供更加清洁、便捷、智能化的能源服务，大力推进用能方式变革，鼓励发展新型能源消费业态；四要大力推进能源领域国际合作，利用当前国际油气供给过剩、地缘政治格局调整以及我国推进“一带一路”建设的契机，大力推动我国与油气出口国的合作，进一步促进我国与俄罗斯、中亚等国家和地区的油气开发、贸易合作以及管道建设。

当然，以上四点都应该摒弃局部或小众利益，以国家能源安全战略的宏观目标作为重要的出发点，以加大对技术研发的长期投入、真正促进技术创新为保障，总之，我们要继续推动能源消费、能源供给、能源技术和能源体制四方面的“革命”。同时，要进一步推动全方位的国际合作，以实现适应经济全球化发展条件下的中国能源安全。

《世界能源发展报告（2016）》付梓之际，谨以此文求教于各位深谙能源问题精髓以及在能源管理和运作等领域游刃有余的同仁！

感谢我的团队中富有活力和才华的专家学者们，他们辛勤而卓有成效的工作使这部报告如期与读者见面了。我也很希望能更多地倾听各位读者的建议，继续努力将本报告打造成观察全球能源行业动态和趋势的精品之作。

中国社会科学院研究生院院长
国际能源安全研究中心主任

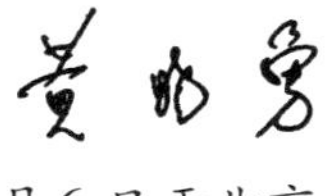

2016 年 4 月 6 日于北京

目　录

Ⅳ 附 录

总 报 告

General Report

B.1

世界能源发展现状、未来趋势及中国的能源发展战略

总报告撰写组*

摘　要：本文首先回顾了2015年世界能源发展的基本情况，对石油、天然气、煤炭、可再生能源、电力等能源领域的供给、需求、价格等情况进行了盘点，对影响世界能源形势的诸因素如政府政策、经济状况、地缘政治等展开了分析；其次，对2016年各种能源形式的发展趋势做出了预测；在此基础上，结合我国实际情况，指出了我国能源发展中存在的问题并提出了相应的发展战略。

关键词：世界能源　发展概况　影响因素　发展趋势　中国能源发展

---

* 总报告撰写组成员：黄晓勇，中国社会科学院研究生院院长、教授、博士生导师；王炜，中国社会科学院研究生院国际合作与交流处（原外事处）处长、副教授；任朝旺，中国社会科学院研究生院副教授、硕士生导师；郭海涛，中国石油大学（北京）工商管理学院院长、副教授；李志传，泛海研究院院长助理、高级经济师；李圣刚，特华博士后科研工作站在站博士后；刘先云，中国社会科学院研究生院博士；左腾达，中国社会科学院研究生院硕士。

2015年的世界能源形势可谓云谲波诡，石油价格的持续下跌最为扣人心弦，并由此引发了持续的关注和讨论。与此同时，其他能源形式在其各自的发展中呈现出一系列新的特征。

“良好的开端是成功的一半”，2016年是中国“十三五”规划的开局之年，在面临世界能源形势的诸多不确定性因素情况下，进一步加强对世界能源总体特征和发展趋势的研判，并在此基础上提出相应的能源发展战略和政策建议至关重要。这正是总报告的主旨所在。

一 2015年世界能源发展概况

（一）世界石油市场

1. 世界石油市场发展概况

在供过于求局面难有改观的大背景下，2015年世界石油行业步入景气周期低谷，价格陷入超低位且运行时段持续延长，大大超出市场预期，再加上经济景气下滑等因素的叠加，导致业界对世界石油市场下一步的走势预期显得模糊，油价什么时候见底没有定论，什么时候走出低谷难现乐观，能否重回2014年前的高油价时代难以估量。要回答这些问题，需要深入研究影响油价走向的主要因素及其影响程度。综合来看，基于石油行业供给弹性偏低的特性，技术进步引发的供给大幅增加、世界经济低迷导致的需求不旺、美元持续升值和地缘政治作用衰减是导致本轮油价大跌且将维持相当长一段时间的主要因素。

2015年世界经济复苏缓慢，全球石油产量却继续逆势增长，导致市场严重供过于求，价格低位运行。

首先，国际原油供应增幅大大超过需求增长。受低油价刺激和发达经济体经济复苏的双重影响，经济合作与发展组织（OECD）石油需求增速由负转正，非OECD国家仍是需求增长的主要来源，因此，世界石油需求量较2014年保持正增长，预计增幅在170万桶/日。但是，相对于需求的增长，供给增长更快。吸取20世纪80年代的惨痛教训，面对这次油价下降，欧佩克（OPEC）的市场策略由原来的“限产保价”转向了“增产保份额”，与新兴石油来源展开竞争，石油产量不降反升；非欧佩克虽然供应速度减缓，但产量仍保持正增长。总体来看，2015年，世界石油供应为9610万桶/日，同比增长260万桶/日，较2014年的220万桶/日有所提高，更是大大高于需求的增幅，供过于求的市场局面加剧，国际石油市场由“卖方市场”转向“买方市场”。

其次，石油库存创历史新高。2015年，OECD国家商业石油库存大幅提升，达到29.8亿桶，较2014年增加了2.8亿桶，比过去5年的平均水平高出10%，在需求淡季都面临着憋库的风险。从对抵御供给中断风险的需要来看，2015年OECD国家商业石油库存相当于上年净进口量的62倍，库存比2014年增加4天，远高于52倍的合理水平。在非OECD国家中，中国加快国家战略石油储备和商业石油储备的建设，2015年已经形成了1.8亿桶的石油储备能力，较2014年增加了4000万桶，商业石油储备增加了800万桶。在统计上，库存增加计入消费，因此，库存的大幅增加，进一步表明了需求的疲软和供过于求的市场态势，对价格构成压力。

再次，国际原油价格承续2014年的下行态势，持续走低，并跌破了金融危机时的最低点。2015年布伦特（Brent）原油期货全年均价为53.6美元/桶，较2014年下降了45.9美元/桶，降幅高达46.1%，全年油价最低36.1美元/桶。西得克萨斯中间基原油（West Texas Intermediate，WTI）期货价格走势与布伦特原油期货价格基本相同，但二者间的价差持续收窄，从2014年的6.5美元/桶下降为4.8美元/桶，这主要是因为美国经济复苏强劲导致需求增加、低油价导致原油产量有所降低以及原油出口禁令解除对WTI价格形成了支撑，相比之下，欧洲经济复苏缓慢、中国经济下行压力不减导致布伦特原油价格承受更大的下行压力，两股力量此升彼减促使世界石油市场两种主要基准价格靠拢（见图1）。

2. 影响国际油价的主要因素

（1）美国页岩油革命是导致油价走势改变的关键力量

2015年，全球原油供过于求的程度继续加深，达到了170万桶/日，是2000年以来最严重的供应过剩。回顾过去，除2009年外，2012年以前的较长时期内，国际石油市场每年都呈现供不应求的局面，维持了较长时期的油价持续上涨、高位运行。但是，在2012年，供给超过需求的规模达到了10万桶/日，导致油价在一段较短时间内的下跌。石油供不应求虽然在2013年重新出现，但其原因是中东、北非地缘政治导致的局部供给中断，并没有改变供给侧增速超过需求侧的趋势性变化。随后，中东产量的下降，提早结束了2012年的油价下跌。如果没有这些供应中断，2013年原油市场总体也将呈现供过于求的状态。因此，可以判断，2014年和2015年的供应增加是2012年情势的延续。

在新增供给中，发挥主导性作用的力量是美国石油业。美国新增原油产量从

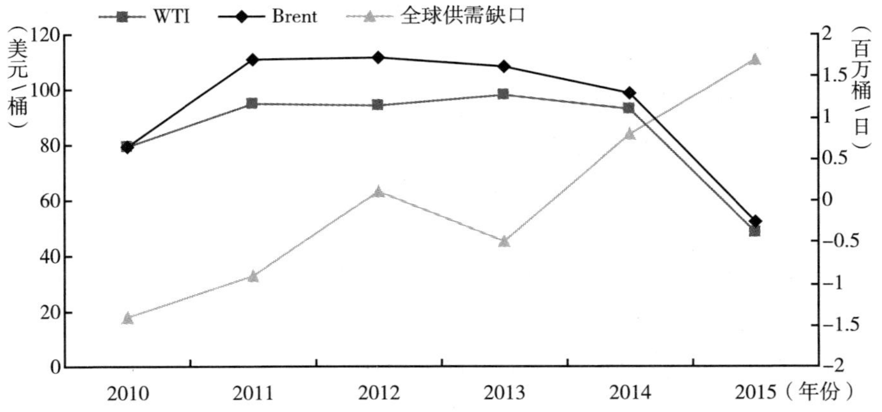

图 1　全球供需缺口的变动与油价波动

资料来源：美国能源信息署（EIA），http://www.eia.gov/dnav/pet/pet_pri_spt_s1_m.htm；孙贤胜、钱兴坤、姜学峰主编《2015 年国内外油气行业发展报告》，石油工业出版社，2016。

2010 年的 12 万桶/日增加到 2014 年的 125 万桶/日和 2015 年的 74 万桶/日。欧佩克 2014 年产量的下降没能抵消美国的大幅增产，而到了 2015 年，欧佩克市场策略由保价格转向坚守市场份额，石油产量不降反升，对油价形成了更大的下行压力，导致了油价的暴跌（见图 2）。

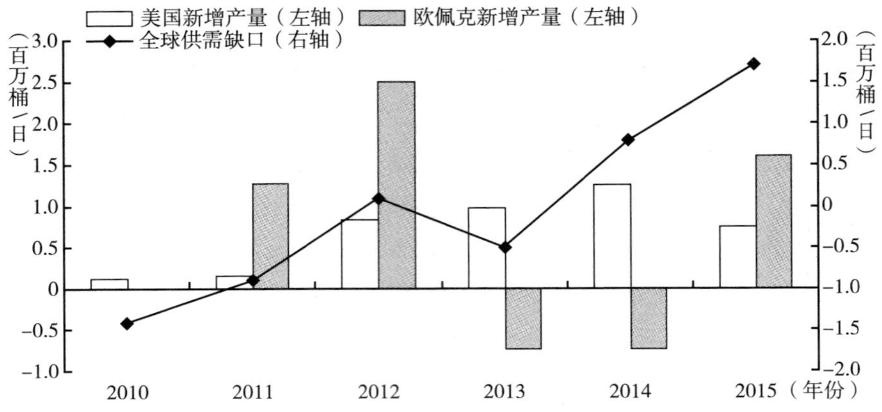

图 2　全球石油供需平衡情况

资料来源：孙贤胜、钱兴坤、姜学峰主编《2015 年国内外油气行业发展报告》，石油工业出版社，2016；美国能源信息署（EIA），http://www.eia.gov/dnav/pet/pet_crd_crpdn_adc_mbbl_m.htm；OPEC，*Annual Statistical Bulletin*（*2015*）。

（2）需求增速放缓消解了石油价格上涨的动力

金融危机以后，伴随着世界经济的调整和复苏，国际石油市场需求出现了恢复性增长，但增势比较疲弱。这是因为在危机后的第一阶段世界各国经济恢复表现出高度的不平衡性，新兴经济体受到的是间接冲击，在政策作用下率先复苏；但在接下来的第二阶段，受各经济体内部结构不平衡特性的影响，在美国等发达国家经济逐渐恢复后，新兴经济体所采取的应对危机的强刺激措施留下了很严重的后遗症，总体表现为经济增速不断下滑，对石油的需求增速也随之下降。因此，非 OECD 国家中的新兴经济体虽然仍是国际石油市场需求增长的主要来源，但增幅大幅下降。2010 年的需求新增量为 198 万桶/日，2011 年降为 176 万桶/日，2012 年以后基本保持在 120 万桶/日左右。库存的大幅上升为油价维持高位提供信心支持（见图 3）。

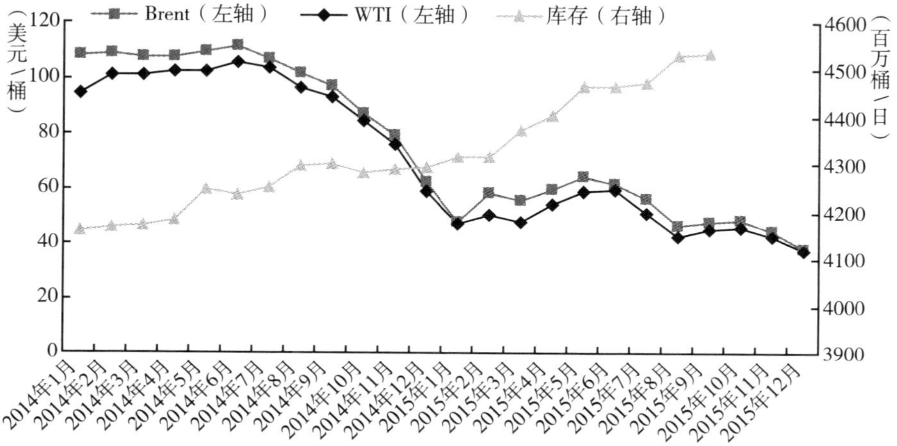

图 3　库存与原油价格走势

资料来源：美国能源信息署（EIA），http://www.eia.gov/dnav/pet/pet_pri_spt_s1_m.htm，http://www.eia.gov/cfapps/ipdbproject/IEDIndex3.cfm?tid=50&pid=5&aid=5。

（3）美元升值是本轮石油价格下跌的直接推手

如果说供过于求幅度的扩大是推动油价下跌的根本原因，那么美元升值则是直接引发油价下跌的导火索。作为 2008 年金融危机的发源地，美国在经济遭受沉重打击之后，又凭借其极富调整弹性的经济体制逐步恢复了活力。在各种力量的共同作用下，美国金融部门清理和消化不良资产的进程持续推进，其创新部门又开始为经济增长提供持续的动力。近几年，美国失业率持续下降，产出增速回归正常，美联储退出量化宽松货币政策的条件日益成熟。这种预期在市场运行中很快表现出来，在预期美联储即将退出宽松货币政策的情况下，美元迅速升值，美元兑主要货币实际指数从2014年7月的86.7上升到了12月的95.1，涨幅接近10%。截至2016年1月，该指数上升到107.9，较2014年升值幅度达到24.5%，而且随着美联储启动加息政策，升值预期愈加强烈。当下，美元仍是国际原油交易中的主要计价货币，因此，美元升值对原油价格形成了强大的向下压力。这种结果的直接体现就是，WTI的原油价格从2014年7月的103.6美元/桶迅速下跌到12月的59.3美元/桶，而到2015年12月又进一步下降到37.2美元/桶，二者走势呈现高度的相关性（见图4）。据测算，美元升值对国际油价降幅的贡献超过了1/3。

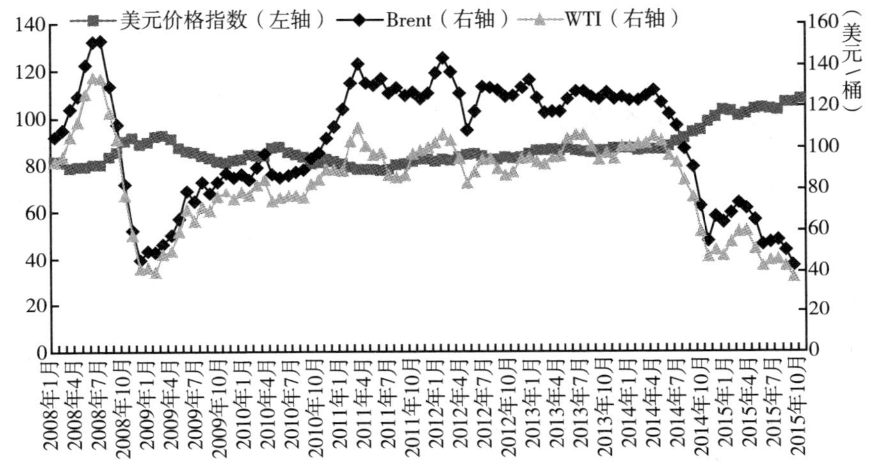

图4　美元价格指数与油价之间的关系

资料来源：美联储（FRB），http://www.federalreserve.gov/releases/h10/summary/indexnc_m.htm；美国能源信息署（EIA），http://www.eia.gov/dnav/pet/pet_pri_spt_s1_m.htm；美国能源信息署（EIA），http://www.eia.gov/cfapps/ipdbproject/IEDIndex3.cfm?tid=5&pid=57&aid=6。

（4）供给在短期内缺乏价格弹性的特点决定了国际油价在低位持续运行

目前，世界原油的主要来源是陆上、海上、页岩和油砂。这些资源种类品质差异很大，但从行业总体来看，供给在短期内对价格变化很不敏感，缺乏弹性。这是因为石油勘探开发在投资上具有高固定成本、低可变成本的特点，也就是说，在石油项目中，前期投入和启动生产的投资额度要求很高，而维持开采的费用则相对低很多，事实上，二者几乎不成比例。因此，石油生产成本曲线表现出随着产量增加在较长时间内稳定降低的特点。石油企业的最佳策略一般是尽可能地保持产量最大化，而且即使在出现销售困难的时候，只要销售价格高于边际生产成本，生产者仍会保持产出量不变，而不是减产或停产。对于这一点，2015年1月13日，加拿大最大的油砂生产公司——加拿大自然资源有限公司（Canadian Natural Resources）首席财务官科里·比伯（Corey Bieber）就曾向《华尔街日报》表示，“很多成本是固定投资，增加产量并不意味着需要增加相应比例的员工。只要有效地管理投入和产出，便可以降低生产成本”。这段话清晰地解释了为什么即使当前油价出现了20世纪80年代以来最大的跌幅，而产量不减反增。在石油供给来源中，只有占到全球产量40%的OPEC有能力组织大规模的减产，其他非OPEC国家或者诸多企业协调减产无论在理论上还是在现实中都不具有可行性，以增产最多的美国来看，美国国内有数千家石油生产企业，集中组织协调这些企业减产保价是一项不可能完成的任务。如果再要求更多国家加入减产行列更加不可能。这就意味着，如果OPEC国家为了保价而限产，在其先行采取减产行动后，如果价格上升了，非OPEC国家不仅可以不减产，而且可以通过继续增产获取好处，价格会继续承压，OPEC国家不仅换不来收入的增加，而且其市场份额还将受到侵蚀，尤其是通常作为最后市场调节者的沙特，清醒地意识到了这种可能的局面，因此，它吸取了20世纪80年代的教训，强烈拒绝减产。

（5）地缘政治对国际石油市场的冲击影响减弱

长期以来，地缘政治一直对石油市场具有较大影响。但是，随着国际石油市场运行机制的不断完善和对抗冲击能力的提升，地缘政治的影响近年来不断减弱。2013年发生的叙利亚动荡、埃及政变、一些产油国内乱，均没有对国际油价产生太大影响。2013年6月30日，埃及政局动荡导致WTI和布伦特价格分别上涨了1.58美元/桶和0.7美元/桶。2013年7月3日，埃及总统下台引发WTI和布伦特价格分别上涨了1.17美元/桶和1.34美元/桶。进一步分析，国际油价虽然在埃及出现重大政治变故后似乎都上涨了，上涨水平却非常有限，甚至小于正常的波动水平。叙利亚持续动荡的政治局势也没有对国际油价的波动产生显著的影响。2014年，尽管出现了乌克兰危机，但持续上升的供过于求的市场基本面完全抵消了其带来的政治冲击。2015年，在供需宽松的市场环境下，在实质性供应中断产生之前，尽管各种政治事件仍频频发生，如沙特空袭也门叛军、俄罗斯空袭ISIS、土耳其击落俄罗斯战机，都对国际油价形成了一定的扰动，但其同样不具有可持续性（见表1）。

表 1　2015 年发生的主要政治事件及其对油价的影响

事件	发生时间	影响持续时间	布伦特油价涨跌值	涨跌幅度
俄罗斯与乌克兰达成停火协议	2 月 12 日	1 天	+2.39 美元/桶	4.40%
沙特空袭也门叛军	3 月 26 日	1 天	+2.71 美元/桶	4.80%
伊核最终协议达成	7 月 14 日	协议达成之前油价长期承压，达成当天上涨	当天 +0.66 美元/桶	当天 1.1%
俄罗斯空袭叙利亚 ISIS	9 月 30 日开始	空袭当天油价未上涨，随后一周油价得到一定支撑	+4.82 美元/桶	10.00%
巴黎遭遇 ISIS 恐怖袭击	11 月 13 日	事件当天油价下跌，随后一天油价上涨	+0.95 美元/桶	2.20%
土耳其击落俄罗斯战机	11 月 24 日	1 天	+1.29 美元/桶	2.90%

资料来源：孙贤胜、钱兴坤、姜学峰主编《2015 年国内外油气行业发展报告》，石油工业出版社，2016。

总体来看，美国石油行业和美联储的行为在本轮油价下跌中发挥了重要作用，一是产量的持续大幅增加导致了国际原油市场供过于求，二是退出宽松货币政策带来的美元升值，间接导致了油价下跌。前者是诸多企业家精神和技术创新的结果，后者是宏观经济政策的负效应，是经济运行的结果。沙特是 OPEC 组织的核心，自 2005 年油价进入高位后，一直都在宣称，长期来看，过高的油价并不利于传统石油供给国。国际石油行业的技术创新和油价大幅下跌证明了这一担心不无道理。金融危机后，国际油价长期保持在 100 美元/桶的水平，石油生产国获得了大量溢价，但是，有效制度保障的创新必然会对如此巨大的获利机会产生反应，美国能源企业的行动再次证明这一结论的正确性。无论如何，美国石油企业创新行为对国际石油行业的洗礼，再次让人们看到了创新的力量。经过这次创新，国际石油市场的竞争活力得到了增强，运行更加健康和富有弹性，供给侧的市场势力受到了极大削弱，石油供给安全的保障程度大幅提升，石油净进口国将因此而长期获益。当然，可以判断，目前的石油价格对供过于求出现了过度反应，并不能长期维持，一定程度的反弹是可以期待的，但要恢复到以前的超高价格也变得日益遥远。

（二）世界天然气市场

2015 年，在世界经济增长乏力、能源消费增速继续放缓的大环境下，全球天然气储量、产量继续稳定增长，消费增速有所回升，供需进一步宽松，气价大幅下跌，总体依然过剩。总结起来，呈现以下特点。

1. 全球天然气储量、产量继续保持增长

世界天然气生产主要集中在欧洲及欧亚大陆（欧洲及原苏联地区）、北美地区，原苏联地区、中东地区生产的天然气除满足自身需要外，部分天然气出口到欧洲、远东等地区。

根据英国石油公司（BP）统计，截至 2014 年底，全球天然气探明储量 187.1 万亿立方米，当年产量 3.46 万亿立方米。根据中石油经济技术研究院的估计，2015 年，全球天然气储量和产量继续保持增长趋势，剩余储量达 189 万亿立方米，天然气产量约为 3.67 万亿立方米，增幅较大的地区是北美、中东和非洲。

全球 LNG 产能稳步提高，即将进入产能集中释放期。截至 2015 年底，全球 LNG 液化能力达到 3.25 亿吨/年，比 2014 年增加 5.2%。其中，2015 年计划投产的 5 个项目中，只有澳大利亚 APLNG 煤层气、Gladstone LNG 和 Queensland Curtis LNG 3 个项目投产，新增产能 1980 万吨/年。计划及在建项目 55 项，产能达 5.9 亿吨/年，将在未来几年达到投产条件。截至 2015 年底，全球 23 个国家和地区拥有 100 个 LNG 接收站，共 429 个储罐，储存能力超过 5020 万立方米，接收能力超过 7 亿吨/年。另外，12 个国家拥有 16 座浮式储存气化设施（FSRU）①。

2. 全球天然气消费增速有所回升，但区域增长不均衡

世界天然气消费市场主要分为北美、欧洲及欧亚大陆、亚太三大市场。根据 BP 统计，2014 年，全球天然气消费 3.39 万亿立方米，增速低于预期，供大于需初现。同时，北美天然气价格上涨，欧洲和亚洲天然气价格下跌，三大市场价差明显缩小。2015 年，在美欧经济复苏的推动下，全球天然气消费经过两年低速增长之后重新开始回升，预计全年消费量将达到 3.5 万亿立方米，同比增长约 3.2%，增速高于 2013 年和 2014 年。全球主要天然气消费地区消费量均保持增长，但增幅不均（见表 2）。

除天然气自身所具有的特性外，全球和区域经济基本面是影响天然气消费和价格最主要的因素。2015 年，世界经济复苏步履艰难，全球经济增速约 3.0%，其中发达经济体增长约 2.0%，新兴经济体和发展中国家经济增长 4.0%。亚太

① 孙贤胜、钱兴坤、姜学峰主编《2015 年国内外油气行业发展报告》，石油工业出版社，2016。

表 2　2010～2015 年世界天然气消费量变化

单位：亿立方米

区域	2010 年	2011 年	2012 年	2013 年	2014 年	2015 年
北美	8496	8706	9034	9285	9494	9910
中南美	1486	1521	1617	1684	1701	1700
欧洲	5458	5012	4950	4894	4411	4740
原苏联地区	5755	5966	5859	5714	5685	5600
中东	3954	4187	4305	4377	4652	4920
非洲	1072	1139	1218	1201	1201	1200
亚太	5716	6122	6475	6653	6786	6930
合计	31937	32653	33458	33808	33930	35000

资料来源：中石油经济技术研究院，2015 年数据为估计数。

地区受经济增长放缓，尤其是中国经济增速下滑至 7% 以下的影响，天然气消费增速进一步下降，估计增速将回落到 1% ～1.5%。欧洲经济渡过了自欧债危机以来最困难的时期，法德等核心国家复苏迹象明显，同时得益于天然气价格下跌，欧洲天然气消费没有延续自 2011 年以来连续下降的趋势，出现了大幅增长，增速接近 6%。2015 年，美国实体经济表现更为稳健，经济继续呈现复苏态势，增速约为 2.1%。在美国经济增长尤其是实体经济复苏的拉动下，北美地区天然气消费增长了 4% 左右。与此同时，中东天然气消费出现了较快的增长。从国家看，美国天然气消费量遥遥领先，俄罗斯、中国、伊朗、沙特、日本分居第二至第六位。

3. 全球天然气贸易量上升，LNG 进口增速不均

根据 BP 及中石油经济技术研究院的统计，2015 年，全球天然气贸易总量重返万亿立方米，同比上升 1.1%，扭转了上年负增长态势（见表3）。其中，全球管道气贸易量 6594 亿立方米，同比下降 0.7%，占全球天然气贸易总量的比重为 65.4%，略低于上年水平。全球 LNG 贸易量 2.51 亿吨（折合 3489 亿立方米），同比增长 4.7%，超过 2014 年 2.5% 的增速。分区域看，受需求疲软和低油价的影响，亚洲主要国家中国、日本和韩国的 LNG 进口量均出现不同程度的减少。与此同时，欧洲和拉丁美洲 LNG 进口量继续保持增长。值得注意的是，英国、比利时、意大利、葡萄牙、巴西、埃及、巴基斯坦等国家 LNG 进口量增长迅速，并出现了埃及、巴基斯坦等新兴的 LNG 进口国，对全球 LNG 市场产生了较大的影响，LNG 资源流向和区域贸易格局正在发生变化。

表 3　2010～2015 年世界天然气贸易情况

单位：亿立方米，%

项目	2010 年		2011 年		2012 年		2013 年		2014 年		2015 年	
	贸易量	比例	贸易量	比例	贸易量	比例	贸易量	比例	贸易量	比例	贸易量	比例
LNG	3006	30.5	3298	32.0	3242	31.8	3253	31.4	3333	33.4	3489	34.6
管道气	6855	69.5	7000	68.0	6966	68.2	7106	68.6	6639	66.6	6594	65.4
合计	9861	100	10298	100	10208	100	10359	100	9972	100	10083	100
增速	12.5	4.4	-0.9	1.5	-3.7	1.1	—	—	—	—	—	—

资料来源：BP《世界能源统计年鉴（2015）》、中石油经济技术研究院。

4. 天然气价格大幅下跌，区域价差缩小

受供应增加、需求增速放缓以及油价下跌等因素的综合影响，2015 年，北美、欧洲、亚洲三大天然气市场价格均出现了不同程度的下跌，价差缩小。

如图 5 所示，2015 年，受供需宽松影响，美国 Henry Hub 年均价格为 2.62 美元/百万英热单位，跌幅接近 40%；以英国 NBP 价格为代表的欧洲天然气年均价为 6.62 美元/百万英热单位，下跌 14%；以日本 LNG 进口平均价格为代表的亚洲天然气平均价格为 10.64 美元/百万英热单位，同比下降 34.4%。同时，受全球市场供应宽松影响，全球 LNG 现货价格出现了大幅下跌，日本、法国、印度 LNG 现货价格跌幅均接近或超过了 30%。LNG 市场供大于求和现货价格下滑，使锁定价格的长期贸易合同价格失去了竞争优势，为规避风险，中短期和现货贸易比例大幅增加。

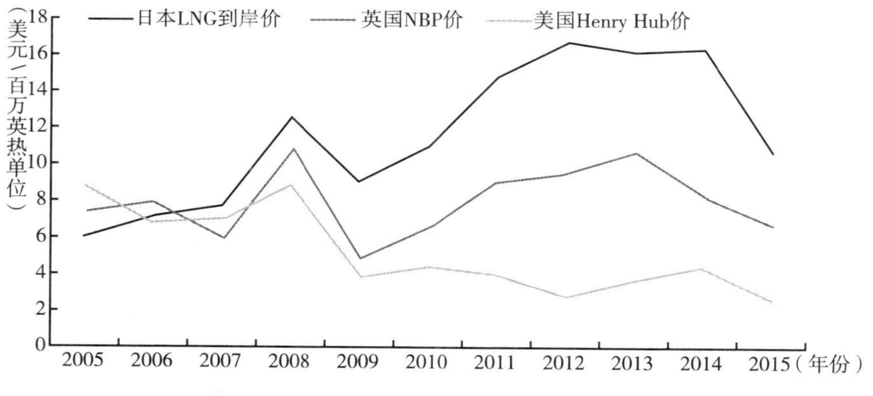

图 5　2005～2015 年三大地区天然气价格走势

资料来源：孙贤胜、钱兴坤、姜学峰主编《2015 年国内外油气行业发展报告》，石油工业出版社，2016。

5. 电力用气持续增长，但是燃气发电缺乏竞争力

居民以及商业、工业和电力部门是主要用气主体，电力部门天然气消费占比保持最大。根据 2015 年国际能源署（IEA）中期能源展望，2015 年 OECD 国家居民、商业用气比重为 30%，工业用气比重为 22%，电力用气比重为 36%；非 OECD 国家居民、商业用气比重为 13%，工业用气比重为 26%，电力用气比重为 45%。预计到 2020 年，在环保和节能减排的压力下，电力用气比重将继续上升。但是，相对于煤炭而言，天然气发电尚不具备成本优势，在中国等煤炭资源丰富的国家，气电仍缺乏竞争力。作为一种清洁的化石能源，天然气在减排和环保方面优势明显，在替代煤炭方面仍需要国际社会的共同努力和各国政策的强力扶持。

6. 亚洲各国建设天然气交易中心，提高国际市场影响力

2015 年，虽然亚洲主要 LNG 进口国天然气进口量有所减少，但亚洲仍然是全球主要的 LNG 进口市场。多年来，在种种原因影响下，亚洲一直未能形成地区 LNG 交易中心和影响全球的统一的 LNG 现货基准价。2015 年，为了推动全球天然气贸易发展，提高在国际天然气市场的影响力，亚洲地区天然气交易平台建设加速。中国上海石油天然气交易中心于 2015 年 7 月 1 日宣告投入试运行，交易量稳步增长；日本场外交易公司（JOE）于 2014 年推出 LNG 无本金交割远期外汇交易（NDF），并于 2015 年 7 月完成首批交易；新加坡研究推出新加坡鸡尾酒交易指数（Sling）。但是，相对于北美和欧洲分别拥有的 Henry Hub 和 NBP 天然气基准价格体系和交易平台，亚洲统一天然气市场的建设仍然任重道远。

（三）世界煤炭市场

1. 世界煤炭市场发展概况

受中国市场的影响，近年来全球煤炭市场进入下行区间。发达经济体中煤炭产业早已成为夕阳产业，而印度、东盟等发展中经济体虽然需求旺盛，但因经济体量较小，近年来经济增速放缓，因此在全球经济不景气的大环境下，煤炭市场难以重现十几年来的高速增长局面。

在当前的能源体系中，煤炭仍占有十分重要的地位，其占一次能源的份额为 1/3 左右，仅次于石油，其主要用于发电。据 IEA 统计，2000 ~ 2012 年，全球一次能源供给增加量为 3292 百万吨油当量（Mtoe），煤炭就占了 1520 百万吨油当量，比例约为 46%。而在 2010 ~ 2014 年，煤炭发电量为 200 兆瓦/天，约占总发电量的 40%。但同时，煤炭是主要的二氧化碳排放来源和空气污染物来源。

首先，从可探明储量看，据 BP 统计，2014 年全球煤炭已探明储量约为 8915 亿吨，图 6、图 7 分别显示了 1994 年、2004 年、2014 年世界煤炭已探明储量地区分布和 2014 年世界各地区煤炭储藏与生产的比例。从图中可以看出，尽管亚太地区具有较高的煤炭已探明储量，约占世界总储量的 1/3，但由于生产需求量过大，其储藏与生产的比例较低，难以满足自身发展所需的供应量；而北美和欧洲等发达地区由于储量丰富，加之能源结构导致需求量低，因而具有较高的储藏与生产比例。

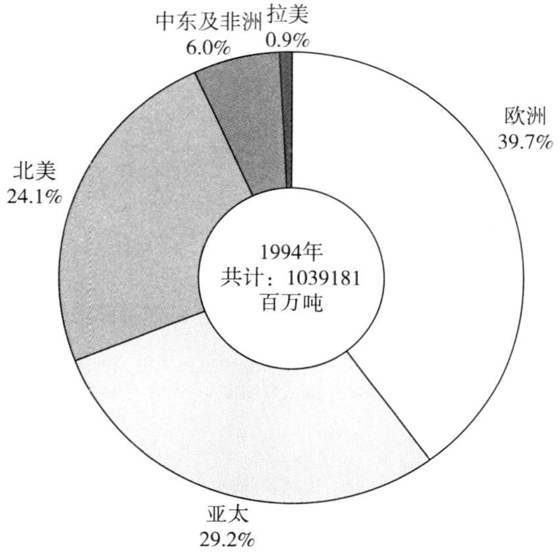

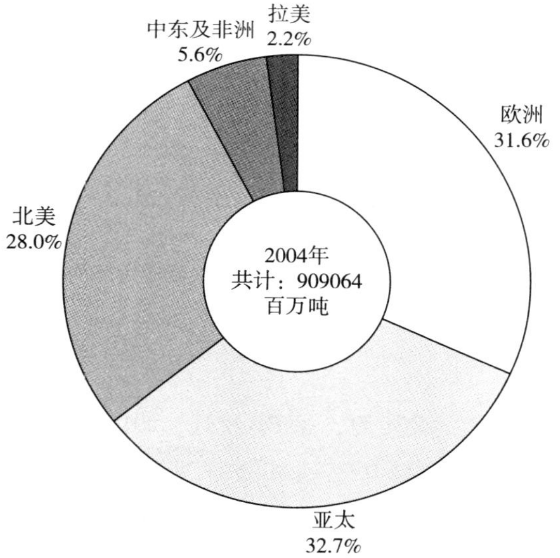

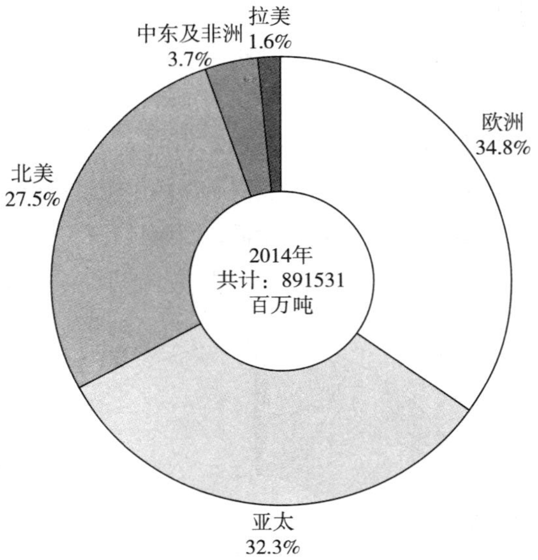

图 6　1994 年、2004 年、2014 年煤炭已探明储量地区分布

资料来源：英国石油公司（BP），http：//www. bp. com/en/global/corporate/energy - economics/statistical - review - of - world - energy/coal - review - by - energy - type. html。

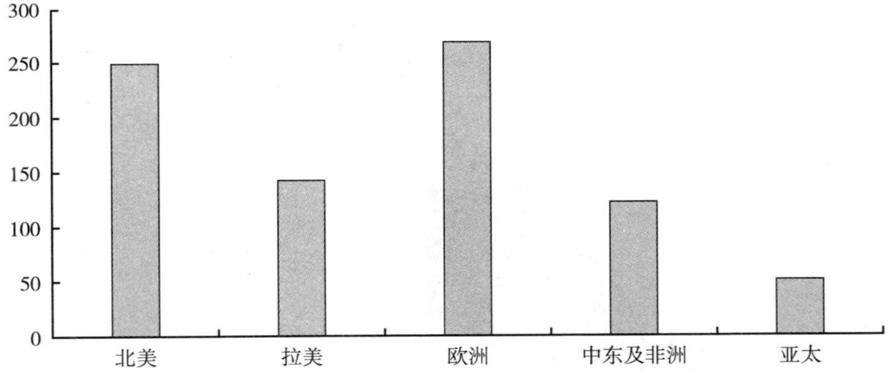

图 7　2014 年世界各地区煤炭储藏与生产的比例

资料来源：英国石油公司（BP），http：//www. bp. com/en/global/corporate/energy - economics/statistical - review - of - world - energy/coal - review - by - energy - type. html。

其次，从需求和供给的角度看，据 BP 统计，2014 年全球煤炭产量为 3933. 5 百万吨油当量，比 2013 年下降 0. 7%；煤炭消费量为 3881. 8 百万吨油当量，同比增长 0. 4%（而据 IEA 统计显示消费量增长 -0. 9%），这与近十年来 4. 2% 的年均消费增长率形成了巨大的反差。印度以 6.4% 的增速成为增产最快的国家，并取代美国成为第二大煤炭消费国（以煤炭重量计算）；而中国的煤炭需求在 21 世纪以来首次出现了下降，以 –2.6% 的增速成为增速最低的国家，其主要原因在于中国经济的再平衡以及能源多样化政策的影响，但中国仍然是世界最大的煤炭生产、消费以及进口国，2014 年煤炭消费量约为世界消费量的一半。同时，印度以 11.1% 的增速成为煤炭消费增速最快的国家，乌克兰则以 –20.2% 的增速成为煤炭消费增速最低的国家。另外，OECD 成员国及非成员国煤炭需求都出现了下降。图 8、图 9 显示了 1989 ~ 2014 年煤炭生产、消费地区分布和 2014 年人均煤炭

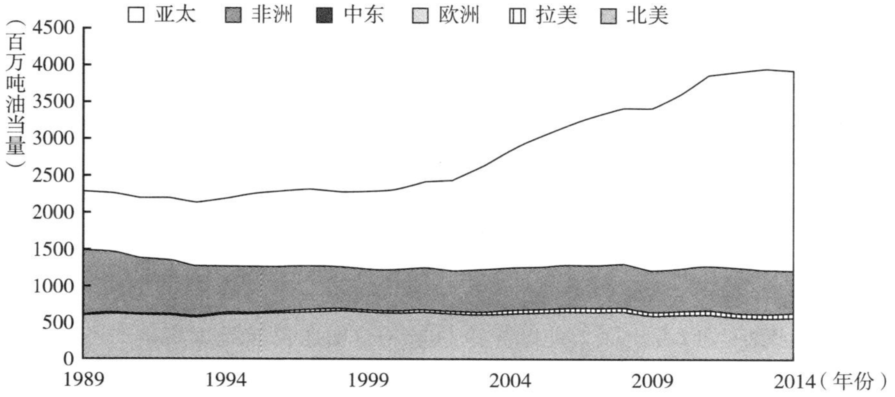

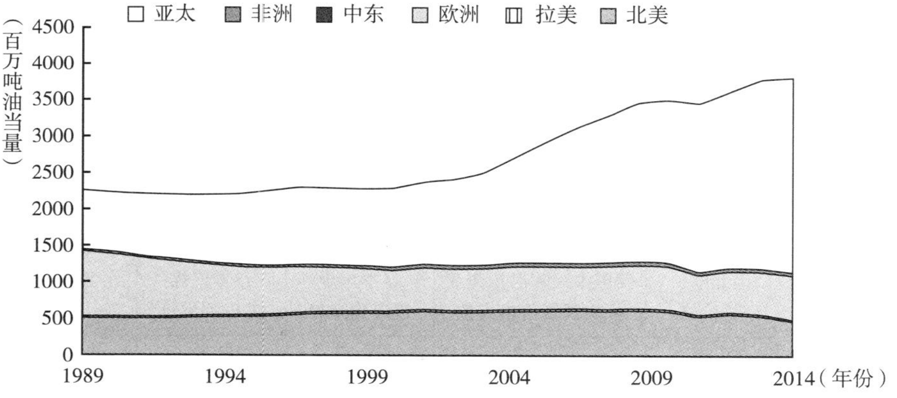

图 8　1989 ~ 2014 年煤炭生产、消费地区分布

资料来源：英国石油公司（BP），http：//www.bp.com/en/global/corporate/energy – economics/statistical – review – of – world – energy/coal – review – by – energy – type.html。

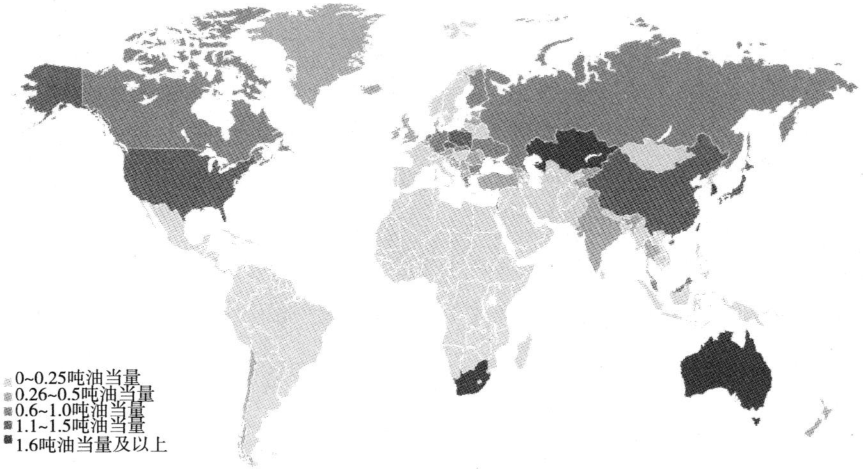

图 9　2014 年世界各地区人均煤炭消费量

资料来源：英国石油公司（BP），http：//www.bp.com/en/global/corporate/energy－economics/statistical－review－of－world－energy/coal－review－by－energy－type.html。

消费量。从图中可以看出亚太地区无论总量还是增速仍然是煤炭生产和消费最高的地区，欧洲和北美地区由于能源结构的原因在煤炭的生产和消费上都保持了较为稳定的水平，而拉丁美洲、中东以及非洲则由于经济发展水平及其资源禀赋的原因，煤炭的生产和消费都处在较低的水平。

最后，从煤炭价格的角度看，近年来，受需求大幅下降以及供给显著增加的影响，煤炭价格持续下跌。表 4 为 1994～2014 年各煤炭市场价格走势。

表 4　1994～2014 年煤炭价格走势

单位：美元/吨

年份	西北欧市场价格	美国中央阿巴拉契亚煤炭现货价格指数	日本焦煤进口到岸价	日本汽煤进口到岸价	亚洲市场价格
1994	37.18	31.72	51.77	43.66	—
1995	44.50	27.01	54.47	47.58	—
1996	41.25	29.86	56.68	49.54	—
1997	38.92	29.76	55.51	45.53	—
1998	32.00	31.00	50.76	40.51	29.48
1999	28.79	31.29	42.83	35.74	27.82

续表

年份	西北欧市场价格	美国中央阿巴拉契亚煤炭现货价格指数	日本焦煤进口到岸价	日本汽煤进口到岸价	亚洲市场价格
2000	35.99	29.90	39.69	34.58	31.76
2001	39.03	50.15	41.33	37.96	36.89
2002	31.65	33.20	42.01	36.90	30.41
2003	43.60	38.52	41.57	34.74	36.53
2004	72.08	64.90	60.96	51.34	72.42
2005	60.54	70.12	89.33	62.91	61.84
2006	64.11	62.96	93.46	63.04	56.47
2007	88.79	51.16	88.24	69.86	84.57
2008	147.67	118.79	179.03	122.81	148.06
2009	70.66	68.08	167.82	110.11	78.81
2010	92.50	71.63	158.95	105.19	105.43
2011	121.52	87.38	229.12	136.21	125.74
2012	92.50	72.06	191.46	133.61	105.50
2013	81.69	71.39	140.45	111.16	90.90
2014	75.38	69.00	114.41	97.65	77.89

资料来源：英国石油公司（BP），http：//www.bp.com/en/global/corporate/energy－economics/statistical－review－of－world－energy/coal－review－by－energy－type.html。

从表4可以看出，从2011年煤炭价格就开始持续下降，其中2014年美国中央阿巴拉契亚煤炭现货价格指数就已经跌破70美元/吨。亚洲市场虽然因需求旺盛等因素仍然保持了较高的价格水平，但其走势也出现了明显的下行，其中日本煤炭进口到岸价已经跌至100美元/吨左右。而进入2015年之后，煤炭价格继续下跌，欧洲和亚洲的电煤价格已经跌破60美元/吨，澳大利亚的原煤价格则低于100美元/吨。在这一价格水平下，多数生产商都出现了亏损。

2. 影响煤炭市场的主要因素

在金融危机后，煤炭价格已跌至最低点，虽然对于大宗商品来说存在明显的周期现象，但造成煤炭价格下滑的原因并非如此。之前中国的高需求造成了生产商生产能力的大幅扩张、美国页岩气的大量供给、主要煤炭出口国货币贬值、低油价、中国需求的减弱、光伏和风力发电成本的下降以及各国环境政策都对煤炭市场的发展趋势产生了不可逆转的影响。

（1）从外部条件来看，近年来影响煤炭市场的主要因素来自油价和环境两个方面第一，油价持续下行带来的压力。在能源市场中，煤炭主要被用作发电，而石油主要被用作交通运输以及化工原料，因此两者之间并不存在竞争关系，在发电领域与煤炭形成价格竞争关系的主要能源是天然气。但是，由于油气价格联动机制的存在，近年来低油价所带来的天然气价格的持续下行对煤炭市场形成了巨大的挑战，进而挤占了煤炭在能源市场的份额，这一情况在英国最为明显。另外，由于在开采和运输煤矿中需要使用较多的石油制品，因此低油价也降低了煤炭的生产流通成本。

第二，煤炭消费带来的环境压力。由于煤炭消费是当前二氧化碳排放和空气污染物的最主要来源之一，其带来的环境压力也越来越受到人们的重视。2015年巴黎气候变化大会明确提出要减少二氧化碳排放量，而限制煤炭的消费则成为实现这一目标的最主要手段之一。同时，作为PM2.5、二氧化硫、氮氧化物等空气污染物的主要来源，其导致的雾霾和酸雨已经扩散到越来越多的国家。因此，以煤炭为主要能源的火力发电厂的建设和运营也受到了越来越多的限制。

（2）从煤炭市场自身发展状况看，各国纷纷调整了自身的能源政策，提高了对可再生能源的支持力度，同时采取了碳关税等政策限制了对煤炭等化石能源的消费，从而对煤炭市场的需求和供给都产生了重大的影响

首先，在需求层面上，作为最大的煤炭消费市场，中国在其经济再平衡的过程中对煤炭的需求开始并将持续下降。在经济增速逐年下滑的背景下，中国开始实施结构改革，其中就包括逐渐降低能源密集型尤其是依赖重度煤炭资源的产业，如钢铁工业的产能，这就导致了对煤炭需求的大幅下降。同时，由于中国发电主要依赖煤炭，而经济增速的放缓也导致了用电量的降低，从而间接影响了煤炭需求。再加上前文提到的油气价格走低以及环境压力的增大，促使中国更多地使用天然气替代煤炭。另外，中国加大了对可再生能源的投资，从而改变了煤炭在整个能源结构中的比例。

其次，在发达经济体方面，煤炭市场早已衰退为夕阳产业。在美国，在现有煤炭产业中的设施被淘汰之前将不会有新的投资进入。据IEA预测，到2020年美国发电量中煤炭所占的比例将会低于35%，从而创下40多年来的最低值。丰富的页岩气资源、可再生能源以及严格的环境法案对煤炭的需求产生了巨大的压力。在欧洲，目前的煤炭产业在碳交易体系下仍具有一定的竞争力，但是随着整体能源需求的下滑以及可再生能源的迅速增长，煤炭需求的萎缩仍不可避免。据IEA预测，到2020年欧盟煤电年均发电量将降低1.5%，但是由于核电带来的不可预测性，对煤电的需求可能仍有所上升。另外，由于天然气价格的下降，气电

也对煤电形成了较大的竞争。

最后，在发展中国家方面，印度和东盟已成为煤炭需求增长的最主要动力。目前印度已经是主要经济体中唯一仍对煤炭具有强烈需求的国家。由于印度目前发电量不足，无法满足全部居民生活用电和工业用电，这就严重影响了其经济社会发展。为了改变这一现状，印度政府计划大力发展电力产业，煤炭作为成本最低的一次能源受到了其青睐，这样，煤炭产业在印度仍有巨大的发展空间。主要东盟成员如印度尼西亚、越南以及菲律宾也面临着类似的情况。虽然印度已成为世界第二大煤炭消费国和第一大热煤进口国，但由于能源密集型产业在其国民经济体系中所占份额过小，因此难以像中国之前那样提升整个煤炭市场的需求水平，也难以填补中国煤炭需求下降后的巨大缺口。

在供给层面上，印度尼西亚在煤炭价格持续下行、中国进口逐渐降低以及国内需求不断提高的影响下，将世界最大煤炭出口国的位置交还给了澳大利亚。由于印度成为最主要的热煤进口国，国际煤炭贸易格局越来越取决于印度煤炭公司的表现，其逐渐提高的产出能力也引起了人们的关注。这样，煤炭质量、区位以及价格就成了煤炭供给市场的重要影响因素。澳大利亚就依靠其高品质的热煤占据了较大份额的出口市场。另外，哥伦比亚也依靠其低成本优势逐渐扩大了煤炭出口。

（四）世界可再生能源市场

1. 世界可再生能源市场发展概况

与传统的化石能源如天然气、煤炭、石油具有高度地理集中度的特点不同，技术的发展进步使可再生能源在全球范围内得到了普遍的推广与应用。可再生能源主要包括风能、太阳能、生物质能、地热能、潮汐能、水能等，而每个国家都拥有至少一种丰富的可再生能源。

可再生能源作为一个打造能源安全、有效、低碳以及可持续供应体系的重要部分，还可以解决经济社会环境发展的许多问题。因此，自 2000 年以来，各国政策都在大力扶持可再生能源的发展，这使可再生能源在世界能源体系中的作用越来越重要。IEA 数据显示，2013 年电力行业中 22% 的能源来自可再生能源，而 2020 年这一比例可以达到 26%，届时可再生能源的发电总量也将超过当前中国、印度和巴西三个国家的电力需求量。

据 BP 统计，2014 年可再生能源产量增长了 15.1%。陆上风电成为世界增长最快的可再生能源，贡献了可再生能源及发电量 1/3 的增长率。光伏成为世界第二大可再生能源和发电量的新增来源，贡献了又一个 1/3 的增长率。水电占可再生能源新增量和新增电量的比例分别为 1/5 和 1/4。同时，其他可再生能源虽然增速较慢，但从增量上看仍然较大。例如，在生物质能方面，煤转生物能的技术已经在欧洲和一些亚洲国家得到了广泛应用。据 IEA 预测，受益于成本降低和大型项目的上马，2020 年欧洲陆上风电规模将达到目前的三倍左右。值得一提的是，中国可再生能源产量占世界可再生能源产量的比例已经从十年前的 1.2% 增长到目前的 16.7%，尤其是水电已经占其发电总量的 19%。

从表 5 中可以看出，2014 年可再生能源发电量增加了 12.0%，虽然是自 2006 年以来的最低速度，但其在世界总发电量中的比例仍有所提高，达到了 6%。亚太地区在中国的带领下成为可再生能源发电量增加最多的地区，而非洲则是增长最快的地区。欧洲则延续了其领先地位，其可再生能源发电量（不包括水电）在总发电量中的比例已高达 17%。图 10 为 1994 ~2014 年世界可再生能源消费走势情况，从图中可以看出，欧洲和北美等发达地区的可再生能源无论是消费量还是用于发电的比例都明显高于世界其他地区；亚太地区近年来在可再生能源发展方面最为迅速，是消费量和用于发电比例增速最快的地区；拉美地区由于经济发展速度等原因，虽然可再生能源消费量较低，但用于发电的比例较高，体现了可再生能源在其能源体系中的重要性；中东和非洲地区则分别由于资源禀赋和经济发展水平的原因，消费量和用于发电的比例都比较低。

表 5　2014 年世界主要可再生能源生产和消费情况表

类别	能源类别	数量	年增长率(%)
产量	生物燃料发电(百万吨油当量)	70.792	7.4
	地热能发电(百万瓦特)	12594	5.7
	光伏发电(百万瓦特)	180396	28.7
	风能发电(百万瓦特)	372961	16.2
消费量	可再生能源发电(百万吨油当量)	316.9	12.0
	风力发电(太瓦时)	706.2	10.2
	光伏发电(太瓦时)	185.9	38.2
	地热、生物质能及其他可再生能源发电(太瓦时)	508.5	7.0

资料来源：英国石油公司（BP），http：//www.bp.com/en/global/corporate/energy－economics/statistical－review－of－world－energy/renewable－energy.html。

在生物燃料方面，据 BP 统计，2014 年世界生物燃料产量增加了 7.4%。其中乙醇产量增加了 6.0%，从而实现了连续两年的正增长，北美、拉美和亚太地

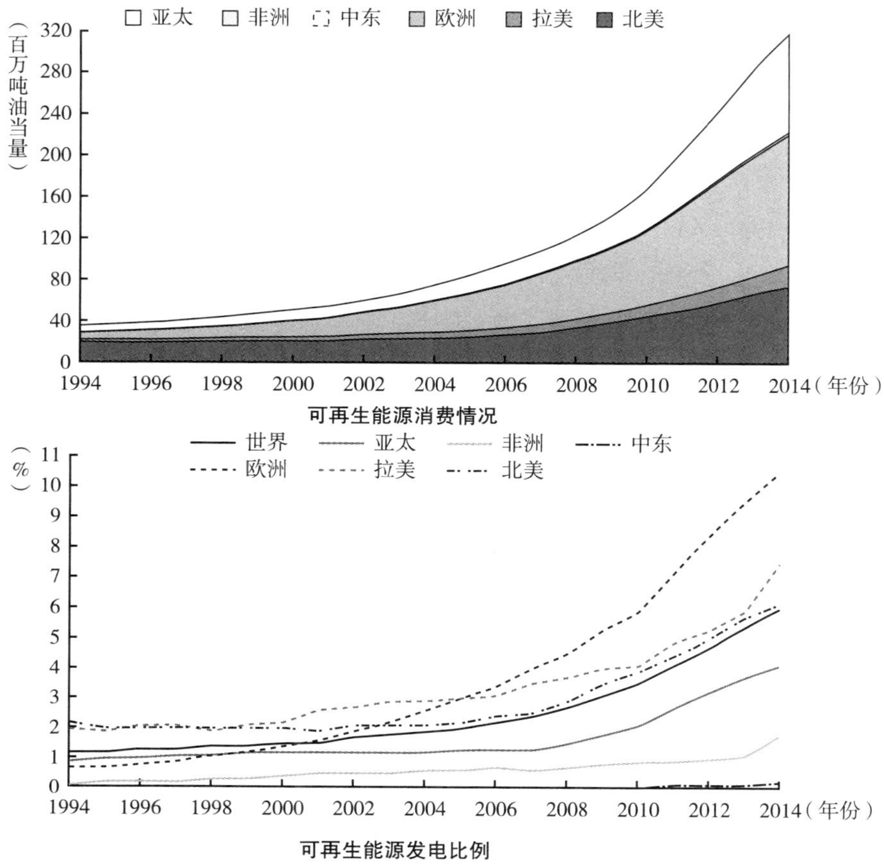

图 10　世界可再生能源消费走势

资料来源：英国石油公司（BP），http：//www. bp. com/en/global/corporate/energy - economics/statistical - review - of - world - energy/renewable - energy. html。

区是主要的增长动力来源。虽然北美生物燃料产量出现了下滑，但其生物柴油产量在2014 年的世界总产量仍然增加了10. 3%。图11 反映了2004 ~2014 年世界生物燃料产量走势，从图中可以明显看出，北美、拉美和欧洲作为世界生物燃料发展最快的地区，其生物燃料产量几乎占据了全球总产量的90%，其中乙醇和生物柴油这两种生物燃料在这三个地区的发展各不相同，北美和拉美地区以发展乙醇为主，而欧洲则主要生产生物柴油。

作为近年来最受关注的两种可再生能源，光伏发电和风力发电也有了很大的发展，据 BP 统计，2014 年世界光伏发电量和风力发电量分别增长了 28. 7% 和

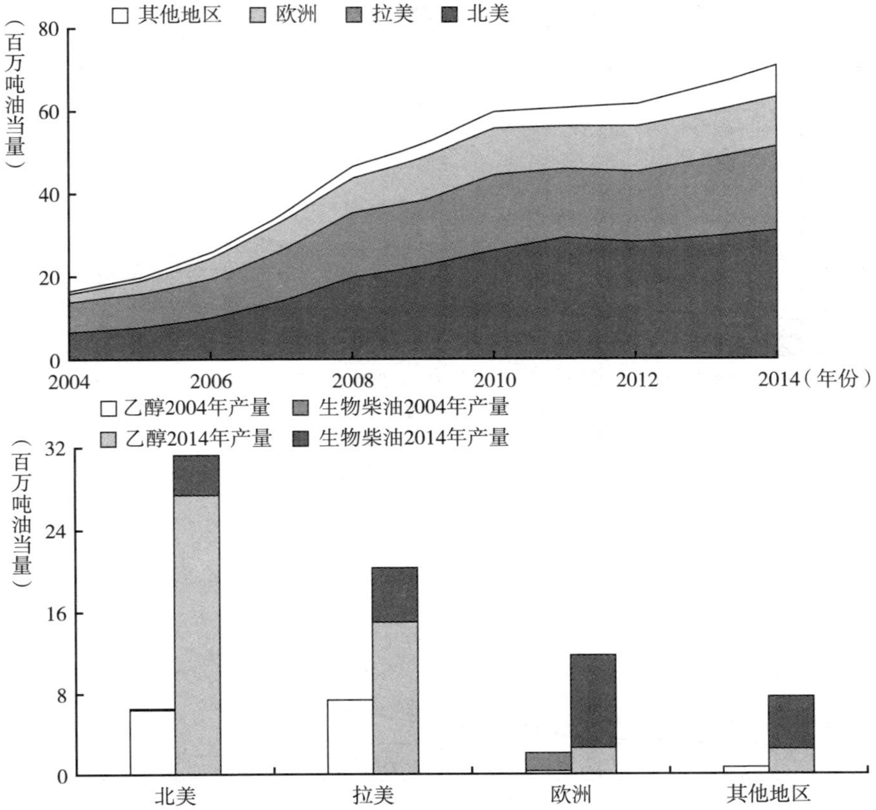

图 11　世界生物燃料产量走势

资料来源：英国石油公司（BP），http：//www. bp. com/en/global/corporate/energy - economics/statistical - review - of - world - energy/renewable - energy. html。

16.2%，图 12 和图 13 反映了 2005～2014 年各地区光伏发电能力和风力发电能力走势，从图中可以看出，美国、德国、西班牙、中国的光伏发电和风力发电能力在近五年都有了快速增长。

2. 影响可再生能源市场发展的主要因素

近年来可再生能源市场的快速发展一方面来自环保等外部动力的推动，另一方面各国尤其是发展中国家的政策支持以及科技进步极大地推动了可再生能源的增长。

（1）从外部条件看，近年来影响可再生能源市场的主要因素来自环保和油价两个方面

一方面，环保带来的动力。随着传统化石能源消费所排放的温室气体和造成的空气污染对环境的影响越来越大，能源安全和可持续虽然仍是许多国家发展可

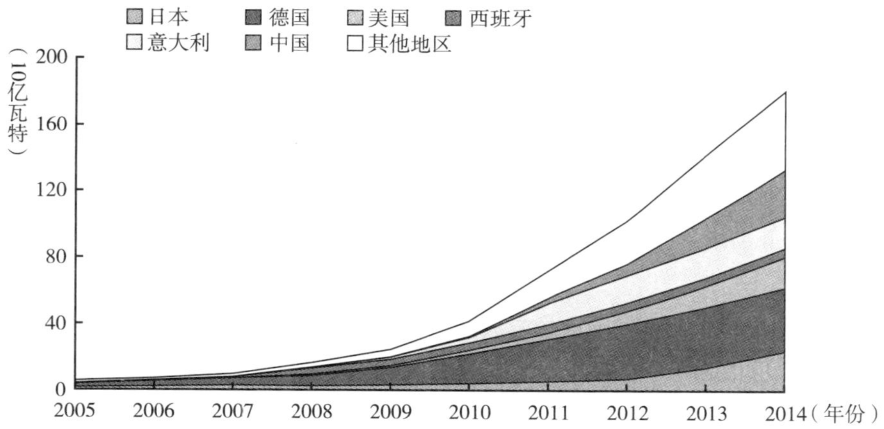

图 12　世界各地区光伏发电能力

资料来源：英国石油公司（BP），http://www.bp.com/en/global/corporate/energy－economics/statistical－review－of－world－energy/renewable－energy.html。

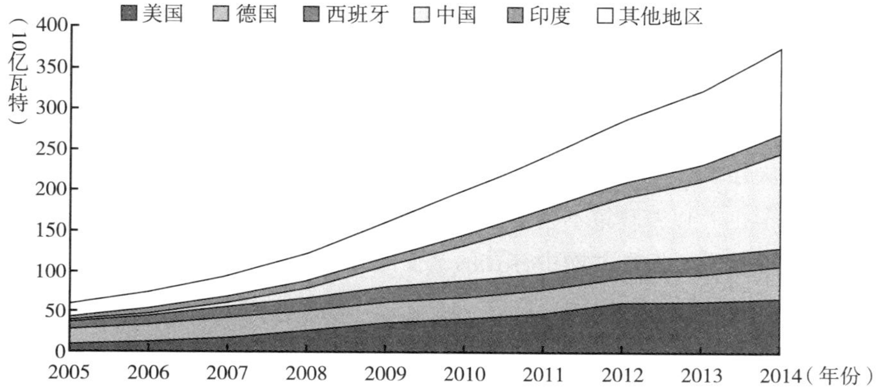

图 13　世界各地区风力发电能力

资料来源：英国石油公司（BP），http://www.bp.com/en/global/corporate/energy－economics/statistical－review－of－world－energy/renewable－energy.html。

再生能源的首要考虑因素，但世界气候变化谈判也为可再生能源的不断发展带来了积极的推动作用。能源依然是解决全球气候变化的核心因素，而可再生能源的发展则为这一问题的解决提供了重要方案。2015 年 12 月巴黎气候变化大会的召开为可再生能源今后的发展创造了良好的环境，为可再生能源的发展提供更多的政策支持，同时降低对其的投资风险和融资成本。

另一方面，低油价带来的压力。近年来，石油价格的持续下行已经对可再生能源发展构成了较大的挑战。在交通和供热领域，廉价的石油在与生物燃料的竞争中具有较大的优势；在发电领域，虽然石油挤占的可再生能源发电份额有限，但低油价带来的天然气价格持续下行已经使欧洲与亚洲一些国家和地区的天然气发电量有了大幅上升。因此，如果在政策方面无法给予可再生能源强有力的支持，其发展前景将面临更多的不确定性和更大的风险，尤其是在当前全球经济增速放缓，能源需求降低的情况下，在一定时期内可再生能源都无法撼动传统化石能源的地位。

（2）从可再生能源市场自身发展状况看，各国纷纷调整了自身的能源政策，加大了对可再生能源的支持力度，同时采取了碳关税等政策限制煤炭等化石能源的消费，加之不断的技术进步带来的成本下降，从而对可再生能源市场的需求和供给都产生了重大的影响

第一，新兴市场国家的推动。与传统化石能源不同的是，可再生能源无论是生产端还是消费端的地理分布都开始转向新兴市场国家和发展中国家。

在发达国家中，虽然可再生能源已经占其新增发电量的全部，但这一增速并不快，仅能贡献全球1/3左右的增长率。在需求增长缓慢的情况下，OECD国家已经开始转变其长期能源政策，逐渐降低了可再生能源发展刺激计划的高水平。作为仅次于中国的第二大可再生能源市场，欧盟的年度增长已经出现了下降。美国作为第三大市场，虽然在天然气价格下行期间可再生能源市场依然保持了很高的活跃度，但也面临着政策不确定性风险。在日本，能源供应紧张的局面促使光伏太阳能迅速发展，但在并网中存在的诸多问题仍使其可再生能源产量在本年度出现了下降。

而在发展中国家中，仅中国就为全球可再生能源的增长做出了40%的贡献，是目前英国总发电量的三倍多。据IEA预测，中国在2020年前对可再生能源的新增投资将占世界总额的1/3左右。中国巨大的电力需求、环境压力以及强烈的政策偏好是这一预期较为乐观的主要原因。目前中国正在进行的电力系统改革也会使可再生能源在整个电力系统中的地位更加重要，陆上风电和光伏发电项目都有望实现快速发展。水电项目虽然增速缓慢，但其累计的新增水力发电量已与目前澳大利亚的总发电量相近。

在其他发展中国家中，可再生能源同样发展迅速。印度政府加大了对光伏和风电的支持力度。在巴西干旱的区域，非水力可再生能源在能源多样化中起着重要作用。亚洲水能发展最为迅速，而埃及等中东国家则在大力发展非水能。当然，许多发展中国家的可再生能源发展正处在起步阶段，因此面临着许多困难，

如进入壁垒、网络限制、政策与财政支持有限、成本居高不下。

第二，技术进步带来的成本下降。在不断的技术进步、政策支持以及规模效应的推动下，世界上许多国家在可再生能源发电领域的成本有了明显的降低，据IEA统计，2010～2015年，全球平均陆上风力发电成本下降了大约30%，而同期光伏发电成本则下降了2/3左右，预计2015～2020年陆上风电成本将继续下降约10%，而光伏发电成本则下降1/4左右。而据BP预测，2035年陆上风电和光伏发电成本与目前相比将会分别下降25%和40%。

在一些国家和地区如巴西、印度、美国，可再生能源发电的长期合约价也在持续下降。成本的持续下降使得撒哈拉以南的非洲也有能力开始使用可再生能源技术。图14是当前公布的2015～2019年可再生能源发电长期合约价，这也在一定程度上证明了在技术进步、财政支持以及市场规模扩大的情况下，可再生能源发电成本将在接下来的时间内持续下降。从图中可以看出，在一些国家，新的陆上风电可以达到60～80美元/兆瓦时，在巴西、埃及、南非以及美国某些州甚至可以达到50美元/兆瓦时左右。新型光伏发电合约价也已达到80～100美元/兆瓦时，在阿联酋、约旦、南非以及美国某些州可以达到60美元/兆瓦时左右。

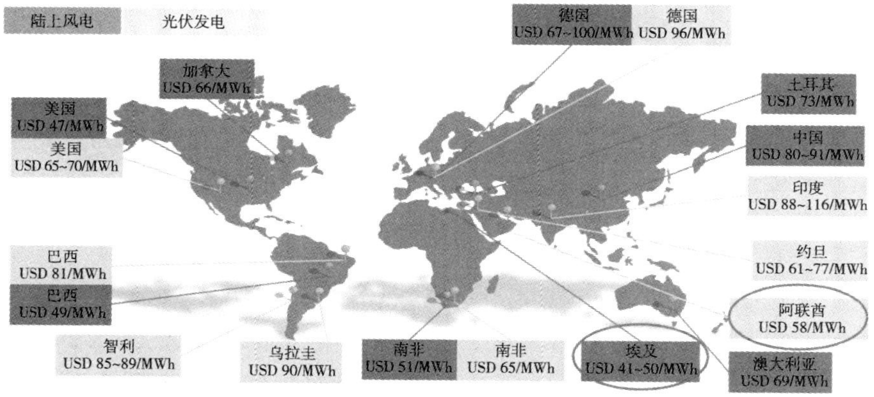

图14　当前公布的2015～2019年可再生能源发电长期合约价

资料来源：国际能源署（IEA），http：//www. iea. org/topics/renewables/。

由于技术成本的下降，财政支持力度就变得越来越重要，而这些能源的最低价就出现在那些具有丰富资源和财政支持力度较大的国家和地区。目前，虽然不是所有地区都能满足这些条件，但这些富足地区也为其他地区今后实现跨越式发展创造了良好的基础。同时，在成本不断降低的过程中，虽然对于陆上风电和光伏发电来说高水平的刺激扶持政策已非必需，但其经济性的发挥在很大程度上仍取决于监管体制。另外，可再生能源的科技研发仍然需要持续的政策支持帮助它们降低学习曲线。

可再生能源发电成本的下降并不意味着光伏与风力发电与传统能源相比更具有竞争力。可再生能源的竞争力也取决于其在提高发电份额后的并网成本。由于目前可再生能源发电还存在分散性、间歇性等特点，其在大规模并网的过程中会给电网的正常稳定运行带来较大的冲击，因此可再生能源发电的大规模应用还有待许多技术的发展成熟，但是可再生能源不断提高的经济性证明了其已是实现能源多样化战略的最佳选择。

（五）世界电力市场

电力是二次能源，利用发电动力设备将化石燃料（煤、石油、天然气等）的热能、水能、核能、太阳能、风能、地热能、海洋能等转换为电能。目前主要的发电方式有火力（煤、石油或天然气）发电、水力发电、核能发电等，其特点是：电能的生产和消费过程是在同一时间内进行的，不能大量储存。

随着全球经济增长放缓，近年来，全球能源和电力消费增长也呈放缓态势。

美国商务部发布的数据显示，美国2015年实际GDP增长2.4%，美国经济复苏态势良好。但2014年美国经济增速呈逐季放缓态势。经价格因素调整，美国2015年四季度实际GDP增长仅0.7%，增速大幅下降。经济实现正增长的同时，美国发电量略微下降。美国能源信息署的统计显示，2015年美国净发电量为4087381千兆瓦，同比微降（见图15）。

近年来日本经济疲软，2014年GDP实际增长为零，2015年上半年GDP增长1.54%，但下半年经济增长再度恶化，全年GDP增长约0.4%。经济增速放缓，使日本电量消费也下降了。日本电力事业联合会发布的数据显示，2014年度（2014年4月1日至2015年3月31日）日本发电量为8938.3亿千瓦时。2014年度发电量与前一年度相比减少3.1%，出现了连续4年减少的趋势。

从电力来源来看，日本火力发电为6492.3亿千瓦时，与前一年度相比减少3.5%。同时，2014年度日本核电站首次出现全年发电量为零的情况。位于福井县的大饭核电站3号、4号发电机组因进行定期检查停运后，日本全国所有核电机组都处于停运状态。

美国、日本发电量同比下降，2015年中国全社会用电量增速也大幅放缓。2015年，中国全社会用电量为55500亿千瓦时，同比仅增长0.5%，为1974年以来的最

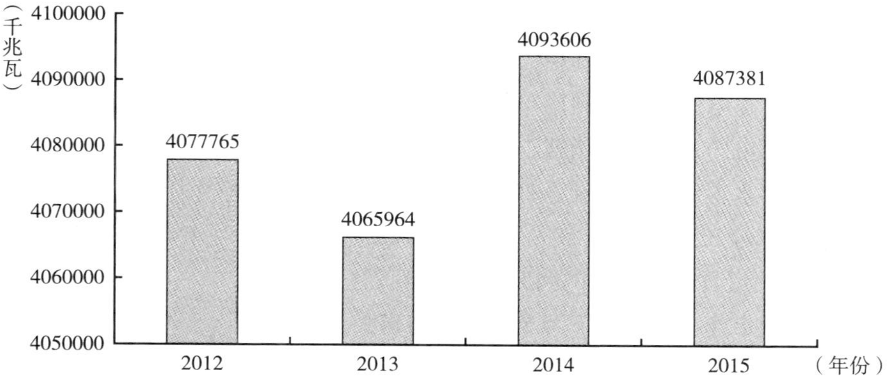

图 15　近年来美国净发电量变化

资料来源：美国能源信息署官网。

低增速（见图 16）。其中，第一产业用电量 1020 亿千瓦时，比上年增长 2.5%；第三产业用电量 7158 亿千瓦时，比上年增长 7.5%，增幅明显高于第一、二产业，显示出我国产业结构在明显优化；城乡居民生活用电量 7276 亿千瓦时，同比增长 5.0%；2015 年，第二产业用电量 40046 亿千瓦时，同比下降 1.4%，出现 40 年来首次下降。工业和固定资产投资增速下降，是第二产业用电量增速大幅放缓的主要原因。

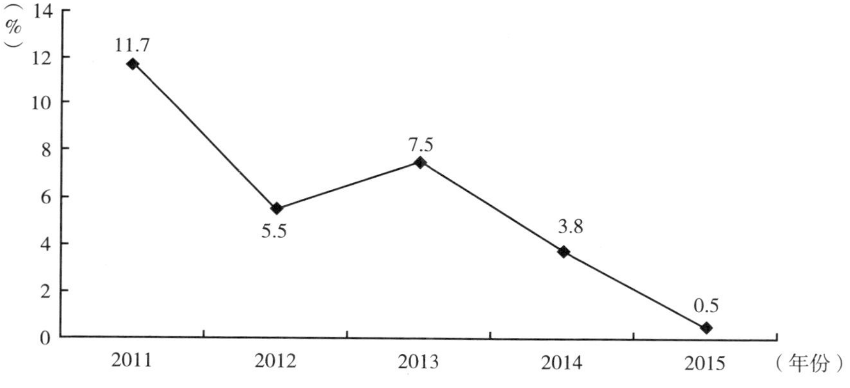

图 16　近年来中国全社会用电量同比增速

资料来源：国家能源局统计公报。

我国全社会用电量下降的同时，电力投资过热导致的电力过剩局面进一步凸显。我国发电装机容量连续三年大幅增长，而发电设备平均利用小时数逐年下降。2015 年，全国 6000 千瓦及以上电厂发电设备累计平均利用小时数仅 3969 小时，比上年减少 349 小时。其中，火电设备平均利用小时数 4329 小时，同比减少 410 小时；水电设备平均利用小时数 3621 小时，同比减少 48 小时。发电设备投资速度远超电力有效需求增速，电力投资过热的问题值得警惕。此外，当前弃风、弃光、弃水现象日益恶化。2015 年，国家电网调度范围内的统计显示，累计弃光电量 46.5 亿千瓦时，弃光率达到 12.62%。其中，甘肃弃光率达 30.7%，新疆达 22%。可再生能源并网问题尤其值得关注。

目前电力市场出现了以下两个新特征值得关注。

1. 全球电力的清洁化趋势明显

全球电力生产和消费增速放缓的同时，全球电力结构的清洁化和低碳化趋势十分明显。中国和主要发达国家都把清洁发电放在优先的位置。图 17 显示了 2011 年以来清洁能源消费量占我国能源消费总量的比重。

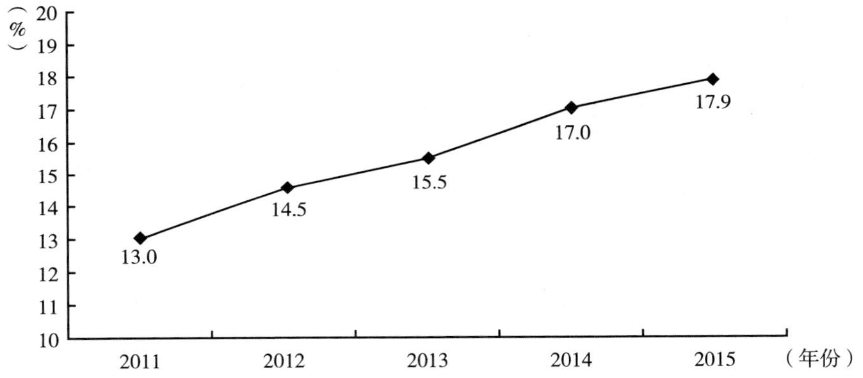

图 17　2011 年以来清洁能源消费量占我国能源消费总量的比重

资料来源：《中华人民共和国 2015 年国民经济和社会发展统计公报》。

我国 2015 年国民经济和社会发展统计公报显示，2015 年末全国发电装机容量达到 150828 万千瓦，比上年末增长 10.5%。其中，火电装机容量达 99021 万千瓦，增长 7.8%；核电装机容量达 2608 万千瓦，增长 29.9%；水电装机容量达 31937 万千瓦，增长 4.9%；并网太阳能发电装机容量 4318 万千瓦，增长 73.7%；并网风电装机容量 12934 万千瓦，增长 33.5%。①

① 《中华人民共和国 2015 年国民经济和社会发展统计公报》，《人民日报》2015 年 3 月 1 日，第 10 版。

美国净发电量下降的同时，电力供给结构也明显优化。美国能源信息署数据显示，美国火电发电量从2014年的1581710千兆瓦，下降至2015年的1356057千兆瓦，火力发电同比下降14.3%。与此同时，天然气发电量占发电总量比重明显上升。天然气净发电量从2014年的1126609千兆瓦上升至2015年的1335068千兆瓦，同比增长了18.5%。核能发电保持稳定，净发电量从797166千兆瓦微升至797178千兆瓦。风能和太阳能发电量也出现了较快增长。总体看，火电发电量下降、天然气发电量上升以及可再生能源发电量的快速增长，正使美国电力供给结构进一步清洁化、低碳化。

据报道，2015年德国可再生能源发电量和消费量均创历史新高。据位于柏林的Agora能源研究所测算，2015年德国约1/3的电力消费来自风力、太阳能、水力和生物质能发电，而2014年这一比例仅为27.3%。2015年，德国风电总发电量达到647太瓦小时，同比增长50%，创下历史新高，电力出口60.9太瓦小时，占总发电量的1/10左右。①

近年来，包括核电、水电、风电、太阳能发电等在内的清洁发电都保持了较高的增速。根据21世纪可再生能源政策网络组织2015年的报告，2014年可再生能源发电新增容量超过燃煤发电和燃气发电新增容量的总和。2014年，可再生能源在世界各区域都有显著增长，约59%的全球净电力新增装机来自可再生能源。风电、太阳能光伏发电和水电在其中占绝对优势。截至2014年底，全球发电装机容量中可再生能源约占27.7%，可以满足全球电力需求的22.8%左右。IEA报告指出，2014年对可再生能源的需求依然强劲：以可再生能源为基础的能源生产能力在2014年增长了12800万千瓦，其中37%是风电，太阳能占比接近1/3，水能占比超过1/4。表6显示了2009～2014年全球电力生产结构及各能源形式在全球总发电量的占比。

表6　2009～2014年全球电力生产结构

类别及占比	2009年	2010年	2011年	2012年	2013年	2014年
全球总发电量(太千瓦时)	20131.7	21425.5	22100.6	22630.4	23184.0	23536.5
化石燃料核能发电占比(%)	82.0	80.3	79.7	78.3	77.9	77.2
可再生能源发电占比(%)	18.0	19.4	20.3	21.7	22.1	22.8
水力发电占比(%)	15.0	16.1	15.3	16.5	16.4	16.6

① 《德国三分之一发电量来自可再生能源》，中国商务部网站，2016年3月15日，http://www.mofcom.gov.cn/article/i/jyjl/m/201601/20160101230325.shtml。

续表

类别及占比	2009 年	2010 年	2011 年	2012 年	2013 年	2014 年
风电占比(%)	3.0	3.3	5.0	5.2	2.9	3.1
生物质发电占比(%)					1.8	1.8
光伏发电占比(%)					0.7	0.9
地热发电占比(%)					0.4	0.4
聚热发电占比(%)						
海洋能发电占比(%)						

资料来源：《2015 年全球电力报告》。

BP 统计数据显示，2014 年全球核能发电量增长 1.8%，2009 年以来连续两年增长，核电占全球发电市场的份额首次扩大。图 18 显示了 1995 年以来全球在运核电装机容量变化。国际原子能机构信息显示，截至 2015 年末，全球在运核电机组为 442 台，总装机容量为 384093 兆瓦；在建核电机组为 66 台，总装机容量为 63703 兆瓦。

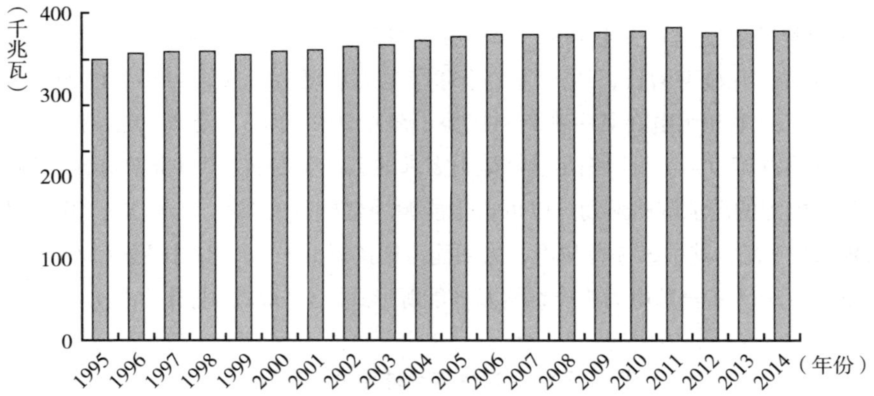

图 18　1995 年以来全球在运核电装机容量变化

资料来源：国际原子能机构官网。

2015 年 8 月，日本九州电力公司宣布，川内核电站 1 号机组成为日本全国首座被审查后符合新安全标准重启的反应堆，日本由此结束了 1 年 11 个月以来的“零核电”状态。中国国家能源局的数据显示，2015 年中国至少有 6 台核电机组开工建设，同时，6 台机组被投入商业运行。2015 年成为中国投产核电机组最多的一年。截至 2015 年底，中国在运核电机组装机容量达到 2550 万千瓦；在建及已核准核电机组装机容量 3203 万千瓦，在建规模居全球第一。

BP 统计还显示，2014 年全球水电产出增长 2.0%，亚太地区的增长抵消了干旱导致的西半球和欧洲及欧亚大陆水电产出的下降。其中，中国水电增长了 15.7%，贡献了全球水电产出的全部净增长部分。干旱使巴西（-5.5%）和土耳其（-32%）水电发电量下降。水电占全球一次能源消费的份额飙升至 6.8%。

世界风能协会的初步统计显示，2015 年全球风力发电装机容量再创新高，全球新增风电装机达 63691 兆瓦。2015 年，全球风电装机容量同比增长 17.2%，比 2014 年 16.4% 的增速还要高。在风电装机容量最大的 15 个国家中，巴西、波兰、中国的风电装机容量 2011 年末以来增速最快，全球每半年内新增风能装机情况见图 19。

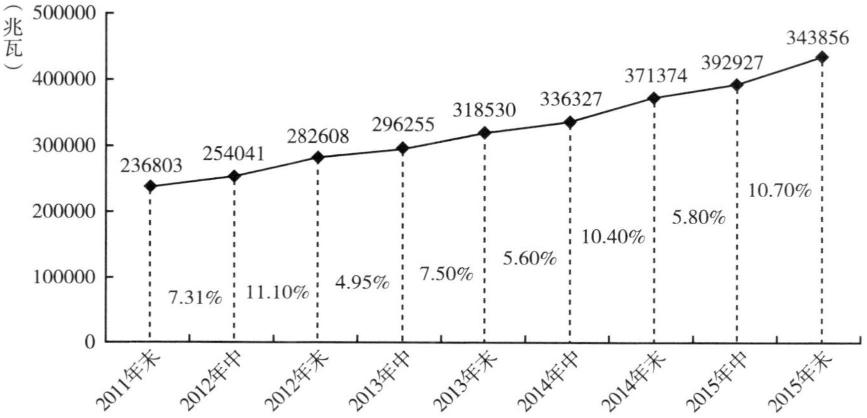

图 19　全球每半年内新增风能装机规模

资料来源：世界风能协会官网。

如表 7 所示风电增量最大的国家是中国，2015 年中国新增风电装机容量为 32970 兆瓦，占全球增量的 51.8%。2015 年美国风电装机容量增长了 8598 兆瓦，增速创 2012 年以来新高。化石能源价格低迷对美国风电发展并没有产生明显的负面影响。德国风电发展受政策调整预期影响，2015 年新增风电装机容量为 4919 兆瓦，风力发电占德国电力消费的比重达到 13%。2015 年巴西新增风电装机容量为 2754 兆瓦，居全球第四位，排名与 2014 年持平。2015 年，印度风电新增装机容量 2294 兆瓦。从装机总量看，印度 2015 年超过西班牙位居全球第四位。加拿大、波兰和土耳其的风电装机总量也跃居全球前列。最令人失望的是，西班牙 2015 年新增风电装机容量为零。以往从来没有哪个风电发展领先的国家遭遇这样的停滞。

表 7　全球风能装机容量排名前 15 位的国家

排名	国家	2014 年总装机容量(兆瓦)	2015 年总装机容量(兆瓦)	2015 年新增装机容量(兆瓦)	新增装机容量增幅(%)
1	中国	114763	148000	32970	29.0
2	美国	65754	74347	8598	13.1
3	德国	40468	45192	4919	11.7
4	印度	22465	24759	2294	10.2
5	西班牙	22987	22987	0	0.0
6	英国	12440	13614	1174	9.4
7	加拿大	9694	11205	1511	15.6
8	法国	9296	10293	997	10.7
9	意大利	8663	8958	295	3.4
10	巴西	5962	8715	2754	46.2
11	瑞典	5425	6025	615	11.1
12	波兰	3834	5100	1266	33.0
13	葡萄牙	4953	5079	126	2.5
14	丹麦	4883	5064	217	3.7
15	土耳其	3763	4718	955	25.4
	其他国家和地区	35799	40800	5000	14.0
	世界总量	371149	434856	63691	17.2

资料来源：世界风能协会官网。

2. 全球智能电网与能源互联网建设的兴起

以能源互联网与智能电网为核心的电力设备研发与建设，正成为世界各国在电力领域竞争的制高点。智能电网是电网的智能化，它以集成的、高速双向通信网络为基础，通过应用先进的传感和测量技术、设备技术、控制方法等，实现电网可靠、安全、经济、高效、环境友好和使用安全等多重目标。

发展能源互联网，将促进能源生产从集中式供应转向分布式小供应，能源供给将呈现扁平模式。同时，以太阳能、风能为代表的可再生能源将大量地接入，其比重将大幅提高。此外，由于可再生能源的间歇性，这给电网的安全性、可靠性带来较大的挑战，对用电设施和电网的智能化提出了更高要求。

能源互联网主要具有以下三个特点。一是双向互动性，相当一部分市场主体既是能源生产者，也是消费者。一定数量的参与者形成一个个小型的智能微网，微网既可以与外部电网并网运行，也可以孤立运行。每一个能源生产者与其他生产者或消费者不断进行能源的相互交换。二是分布式，鼓励能源就地生产、就地消纳，减少能源远距离输送。三是可再生性，支持稳定性较差的可再生能源接入，从而促进节能减排。

美国、欧洲等发达国家和地区也积极推动能源互联网和智能电网建设。美国总统奥巴马上任后提出的能源计划就包括发展智能电网，其目的在于最大限度地提升美国国家电网的效率和环保性，逐步推动太阳能、风能、地热能等可再生能源的统一入网管理，全面推进分布式能源管理。围绕智能电网建设，美国重点推进了核心技术的研发，着手制定相关规划。为吸引各方力量共同参与，美国政府制定了《2010～2014 年智能电网研发跨年度项目规划》，促进该领域技术的研发和应用。2013 年 6 月，第一个大规模智能电网在佛罗里达州投入运行。美国正采取先进的测量基础设施，包括智能电表、通信网络和信息管理系统，为用户提供信息以控制其能源消费。据估计，截至 2015 年美国共安装了 6500 万个智能仪表，占比超过电力客户总数的 1/3。

目前，欧洲各国也结合各自优势和电力行业特点，开展了智能电网研究和试点，各国各有侧重点。英法德等国家重点发展泛欧洲电网互联，意大利着重发展智能电表及智能配电网，风力资源丰富的丹麦则重点发展风力发电及其控制技术。英国已制定了“2050 年智能电网线路图”，支持智能电网技术的研究和示范应用。2013 年丹麦启动新的智能电网战略，在全国大力推广以小时计数的新型电表，采取多阶电价和建立数据中心等措施，鼓励消费者在用电低谷用电，从而让消费者更自主地管理能源消费。目前，丹麦在智能电网的研发与应用方面在欧盟处于领先地位。

二　2016年世界能源发展趋势展望

（一）世界石油市场

2016 年的国际石油市场注定平淡无奇，可能是进入 21 世纪以来最为沉闷的一年。油价跌无可跌，大幅回升的前景非常渺茫，但未来不可能准确预计，世界石油市场仍会面临一些不确定性的冲击。当前，较大的不确定性主要是 OPEC 产量政策是否会做出调整、伊朗原油出口解禁后产量的恢复速度以及美元的升值路径等。

1. 世界石油需求增长乏力

尽管2009年金融危机后世界经济一直处于恢复期，但恢复的状况不尽如人意。发达国家的经济恢复过程一波三折，只有美国经济复苏势头比较强劲；欧洲经济虽然出现正增长，但从长期看，仍须致力于结构性改革，经济能否长期好转存在不确定性；日本的“安倍经济学”持续加码，短期却难言见效；新兴经济体呈现结构性放缓与周期性放缓叠加的局面，经济增速继续放缓，基础也不牢固。

这种经济增长态势，决定了2016年世界石油需求虽然会有所增加，但增长动力依然严重不足。据IEA发布的预测，2016年世界石油需求将为9558万桶/日，同比增长118万桶/日，但低于2015年的160万桶/日，低油价的刺激效应衰减。非OECD国家依然是需求增长的主要驱动力，预计同比增长114万桶/日。从地域分布看，需求增长主要由亚洲拉动，中东、美洲、非洲也有所贡献，欧洲与原苏联地区需求则停滞不前。从国家看，受益于经济高速增长的亚洲新兴国家中国、印度需求增长位居前两位，受益于经济复苏加快的美国需求增量位于第三，三国各贡献33万桶/日、23万桶/日和11万桶/日的需求增量。

2. 非欧佩克与OPEC产量此消彼长

石油行业的一个重要特点是前期固定成本投入大，后期生产成本低，这就意味着只要油价高于边际生产成本，继续生产不仅能消化当期成本，还能弥补一部分固定投入，因此，石油生产的价格弹性很低。即使在油价暴跌之后，已建立起来的生产能力也难以动摇，会继续维持生产。2015年，非欧佩克产油国供应表现了一定的韧性，但12月出现了3年来的首次萎缩。2016年，受2015年企业投资减少、项目推迟、钻井减少等影响，预计非欧佩克产量将同比下降60万桶/日，至5770万桶/日，将是1992年以来最大降幅。其中，美国减少45万桶/日，欧洲北海（North Sea）减少15万桶/日。

但是，OPEC的产出具有较大增长潜力。在西方国家取消对伊朗的制裁之后，伊朗在2016年重返国际石油市场。而伊朗提出的目标是，取消制裁后立即将产量提高至50万桶/日，半年内，总产量提升到400万桶/日。当然，伊朗产能增加能力和出口目标市场接受能力都存在不确定性，市场普遍预计伊朗原油产量在半年内可能增加40万~50万桶/日，一年内增加50万~60万桶/日，这意味着伊朗的回归就可以抵消非欧佩克的减产。另外，2015年伊拉克石油产量大约400万桶/日，增产的70万桶/日全用于出口。IEA预计伊拉克的增产已经达到尽头，目前伊拉克政府正在要求伊拉克国家石油公司削减南部油田开支，可能会导致其石油产量增长放缓。同时，伊拉克石油部决定增加原油产量，以在油价下跌的环境下提振收益并平衡预算赤字。这种客观实际（运行成本相对提高）和主观要求（增产）之间最终会实现平衡，而且国家意志可能会占上风。预计2016 年 OPEC 原油产量将为 3910 万桶/日，同比增长 120 万桶/日。

伊朗重回市场将导致对石油高度依赖的资源国之间就市场份额和目标市场展开更加激烈的争夺，最大的产油国——沙特也不会因为油价暴跌而放弃维持市场份额的策略。由于石油收入是 OPEC 各个国家的核心利益，因此，捍卫市场份额、保证 OPEC 石油供给在全球能源供应体系中的领导地位是其长期核心战略。由此可见，2016 年 OPEC 达成减产协议的可能性较小，价格战存在进一步升级的可能。

3. 全球石油市场供应过剩的状况难以扭转

2016 年国际石油供应大幅超过需求的情况仍将持续，IEA 预计全球日均原油供应量将出现 110 万桶的过剩，且年底之前油价不会有明显上升。随着市场供应的调整，如果世界范围内一些高成本井退出的话，IEA 预计 2017 年国际石油供过于求的差距将缩小到 10 万桶/日，而相应的，价格适当地回调应该是可以预期的，油价可能在 2016 年末或 2017 年初开始上升。但是这个回调将是有限度的，油价不会太高，50 美元/桶可能是个不错的预期。这是因为，这次油价下跌一方面源于需求增幅低于预期，另一方面源于技术进步给供给带来的巨大冲击，这两方面的逆行导致油价急剧下挫。生产技术的进步带来了美国页岩油企业生产效率提升和开采成本下降，大规模生产形成的规模效应也有益于降低开采成本，美国页岩油生产企业对低油价的适应能力还在继续提高，普遍预计当前美国原油生产企业的开采成本已从 2012 年的高位下降至目前的 30～50 美元/桶的区间，甚至更低。而美国页岩油的生产周期短、对油价的弹性高，一旦油价出现反弹，其产量会很快回升，也就是说，技术进步提高了石油供给价格弹性，会极大压制价格的回升空间。表 8 为 2016 年最新机构油价预测。

表 8　2016 年最新机构油价预测

单位：美元/桶

机构	2016 年		2017 年		预测时间
	WTI	布伦特	WTI	布伦特	
美银美林	45	46	59	61	1 月 12 日
瑞银	40	42.5	52	55	1 月 14 日
花旗银行	39	40	57	60	1 月 2 日
高盛	45	45	60	62	1 月 27 日

续表

机构	2016 年		2017 年		预测时间
	WTI	布伦特	WTI	布伦特	
瑞信	38	36.5	—	—	1 月 27 日
摩根士丹利	37	37.2	43.1	43.2	2 月 15 日
渣打银行	45	50	72	—	2 月 15 日
标普	40	40	45	45	2 月 15 日
惠誉	45	45	55	—	2 月 16 日
摩根大通	32	32.75	43.25	43.2	2 月 19 日
均值	40.6	41.5	54.04	52.77	—

资料来源：根据路透社信息整理。

综合来看，2016 年油价难有起色，全年平均价格可能会与上述机构的预测值基本一致，预计在 40～45 美元/桶或略高的水平。

此外，还有两个不确定性因素会对油价产生影响。一是计价货币。美联储已开始实施紧缩货币政策，尽管预计 2016 年美联储连续加息的可能性不大，但美元走势预计将在长期内呈强势态势，将对油价施加下行压力。二是随着 OPEC 国家“财政痛苦”程度不断上升，也不能完全排除其协调减产的可能，但由此产生的对油价的向上推力会被美国页岩油的快速反应所抵消，所以其影响程度可能取决于减产的幅度，而且这种影响会随着时间而减弱，效果可能低于预期和历史经验。

（二）世界天然气市场

2016 年世界天然气市场的发展取决于全球经济基本面、供需关系、各国能源政策、石油煤炭等相关能源产业的发展等多种因素的综合影响。总体而言，全球天然气市场供需将继续保持宽松，价格因缺乏强劲反弹的动力而保持低位运行。

1. 世界经济基本面影响天然气需求增速

2016 年，世界经济仍将处于国际金融危机后的恢复期，政策措施的有效性下降，新的增长动能仍难以确立，预计世界经济仍会维持“低利率、低通胀、低增长、高负债”的“三低一高”态势，复苏依然疲弱乏力。预计 2016 年全球经济增速将略高于 2015 年。国际货币基金组织（IMF）在今年初发布的世界经济展望报告中，将 2016 年全球经济增长预期从 3.6% 下调至 3.4%；而 OECD 指出，今年全球经济增速预计只有3%。发达经济体和新兴经济体的增长进一步分化，美欧经济继续好转，但部分新兴经济体有陷入衰退的风险，影响天然气需求。预计2016年全球天然气需求约3.6万亿立方米，增长约2.8%，增速基本与2015年持平。

中石油经济技术研究院预计，2016年北美天然气需求将稳步增长，增幅约为3%。在美国，工业用气需求将有所增加，电力用气需求在年初将保持快速增长势头，随后可能因气价回升受到抑制；居民和商业用气将因为暖冬而继续小幅下降。在欧洲，受天然气价格走低影响，欧洲燃气电厂经济性将增强，预计发电用气需求将得到提振。综合考虑经济脆弱复苏、替代能源竞争等因素，预计2016年欧洲天然气需求增速为5%左右，略低于2015年，仍大幅高于过去10年均值。在亚洲，天然气需求仍将小幅增长，增幅约为2%，新兴国家需求增速或将回升。受国内气价下调、电力市场改革和环保力度加大影响，预计中国天然气需求将明显回升，印度天然气需求旺盛。另外，传统买家如日本、韩国因重启核电，天然气需求将继续下降。①

2. 全球天然气供应继续保持较高水平

在需求增速放缓的同时，2016年全球天然气供应仍将保持较高的水平，但较低的气价有可能对天然气产量的增长产生抑制作用。中石油经济技术研究院预计，全球全年天然气产量3.76万亿立方米，增长2.5%。

页岩油气革命对全球能源市场的影响仍将持续。在页岩气产量增加的推动下，美国已经连续7年超过俄罗斯成为世界第一天然气生产国，在国际天然气市场上的地位和影响力不断提升，并将成为国际天然气市场上的重要出口国。但是，美国能源信息署预计，2016年美国天然气产量增长速度将从2015年的5.4%放缓至0.9%，因为较低的天然气价格和天然气钻探活动的下降开始影响产量。此外，随着伊朗核问题达成全面协议，2016年伊朗将重返国际能源市场，进一步增加国际石油和天然气供应，促进天然气供应的多样化。2016年伊朗天然气产量有望达到10亿立方米/日，出口量为0.5亿立方米/日左右。

3. LNG市场供过于求矛盾加剧

2016年，全球将有7个百万吨级的天然气液化项目计划投产，预计新增产能将超过5000万吨/年。

继解除原油出口禁令后，美国在能源出口上又迈出历史性一步，页岩气也开

① 孙贤胜、钱兴坤、姜学峰主编《2015年国内外油气行业发展报告》，石油工业出版社，2016。

始向全球出口。2016 年，美国天然气出口进程有望加快，已经有近 30 家公司向美国能源部（DOE）申请 LNG 出口。根据美国 Energy Aspects 资讯公司的数据，尽管初期出口的天然气数量有限，但美国连同澳大利亚、马来西亚和安哥拉等国家，计划在 2016 年将液化天然气的产能提高 12%。随着欧洲 LNG 市场继续保持宽松，欧洲对俄罗斯进口管道气的依赖度将进一步降低。由于来自日本、韩国和中国的需求减弱，2016 年亚洲 LNG 进口将步入低谷期，供应过剩会加剧。

4. 天然气价格将保持低位运行

由于低油价和充足的供应，预计管道天然气价格和 LNG 价格在 2016 年都将保持低位。美国 LNG 出口有可能影响其国内供需形势，导致供应侧收紧，促使气价触底反弹。Henry Hub 全年均价预计约 3 美元/百万英热单位。由于天然气长贸合同价格随着油价下跌，欧洲天然气市场价格将在 2016 年承压。预计 2016 年 NBP 价格将稳中趋降，维持在 6 美元/百万英热单位左右。亚洲天然气需求量将小幅增长，其中中国和印度受气价下调和节能减排及环保力度加大影响，天然气需求增速将出现反弹，但日本、韩国核电项目的重启将降低 LNG 需求。预计与油价挂钩的日本 LNG 进口均价约 8 美元/百万英热单位，现货价格约 7 美元/百万英热单位。

5. 天然气发展前景依然光明

近年来，世界天然气储量、产量和贸易量保持了比较稳定的增长。天然气需求旺盛，供需的刚性增长拉动投资增长。加上天然气自身所具有的清洁能源的优势，世界天然气市场前景乐观。随着世界天然气需求持续增长，天然气在世界能源结构中的地位不断上升。1965～2014 年，全球一次能源消费年均增长率为 2.6%，天然气同期增速为 3.4%，全球能源结构中的天然气比重从 15.8% 上升到 23.7%。低碳之路是各国实现可持续发展的必然选择，虽然当前天然气发展遭遇瓶颈，但天然气自身的优势以及全球能源向低碳化、清洁化转型的大趋势决定了未来天然气发展的光明前景。

（三）世界煤炭市场

可以说，在过去的十几年间，受中国强劲需求的推动，煤炭一直是增速最快的化石燃料。同时，煤炭在未来十几年内仍将是世界能源结构的重要组成部分，但 2016 年将以一个较低的速度增长。据 IEA 预测，到 2020 年，煤炭需求将达到 5814 百万吨煤当量（Mtce），年均增长 0.8% 左右。其中，半数增长（约为 149 百万吨煤当量）将由印度贡献，其年均增长率将为 4.1%；东盟地区的贡献率为

25%左右，约为79百万吨煤当量，其年均增长率可达7.8%。而在天然气价格下行以及煤电带来的环境压力下，美国的煤炭需求将以年均2.1%的速度减少75百万吨煤当量，欧盟国家则由于经济增速的拖累以及鼓励可再生能源发展的能源政策，对煤炭的需求将以年均1.5%的速度减少22百万吨煤当量。图20是IEA预测的2016~2020年世界煤炭需求趋势以及2000~2015年的历史趋势，从图中可以看出，在中国需求降低的情况下，实际煤炭需求总量将趋于平稳。

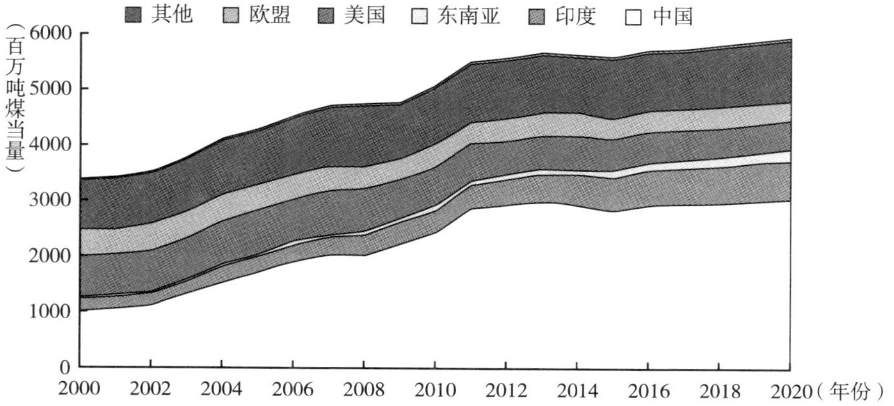

图20　世界各地区煤炭需求（历史和预测）

资料来源：国际能源署（IEA），http：//www. iea. org/topics/coal/。

在世界范围内，煤电将是2016年煤炭需求增长的最主要来源，但由于电力总需求的快速增加，煤炭在发电行业的比例将从现在的41%降至37%。同时煤炭在一次能源中的比例将从29%降至27%甚至更低（如果出现中国需求快速下滑的情况）。因此，在这一发展趋势下，煤炭将很有可能成为2016年增速最慢的化石燃料，其第二大化石燃料的地位也将被天然气取代。据BP预测，到2035年前煤炭消费年均增长约为0.8%，略低于石油，这与近20年间2.9%的增长率形成了巨大的反差，其在一次能源中占比也将下降25%，成为自工业革命以来的最低点。这一转变是否能实现取决于以下因素：中国能源密集型增长的放缓带来的煤炭消费降低与印度、东南亚国家煤炭需求上升之间的对比；美国和中国等国的煤炭以及环境政策对煤炭消费的抑制；天然气的大量供应带来的能源升级对煤炭市场的挤出效应。图21是BP预测的2016~2035年世界各地区煤炭消费量增长情况及1975~2015年的历史情况，从图中可以看出，今后中国对世界煤炭消费的拉动作用有限，即使是印度和东盟的强劲需求也无法弥补因中国需求下降带来的缺口。

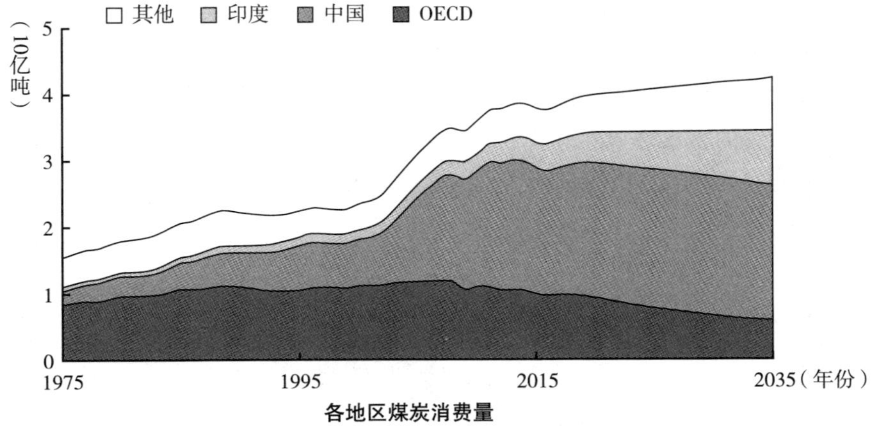

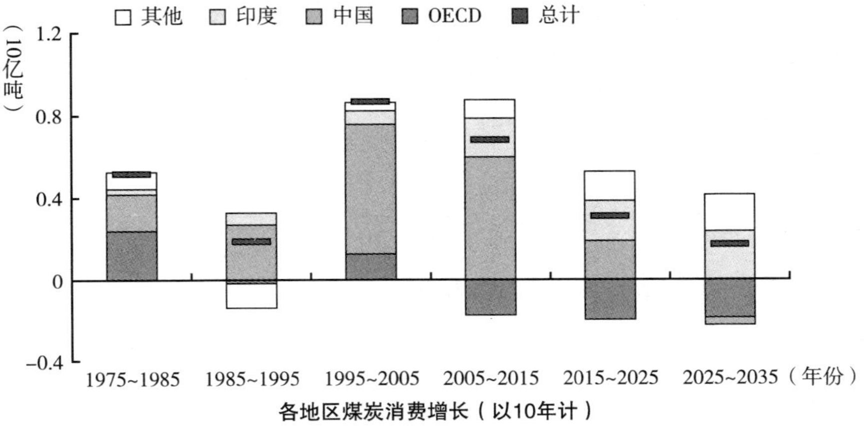

图 21　1975～2035 年世界各地区煤炭消费量增长情况

资料来源：英国石油公司（BP），http：//www. bp. com/en/global/corporate/energy – economics/statistical – review – of – world – energy/coal – review – by – energy – type. html。

在煤炭贸易方面，近年来澳大利亚超越印度尼西亚成为世界最大出口国，而前四大出口国贡献了 80% 以上的海运煤炭贸易量，2016 年这一格局基本不会出现变化。图 22 反映了 2013～2020 年主要煤炭出口国出口数据，从这一贸易趋势可以看出，未来煤炭贸易额将保持一个较为稳定的水平。国际煤炭海运贸易中心将继续向亚太地区转移。印度将以年均 6.2% 的增速进口煤炭，并超越中国成为世界最大煤炭进口国。东盟地区的煤炭净出口将因为自身需求的增加而降低。由于印度尼西亚的煤炭出口商面临种种困境，因此澳大利亚将在很长一段时间内居于世界最大煤炭出口国的位置。尽管价格一直在下滑，但各国煤炭出口一直在增加。预计每年新增出口能力将达到 9500 万吨，但当前市场环境下煤炭价格在 2020 年前不太可能出现反弹，因此对该行业的投资也会受到限制，从而使该行业持续衰退。低煤价也会促使各国煤电的增长，从而在一定程度上使一些国家对煤炭的需求增加。

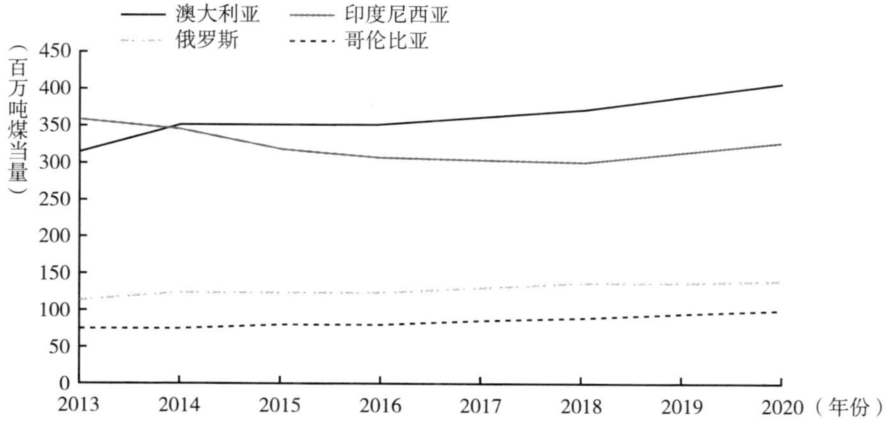

图 22　2013～2020 年世界主要煤炭出口国出口数据（历史和预测）

资料来源：国际能源署（IEA），http：//www. iea. org/topics/coal/。

在煤炭技术方面，煤炭产业在 2016 年仍然具有较大的发展空间。由于 2/3 的煤用于火力发电，因此对煤炭的需求以及环境问题将受制于发电厂的表现。这一方面已经有了积极的转变。首先，能源利用效率方面，在中国、印度和东盟国家的引领下已有近 2/3 的煤炭发电使用了高效或超临界技术。其次，在对煤电厂的空气污染治理方面，OECD 国家已经进行了相当长的一段时间，而中国也在努力控制火力发电厂带来的空气污染。最后，碳捕捉存放技术已经不只是具有理论上的可能性，目前北美、澳大利亚以及中国都开始进行这方面的开发研究以及应用，但这一技术仍需要强力的政策支持。

（四）世界可再生能源市场

受成本下降和新兴市场国家需求增加的推动，2016 年可再生能源仍有广阔的发展前景，但受政策不确定的影响极大。未来较长时间内化石能源将与可再生能源并存，并且仍延续以传统能源为主、可再生能源为辅的局面。从当前来说，可再生能源在低油价的环境下成本仍然偏高。但从长期来看，在合理的政策扶持下，可再生能源仍会有较大的发展前景。据 BP 预测，到 2035 年前，可再生能源年均增速将为 6.6%。届时，可再生能源将占全球新增一次能源总产量的1/4 以及新增发电总量的 1/3，而其在一次能源中的比例将从目前的 3% 上升为 9%，其在总发电量中的比例将达到 16%（不包括水能）。图 23 为 20 多年来世界能源增长情况及 BP 在《世界能源展望 2016》中对 2035 年前世界能源增长情况做出的预测，从图中可以看出可再生能源在未来 20 年将成为增速最快的一次能源，其在所有一次能源中的比例也会大幅上升。

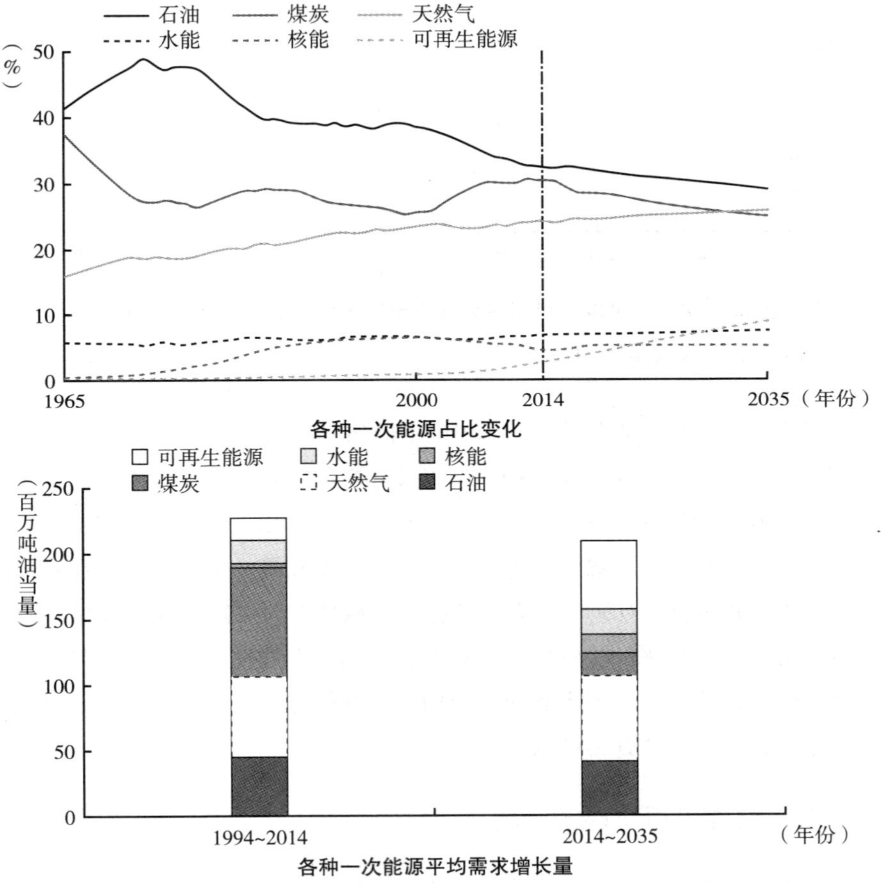

图 23　世界能源需求增长情况（历史和预测，其中可再生能源包括生物燃料）

资料来源：英国石油公司（BP），http：//www. bp. com/en/global/corporate/energy – economics/statistical – review – of – world – energy/renewable – energy. html。

在发电领域，据 BP 预测，用于发电的一次能源比例会越来越高，到 2035 年可以达到 45% 左右，而其中可再生能源将成为增速最快的用于发电的一次能源。图 24 反映了 1965 ~ 2035 年世界一次能源发电比例趋势，从中可以明显看出，可再生能源正成为新增发电能力的最大来源。

另外，IEA 统计显示，可再生能源发电已经实现了其历史最高增长率，其发电量在 2014 年已达到 130 吉瓦，同时对世界新增发电量的贡献率达到了 45%。

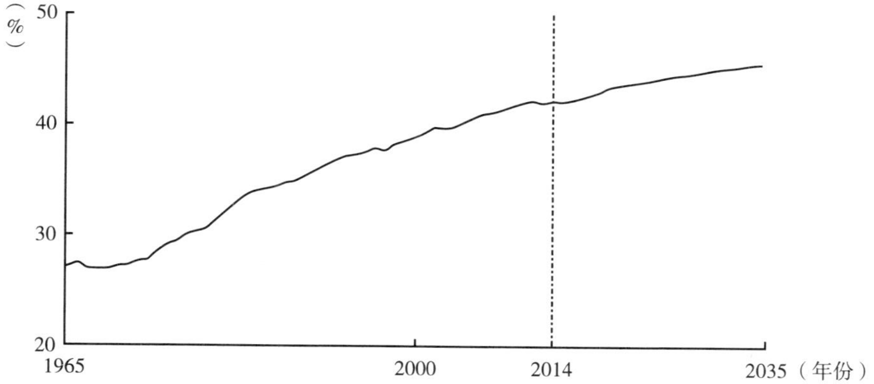

用于发电的一次能源占比变化

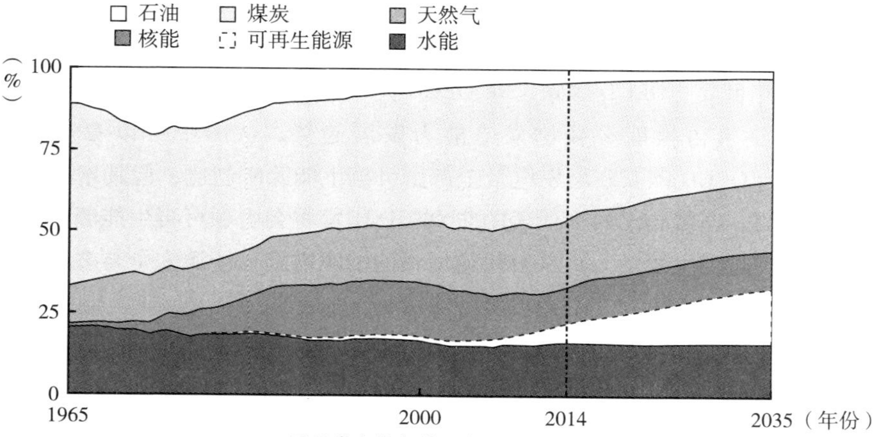

用于发电的各种一次能源占比变化

图 24　一次能源发电比例趋势

资料来源：英国石油公司（BP），http://www.bp.com/en/global/corporate/energy-economics/statistical-review-of-world-energy/renewable-energy.html

在 2016 年，可再生能源可能成为新增发电能力的最大来源。据 IEA 预测，到 2020 年，可再生能源将占新增发电能力的 2/3，去除水电的话也占将近一半。

图 25 为 1994 ~ 2014 年与 2014 ~ 2035 年世界新增发电量对比，从图中可以明显看出，虽然在今后一段时间内世界能源以及用电量增速逐渐放缓，但可再生能源仍会保持较高水平的增长。

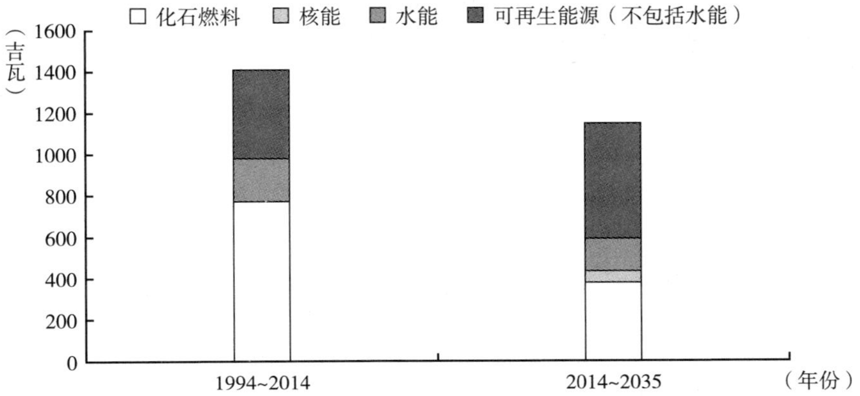

图 25　世界新增发电量

资料来源：国际能源署（IEA），http：//www. iea. org/topics/renewables/。

但是，这一增长已经开始转向新兴市场国家和发展中国家，由于 OECD 国家增长缓慢，非 OECD 国家将会贡献 2/3 的增长率，图 26 反映了 2008 ~ 2014 年与 2014 ~ 2020 年世界、OECD 国家、非 OECD 国家发电量净增加值，图 27 反映了 2014 ~ 2020 年可再生能源新增发电能力发展趋势，从图中可以看出，虽然 2014 ~ 2020 年OECD 国家新增发电量全部由可再生能源所创造，但其增速将会放缓，而以中国、印度、巴西为代表的非 OECD 国家将会引领可再生能源发电领域的增长，其增长的主要动力将来自快速增长的能源需求、能源安全与多样化需要以及环境保护动力。

除了电力部门，可再生能源在其他部门也会有很大的发展。目前，可再生能源在供热领域已经占该领域能源消费总量的将近一半，在交通领域也达到了 1/4 左右，从而为这些部门的能源供给多样化和低碳化做出了巨大贡献。在欧洲的 OECD 国家已有政策推动小型太阳能供热系统的发展。随着可再生能源供热技术的发展，即使在低油价时代可再生能源也会快速发展，尤其在生物质能领域。事实上，2016 年，可再生能源供热在工业领域将有广阔的应用前景，尤其在经济不发达国家和地区，但这也需要更为完善的政策支持框架。图 28 反映了 2008 ~ 2020 年世界最终用于供热的可再生能源消费量趋势，从图中可以看出，在今后一段时间内用于供热的可再生能源会保持一个稳定的增速。

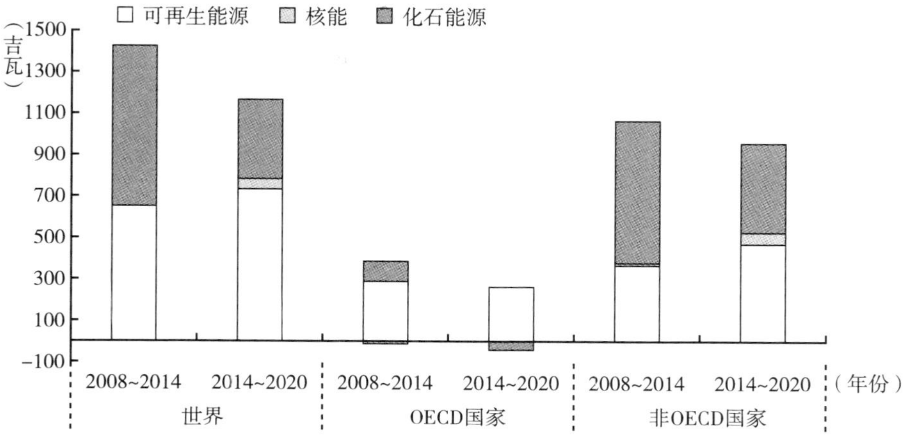

图 26　发电量净增加值（历史和预测）

资料来源：国际能源署（IEA），http：//www. iea. org/topics/renewables/。

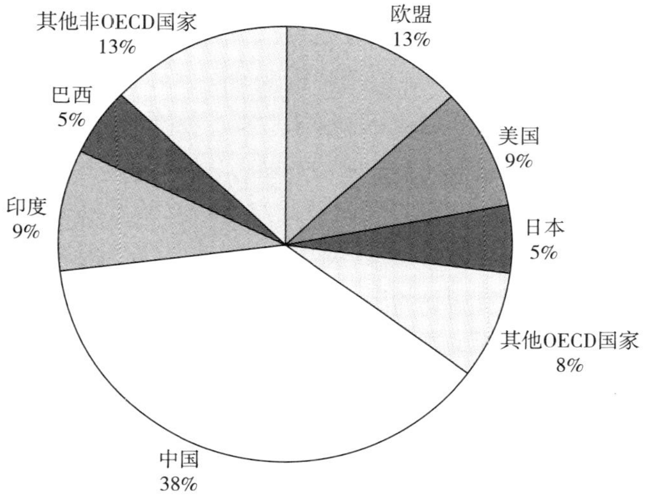

图 27　2014～2020 年可再生能源新增发电能力

资料来源：国际能源署（IEA），http：//www. iea. org/topics/renewables/。

在交通领域，即使在油价下行的环境下，混合动力汽车也被认为是在该领域推广使用生物燃料的最佳选择。值得一提的是，从 2013 年开始生物燃料以及混合动力等技术应用已有了很大的发展，但在成本上仍然面临较大的局限性，尤其

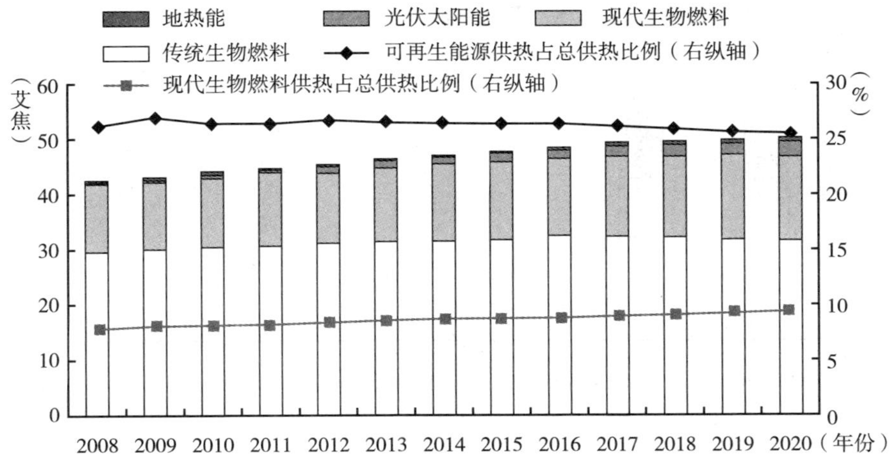

图 28　世界最终用于供热的可再生能源消费量（历史和预测）

资料来源：国际能源署（IEA），http：//www.iea.org/topics/renewables/。

在当前低油价环境下，更需要长期稳定的政策支持。据 IEA 预测，到 2020 年生物燃料会有一个平稳的增长，其在交通运输业的份额可达到 4% 左右。目前一些主要国家如巴西、印度、印度尼西亚和马来西亚已经推出了对混合动力的支持政策，低油价降低了一些国家对化石能源的补贴，从而使生物燃料的吸引力得以提高。但是，低油价带来的影响已经使一些国家开始收紧可再生能源政策。图 29 反映了 2007 ~ 2020 年全球生物燃料产量与油价指数走势，从图中可以看出，全球生物燃料的产量与油价有明显的同步性，这也意味着如果 2016 年低油价持续，会对生物燃料产量有着巨大的影响。

从长期看，生物燃料对于交通行业的能源多样化和低碳化发展也具有重要意义，尤其对于航空等面临巨大挑战的行业来说，但这也需要进一步的政策支持。

在投资方面，据 IEA 预测，如果按目前形势发展，到 2020 年世界可再生能源投资规模将为 2300 亿美元左右，低于 2014 年 2700 亿美元的水平，其原因一方面在于经济增速的放缓，另一方面在于科技进步带来的成本下降。在这一背景下，2016 年，政策依旧是可再生能源发展的关键，尤其在政策刺激和市场推动的联合作用下，可再生能源会迎来加速发展。据 IEA 估计，在 2020 年前，G20 国家可以利用更好的国内政策和相互之间的合作，使全球可再生能源的增长率提高 25%。这样，在可再生能源增长加速的情况下，到 2020 年，对可再生能源的年度投资将超过 3150 亿美元。图 30 反映了在两种情况下可再生能源净增加值到

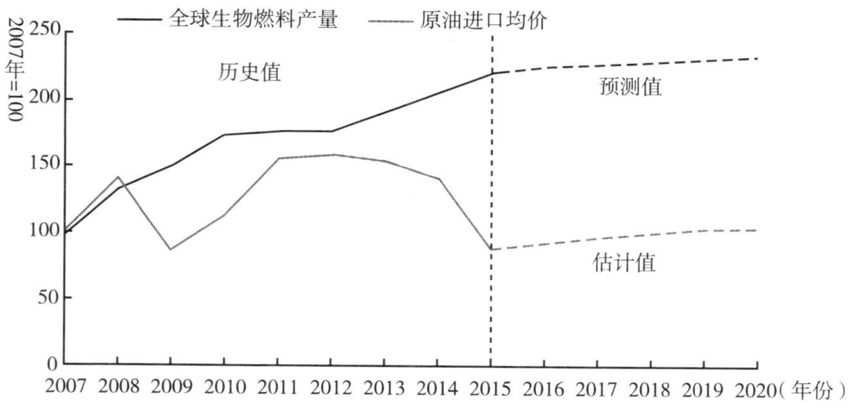

图 29　全球生物燃料产量与油价指数走势（历史和预测）

资料来源：国际能源署（IEA），http：//www. iea. org/topics/renewables/。

2020 年的增长情况，从图中可以看出，在美国、欧盟、日本等 OECD 国家采取收缩政策的情况下，即使印度等国增长迅速，新增总量仍会产生趋势性下降；而在发达国家采取刺激性政策的情况下，可再生能源将出现加速增长。

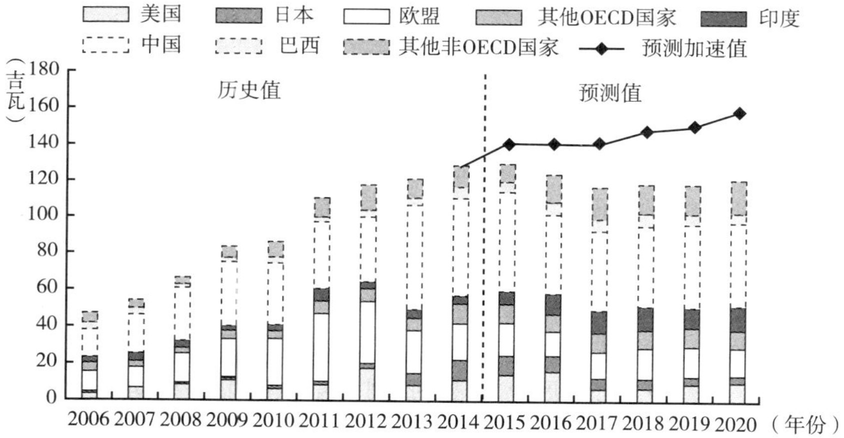

图 30　可再生能源净增加值（历史及预测）

资料来源：国际能源署（IEA），http：//www. iea. org/topics/renewables/。

为达到这一加速增长局面，政策制定者需要释放明确的信号淘汰那些落后的、污染严重的发电厂。发展中国家尤其需要解决市场准入和投资风险降低融资成本。对此，IEA 认为，对于 OECD 国家来说：美国应当尽快加大税收政策的激励力度以及加强环境清洁法案的实施；欧盟等国家需要实施稳定和可持续的政策框架确保那些长期可再生能源项目的收入流；日本等国家需要采取有力措施实现各种可再生能源发电顺利并网，同时在分配电网成本时采取公平规则和合理的定价以促进光伏发电等的顺利发展。对于发展中国家来说，中国和南非等国需要采取更为有效的措施降低监管壁垒，提高可再生能源尤其是分布式光伏发电并网的便利性；而印度则需要明确一些领域长期政策框架的可信度①。

（五）世界电力市场

1. 电力消费重心向新兴经济体转移

联合国经济和社会事务部 2015 年底发布的《2016 年世界经济形势与展望》报告预计，未来两年全球经济增速会小幅提高。报告预计，2015 年全球经济仅增长 2.4%，低于此前该机构预测的增幅；2016 年和 2017 年全球经济将分别增长 2.9% 和 3.2%。报告指出，全球经济面临汇率波动性加大和资本流动性上升、大宗商品价格走低和贸易流动减少、投资和生产率增长停滞、金融市场和实体经济活动之间背离等诸多不利因素，世界经济复苏仍然乏力。

经合组织 2016 年初在巴黎发布的经济展望报告预测，2016 年、2017 年全球经济增长率分别为 3% 和 3.3%，比 2015 年 11 月该组织的预期均下调 0.3 个百分点。

总体上看，电能作为终端能源将对传统化石能源消费形成一定程度的替代，电能在能源消费中的比例有望逐步提高，这有助于电力生产和消费的增长。但是，全球经济复苏进程仍然缓慢，加上产业结构调整和节能减排力度的加大，2016 年全球电力消费只会出现小幅增长。

随着全球经济增长的分化，全球经济增长的重心从发达国家向中国、印度等新兴经济体转移，全球电力消费的重心也从发达国家向新兴市场国家转移。联合国《2016 年世界经济形势与展望》报告预测，发展中国家经济增速将大大高于全球平均增速，2016 年和 2017 年将分别增长 4.3% 和 4.8%；新兴经济体中，南亚成为经济增长最快的区域，预计 2016 年增长 6.7%。报告对发达经济体 2016 年的增长预期为：美国增长 2.6%，欧盟增长 2%，日本增长 1.3%。② 发达国家

---

① 参见 IEA《可再生能源市场中期报告 2015》。

② 《联合国报告预测 2016 年全球经济增长 2.9%》，新华网，2016 年 3 月 15 日，http://news.xinhuanet.com/world/2015-12/11/c_1117431234.htm。

与新兴经济体增长的分化，将推动电力消费的重心持续向新兴市场转移。

据 IEA 预测，到 2035 年，OECD 国家在此期间能源消耗年均增长仅为 0.6%，而非 OECD 国家的这一年均增速为 2.3%。BP 世界能源统计数据显示："2009～2014 年的六年间，电力消费增加了 17%，而中国增加了 52%，美国只增加了 4%。由于中国的经济快速发展，在 2011 年发电量已经超过美国，成为世界上最大的电力生产国。"① 表 9 为主要国家近年发电量。

表 9 主要国家近年发电量

单位：10 亿千瓦时

国家	2009 年	2010 年	2011 年	2012 年	2013 年	2014 年
世界总量	20131.7	21425.5	22100.6	22630.4	23184.0	23536.5
中国	3714.7	4207.2	4713.0	4987.6	5431.6	5649.5
美国	4146.6	4331.1	4302.4	4249.1	4268.5	4297.3
欧盟	3233.0	3371.8	3303.5	3298.4	3264.4	3166.0
印度	869.8	922.2	1006.2	1053.9	1102.8	1208.4
俄罗斯	993.1	1038.0	1054.9	1069.3	1059.1	1064.1
日本	1114.0	1156.0	1104.2	1106.9	1087.8	1061.2
加拿大	592.4	581.8	600.4	610.2	626.4	615.4
德国	592.4	628.6	613.1	630.1	633.2	614.0
巴西	463.0	515.8	531.8	552.5	570.0	582.6
法国	542.4	573.2	564.3	560.7	568.3	555.7
韩国	452.4	495.0	517.6	530.6	517.1	517.8

资料来源：庞名立《2015 年全球电力报告》，2016 年 3 月 15 日，http://www.cngascn.com/report/201512/25892.html。

随着巴西和俄罗斯经济大幅下行，新兴经济体增长前景也呈现分化态势。经合组织的报告认为，2015 年巴西经济将萎缩 4%，2016 年将陷于停滞；中国经济 2015 年、2016 年将分别增长 6.5% 和 6.2%，与此前预期持平；印度经济 2015 年增长预期上调 0.1 个百分点至 7.4%，2016 年则下调 0.1 个百分点至 7.3%。② 总体看，中国和印度是未来电力需求增长空间最大的两个国家。

① 庞名立：《2015 年全球电力报告》，2016 年 3 月 15 日，http://www.cngascn.com/report/201512/25892.html。

② 《经合组织下调今明两年全球经济增长预期》，新华社，2016 年 3 月 15 日，http://news.xinhuanet.com/world/2016-02/19/c_128731933.htm。

2. 中国电力投资过剩局面或许会加剧

国家能源局统计显示，2016 年 1 ~2 月中国全社会用电量累计 8454 亿千瓦时，同比增长 2.5%。与上年全年 0.5% 的增幅相比，2016 年前两个月增速明显提高。1 ~2 月，分产业看，第二产业用电量 5900 亿千瓦时，同比仅增长 1.5%；第三产业用电量为 1184 亿千瓦时，同比增长 8.1%，增幅仍显著高于第一、二产业，其占全社会用电量的比重持续提高（见图 31）。同时，随着第三产业占我国 GDP 比重迅速提高、产业结构调整和节能减排的推进，已经使中国电力消费的弹性系数明显降低，电力消费增速显著低于 GDP 增速。

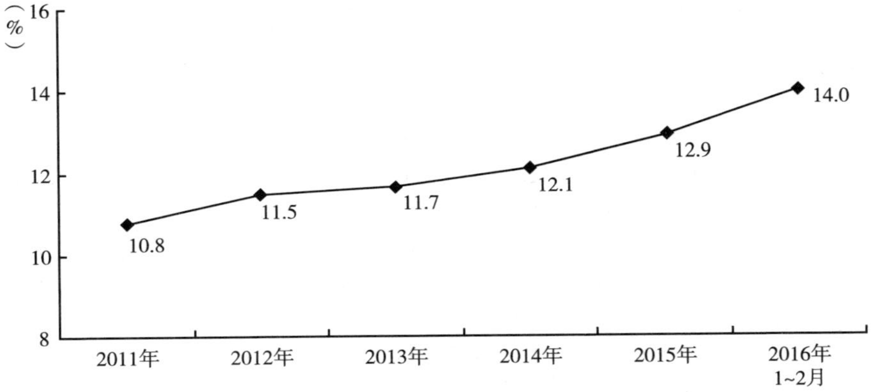

图 31　中国第三产业占全社会用电量比重

资料来源：根据国家能源局统计数据推算。

从图 32 不难看出，在 2012 年以前，我国全社会用电量增速总体高于经济增速，电力消费的弹性系数大于 1。2012 年起，总体上看，用电量增速已显著低于经济增速，电力消费的弹性系数已明显低于 1。

2014 年起中国全社会用电量增速已大幅回落。中国电力企业联合会（简称“中电联”）发布的《2016 年度全国电力供需形势分析预测报告》显示，根据全年经济总体稳中缓降的态势，预计 2016 年电力消费将维持低速增长，全社会用电量同比增长 1% ~2%。尽管 2016 年全社会用电量增速较 2015 年有望小幅回升，但仍呈低速增长态势，而供给侧新投产的装机将保持 1 亿千瓦左右的较大规模，中国发电设备尤其是火电设备利用小时数势必进一步下降。2016 年 1 ~2 月，全国发电设备累计平均利用小时数为 629 小时，同比下降了 39 小时。

中电联报告还预计，2016 年全国电力总体供过于求，部分地区电力供应能

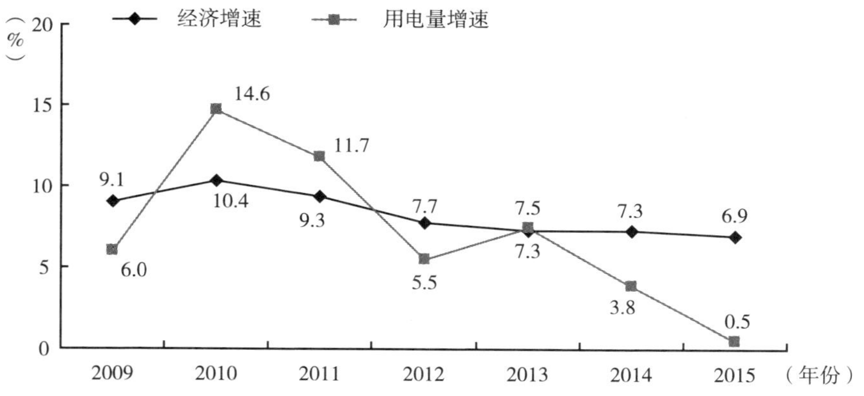

图 32　2009～2015 年中国经济增速与用电量增速对比

资料来源：综合国家统计局和国家能源局发布的公报。

力过剩相对突出。其中，东北和西北区域电力供应能力过剩最为严重，华北、华中、华东和南方部分省份总体富余。预计全年发电设备利用小时数仅为 3700 小时左右，比 2015 年平均利用小时数 3969 小时进一步下降，其中火电设备利用小时数为 4000 小时左右。中电联报告建议：当前中国应严格控制新电厂开工规模，优化增量结构；加快解决“弃水”“弃风”“弃光”的突出问题；坚持开放发展，推动与周边国家的电网互联互通和电力贸易合作，解决国内电力过剩矛盾。

3. 全球电力进一步清洁化

2015 年底巴黎气候变化大会通过了具有里程碑意义的《巴黎协议》，该协议对 2020 年后全球减排做出了明确安排，要求全球温室气体排放尽快达到峰值，并在 21 世纪下半叶达到温室气体净零排放。这是历史上第一份覆盖近 200 个国家的全球减排协议。专家认为，这意味着化石能源最早可能在 21 世纪终结。《巴黎协议》的签署，无疑将加快全球可再生能源和清洁能源的发展进程。

国际能源署发布的《世界能源展望 2015》预计，至 2030 年，全球可再生能源发电量占全球总发电量的比重有望提高到 1/3，可再生能源将成为全球最主要的电力来源。未来 15 年中，全球大概 2/3 新增发电装机来自中国、印度、欧盟和美国，剩余近 40% 来自其他国家。与此同时，全球石油需求可能逐步下降，相对清洁的天然气则是唯一稳定增长的化石能源。而煤炭需求在大部分国家，甚至包括中国和印度两国，都会出现较大幅度下降。

该报告显示，当前可再生能源发电约占全球发电总量的 22%，远低于煤炭发电的 41%，但占所有新增发电装机的约一半。该报告还显示，过去 5 年中国创造了全球40%的清洁电力增量，中国在新能源和可再生能源领域的投资比美国和欧洲的总和还要多。无论是现在还是未来，中国都将是全球清洁能源发展的领导国家之一。

三　中国能源发展战略与政策

（一）石油市场

长期以来，石油在中国一直被赋予特殊的战略使命。中国从20世纪60年代开始大规模开发石油以后，不仅石油产量能够自给自足，支持国民经济发展，而且石油还是重要的换汇物资。但是，随着经济的快速发展，中国对石油的需求量越来越大，1993年从石油净出口国变为净进口国。中国的石油战略目标也就转向了安全保供，而且压力持续增加，政府不得不对石油行业实行强力干预，政（政府）企（国有企业）联合拓展油源，利用国内外两个市场，立足国内，拓展海外，中国石油公司积极寻求购买海外能源资产，也取得了积极的成效。但是，当前和未来一段时间，中国石油安全仍面临严峻挑战。第一，石油进口来源集中于中东、非洲且多为局势动乱地区；第二，我国石油在能源消费结构中仅占18%，优化能源结构仍需要增加石油供给；第三，未来在世界温室气体排放谈判中可能面临更严峻的局面。

面对这些新问题，2014年6月13日习近平总书记提出了还原能源商品属性，构建有效竞争的市场结构和市场体系，形成主要由市场决定能源价格的机制，转变政府对能源的监管方式，建立健全能源法治体系等一系列发展新思路、新观念；同时着重强调了推进包括能源消费革命、供给革命、技术革命、体制革命四方面内容的能源革命。按照《能源发展战略行动计划（2014～2020年）》，中国石油发展战略的主要内容应是节约优先、立足国内、创新驱动和体制改革，分别对应四个革命。拓展国际合作也是重要战略之一，相应的政策措施也更加具体和具有可操作性。

1. 节约优先

提升石油品质，提高车用燃油经济性标准和环保标准；变革石油使用方式，降低污染程度，积极推进清洁能源汽车和船舶产业化步伐。将节约优先贯穿于石油行业发展的全过程，集约高效开发，努力提高使用效率，推进关键环节和重点领域的节能，合理控制消费总量。

2. 立足国内

加强国内资源勘探开发，稳步提高国内石油产量，将国内供应作为保障石油安全的基石，掌握安全主动权。坚持陆上和海上并重，努力实现海上油田开发的突破，大力支持低品位资源开发，建设大庆、辽河、渤海、南海等9个千万吨级大油田。以松辽盆地和渤海湾盆地为重点，稳定东部老油田产量，通过精细勘探开发和发展先进采油技术，实现增储挖潜和原油采收率的提高，稳定原油产量。努力促进西部增储上产，在塔里木盆地、鄂尔多斯盆地、准噶尔盆地和柴达木盆地，推广应用先进技术，加大油气资源勘探开发力度，努力探明更多优质储量。拓展新的储量和产量增长区域，加大羌塘盆地等新区油气地质调查研究和勘探开发技术攻关力度，加快渤海、东海和南海等海域近海油气勘探开发，加强南海深水油气勘探开发形势跟踪分析，尽快突破深海采油技术和装备自主制造能力，大力提升海洋油气产量。大力支持采用技术服务、工程总承包等方式开发低品位资源，鼓励难动用储量和濒临枯竭油田的开发及市场化转让。

3. 创新驱动

深化能源体制改革，加强能源科技创新体系建设，依托重大工程推进科技自主创新，建立以企业为主体、市场为导向、政产学研用相结合的创新体系。在油气领域，确立非常规油气及深海油气勘探开发等重点创新领域，明确页岩油、深海油气等重点开发方向，积极开展建设页岩气、深水油气开发等重大示范工程。加强技术攻关，力争页岩气、深海油气等核心技术取得重大突破。

4. 深化管理体制改革

政府管理体制改革的重点将聚焦于还原石油商品属性，以构建有效竞争的市场体系为基本目标，以建立健全法治体系为基础，变革政府审批方式，公开审批流程，变事前审批为事后监管和服务等，构建适应市场需要的新型政府监管模式。在产业链环节上，放开民间资本进入上游资源、中游运输以及天然气管网分离等将是改革重点；在价格机制上，成油价格市场化已经渐行渐近，市场调节将发挥更大作用。

在产业上游，随着准入放开，监管模式将从目前的以国有企业为主的内部监管转向以政府职能部门为主的外部监管，市场主体也将从单一的国有企业转变为多种所有制并存。

在原油使用权方面，地炼企业打通进口和加工进口原油渠道的政策障碍已经逐步撤除，最后的限制是原油非国有贸易进口量。随着油气行业管理体制的改革，贸易配额的逐步取消也是可以预期的。届时，国产原油和进口原油之间会就市场份额产生竞争，国有企业、非国有企业和进口原油贸易商之间的竞争会趋于激烈，政府管理职能将集中于进口的合规性审查和市场秩序的监管，石油资源的配置更加市场化。

在石油金融市场建设上，鼓励利用期货市场套期保值，推进原油期货市场建设，提高中国需求在国际石油市场中的影响力。

5. 拓展国际合作

统筹利用好国内国外两个市场、两种资源，以投资与贸易并举、陆海通道并举提高我国的石油保障水平。通过制定海外能源资源利用的中长期规划和推进建设油气战略进口通道，实现在开放格局中维护石油安全。重点推进俄罗斯中亚、中东、非洲、美洲和亚太五大重点能源合作区域建设，深入推进国际能源双边多边合作，建设有影响力的区域性能源交易市场。

（二）天然气市场

1. 中国天然气发展概况

在经历了10年年均两位数的增长后，2015年，由于中国整体经济增速放缓，天然气下游消费市场需求增长动力不足；加之国际油价持续处于低位，替代能源价格走低，天然气经济性消退，中国天然气市场告别了高速发展时期，进入平稳增长时期。市场需求延续低迷态势，生产企业压减产量，进口增速大幅放缓。天然气价格改革加快推进，存量气、增量气价格基本并轨，非居民天然气门站价格大幅下调。

（1）供给能力不断提高

近年来，我国已经形成国产常规气、非常规气、煤制气、进口LNG、进口管道气的多元化供应格局，保供能力不断提高，供应量稳步增长。但是，2015年，国际市场天然气供应过剩和需求的萎缩影响了国内供应潜力的发掘。受天然气需求增速放缓影响，中国的天然气生产企业在消费淡季压减了上游产量。根据中石油经济技术研究院的统计和估计，2015年全年国内天然气产量为1318亿立方米，同比增长3.5%，低于上年同期的8.0%。同时，天然气进口增速大幅放缓，LNG进口甚至出现负增长。2015年天然气进口量为624亿立方米，同比增长4.7%，比2014年大幅下降8.6个百分点，对外依存度升至32.7%。其中，管道气占进口总量的56.7%，占比略有上升；LNG进口量占43.3%。图33显示了2010~2015年管道天然气进口量。

思亚能源（SIA）的统计结果略高于中石油经济技术研究院。2015年，中国

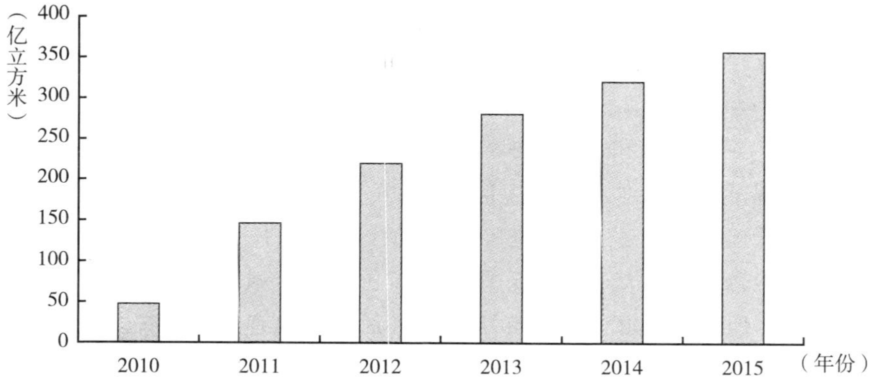

图 33　2010～2015 年管道天然气进口量

资料来源：孙贤胜、钱兴坤、姜学峰主编《2015 年国内外油气行业发展报告》，石油工业出版社，2016。

天然气供给总量达 1958 亿立方米（含出口至港澳的 32 亿立方米），同比增加 3.2%，低于上年同期的 8%。其中，国内天然气产量为 1346 亿立方米，占 69%；进口管道气为 340 亿立方米，占比 17%；进口 LNG 为 272 亿立方米（1970 万吨），占比 14%。国内天然气产量和管道气进口同比分别增长 3.1% 和 7.2%，LNG 进口量同比下降 0.8%。在国内天然气产量中，国产陆上天然气为 1089 亿立方米，国产海上天然气为 128 亿立方米，页岩气为 44 亿立方米，其他国产陆上非常规气为 85 亿立方米。国内天然气产量仅增长 40 亿立方米，主要来自海上深水气田和陆上页岩气项目。

非常规气生产取得较大进展，但在产量构成中所占份额仍较低。根据中石油经济技术研究院的统计，2015 年煤制气供应量约为 14 亿立方米，同比增长 74%，主要来自新疆庆华、大唐克旗、内蒙古汇能煤制气项目；煤层气利用量约为 80 亿立方米，主要来自中石油煤层气有限责任公司、中联煤层气有限责任公司，以及以山西晋煤集团、河南省煤层气开发利用有限公司为代表的省管能源企业等；页岩气生产取得重要突破，产量约为 50 亿立方米。

2015 年，随着中亚 C 线逐步达产，中缅管道的管道气进口量快速增长，中国管道气进口量稳定增加。根据思亚能源的统计，土库曼斯坦以 281 亿立方米出口量在 2015 年继续保持中国最大天然气进口来源国的地位，排在第二至第五位的中国天然气进口国分别是澳大利亚（76 亿立方米）、卡塔尔（66 亿立方米）、马来西亚（45 亿立方米）、印度尼西亚（40 亿立方米）。同比进口增长量方面，澳大利亚凭借昆士兰柯蒂斯 LNG 项目的投产运行成为对中国天然气出口增长最快的国家，土库曼斯坦和巴布亚新几内亚紧随其后，而最大降幅则来自价格最高的卡塔尔 LNG。

2015 年，经济增速和能源需求增速放缓使连续多年供求紧平衡的国内天然气市场也出现了相对过剩，估计全年资源供应能力过剩超过 100 亿立方米。供应过剩和价格低迷对天然气生产和进口企业产生了巨大的冲击，一些供气企业不得不通过压产、转售长贸 LNG 资源、按照“照付不议”最低量进口资源等措施适应市场变化。但是，区域性、季节性的“气荒”仍没有完全消失。冬季采暖用气量大幅攀升和 2015 年 11 月 20 日起国家大幅下调非居民用气门站价格，拉动了用气需求增加。尽管中国持续加快储气库建设、储气库工作气量和调峰气量增长较快，但难以满足调峰用气需求，中国冬季供气仍面临较大压力。

（2）需求增速大幅放缓

2004 年我国天然气市场进入了快速发展阶段；2010 年天然气消费量首次突破千亿立方米大关，成为美国、俄罗斯、伊朗之后的世界第四大天然气消费国；2011 年，天然气消费量增长首次超过 200 亿立方米；2013 年消费 1640 亿立方米，超过伊朗成为世界第三大天然气消费市场；2014 年，受我国宏观经济下行、国际油价下跌以及国内天然气价格调整等因素的影响，天然气消费呈现疲软态势。2004 ~ 2014 年，我国天然气消费量年均增长 142 亿立方米，年均增长 17.84%。天然气在一次能源消费结构中的比例逐步提高，由 2004 年的 2.5% 增长到 2014 年的 5.5%，但是 2014 年同比下降了 0.3 个百分点。总体而言，天然气在一次能源消费结构中的占比始终处于上升态势，而煤炭及石油比例不断下降。

2015 年，中国经济进入增速放缓、结构优化、动力转换的“新常态”，经济下行压力持续加大，全年 GDP 增速降至 6.9%。受国内经济增速放缓、气候温和、气价低迷等因素影响，中国天然气需求延续低迷态势。2015 年，我国天然气消费增速创 10 年来的新低。中石油经济技术研究院估计，中国 2015 年全年天然气表观消费量约为 1910 亿立方米，同比增长 3.7%，比 2014 年同期下降 6 个百分点，占一次能源消费总量的 5.9%（见图 34）。考虑库存因素，估计全国天然气消费量为 1873 亿立方米，同比增长 3.9%，远低于“十二五”规划提出的 2300 亿立方米目标。

从用途看，天然气的利用方向大致被划分为城市燃气、工业燃料、化工和发电四大类。城市燃气主要用于居民、天然气车船、公共福利、采暖，天然气发电主要用于调峰电厂、热电厂和热电冷联产用户，天然气化工主要用于合成氨、甲

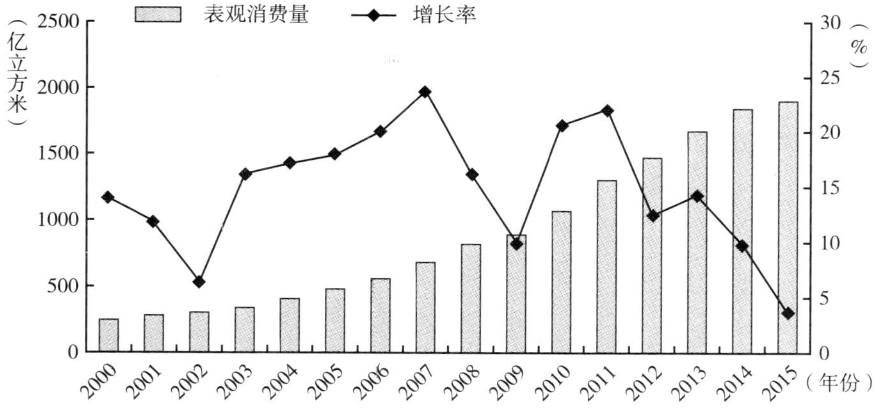

图 34　2000～2015 年中国天然气表观消费量

资料来源：孙贤胜、钱兴坤、姜学峰主编《2015 年国内外油气行业发展报告》，石油工业出版社，2016。

醇和制氢等行业，天然气工业燃料主要用于陶瓷、玻璃、钢铁、石化、氧化铝等行业。近年来由于清洁能源的大力发展，天然气越来越成为上述行业的主要燃料和原料。2014 年我国天然气消费具体构成为：工业燃料占 38.2%、城市燃气占 32.5%、天然气发电占 14.7%、天然气化工占 14.6%①。

2015 年，城市燃气和发电用气快速增长，成为拉动天然气需求增长的主要动力；交通用气增速放缓；工业用气需求低迷；化工用气同比下降。中国城市燃气管网覆盖面积继续扩大，居民和商业用户数量稳定增加，同时环保政策进一步推动了重点地区采暖锅炉煤改气项目。国家统计局估计 2015 年中国用气人口达到 2.8 亿人，城市气化率达到 38%，比 2014 年增加近 3 个百分点。估计 2015 年中国城市燃气天然气消费量为 758 亿立方米，占比为 39.7%，同比增长 13.1%。而在交通用气领域，受油价大幅下跌影响，天然气相对汽柴油经济性明显减弱，加上经济不景气、物流市场低迷等利空因素影响，交通用气发展缓慢。在发电领域，2015 年全国电力供需宽松，发电设备累计平均利用时间下降，燃气发电也受到影响。但下半年受降价促销和国家下调非居民用气门站价格政策影响，江苏等地燃气电厂用气量同比有较大增幅。全年发电用气为 294 亿立方米，占比为 15.4%，同比增长 12.2%。工业用气方面，因主要工业用气行业产能过剩，工

① 郭焦锋、高世楫主编《2015 中国气体清洁能源发展报告》，石油工业出版社，2015。

业用气需求疲软。同时，受煤炭、燃料油、LPG 等竞争能源价格大幅走低影响，部分工业用户煤改气缺乏积极性，甚至利用煤炭、燃料油等逆向替代天然气。全年工业用气为 576 亿立方米，占比为 30.2%，同比下降 5.4%。化工用气领域，2015 年受煤炭价格大幅走低和国际油价下跌的双重影响，化肥化工用气均出现了不同程度的下降。全年化工用气为 282 亿立方米，占比为 14.8%，同比下降 6.5%①。总体而言，工业燃料和城市燃气用气仍保持前列。

从地域看，随着天然气管网等基础设施建设不断完善，我国天然气消费区域继续由以西南、西北、华北、东北为主的油气田周边地区向环渤海地区、长三角地区和东南沿海地区等天然气负荷中心转移。2015 年，东部地区用气量继续保持较快增长，而其他地区增减不一。中石油经济技术研究院估计，长三角地区因天然气发电需求出现回暖，天然气消费量达到 328 亿立方米，同比增长了 13%，占全国天然气消费总量的 17.2%；东南沿海地区天然气消费量为 266 亿立方米，同比增长 6.3%，占比为 13.9%；中南地区天然气消费量为 198 亿立方米，同比增长 5.7%，占比为 10.4%；中西部地区小幅增长 4.0%；环渤海地区有升有降，北京、天津天然气消费量快速增加，河北天然气消费量大幅下降，地区天然气消费量为 295 亿立方米，同比增长 3.3%，占全国天然气消费总量的 15.4%；西南和东北地区天然气消费量小幅增长；西北地区天然气消费量受 LNG 工厂和化工用气减少的影响大幅下降 8.6%。

（3）价格市场化改革取得实质性进展

2015 年，在全球经济增长放缓、国际油气价格大幅下跌的背景下，中国进口天然气价格也出现了下跌。据中石油经济技术研究院统计，1～11 月 LNG 进口均价降至 2.02 元/立方米，完税价格为 2.29 元/立方米，同比下降 24.5%；进口管道气到岸均价降至 1.79 元/立方米，完税价格为 2.02 元/立方米，同比下降 18.8%。尽管进口价格大幅下跌，但进口天然气成本仍高于调价后的门站销售价格。同时，由于石油、煤炭等替代能源价格下降，天然气需求仍然低迷。在需求增速放缓、市场开发困难的大环境下，以“三桶油”为代表的进口企业天然气业务均亏损严重。

2015 年 2 月，国家发改委发布《关于理顺非居民用天然气价格的通知》，规定自 4 月 1 日起非居民用增量气最高门站价格下调 0.44 元/立方米，存量气最高门站价格上调 0.04 元/立方米；放开直供用户（化肥企业除外）用气门站价格，

① 孙贤胜、钱兴坤、姜学峰主编《2015 年国内外油气行业发展报告》，石油工业出版社，2016。

由供需双方协商定价。增量气价格平均降幅超过 15%，增量气用户成本明显下降，存量气升幅不足 2%。

3 月 20 日，国家发改委发布《关于建立健全居民用气阶梯价格制度的指导意见》，决定在全国范围内推行居民阶梯气价制度。该意见对各档气量和气价的确定做了原则性规定。阶梯气价分为三档，各档气价实行超额累进加价，原则上，第一、二、三档气价按 1∶1.2∶1.5 的比例安排。

11 月，国家发改委发布《关于降低非居民用天然气门站价格并进一步推进价格市场改革的通知》，规定自 11 月 20 日起，非居民用气最高门站价格降低 0.7 元/立方米，2016 年 11 月 20 日后允许在此基础上上浮 20%，下浮不限。调整后的全国平均门站价格由 2.51 元/立方米降至 2.09 元/立方米，全国均价下调了 16.7%。随着国家下调非居民用气门站价格，10 多个省市也相继出台了调价文件。按照 2013 年确定的"三步走"改革计划，通过两次价格改革，我国如期实现了存量气与增量气价格并轨，全面理顺了非居民用气价格，同时试点放开了直供用户的用气价格。在经济增速放缓、实体经济低迷的大环境下，天然气价格调节对减轻下游用户负担、促进经济增长将起到重要作用。而且，气价降低将促进天然气的推广利用，促进能源结构调整和环境保护。国家通过进一步放松价格管制，增加了价格弹性，给天然气供需双方以更多自主协商价格和选择的空间，有利于激发市场活力，促进公平竞争。但是，从各地终端用户价格水平来看，中国工业用气和车用气价格水平仍然普遍高于居民用气价格，制约了工业和车用气的需求增长。

2015 年 7 月 1 日，上海石油天然气交易中心投入试运营。交易中心试运营 4 个月以来，以中石油、中石化和中海油为主的中国企业积极挂牌交易，交易量稳步上升，截至 2015 年底，共交易管道气 41.5 亿立方米，LNG 14 万吨（约 1.94 亿立方米）。根据《关于降低非居民用天然气门站价格并进一步推进价格市场改革的通知》要求，非居民用气要加快进入上海石油天然气交易中心，具体交易价格由供需双方在价格政策允许的范围内通过公开交易形成，力争在 2～3 年内，达到全面实现非居民用气公开透明交易的目标。天然气交易市场的建设，有利于形成直接反映市场情况的价格，为全面放开天然气市场价格创造条件，也有利于推动国内天然气市场与全球市场深度对接，提高国际影响力。

（4）天然气管道、LNG 接收站等基础设施建设稳步推进

截至 2014 年底，中国已经建成天然气管道 8.5 万千米，以陕京一线、陕京二线、陕京三线、西气东输一线、西气东输二线、川气东送等为主干线，以冀宁线、淮武线、兰银线、中贵线等为联络线的国家基干管网基本形成，干线管网总输气能

力超过2000亿立方米/年。2015年，天然气管道建设仍保持快速发展势头。

2015年1月，陕京三线天然气管道工程全线建成投产。该工程全长1066千米，设计输气量为300亿立方米/年。2015年2月，陕京四线北京军都山隧道全线贯通。陕京四线全长1274.5千米，输气能力为250亿立方米/年。2015年3月，鄂尔多斯—安平—沧州输气管道工程（鄂安沧管道）环境影响评价公众参与调查第一次公示。该项目总长2422千米，输气能力为300亿立方米/年。新粤浙管道工程环境影响评价文件于2015年4月8日受理，并于4月10日至23日完成了公示。该项目即中国石化新疆煤制天然气外输管道工程，全长8280千米，输气能力为300亿立方米/年。2015年4月25日，西三线东段隧道主体工程全面完工。西三线工程全长7378千米，设计输气量为300亿立方米/年。2014年8月西段全线贯通，中段预计将于2016年底建成投产。2015年6月，中俄东线天然气管道中国境内段正式开工。该工程包括干线和长岭—长春支线，全长923千米，设计输气量为380亿立方米/年。根据2014年5月中俄两国签署的协定，俄罗斯将从2018年起通过中俄东线向中国供气，输气量逐年增长，最终达到每年380亿立方米的水平，累计30年。

截至2015年底，全国投产LNG接收站11座，累计接收能力达到4080万吨/年；在建LNG接收站6座，加上大连、如东、宁波等二期在建项目，在建能力超过2100万吨。2015年，在需求萎缩、价格低迷的市场环境下，中国LNG接收站利用负荷从2014年的48.7%降至47.7%，LNG接收站利用效率低、接收能力过剩问题显现。此外，LNG接收站建设和运营主体多元化趋势明显。广汇能源、新奥能源、哈纳斯新能源集团等民营企业纷纷布局LNG业务，分别在江苏启东、浙江舟山、福建莆田规划建设LNG项目。

截至2015年，国内已建成储气库（群）11座，预计形成工作气量53亿立方米，约占全国天然气消费总量的2.8%。其中，中石油10座，中石化1座。

（5）一系列关于天然气改革的政策法规密集发布

2015年，国家密集发布了关于天然气的一系列政策法规，涉及天然气领域的管网开放、供销合同、基础设施、价格机制等各个方面，对天然气行业发展产生了重要影响。除前述《关于理顺非居民用天然气价格的通知》《关于建立健全居民用气阶梯价格制度的指导意见》《关于降低非居民用天然气门站价格并进一步推进价格市场改革的通知》等价格改革的法规外，还包括以下政策法规。

《油气管网设施公平开放监管办法（试行）》，2015年2月13日由国家能源局印发。该办法要求油气管网设施运营企业在一定前提下，向新增用户开放使用油气管网设施，促进油气管网设施公平开放，提高管网设施利用效率，保障油气供应，规范油气管网设施开放后相关的市场行为，并在油气行业普遍纵向一体化的环境和体制下，努力解决上、下游市场主体的多元化开放需求。

《天然气基础设施建设与运营管理办法》（以下简称《办法》），2015 年 2 月 28 日由国家发改委发布。主要是鼓励、支持各类资本积极参与投资建设被纳入统一规划的天然气管网、接收站等基础设施，并规定了天然气销售企业应当承担的储备义务。《办法》要求，到 2020 年，天然气销售企业应拥有不低于其年合同销售量 10% 的工作气量，满足天然气供应中断等应急状况出现时所供应市场的调峰等用气要求。《办法》特地强调了以下三点：一是国家鼓励、支持天然气基础设施相互连接；二是天然气基础设施运营企业不得利用其对基础设施的控制排挤其他天然气经营企业，并应与用户签订天然气基础设施服务合同；三是承担天然气储备义务的企业可以单独或者共同投资建设储气设施，也可以委托代为储备。

《天然气购销合同（标准文本)》，2015 年 2 月 25 日由国家能源局印发。该合同标准文本呼应《油气管网设施公平开放监管办法（试行)》第 9 条中国油气管网设施对外提供服务的新模式，鼓励上游用户和下游用户通过自行协商或委托代理等方式直接销售油气，鼓励上、下游用户与油气管网设施运营企业签订合同或协议。该合同共有 21 条及 6 个附件，内容涵盖了交付、合同价格、合同量、气款结算、质量和计量、调试和维修以及争议解决办法等。

《能源行业加强大气污染防治工作方案》，2015 年 3 月 24 日由国家发改委、能源局、环保部联合制定。这是整个能源领域加强大气污染防治的总体方案。在保障清洁能源供应方面，该方案对天然气单独做了详细阐述，确定天然气（不包含煤制气）能源消费比重 2015 年达到 7% 以上，2017 年达到 9% 以上。为增加供应，需要增加常规天然气产量，加快页岩气、煤层气等非常规天然气开发，推进煤制气科学有序发展；加快主干天然气管网、储气和城市调峰设施建设；要优先保障民用气、供暖用气和民用采暖的煤改气。天然气增加供应的具体目标是：到 2015 年，全国天然气供应能力要达到 2500 亿立方米；2017 年，全国天然气供应能力要达到 3300 亿立方米。该方案还特别强调了分布式供能的推广，力争 2015 年建成 1000 个天然气分布式能源项目；在 2015 年底前，以江苏、浙江、上海等地区为重点，安排天然气分布式能源示范项目；到 2017 年，天然气分布式能源要达到 3000 万千瓦。

《关于加快推进储气设施建设的指导意见》，2015 年 4 月 5 日由国家发改委发布。主要目的是切实推进储气设施建设，进一步保障天然气供应，维护经济社会平稳运行。该指导意见鼓励各种所有制经济参与储气设施的投资建设和运营，并要求各地加大对储气设施投资企业的融资支持力度，要求价格主管部门利用价格调节手段，引导储备气设施建设。

《关于建立保障天然气稳定供应长效机制若干意见的通知》，由国家发改委制定，2015 年 4 月 14 日国务院办公厅转发。该通知提出，到 2020 年，天然气供应能力要达到 4000 亿立方米，力争达到 4200 亿立方米；通过推进“煤改气”工程，到 2020 年，满足“煤改气”用气需求 1120 亿立方米。为实现上述目标，国家将加大对天然气尤其是页岩气等非常规天然气勘探开发的政策扶持力度，有序推进煤制气示范项目建设。落实鼓励开发低品位、老气田和进口天然气的税收政策，优化天然气使用，做好天然气与其他能源的统筹平衡工作，优先保障天然气生产，支持各类不同市场主体依法平等参与储气设施的投资建设和运营，研究制定鼓励储气设施建设的政策措施；建立天然气监测和预测、预警机制，做好油气勘探开发体制改革试点工作，研究制定天然气管网和 LNG 接收站、存储设施向第三方公平接入及公平开放的政策措施。该通知还强调，要进一步理顺天然气与可替代能源的价格关系。

2. 中国天然气市场发展战略

国内天然气市场的发展取决于宏观经济基本面、国家能源政策、天然气供需关系、石油煤炭等相关产业发展等因素。“十三五”期间，国内宏观经济仍面临较大的下行压力，经济增速将进一步放缓，预计将回落至 6.5% 左右。经济增长放缓将抑制能源的需求，影响能源领域的投资。在“十三五”规划开始实施，供给侧结构性改革加快推进和去产能、去库存、去杠杆、降成本、补短板的重点任务得到落实的大环境下，国内天然气市场供需将继续保持宽松，但受价格下调和环保政策利好影响，天然气消费有望逐步回暖。

2015 年以来，国家出台了关于天然气的一系列政策法规。但总体而言，我国天然气领域市场化改革依然滞后，影响行业的健康运行和在国际市场的竞争力。我国应积极适应外部环境的变化，结合油气体制改革和国有企业改革，进一步完善我国天然气发展战略。总体而言，未来几年，中国天然气发展战略应为：加快推进天然气市场化改革，积极鼓励、引导、促进天然气消费，充分利用国内、国外天然气资源，保障国内不断增长的天然气需求；加快推进技术进步和体制机制改革，促进常规天然气和煤层气、页岩气等非常规天然气勘探开发；完善管道、LNG 接收站、储气库等基础设施，不断提高企业在国际天然气市场的竞争力和长期供应保障能力；加快推进价格体制改革、管网改革、市场准入，提高市场开放程度，完善市场监管，努力构建清洁、高效、公平的现代能源体系。

（1）加大政策支持力度，促进天然气消费

需求疲弱导致中国天然气供应能力严重过剩，中国天然气发展面临着市场、政策等多重挑战，急需国家政策的强力支持。近年来，各地频繁出现的雾霾等空气污染饱受诟病，要治理空气污染，关键是要减少煤炭、石油等能源的消费，转而消费更多清洁能源。在天然气、水电、风能和太阳能等清洁能源中，天然气被认为是可以大规模替代煤炭和石油消费的首选。

“十二五”规划预计，2015 年我国天然气消费量将达到 2300 亿立方米，但“十二五”末天然气消费增速放缓，未能完成规划目标。虽然受经济放缓以及煤、油价格下滑等因素的影响，我国天然气市场发展的内外部条件发生了一些变化，但天然气消费量逐年增长的趋势并未改变。2016 年，随着国家政策的不断推动和天然气价格的进一步理顺，一些领域的用气积极性将逐步复苏和回升，国内天然气需求将恢复较快的增长，预计 2016 年中国天然气消费量将超过 2000 亿立方米，增速超过 2015 年，达到 6% 左右。

在国家政策的支持下，城市燃气已成为我国天然气利用最重要的领域。随着加快推进新型城市化建设，居民、公共服务、交通等城市燃气用气快速增长，城市燃气用气仍将保持较高的增速，依然是推动天然气消费增长最重要的驱动力量。在发电领域，天然气发电对燃料成本增长比较敏感，在煤炭价格低迷的条件下，气电仍然缺乏竞争力，但随着我国天然气供应价格的降低和上网电价的大幅调整，发电也将成为未来天然气发展的主要增长点。在环境保护和治理的压力下，一些地方政府已经行动起来，通过补贴气价等多种方式，积极推进电厂煤改气工程，提高天然气消费量。据统计，随着《大气污染防治行动计划》的落实，中国已有 10 多个省市实施了燃煤锅炉改造计划，部分城市已出台相关补贴政策。

（2）实现气源多元化，提高长期供应保障能力

从长期看，保障供应仍然是天然气行业发展的重要任务。目前，国内天然气供应总体过剩。在新价改政策下，天然气产业的利润从上游向下游转移。国内大部分常规天然气田已处于亏损或微利状态，非常规气的成本压力更大。一些油气田有可能被迫减产，一些成本较高的煤制气、页岩气的产量也将受到影响。在油气价格低迷、需求不振的大环境下，上游环节的投资将增长放缓或减少，这将直接影响 2016 年的天然气市场供应。预计 2016 年国内天然气产量增长幅度有限，供应量约为 1380 亿立方米，增幅为 5% 左右。

目前，国内常规天然气生产以中石油、中石化、中海油三大公司为主，尽管煤层气、页岩气等非常规能源的勘探开发正逐步放开，但受技术、投资、市场等

因素的制约，实际发展情况远不如预期。未来几年，在国际市场供应充足和价格低迷的大环境下，中国国内天然气不断扩大的供需缺口仍主要通过增加进口解决。中石油经济技术研究院估计，2016 年，中国将进口 LNG 2160 万吨（约合 300 亿立方米），同比增长 11.1%；进口管道气约 390 亿立方米，同比增长 10.2%。预计全年天然气进口量将达 690 亿立方米，比上年增长 10.6%，占消费量的比例为 33.7%。

在国内，按照国家“十三五”规划的要求，应“加强陆上和海上油气勘探开发，有序开放矿业权，积极开发天然气、煤层气、页岩油（气）”。同时，企业应抓住国际天然气供应充足、气价低迷的有利时机，通过现货、长协等多种方式，积极落实境外的天然气资源。

（3）加快基础设施建设，提高输送和储备调峰能力

近年来，天然气管网、储气库、LNG 接收站等天然气基础设施建设不断加快。2016 年，随着中俄东线天然气管道中国段开工并加快建设，中国四大能源进口战略通道将初步形成，且每一条通道都将“油气兼备”。中亚 C 线进口能力将继续提高，管道气进口量将稳步增长；随着中海油粤东、中石化北海、天津南港等 LNG 接收项目陆续投产运行，中国 LNG 接收能力将大幅提升。

但是，相对于国土面积、人口数量以及天然气需求的增速，中国天然气管网尚不成熟，管道长度、密度均有待进一步增加；在储气调峰能力方面，中国更是落后于西方发达国家。因此，在较长的时期内，中国需要继续加快建设陆上进口油气战略通道，推进油气储备设施建设，提高油气储备和调峰能力，加快构建多能互补、外通内畅、安全可靠的现代天然气储运网络。

（4）抓住关键领域，加快推进市场化改革

2015 年，国家围绕价格形成、市场准入、基础设施建设和使用等出台了一系列政策法规，但是天然气领域充分竞争格局还没有形成，市场化改革有待于进一步推进。低油价、低气价、油气供需宽松为天然气市场化改革提供了很好的机会，应结合国家“十三五”发展规划和国有企业改革，以管道和价格作为重点，从企业、市场和政府多个维度加快推进。只有让市场机制发挥决定性作用，天然气才可能迎来快速发展。

一方面，按照“管网开放、网运分开”的目标改革天然气管网。深化天然气体制改革，要在全产业链各环节放宽准入，管网等基础设施是重要的改革内容。应借鉴发达国家天然气行业改革的步骤和经验，根据中国的国情和市场格局，有序推进天然气管网改革。一是加强国家层面的全国天然气管网、接收站等统一规划和建设，继续完善天然气基础设施建设和布局；二是按照“先开放、

后分开”的顺序，逐渐推进管网改革。应要求油气企业内部先建立相对独立的管网公司，严格按照国家监管的要求对第三方公平开放，在条件成熟时进行整体分离，组建多元投资、运行有效的国家管网公司。在此过程中，成立相对独立的管网监管机构，不断提高监管水平。

另一方面，加快推进天然气价格改革。在行业发展历史上，世界各国天然气价格都经历了体制改革。总体而言，市场化是多数国家的改革方向，主要做法包括：放开竞争领域的价格管制，限制自然垄断环节业务并加强监管，建立统一的燃气市场，加强储备调控，等等。对于中国而言，应尽快放开市场准入、放开进出口和流通领域的种种限制、实现管网开放，通过市场竞争配置资源和形成价格。但是，管道运输作为自然垄断领域，政府要保留对它的价格决定权，并进行严格监管。

（三）煤炭市场

1. 中国煤炭市场发展概况及主要影响因素

近年来，随着我国经济进入新常态，受经济增速放缓以及经济结构调整的影响，我国煤炭市场在结束了长期高速发展阶段之后持续衰退，其主要表现为价格不断下跌、需求不断减少，并且在短时间内无法摆脱这一困境。根据 IEA 统计，我国煤炭市场无论是在产量、进出口、总供给和总消费还是在煤电站煤炭消费比例上都出现了明显的拐点。

首先，从煤炭产量看，自 2000 年以来经历了十几年的快速增长后，我国煤炭产量已经出现了明显的回落，而这一趋势仍会持续较长一段时间，从图 35 反映的自 1970 年以来我国煤炭产量的变化就可以明显看到这一趋势。

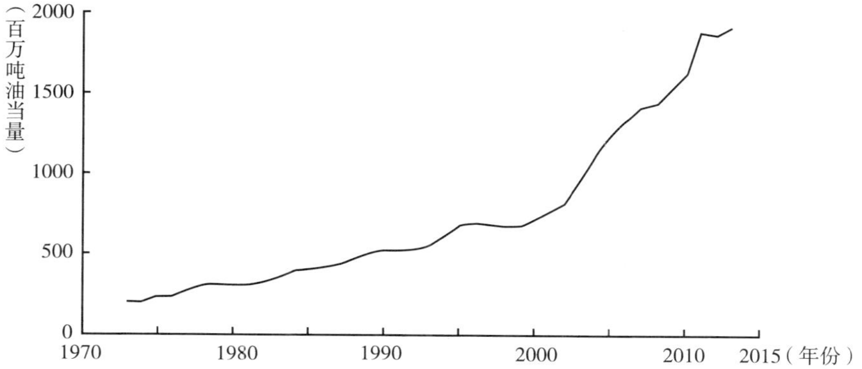

图 35　1970～2015 年中国煤炭产量走势

资料来源：国际能源署（IEA），http：//energyatlas. iea. org/？subject＝2020991907。

其次，在煤炭贸易方面，受国内产量下降以及国际煤价下降的双重影响，我国在近几年从净出口国转为净进口国，图 36 即反映了这一趋势，从图中可以明显看出我国煤炭进口增长速度较快，优质低价进口煤给我国煤炭市场也带来了较大的冲击。

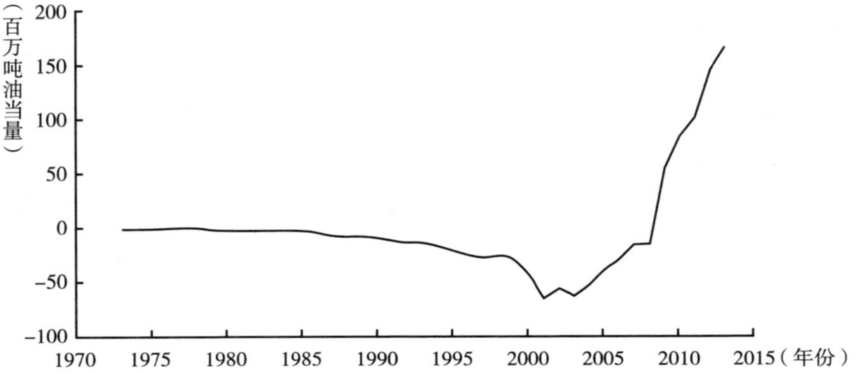

图 36　1970 ~ 2015 年中国煤炭贸易走势

资料来源：国际能源署（IEA），http：//energyatlas. iea. org/? subject = 2020991907。

再次，在煤炭供给方面，与生产情况类似，近年来煤炭供给速度也有所下降，具体情况见图 37。

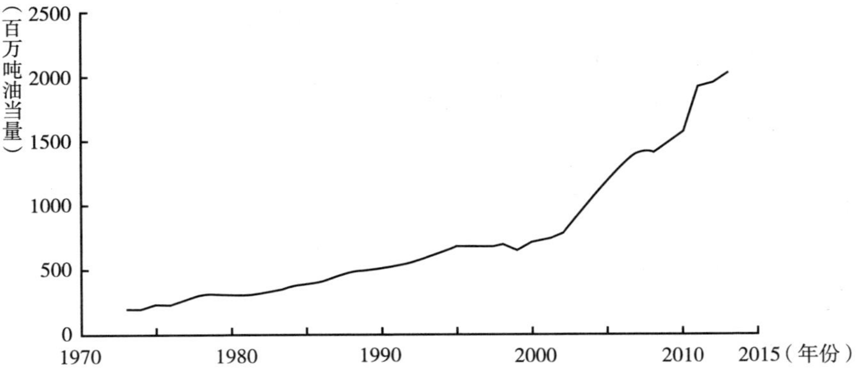

图 37　1970 ~ 2015 年中国煤炭供给走势

资料来源：国际能源署（IEA），http：//energyatlas. iea. org/? subject = 2020991907。

在煤炭消费领域，排除了发电以及其他转换用途的煤炭消费之后，我国煤炭消费量也结束了高速增长阶段，开始进入下降区间，图 38 即反映了这一趋势。

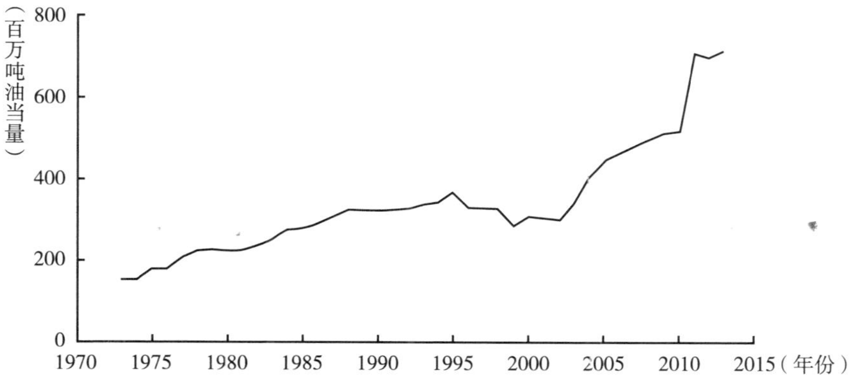

图 38　1970～2015 年中国煤炭消费走势

资料来源：国际能源署（IEA），http：//energyatlas. iea. org/？ subject = 2020991907。

最后，在电煤比例方面，受国家政策以及环境压力的影响，我国电煤占煤炭总消费的比例出现了下降，从图 39 中即可明显看出这一特征。

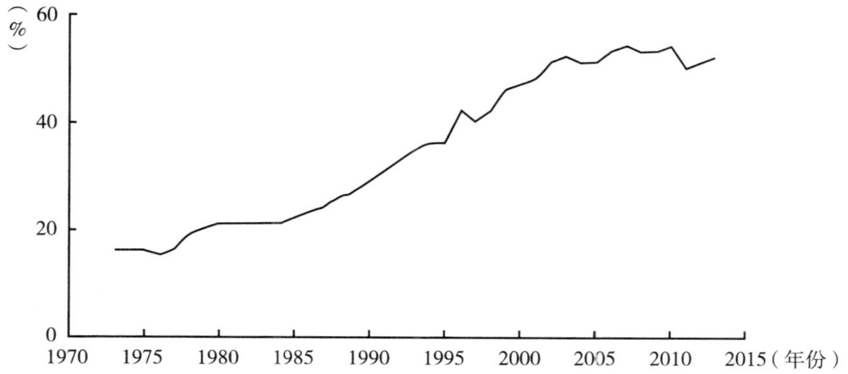

图 39　1970～2015 年中国电煤占煤炭总消费比例走势

资料来源：国际能源署（IEA），http：//energyatlas. iea. org/？ subject = 2020991907。

可以说，当前我国煤炭市场主要受两方面因素的影响，一是经济增长方式转变所带来的经济结构、产业结构以及能源结构调整；二是环境尤其是空气污染所带来的巨大压力。

（1）经济新常态下的能源结构调整

目前我国能源结构中煤炭比例过大，经济增速放缓带来了一系列问题，如煤炭产能过剩，钢铁业等依赖煤炭的产业也出现了不同程度的衰退。在经济新常态的背景下，要实现产业结构的优化合理，必须要改变以煤炭为主的能源结构。BP《世界能源统计年鉴 2015》显示，近年来我国煤炭消费量下降了 2.6%，与近十年来 5.3% 左右的增长速度相比形成了巨大的反差，但仍维持在 40 亿吨左右，煤炭在一次能源消费中所占的比例也高达 66%，远高于 30% 左右的世界平均水平。为此，我国明确提出到 2020 年将煤炭占一次能源消费的比例控制在 62% 以内。据 BP 预测，低碳能源政策下的经济再平衡以及进一步发展，中国的煤炭消费将在 2027 年左右达到峰值，到 2035 年煤炭占一次能源消费的比例将进一步降低至 50% 左右，年均煤炭消费量也将以 0.2% 左右的速度增长（其中，从 2027 年到 2035 年将出现 0.3% 左右的年均负增长，这与近十几年 10% 以上的平均增长速度相比有了质的变化）。图 40 为 BP 对中国能源消费结构与煤炭需求增速的预测及其历史情况，从图中可以看出我国煤炭在一次能源中的比例将大幅下降，而天然气和非化石能源将填补煤炭留下的缺口，长期以来我国煤炭需求增速与 GDP 增速之间的正相关性也会逐渐消失，在 2035 年左右则会出现负相关，这表示我国以煤炭消费为驱动的产业结构将顺利实现转型升级。

（2）环境尤其是空气污染带来的巨大压力

近年来，随着经济发展水平的提高，环境问题成为当前中国最突出的矛盾之一，空气污染尤其是雾霾频发使政府开始下定决心治理这一问题。由于燃煤成为中国雾霾的主要成因，因此空气污染带来的诸多问题将严重影响煤炭乃至整个能源行业的发展前景。据环保部分析，重度雾霾期间以化石燃料和生物质燃料燃烧排放的颗粒物为主，其中与燃煤相关的污染物是 PM2.5 的主要组成部分。同时，在雾霾较为严重的京津冀地区还存在重度依赖煤炭的能源消费结构和产业结构，而大量劣质煤炭的使用则加重了雾霾的强度。图 41 是我国空气污染物的主要来源，从图中可以看出，工业和发电业排放的污染物占据了空气中污染物的绝大部分，其中以煤电为主的发电业不仅面临着装机容量过剩等问题，目前全国范围内实施的严格排放标准也限制了其未来的发展。

事实上，从国家层面说，打造清洁低碳、安全高效的能源供应体系是经济社会发展到一定阶段的必然要求，尤其在当前环境下大力发展风电、水电、光伏发电等清洁可再生能源也是必要的举措，这给煤炭产业带来了进一步的压力。

2. 对我国煤炭产业发展的政策建议

对于我国来说，改变目前以煤炭为主的能源结构绝非一朝一夕之功，由于我国富煤、贫油、少气的特点，以煤为主的能源结构无论是在经济层面还是在能源安全层面都具有较高的合理性，这使煤炭产业成为关系我国经济命脉和能源安全

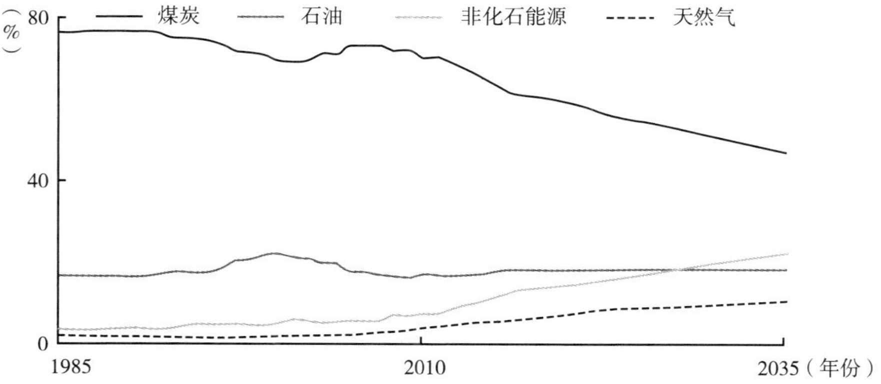

中国一次能源比例

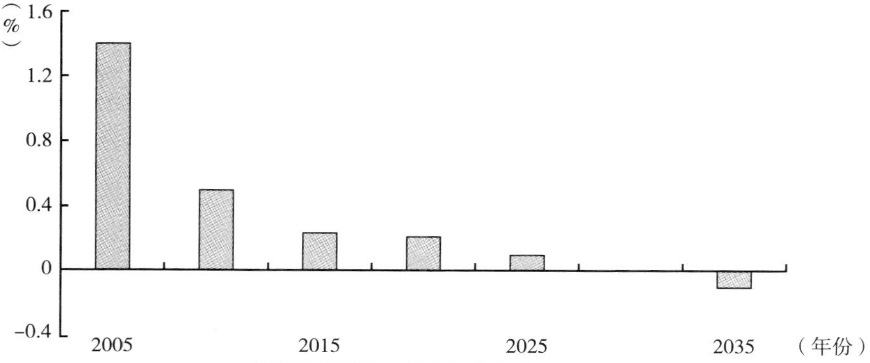

煤炭需求增速与GDP增速比例
（5年平均比例）

图 40　我国能源消费结构与煤炭需求增速（历史和预测）

资料来源：英国石油公司（BP），http：//www. bp. com/en/global/corporate/energy – economics/statistical – review – of – world – energy/coal – review – by – energy – type. html。

的重要产业之一。同时，由于可再生能源在短期内尚无法取代传统化石能源的地位，因此在短期内我国仍将沿续以煤炭为主要一次能源供给的局面。近年来，随着我国经济增长方式的转变以及产业结构调整初见成效，我国煤炭产业整体发展水平也有了较大提高，但由于长期以来积累的深层次矛盾一直没有得到解决，也面临着新形势下的一系列新问题。为此，2015 年 3 月 25 日，国家能源局发布了《关于促进煤炭工业科学发展的指导意见》，意见进一步明确了经济新常态下我国煤炭产业发展的指导思想和基本原则，并对煤炭产业今后的发展提出了 10 条具体意见，包括优化煤炭开发布局、调整煤炭产业结构、加强煤炭规划管理、规

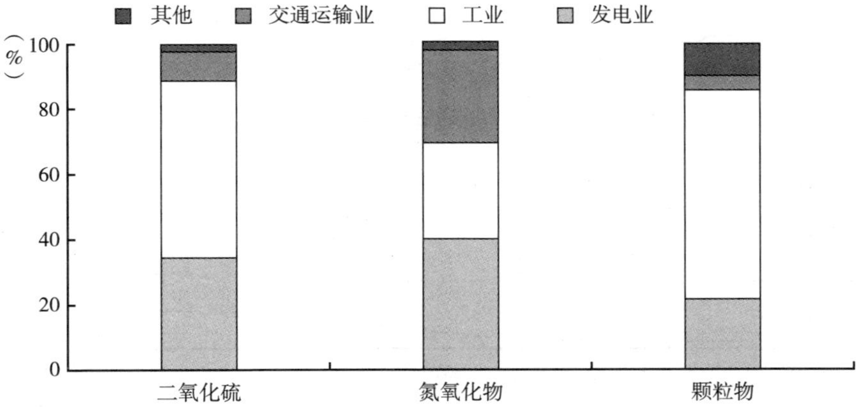

图 41　我国空气污染物来源

资料来源：国际能源署（IEA），http：//www. iea. org/topics/coal/。

范煤炭生产建设秩序、推进煤炭安全绿色开采、推进煤炭清洁高效利用、加快煤层气产业化发展、营造煤炭企业良好发展环境、加强煤炭行业监督管理、统筹推进煤炭国际合作等工作。

进入 2016 年，我国经济仍然面临诸多困难和不确定性，我国煤炭产业面临的压力也会越来越大，随着需求的减少，国内产能过剩和进口煤保持高位使市场供大于求的矛盾更加突出。为进一步适应新常态对煤炭产业的要求，促进煤炭产业科学发展，我国应从三方面入手，使煤炭产业尽快摆脱困境，实现煤炭产业良性发展。

（1）尽快化解过剩产能，实现煤炭产业脱困发展

2015 年 12 月举行的中央经济工作会议中明确指出，2016 年经济社会发展特别是结构性改革主要是抓好去产能、去库存、去杠杆、降成本、补短板五大任务。从这一安排中可以看出，去产能将成为今后一段时间内我国煤炭产业改革的主要内容。为此，我国应以供给侧结构性改革为主要切入点，严格控制煤炭消费，推进重点地区尤其是京津冀地区煤炭减量替代；暂停审批新建煤炭项目，严格控制煤炭新增产能；淘汰落后煤矿以及产能，大力推进煤炭企业兼并重组和转型升级，从而使我国煤炭产业结构更加合理，进一步提升煤炭产业发展质量和效益。对此，国务院于 2016 年 2 月 1 日发布了《国务院关于煤炭行业化解过剩产能实现脱困发展的意见》，明确指出从 2016 年开始，用 3 ~ 5 年时间，通过严格控制新增产能、加快淘汰落后产能和其他不符合产业政策的产能、有序退出过剩

产能、推进企业改革重组，以及促进行业调整转型等手段，淘汰产能5亿吨左右、减量重组5亿吨左右，较大幅度压缩煤炭产能，推动煤炭产业转型升级取得实质性进展。

（2）提高煤炭消费质量，实现清洁高效利用

由于在未来较长时间内，煤炭在一次能源消费中仍将占主导地位，因此改变煤炭利用方式粗放、能效低、污染重等问题将是我国煤炭产业发展的重要任务。为达到这一目标，一方面我国应提高煤炭供应质量，提高商品煤质量管理水平，严格限制高硫、高灰劣质煤的生产使用，以减少燃烧后产生的硫化物、氮氧化物、粉尘排放；另一方面应改变煤炭消费方式，通过实施集中供暖、电能替代等方式实现煤炭的清洁高效利用，也有利于解决污染物排放的监管和控制等问题。为此，2015年4月27日，国家能源局发布了《煤炭清洁高效利用行动计划（2015～2020年）》，提出要加强煤炭质量管理，加快先进煤炭、煤电技术应用，建立煤炭清洁高效利用推进机制，最终建成清洁、高效、低碳、安全、可持续的现代煤炭清洁利用体系。

（3）大力开发煤层气，推动能源生产和消费革命

煤层气又称煤矿瓦斯，其发热量与常规天然气基本相同，可以与天然气混输混用，且燃烧后的排放物较为洁净，属于优质清洁能源。我国具有较高的煤层气储藏，但由于长期以来未能有效开发，直接排放到大气中不仅会造成较大的生态环境破坏，也使煤矿安全生产存在很大的隐患。因此，加快煤层气勘探开发不仅有利于保障煤矿安全生产，减少温室气体排放，还可以增加清洁能源供应，具有较好的经济效益。近年来，在国家政策的推动下，煤层气地面开发取得了重大进展，但总体上仍处于起步阶段，技术水平和利用率都较低，也未达到规模效应。为此，2015年2月3日国家能源局发布了《国家能源局关于印发煤层气勘探开发行动计划的通知》，提出我国要通过分区域、分层次开展煤层气勘探、加快煤层气地面开发、加强煤矿瓦斯规模化抽采、完善利用基础设施、强化科技创新等手段，力争到2020年完成新增煤层气探明地质储量1万亿立方米，煤层气抽采量达到400亿立方米等目标，从而实现科学高效开发利用煤层气资源，推动能源生产和消费革命。

（四）可再生能源市场

1. 中国可再生能源市场发展概况及主要影响因素

近年来，在市场以及相关政策推动下，我国可再生能源有了很大的发展，其

在能源结构中的地位也在逐渐上升。图 42 反映了 40 余年来我国可再生能源总产量走势，从图中可以看出，2005 年之后我国可再生能源产量出现了加速上涨的局面，这与近年来我国政策的大力支持是分不开的。

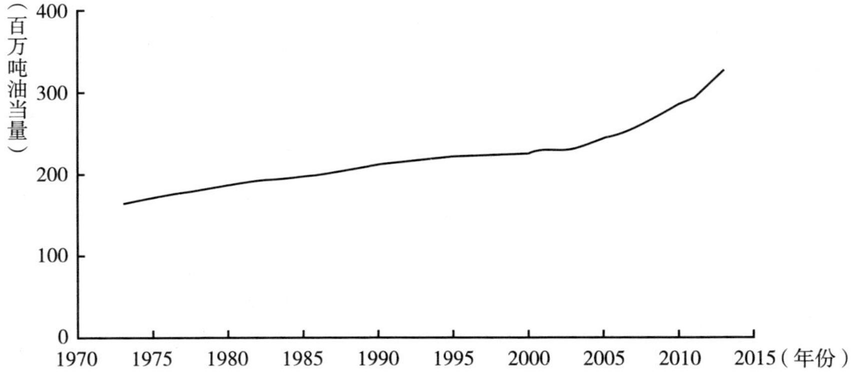

图 42　中国可再生能源总产量走势

资料来源：国际能源署（IEA），http：//energyatlas. iea. org/？ subject = －1076250891。

在固体生物燃料占可再生能源比例方面，由于长期以来在我国尤其是农村地区以农作物秸秆或者木材为主要燃料，造成固体生物燃料占据了可再生能源的绝大部分，但 2000 年之后这一能源结构开始出现转变，目前这一比例已下降到 60% 左右，从而大大提高了我国可再生能源的结构质量（见图 43）。

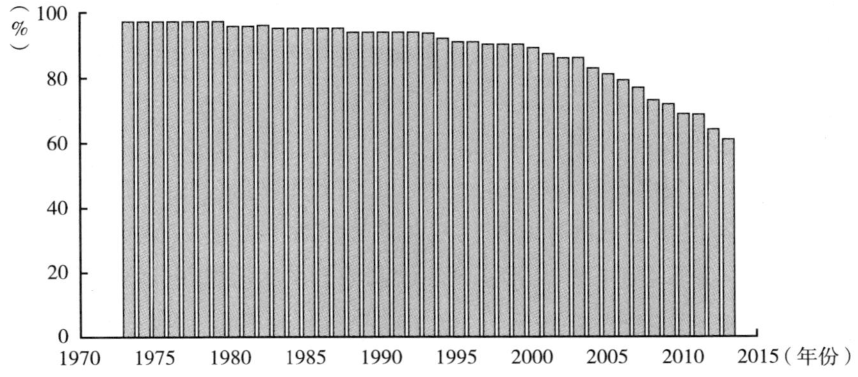

图 43　固体生物燃料占可再生能源比例走势

资料来源：国际能源署（IEA），http：//energyatlas. iea. org/？ subject = －1076250891。

在可再生能源发电方面，2014 年，中国可再生能源发电量增长了 593%。而在 2015 年，我国可再生能源尤其是风电和光伏发电有了更大的增长。据中国光伏行业协会统计，2015 年我国光伏发电新增装机量为 15 吉瓦，累计装机量已达 43 吉瓦，这一规模也超越了德国，从而使我国成为世界上光伏累计装机量最大的国家。而在风电方面，据中国可再生能源学会风能专业委员会的统计，2015 年我国新增风电装机容量为 3050 万千瓦，比 2014 年上升 31.5%。图 44 反映了我国可再生能源发电量占总发电量的比例，水电发电量在我国发电量中所占比例一直较高，因此从图中可以看出，我国可再生能源发电量占总发电量比例一直保持稳定，而近年来风电和光伏发电的迅速发展使这一比例又有了较大幅度的提升。

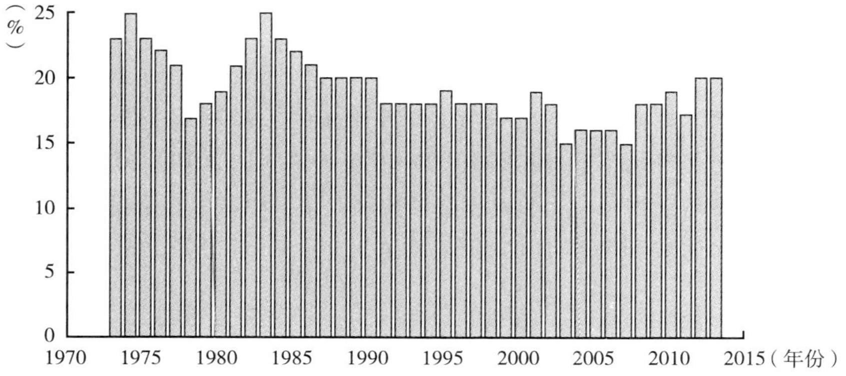

图 44　可再生能源发电量占总发电量比例

资料来源：国际能源署（IEA），http：//energyatlas. iea. org/? subject = -1076250891。

在可再生能源占一次能源供给总量比例方面，从图 45 中可以看出，近几十年来，随着我国工业化进程的加快，传统可再生能源在一次能源中所占比例不断下降。但近年来随着传统化石能源在能源结构中的调整以及风电和光伏发电的迅速发展，可再生能源占一次能源供给总量的比例也开始有了一定程度的提高。

可以说，近年来我国可再生能源的迅速发展主要有两方面的原因，一是我国能源结构调整带来的机遇，二是环境因素带来的动力。

（1）能源结构调整为可再生能源发展带来了机遇

据国家能源局统计数据显示，2015 年我国电力消费总量为 55500 亿千瓦时，比上年增长 0.5%，增长额仅为 267 亿千瓦时。在电力生产方面，2015 年我国风

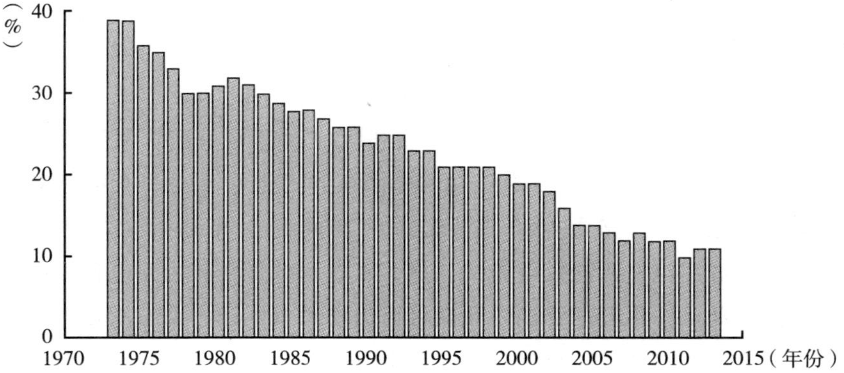

图 45　可再生能源占一次能源供给总量比例

资料来源：国际能源署（IEA），http：//energyatlas. iea. org/? subject = －1076250891。

电和光伏发电的上网电量分别为 1863 亿千瓦时和 400 亿千瓦时，与上年相比有了较大幅度的增长，而煤电发电量与上年相比减少了 1500 亿千瓦时。这说明我国可再生能源已经开始存量替代煤电。图 46 反映了我国 2010～2015 年风电、光伏发电累计装机容量占总电力装机容量的比例，从图中可以看出我国可再生能源发电领域的巨大进步和发展（如果算上水电，这一比例可达 30%）。

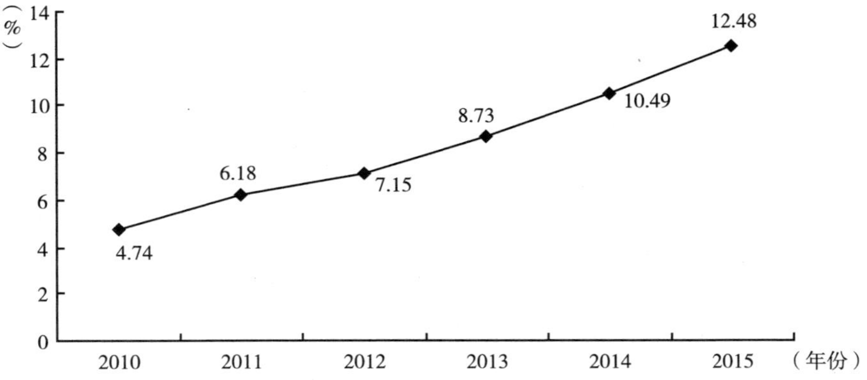

图 46　2010～2015 年中国风电、光伏累计装机容量占总电力装机容量比例

资料来源：严菁《突破性进步：中国可再生能源开始存量替代传统化石能源》，http：//toutiao. com/news/6252808475340964353/。

事实上，自 2010 年开始，我国风电和光伏发电无论在装机容量方面还是在发电量方面都有了较快的增长，而随着我国能源结构的调整，风电和光伏发电量迅速增长的同时，已经开始存量替代煤电，这无疑是我国能源结构转型的重要成果，今后随着对传统化石能源存量替代比例的不断提升，可再生能源将成为我国能源结构的主体，这期间我国可再生能源市场也将有更大的发展。

（2）气候、环境压力为可再生能源发展带来了动力

目前，世界上许多国家都将风能、太阳能等可再生能源作为应对能源安全和气候、环境变化挑战的重要措施。对于我国来说，以化石能源为主的能源消耗结构带来的环境压力已经成为经济社会发展的重大问题之一，因此，实现可再生能源对煤炭等传统化石能源的替代已经成为未来我国进一步发展当中提升经济竞争力的重要举措之一，可实现能源结构向清洁低碳转型。从国际发达国家的经验看，欧美的许多国家在能源消费趋于平稳之后选择了向低碳方向发展，尤其是在2015 年，德国、英国等欧洲国家纷纷宣布将彻底放弃煤电。而巴黎气候变化大会的召开更是表明可再生能源替代传统化石能源将在全球范围内成为能源发展的主流。

在经济新常态下，我国能源消耗总量增速开始放缓，持续严峻的环境压力意味着我国已经到了从根本上调整能源结构的时刻。此外，生产和消费的区域性不匹配导致了“弃风”“弃光”等现象的出现，这说明我国仍未实现充分利用可再生能源发电，也意味着我国可再生能源将在政策和市场的推动下实现更大的发展，从而为我国乃至全球气候环境问题的解决做出贡献。

2. 对我国可再生能源产业发展的政策建议

随着我国经济社会发展进入“十三五”阶段，我国能源行业将以转变能源发展方式和推动能源结构调整为主要方向，在此期间，需要科学论证各类可再生能源的发展目标、重点任务和重大项目布局，解决好可再生能源本地消纳和外送电需求之间的矛盾，加快可再生能源技术装备和产业体系建设，同时建立健全支持可再生能源发展的配套政策和保障体系。具体而言，需要实现以下三个重点领域的健康发展。

第一是发电领域。对于我国电力行业来说，随着电力体制改革的逐步深化，以光伏发电和风电为代表的可再生能源面临发展机遇的同时，也面临着更加激烈的市场竞争，尤其是这些行业普遍有项目投资规模大、回收周期长等特点，再加上我国在其用地审批、补贴以及商业模式方面仍存在较多的问题，因此其在运营上可能会遇到较大的困难，市场环境也会面临较大的不确定性。

根据 2016 年 1 月国家能源局发布的《可再生能源“十三五”发展规划（征求意见稿）》，我国力争到 2020 年底将非化石能源消费占能源消费总量的比例提

升到15%，其中太阳能和风力发电量将分别达到1.6亿千瓦和2.5亿千瓦。为完成这一目标，我国在可再生能源发电领域仍应坚持集中与分散开发利用并举的策略，以风能、太阳能利用为重点，协调配套电网与风电、光伏发电等开发建设进程，合理布局储能设施，从而保障风电、光伏发电等顺利并网运行。

第二是新能源汽车领域。随着我国主要城市面临的交通与环境压力逐渐增大，新能源汽车市场迎来了高速发展期，其中以电动汽车和充电桩产业为代表的新能源汽车产业规模不断发展。在这一过程中，政府发挥了积极的作用，目前已经出台了多项支持政策，如购车补贴、购置税收优惠，从而建立了较为完善的产业政策体系。但电动汽车及充电桩产业本身存在的一些困难，如汽车续航里程较短、充电桩网络建设不完善，制约了这一行业的进一步发展。对此，根据国家发改委公布的《电动汽车充电基础设施发展指南（2015～2020）》，“十三五”期间，我国分区域建设、发展电动汽车充电基础设施，根据各地区的不同条件，力争到2020年在全国范围内总计新增集中式充换电站和分散式充电桩分别为1.2万座和480万个，从而满足届时全国近500万辆电动汽车的充电需求，这必将大大缓解我国主要城市面临的交通与环境压力，也将为新能源汽车市场的发展创造出更大的空间。

第三是海外投资领域。随着我国“一带一路”战略的不断推进，我国可再生能源行业的对外投资也在加速发展，尤其在我国具有较大比较优势的风电和光伏发电领域。在世界可再生能源发电市场迅速发展的情况下，我国企业积极“走出去”，开拓海外市场，目前已经取得了较大的成绩。在光伏行业，经过多年与欧盟国家的“双反”问题纠缠之后，我国企业开始转向在印度、东南亚以及非洲地区设厂，规避了“双反”的同时，有效释放了我国的巨大产能；在风电行业，目前我国已成为世界上主要的风电机组出口国，在海外市场也取得了较大份额。

但是对海外市场风险的控制与规避仍是我国企业在“走出去”时面临的最大问题之一。国际、国内市场规则模式之间的差异使我国能源企业面临包括政治、社会、经济风险在内的诸多不确定性因素，这一方面需要企业自身转变发展模式和思路，正确评估和处理风险；另一方面，我国政府应出台一系列政策措施支持企业，从而使我国可再生能源市场进一步发展壮大。

（五）电力市场

2014年6月，习近平总书记主持召开的中央财经领导小组第六次会议，专题研究了我国的能源安全战略。此次会议上，习近平总书记提出了能源生产革命、消费革命、技术革命、体制革命以及国际合作五大能源战略。结合这一指导思想和我国电力行业的实际情况，中国电力市场的战略主要体现在以下三个方面：一是以低碳化和多元供给推动电力供给革命；二是以科技创新推动电力技术革命；三是以机制创新推动电力体制革命。

1. 以低碳化和多元供给推动电力供给革命

“十三五”规划对我国电力结构的调整和优化提出了明确目标和要求。规划提出，统筹水电开发与生态保护，以重要流域龙头水电站建设为重点，科学开发西南水电资源。继续推进风电、光伏发电发展，积极支持光热发电。以沿海核电带为重点，安全建设自主核电示范工程和项目。加快发展生物质能、地热能，积极开发沿海潮汐能资源。完善风能、太阳能、生物质能发电扶持政策。①

在煤电发展方面，清洁高效发展煤电，转变煤炭利用方式，逐步提高煤炭集中高效发电的比例。提高煤电机组节能环保准入标准，对达不到节能减排标准的现役机组实行限期改造升级。“十三五”期间，要使所有现役燃煤发电机组煤耗水平低于每千瓦时 310 克标准煤，新建燃煤发电机组煤耗要低于每千瓦时 300 克标准煤，污染物排放水平接近燃气机组。

在水电发展方面，在做好生态环境保护和移民安置工作的前提下，以西南地区的金沙江、雅砻江、大渡河等河流为重点，推进大型水电基地建设。同时，因地制宜发展中小型水电站，开展抽水蓄能电站建设，提高水电调峰能力。“十三五”期间，规划开始常规水电站 6000 万千瓦装机容量的建设。到 2020 年，力争使常规水电装机容量达到 3.5 亿千瓦。

在核电发展方面，根据规划，“十三五”期间我国继续推进三代核电机组建设，建成三门、海阳 AP1000 等项目，建设福建福清、广西防城港等“华龙一号”示范项目。同时，开工建设山东荣成 CAP1400 示范工程。根据规划，到 2020 年我国核电装机容量达 5800 万千瓦，在建装机容量超过 3000 万千瓦。同时，我国将加快部分关键技术和环节的研发。重点推进 AP1000、CAP1400、高温气冷堆、快堆及后处理技术攻关，加快论证并推动大型商用后处理厂建设。我国还将继续推动核电技术与设备“走出去”。此外，“十三五”期间，我国将研

① 《中华人民共和国国民经济和社会发展第十三个五年规划纲要》，《人民日报》2016 年 3 月 18 日，第 6 版。

究论证内陆核电建设问题，并开展内陆核电站建设的前期工作。

在风电发展方面，重点规划建设“三北”和沿海风电项目，包括酒泉、内蒙古西部、内蒙古东部、冀北、吉林、黑龙江、山东、哈密、江苏等9个大型现代风电基地，推进青海、张家口等可再生能源示范区建设。在南方和中东部地区，大力发展分散式风电。根据相关规划，到2020年，力争使我国风电装机容量达到2亿千瓦。同时，通过技术进一步降低风电成本，使风电与煤电上网电价相当。

在太阳能发电方面，要推进“三北”和沿海大型光伏项目，加快中东部及南方分布式太阳能建设。稳步推进太阳能热发电示范工程，鼓励大型公共建筑及公用设施、工业园区等发展屋顶分布式光伏发电。根据规划，到2020年，力争我国光伏发电装机容量达1亿千瓦；在上网电价方面，光伏发电应与电网销售电价相当。

此外，我国还将积极发展地热能、生物质能和海洋能。开展地热能、海洋能资源普查，制定生物质能和地热能开发利用规划，积极推动地热能、生物质能和海洋能清洁高效利用，推广生物质能和地热供热。根据规划，到2020年，地热能利用规模力争达到5000万吨标准煤。

根据规划，我国将通过就地消纳利用和集中送出通道建设等，提高可再生能源利用水平。我国将加强电源与电网统筹规划，提高调峰、调频、储能等配套能力，切实解决弃风、弃水、弃光问题。

2. 以科技创新推动电力技术革命

“十三五”规划纲要提出，适应分布式能源发展、用户多元化需求，优化电力需求侧管理，加快智能电网建设，提高电网与发电侧、需求侧交互响应能力。其目标是，统筹能源与通信、交通等基础设施网络建设，建设“源—网—荷—储”协调发展、集成互补，推进能源与信息等领域新技术深度融合的能源互联网建设。可以说，智能电网建设和能源互联网的推进，是我国电力技术革命的核心。①

2015年“互联网＋”首次写入政府工作报告。2015年7月国务院印发的《关于积极推进“互联网＋”行动的指导意见》（以下简称《指导意见》）专辟一章阐述了“互联网＋智慧能源”，指明了能源互联网的发展路径。能源互联网成为业界和学界研究的热词。

---

① 《中华人民共和国国民经济和社会发展第十三个五年规划纲要》，《人民日报》2016年3月18日，第6版。

如何推进能源互联网建设，《指导意见》梳理了四个方面的工作。

一是推进能源生产的智能化，这是能源互联网建设的重要技术难点。这需要通过信息技术和大数据科学地监测能源生产、管理和调度，实现能源生产和消费的基本匹配，建立智能化的监测和维护系统处理生产运行过程中出现的故障，确保电网的安全稳定运行。

二是建设分布式能源网络。目前太阳能、风能等可再生能源发电的应用技术已日趋成熟，但要大规模接入，仍需要在储能、智能微网、主动配电网等关键技术上实现突破。当能源生产过剩时，储能设备可以将一定的能源进行储备。主动配电技术则可以在能源供给不足时，实现电网对用户发出指令，停运部分用电设备，从而确保负荷趋于平缓和电网的安全运行。智能微网则是一个个小型发配电系统，由分布式电源、储能设备、运行监测设备等组成，可实现自我控制和管理。分布式能源网络的形成，可使发电设备和电力终端用户基于互联网进行双向通信和智能调控，从而推动分布式电源的接入。

三是探索能源消费新模式。《指导意见》要求，开展绿色电力交易服务区域试点，推进以智能电网为配送平台、电子商务为交易平台建设。平台将集物联网、储能设施、智能用电设施等硬件以及碳交易、金融等衍生服务于一体，从而推动清洁电力实现点到点交易及实时配送和补贴结算。如果说前两点主要从技术层面解决能源互联网的问题，第三点则主要从政策和市场层面完善了绿色电力交易和电能替代等相关制度，使参与者能够及时、公平、合理地获得回报，从而激励市场主体更好地参与能源互联网建设，更好地促进节能减排。

四是发展基于电网的通信设施和新型业务。《指导意见》提出，推进电力光纤到户工程，并完善能源互联网信息通信系统。电力光纤的建设，可以实现电力和通信信息同步传送，可避免电力和电信部门重复建设。此外，《指导意见》鼓励依靠智能电网发展家庭能效管理系统等新型业务。家庭能效管理就是要求智能电网在能源供给不足时，及时发布指令关停部分能耗源，而在能源供给剩余时及时启动一些用电设备，从而提高能源使用效率。

作为新生事物，我国能源互联网发展仍需要突破诸多技术和政策瓶颈：一方面，需要在储能设备、智能电网、主动配电技术等关键技术上实现更大的突破；另一方面，需要在体制机制上加大改革，破除垄断，推动互联网等信息技术与能源行业的深度融合。

2015 年 9 月 26 日，习近平主席在联合国发展峰会上宣布，中国倡议探讨构建全球能源互联网，推动以清洁和绿色方式满足全球电力需求。这一倡议为世界能源低碳发展描绘了新蓝图，为全球应对气候变化开辟了新道路。

国家电网等企业提出，全球能源互联网将以全球互联互通的坚强智能电网为支撑，以特高压电网为骨干网架，实现“特高压电网 + 智能电网 + 清洁能源”模式。通过智能电网加快电力清洁发展，实施“两个替代”：能源生产实行清洁替代，以太阳能、风能、水能等清洁电源替代传统化石能源发电；能源消费实施电能替代，以电代煤、以电代油，电从远方来，来的是清洁发电的电能。

“电能作为优质、清洁、高效的二次能源，能够替代绝大多数能源需求，是未来最重要的终端能源。从世界能源发展趋势和资源禀赋特征看，实施以清洁替代和电能替代为主要内容的‘两个替代’是世界可持续发展的重要方向。”① 电网成为各类能源开发、配置、使用最主要的平台。能源网、交通网、信息网是全球最重要的三大基础网络。

3. 以机制创新推动电力体制革命

推动能源体制革命，必须坚定不移地推进改革，构建充分有效竞争的市场结构和体系，还原能源的商品属性，形成主要由市场决定价格的体制机制。作为全球最大的电力市场，我国 2015 年启动的电力体制改革值得关注。

（1）电力体制改革的多重目标

电力是一种特殊的公共产品，其特殊性表现在其物理特征和市场特性上。从市场特征看，整个电力系统既存在可竞争的环节，也存在自然垄断的输电环节。电力市场的特殊性决定了电力体制的改革与政策选择的复杂性。电力市场的运行需要在安全性、经济性、公平性和环保等多重目标中寻找平衡。从安全性上看，电力的供需要实现实时的平衡才能确保电网的安全性。从经济性上看，包括发电和输配电环节在内的整个电力系统需要追求低成本和高效率。从公平性上看，电力作为基本的公共产品，理应作为普遍服务让全民享有。从环境上看，电力系统必须追求低碳和排放的最小化，促进可再生能源的接入。

安全性、经济性、公平性和环保这些看似合理的目标之间却存在一定的内在矛盾。比如，经济性和环保就存在一定的内在冲突，经济性与公平性也存在一定矛盾。电力体制改革就是在多重目标中寻求平衡，最终在确保电力系统安全性的前提下，兼顾经济性、公平性和环境保护等目标，实现最优的政策选择。

（2）电力体制改革的思路

2015 年 3 月，中共中央、国务院发布《关于进一步深化电力体制改革的若

---

① 刘振亚：《全球能源互联网》，中国电力出版社，2015，第 2 页。

干意见》（业内俗称“9 号文”），这标志着我国新一轮电改正式启动。深化电力体制改革的重点和路径是，按照“管住中间、放开两头”的体制架构，在完善政企分开、厂网分开、主辅分开的基础上，逐步放开输配以外的竞争性环节电价，向社会资本有序开放配售电业务。

此轮电力体制改革重点在于实现“管住中间、放开两头”的体制构架，其核心是逐步放开输配以外的竞争性环节电价，并向社会资本放开配售电业务，推进交易机构实现相对独立、规范运行。改革过程中，一方面，对输配电网环节要加强政府监管，实行政府定价和严格的成本核算，控制企业不合理投资和支出；另一方面，在发电侧和售电侧要引入竞争，放开用户选择权，形成“多方买、多方卖”的电力市场格局，终端电力价格由市场形成。应该说，这一种改革思路符合国际电力市场化改革的基本特征，同时发挥了政府职能和市场作用。

此轮电力体制改革对电力市场具有十分积极的意义。

首先，放开发电侧和需求侧这两头，打破了电网公司对发电企业和电力需求方的双重垄断，使电力市场的竞争性得以充分体现。大用户直购电和独立的电力交易市场的成立，将使发电企业、用电企业和配售电企业拥有更多自主权，有助于促使发电企业降本增效，并有助于降低终端用户的电力成本。企业用电价格的下降，也有助于提升我国产业竞争力。

其次，此次改革转变了输电环节企业的盈利模式，将以成本加适当利润为输电价格定价。重新定位电网的功能和收益机制，并加强对其成本的监管，将有助于细化输电环节的监管措施。在改革实践中，各地政府在输配电电价核准时，严格核减了与输配无关的资产和不合理投资，由此强化对输电环节的成本监管。

最后，此次改革强调了对不同电价等级实施细化核准方法，为未来输配电价独立核算、交叉补贴核算和矫正奠定基础。“工业用电因为批量大、负荷稳定、峰谷差小，电网供电成本较低，但实际用电价格高于居民用电。也就是说，在销售电价中存在工业用电与居民用电的交叉补贴，使电价承担了财政转移支付的功能。交叉补贴混淆了自然垄断环节经营性的亏损和政策性的亏损，并通过价格使其隐形化。此次改革通过实施不同电价等级细化考核，有利于对电网企业进行更科学有效的监管。”①

（3）电力体制改革的难点

电力体制改革是一项复杂的系统工程，也是一个世界性的难题，对深化电力

---

① 黄晓勇：《如何让新电改释放更多红利》，《经济日报》2015 年 3 月 31 日，第 9 版。

体制改革，我们还应关注以下问题。

首先，政府要有效监管输电环节的成本。改革明确了输电企业的公益性定位后，改变了电网企业此前的盈利模式，但政府如何从技术上、政策上明确哪些为合理的资产，哪些为不合理的资产，这需要解决政府与企业之间信息不对称的问题，从而对电网企业的成本进行有效监管。

其次，市场化改革背景下，如何确保普遍服务。经营性与非经营性用电价格的差别化政策，可能使输配电企业对工商业等经营性用电单位提供服务的积极性较高，而对农业、居民及公益性部门等提供服务的积极性较低。在改革实践中，需要加快价格、财税等配套政策的出台，并加强对输电企业服务质量的监督，以激励和监督电网企业提供普遍性与公益性服务。

再次，发电侧通过竞价上网的模式，可能会使风电、光伏发电等受技术条件限制，且经济性相对较差的清洁能源发电并网难度加大。如何以保证清洁能源优先和全额上网，解决“弃风”“弃光”等问题，仍需要合理的配套制度设计和硬件支撑。

最后，放开电力市场的两头后，发电企业之间的竞争更趋激烈，部分发电企业的减排动力可能进一步减弱。在改革过程中，需要按照环保标准强化对发电企业的环境执法，将环境污染的外部性内部化，营造发电企业公平竞争的市场环境。同时，对用电大户而言，电价下降可能导致其节能动力减弱、节能改造的意愿减弱，其单位产值能耗可能上升。因此，改革必须通过配套政策措施，激励发电企业和电力用户开展节能减排。十八届五中全会提出的“用能权”理念，就是推动能源消费总量和强度约束的措施之一。

（4）电力体制改革的最新进展

2014 年深圳率先启动输配电价改革试点以来，我国电力体制改革试点迅速扩围。2015 年我国已在内蒙古西部、安徽、湖北、宁夏、云南、贵州 6 个省级电网开展先行试点工作。2016 年 3 月，国家发改委下发的《关于扩大输配电价改革试点范围有关事项的通知》明确提出，2016 年将北京、天津、冀南、冀北、山西、陕西、江西、湖南、四川、重庆、广东、广西等 12 个省级电网，以及综合试点省份的电网和华北区域电网列入输配电价改革试点范围。范围扩大后，电力体制改革试点将覆盖 18 个省级电网和 1 个区域电网，输配电价改革正在全面提速。

国家发改委表示，暂时未纳入 2016 年输配电价改革试点的地区，也将开展输配电成本调查，做好输配电价的测算准备工作，为 2017 年全面推行输配电价改革打下坚实基础。

2016 年 3 月 1 日，北京电力交易中心和广州电力交易中心同时挂牌成立。作为本轮电力改革的重要内容，国家级电力交易机构终于揭开“面纱”，电改进程再次向前迈进一步。其中，北京电力交易中心是由国家电网组建的全资子公司，广州电力交易中心是依托于南方电网组建的股份制公司，南方电网持股 66.7%。

山东 30 家电力用户将在北京电力交易中心成立后的 10 个月时间里，向陕西、甘肃、青海和宁夏的 824 家发电企业直接购电 90 亿千瓦时，电力输送通道为银川到胶东的直流输电线路。双方通过协商达成 40 亿千瓦时交易，通过集中竞价达成 50 亿千瓦时交易。从西北地区到山东落地电价不超过 0.4 元/千瓦时。根据测算，本次交易可降低电力用户购电成本 5.4 亿元。

值得关注的是，在参与交易的 824 家发电企业中，482 家为光伏发电企业，272 家为风力发电企业，火电企业只有 70 家。通过清洁电力的跨区域交易和输送，可以大大促进节能减排。国家电网测算显示，本次交易可使山东本省的燃煤机组减少二氧化碳排放 696 万吨、二氧化硫排放 20 万吨；而中标的发电企业设备运行小时数则可提高 100 小时以上。

两大电力交易中心主要根据国家指令性计划、地方政府间协议开展跨区跨省交易，广州交易中心还有落实西电东输战略。这曾经是两大电网公司内设部门的工作，如今开始实行独立核算、自负盈亏，并接受监管。两大国家级电力交易中心的成立，对优化区域资源配置和推动电价市场化有重要意义。全国电力交易市场的建成运营，可以规范不同交易市场规则、打破交易地域限制、降低交易成本。

市 场 篇

Markets Review

B.2
世界石油市场：现状分析与趋势判断

陈卫东　关 博*

摘　要：　世界石油市场自2014年开始出现供应过度的局面，加之需求疲软、库存高企等因素影响，油价可能在较长时间内在低区间运行。这一过程具体表现为，美国已逐步替代欧佩克成为搅动供需格局的新“机动生产者”。在此影响下，“标杆石油价格”的维护机制已发生变化，正向着“边际收益石油价格”转变。低油价下，“石油储备”迫近极限的担忧令其作为供需均衡缓冲器的作用被扭曲。因此，全球石油市场中传统的量价传导机制正在被重塑，这些因素的变化既是破坏旧有市场平衡的推手，也是促成新平衡的关键动力。

关键词：　石油市场　油价　石油储备

* 陈卫东，中国海洋石油总公司原首席能源研究员、东帆石能源咨询公司董事长、教授级高级工程师，研究领域为能源经济、油气行业发展战略、石油公司改革；关博，中国海洋石油总公司经济技术研究院企业战略研究员、管理学博士，研究领域为能源经济、石油企业战略、能源金融。

一　石油市场形势回顾与基本面分析

2014 年 6 月石油价格约为 110 美元/桶，2016 年 1 ~ 2 月石油价格在 20 ~ 30 美元/桶波动，过去 20 个月石油价格约跌掉了 70%，悲观情绪覆盖了整个石油工业。供应过度、需求疲软、储备库存太高三大基本因素导致石油价格在较长时间内可能将维持在低价区间运行。此外，美元指数走高也是石油价格走低的原因之一。图 1 显示了国际原油价格走势和美元指数走势。短时间内，低油价降低了消费者的支出，而入不敷出的石油公司则不得不削减投资以减少成本。长期投资不足将导致石油产量下降，供给不足将导致下一轮石油价格高涨，消费者将不得不支付更高的石油价格，非均衡状态的石油价格是不可持续的。目前 40 美元/桶以下的石油价格不是一个让生产和消费可持续的“平衡价格”，因此目前的世界石油市场仍处在一个寻找“平衡价格”的“非均衡”阶段。在石油需求增长疲软的条件下，富余产量降低和石油储备减少是石油市场回归平衡的两个主要观察指标。

图 1　国际原油价格走势与美元指数走势

资料来源：Wind 资讯。

2016 年 2 月 16 日卡塔尔石油部长称，沙特、委内瑞拉、卡塔尔、俄罗斯同意产量冻结在 1 月 11 日水平。沙特石油部长和俄罗斯能源部长均表示同意冻结石油产量，认为将产量冻结在 1 月 11 日水平是合适的。沙特希望未参加此次会议的国家能够加入冻结产能的决议，俄罗斯则希望所有欧佩克国家都加入冻结产能的决议。媒体称沙特阿拉伯和俄罗斯要出面组建石油产量“冻结联盟”，欧佩克和非欧佩克主要产油国希望冻结石油产量的消息一度使石油价格突破了40美元/桶的关口。由于伊朗对是否加入“冻结联盟”态度反复，导致石油价格在40美元/桶上下波动，至少，只要世界石油产量能够维持在2016年1月的水平上，石油价格将会企稳在当前的水平上，并有望于2016年下半年在40～50美元/桶运行。

沙特石油部长Al－Naimi指出，冻结石油产量足以改善石油市场的现状，石油需求正在增加，沙特希望满足需求，冻结石油产量只是第一步，未来几个月他们会进行评估，以决定是否需要采取其他措施来稳定和改善石油市场。

实际上，尽管2015年世界石油需求增速有所提高，但供应过剩局面并未扭转。IEA在2016年1月《石油市场报告》中估计，2015年全球石油需求总量增长160万桶/日，但供应总量增长270万桶/日，供应增量超过需求增量110万桶/日，是需求增量的1.69倍。非OECD国家仍是世界石油需求的主力，全年需求量为4830万桶/日，但中国经济进入“新常态”，中国需求增速下降的担忧成为油价反弹乏力的重要因素之一。OECD国家石油需求增速由负转正值得注意，2015年同比增长45万桶/日，达到4610万桶/日，2014年则是下降30万桶/日。其中，美国经济复苏刺激了石油消费需求，2015年同比增长30万桶/日，较2014年15万桶/日的增幅有较大提高。

图2显示了2014～2015年全球石油市场的供需形势。

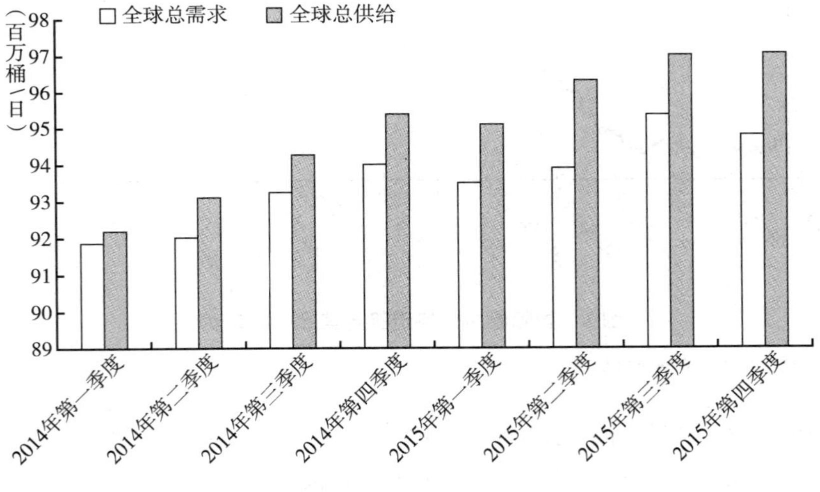

图2　全球石油市场供需形势（2014～2015年）

资料来源：国际能源署（IEA）。

二 美国非常规油气革命是本轮石油供应过度的主要原因

2016 年 1 月在英国皇家国际事务所举行的“中东和北非能源集会会议”上，欧佩克秘书长巴德里（Abdalla El - Badri）先生说：“数据结果表明，这段时期的市场是供给驱动型的，高成本采出的原油在新增供应量中占绝大部分。2008 ~ 2015 年，所有增长的供应都来自非欧佩克国家。2008 ~ 2014 年，非欧佩克国家的增产量总计超过 600 万桶/日，然而欧佩克却在减少产量。事实上，在 2013 年和 2014 年，欧佩克原油出口量下降幅度超过 100 万桶/日，而非欧佩克国家供应量却相应增长了约 370 万桶/日。因此，从总体上看，这两年全球需求量增长为 230 万桶/日。”

其实业界都知道 2008 年以来非欧佩克原油的增量主要来自美国，来自美国的非常规油气革命，来自页岩油、致密油的增长。多年的历练使欧佩克秘书长巴德里先生成为一个老练的政治家和外交家，他在没有记者咄咄逼人追问的情况下能把意思表达得非常圆滑。2016 年 2 月底，他在美国休斯敦剑桥能源周上就非常明确地表达了希望美国政府能够考虑减产的愿望。巴德里先生说：“2015 年以来，国际原油市场一直供给过剩，这是油价走低的重要原因。在市场‘寒冬’里，欧佩克愿意与大家一起寻求解决方法。目前，我们已经在同俄罗斯以及其他石油供给国探讨原油供给过剩的解决方案。除美国外，我们同其他机构和国家都有对话，当然我们也非常愿意与美国政府持续对话，并期待美国能够考虑减产。”有些报道还提到巴德里先生在剑桥能源周中更加直截了当的话，“就是不知道如何与美国致密油相处”。

过去这些年美国石油产量大幅度持续提高，美国能源信息署是这么总结的：“2000 年，美国有约 23000 口井水压裂油气井，总产量为 10.2 万桶/日，不足全国石油产量的 2%。2015 年，水压力油气井的总数估计约有 30 万口，产油超过 430 万桶/日，约美国本土石油总产量的 51%。”美国原油产量的增长情况如图 3 所示。

根据 2015 年 BP 的世界能源统计数据，2008 年美国石油产量为 678.4 万桶/日，2014 年的产量是 1164.4 万桶/日，6 年间增加产量 486 万桶/日。同期，世界石油的产量分别是 8284.7 万桶/日和 8867.3 万桶/日，6 年增加产量 582.6 万桶/日；欧佩克的石油产量 2008 年和 2014 年分别是 3627.9 万桶/日和 3659.3 万桶/日，6 年产量增加了 31.4 万桶/日；非欧佩克国家（含原苏联地区）的石油产量 2008 年和 2014 年分别是 4656.9 万桶/日和 5208.0 万桶/日，6 年产量增加

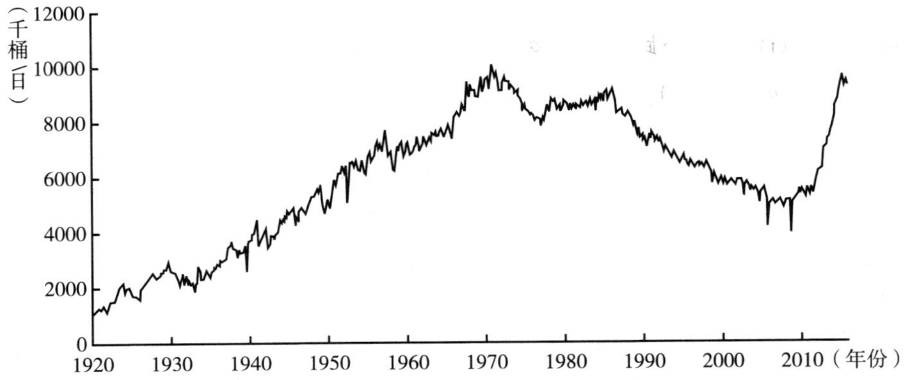

图 3　美国原油产量（1920～2015 年）

资料来源：美国能源信息署（EIA）。

551.1 万桶/日。

不同的资料来源和统计方法得出的数据会有些不同，就石油产量的数据而言，EIA 的报告、BP 的统计，还有欧佩克秘书长发言中提到的数据大致是相当的。过去 6～7 年世界石油总产量增加了约 600 万桶/日，增量几乎全部来自非欧佩克国家，而美国的页岩油、致密油的增量则占了全部石油产量增量的 80%。

2014 年底、2015 年中和 2015 年底的三次欧佩克会议做出了为了市场份额而坚持不减产的决定。欧佩克秘书长在回答记者提问的时候说："在石油供给过剩的环境下，低成本的石油先生产、高成本的石油后生产是符合市场原则的。"该言论的逻辑对当下国际石油市场现象的解读如下。今天市场石油过剩是美国页岩油、致密油增长太快造成的。而美国页岩油、致密油的生产成本比欧佩克国家大部分常规石油的生产成本高。那么坚持市场原则，高成本石油总会退出，市场终将回归平衡，石油价格也将回归平衡。

美国非常规油气革命给整个石油工业带来了重大的冲击并改变了世界能源的大格局。这场革命增加了供给，过去几年页岩油、致密油产量大规模持续增加，导致了供应大于需求的石油过剩，从而造成了 2014 年下半年开始的石油价格大幅下跌。下跌持续 22 个月至今供需仍未恢复平衡，富余产量尚未"出清"，石油价格持续受压，石油市场仍然处于不可持续的"非平衡"状态。

三　欧佩克不再承担"机动生产者"角色

欧佩克（在以沙特阿拉伯为首的海湾国家主导下）做出的"不减产以保市

场份额”的决定并不是个轻松的决定，每次不减产决定都推动了石油价格的进一步下跌，石油价格下跌最大的受害者就是石油出口国自身。近两年在供给过剩的环境下连续三次做出“不减产”的决定，意味着欧佩克不再承担石油“机动生产者”的角色，这是个无奈又艰难的决定。

欧佩克不顾价格下跌，“不减产，保份额”的设想就是要把过去几年产量增长最快、生产成本相对比较高的美国页岩油、致密油挤出去，把产量调整、价格回归平衡的“机动生产者”的角色拱手让出，让美国石油生产者承担“机动生产者”的角色。

欧佩克不再承担石油“机动生产者”的责任，从根本上改变了过去近三十年世界石油的定价机制。与世界石油定价机制相关的一系列标志性事件包括：欧佩克组织成立、布雷顿森林体系破产、1973 年石油危机、1974 年 OECD 国家组建国际能源署（IEA）、1979 年伊朗伊斯兰革命成功和 1986 年石油富余产能大幅增加且石油价格大幅下跌等。石油是二战后工业化重建过程中最为重要的能源资源，而一系列重大国际事件的发生更凸显了其前所未有的战略意义，石油的政治属性甚至超越了它的资源属性，成为国家间、重大利益集团之间博弈的重要武器。基辛格 1974 年的一段名言指出，“如果你控制住了石油，你就控制了所有的国家”，强调的就是石油的政治属性。

IEA 就是在国际战略大师基辛格的建议下成立的，IEA 代表着 OECD 国家，代表当时石油消费最多的国家集团的利益，IEA 试图平衡石油输出国组织欧佩克的影响。著名的“石油七姐妹”曾经掌控世界石油市场数十年，当石油的政治属性凸显，经济卡特尔就不足以担当全球治理的职责了，取而代之的是欧佩克和 IEA 两个国家集团组织，它们分别代表石油生产国集团和石油消费国集团的政治经济利益。

数十年的博弈，既有对抗更有合作，直到进入 21 世纪第一个十年，全球能源治理的架构还是基本有效的，其在石油价格形成机制中发挥着作用。

历史的经验告诉我们，石油价格平衡稳定可以保证生产和消费的可持续性，是生产者和消费者的最大利益所在。在“石油七姐妹”卡特尔垄断时期的石油价格是最稳定的，二战后欧洲和世界的重建以及再工业化的顺利进行，与该时期石油价格的稳定不无关系。布雷顿森林体系破产之后，欧佩克强势再现，为应对美元对黄金的急速贬值和后殖民地主权国家的建设，石油国有化进程中石油价格迅猛上升，1973 ~ 1980 年的 7 年间石油价格从每桶 3 美元上升到每桶 36 美元，增长了 11 倍之多。由于世界石油消费增量减缓，被迫退出传统石油生产大国的跨国石油公司迫切开拓海洋、阿拉斯加等石油前沿新区。石油价格的大幅上升给石油投资带来了前所未有的动力。技术进步和投资的大幅增加形成了富余产能，到 1986 年，富余产能超过了当时总需求的 25%，于是石油价格大幅下跌，最低跌破 10 美元/桶，回到了 1973 年的价格。欧佩克国家认识到，即使资源在握也不能任性而为，石油价格是把“双刃剑”，可以伤人，也可以害己。1986 年之后，欧佩克国家不再以石油作为大规模政治武器来争取自己重大的政治利益了。

四　全球石油市场治理三大基本概念重塑对市场的影响

石油价格大起大落让欧佩克和 IEA 都回归理性，此后协商合作共同维护价格平衡稳定成为这两大国家集团组织的基本共识。“标杆石油价格”、“石油机动生产者”和“石油储备”三个重大基本概念逐渐形成，并成为日后全球石油市场治理的重要理念和操作行动的基本要素。

（一）“标杆石油价格”的维护机制已发生变化

“标杆石油价格”不是一个数值，而是一个区间。1987～2000 年这 13 年间，除 1998 年由于亚洲金融危机影响油价大幅下降至 10 美元/桶之外，大多数时间石油价格都维持在 20～30 美元/桶。在此过程中，欧佩克成员国扮演的是“机动生产者”的角色：石油价格过高，它们增加产量，石油价格过低，它们减少产量。每期分配份额产量在成员国内不亚于一场“战争”，在石油价格大致稳定的前提下，对于石油生产国而言，这就是一次财富分配，自然争斗不少。“老大”沙特阿拉伯资源最丰富，富余产能最多，而且每桶油成本最低，因此承担调整产能的责任最重。虽然不少成员国时不时超配额生产，但总体而言配额执行情况越到后来越好，“领头大哥”不仅有维护好份额的意愿，关键时也真能冲得上和顶得住，因此也赢得了广泛的信誉和信任。沙特既是欧佩克国家中的领袖，也是 OECD 国家的盟友，尤其是沙特皇室长期与美国政要保持着密切的良好关系。

OECD 国家的石油储备战略在维持“标杆石油价格”中也发挥着重要作用，尤其是在石油供应突然发生中断时，释放 OECD 国家的石油储备能大大减缓中断对市场的冲击，能起到稳定供给、市场和价格的作用。即使在非紧急时期，储备量的高低也会对石油期货市场价格造成影响，美国储备量的变化，对期货市场的影响最为明显。

进入21世纪，“产量西移，消费东移”，石油供需格局发生了重大改变。中国、印度等发展中国家石油消费迅速增加，逐渐超过了过去的消费主体OECD国家。而俄罗斯、美国等非欧佩克国家的石油产量也逐渐超过了欧佩克石油生产国。BP的世界石油统计数据显示：2000～2010年，美国石油产量从773.3万桶/日下降到了755.6万桶/日，减少了17.7万桶/日，跌幅为2.3%；俄罗斯石油产量则从653.6万桶/日，增加到了1036.6万桶/日，增加了383.0万桶/日，增幅高达58.6%；欧佩克石油产量从3107.2万桶/日增加至3507.3万桶/日，增加了400.1万桶/日，增幅12.9%。此期间非欧佩克国家石油产量若不包括俄罗斯，则从3560.6万桶/日，下降到3450.1万桶/日，下降了110.5万桶/日，降幅为3.1%；如果包括俄罗斯，非欧佩克国家石油产量则从4214.4万桶/日，增加至4486.7万桶/日，增幅为6.5%。包括俄罗斯的非欧佩克国家石油产量比欧佩克国家石油产量多约1000万桶/日，但非欧佩克国家的产量增幅仅为欧佩克国家产量增幅的一半多，欧佩克的话语权还是在增加的。

由于美国发生了非常规油气革命，2010～2014年，美国石油产量大幅增长了54.1%，从755.6万桶/日猛增到1164.4万桶/日。在此期间，俄罗斯石油产量只增加了47.6万桶/日，增幅只有4.6%，不足上一个10年（58.6%）增幅的1/10。由于美国石油产量大增的贡献，非欧佩克石油产量大幅增加了9.5%，是欧佩克国家同期产量增幅（4.3%）的一倍多。2014年非欧佩克国家（含俄罗斯）石油产量比欧佩克国家高出了近35%，多出1252.3万桶/日。“石油产量西移”的原因主要是美国页岩油、致密油产量的大幅增加，使全球石油供需格局发生了革命性的变化。仅从供给侧的这种变化看，我们不难理解欧佩克为何要采取“不减产，保份额”的战略，不惜打价格战，也要保卫日渐被侵蚀的市场份额（见图4）。

从供给侧的角度来看，在过去近两年的时间里，在石油价格持续大幅下跌的情况下，欧佩克连续三次拒绝调整份额产量，并在2015年最后一次成员国大会上决定放开份额约束半年，到2016年6月的成员国大会上再讨论是否需要调整产量份额。市场迅速对此做出反应，走出一波新的下跌行情，2016年2月中旬布伦特和WTI原油期货一度跌破30美元/桶的1998年以来的最低价位。

此次石油价格战，以沙特阿拉伯为首的欧佩克完全放弃了“机动生产者”的角色，在石油供过于求的情形下，OECD国家可以增加的储备并不多，此时IEA作为消费国家集团一方的代表，也难以发挥太大的作用。作为石油买方，低油价有利于降低消费国的生活成本和生产成本，降低通货膨胀的压力，但在全球

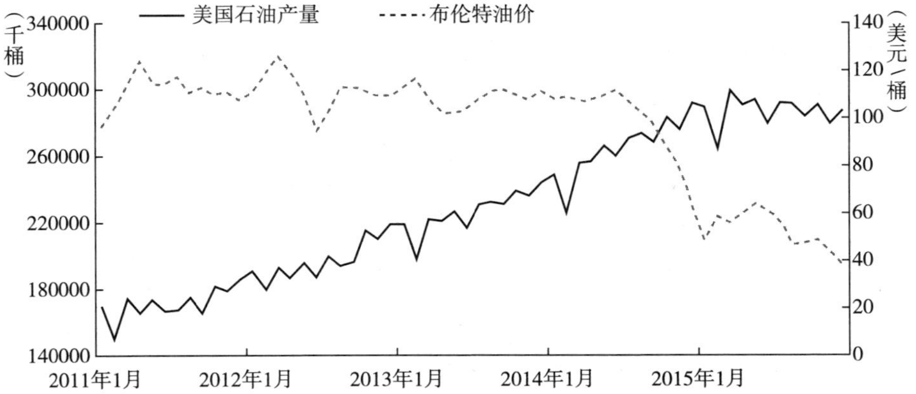

图 4　美国石油产量与国际油价走势（2011～2015 年）

资料来源：美国能源信息署（EIA）、Wind 资讯。

经济复苏乏力的大环境下并未令消费国形成推高石油价格的实质性需求动力。生产者和消费者都没有了维护“标杆石油价格”的意愿，所有维护“标杆石油价格”的机制似乎失去了原有的作用。

此次石油价格战的目的就是把“高成本”的石油产量挤出市场，让石油供需回归平衡，美国页岩油、致密油首当其冲。千百家美国页岩油、致密油生产公司被动地成为新的“机动生产者”，它们数量庞大，相信和遵从市场原则，石油对它们而言只是商品，只是这些公司为获得盈利回报的一项投资，投入、产出、成本、利润、现金流和股东回报是它们衡量投入、退出、生产、停产决定的基本要素。美国没有国家石油公司，这次石油价格战实质上是以沙特阿拉伯为首的欧佩克要把“机动生产者”的角色强加在美国石油公司的头上，从而在实际上改变了自 20 世纪 80 年代后期形成并行之有效的维护“标杆石油价格”的石油定价机制。

“标杆石油价格”定价机制得以实施需要有以下四项基础条件：一是世界石油供需基本平衡；二是“机动生产者”（欧佩克）有一定的富余产能；三是石油消费国家（OECD 国家）有相应的石油储备；四是主要的石油消费国和石油生产国有意愿并有较好的沟通协调机制。从这个意义上讲，“标杆石油价格”也是一种“意愿价格”：欧佩克和 IEA 两大国家集团“有意愿共同维护的价格”。

进入 21 世纪之后，以中国为代表的发展中国家取代了 OECD 国家成为最大的消费国群体。美国非常规油气革命的出现，使几乎全部的石油产量增量都来自非欧佩克国家，石油产量增加超过了消费量的增加，减少产量成为回归石油供需平衡的主要矛盾所在。继续实行“标杆石油价格”的机制已经不复存在，寻找新的石油价格定价机制势在必行。2014 年 7 月石油价格从 110 美元/桶高位开始下行，市场指望欧佩克在 12 月的成员国理事会上削减产量，让石油价格维持在 70～80 美元/桶的“合理价格”区间。当欧佩克宣布维持现有产量不变的决定时，石油价格加速下滑。随后在 2015 年 6 月和 12 月两次理事会上欧佩克不但没有做出市场希望的减产决定，反而明确地宣布“不减产，保份额”，不惜开打石油价格战。于是市场经历了持续 22 个月的油价下跌和低油价。

（二）“石油机动生产者”角色转移促使“边际收益石油价格”机制形成

“石油机动生产者”角色从欧佩克转移到美国生产商身上，石油价格定价机制也随之发生了重大改变。美国石油公司不在乎国家和政府的“意愿”，它们只在乎成本和利润，在“平衡价格”之下，它们更在乎边际成本、边际利润和现金流。于是美国石油产量增加或减少在很大程度上是由边际成本和边际利润来决定的。供应大于需求和美国石油生产商不得不接受“机动生产者”责任的状况大大强化了石油的“经济属性”并减弱了其“政治属性”，在可预见的一段时间里，至少在未来的 2～3 年内，美国石油生产商的边际成本和边际利润将是美国页岩油、致密油产量的决定性因素。过去 5 年里，80% 的世界石油产量的增加来自美国，美国石油产量变化对世界石油价格将产生关键性的影响，世界石油价格的美国因素增加，“边际成本”和“边际利润”将在很大程度上决定石油价格的走势和波动区间，“标杆石油价格”将被“边际收益石油价格”所取代。

过去一年多来世界石油市场最重要的变化是“边际收益”定价机制取代了“标杆价格”定价机制，美国的石油产量和储备的影响加大，石油价格影响因素透明性增加、可预测性增加，总体而言，石油的经济属性增加。

世界原油价格从 2014 年 7 月的 110 美元/桶持续下跌至 2016 年 3 月的 30～40 美元/桶，在接近两年的时间里，低油价的确沉重打击了美国的石油工业。截至 2016 年 2 月，美国动用的陆地石油钻机数量已经从 2014 年 9 月的 1866 台，下降到了 506 台，下跌超过 70%，为近 20 年来的最低（见图 5）。

动用钻机数量是一个地区、一个国家石油工业是否景气的重要指标，这轮低油价已经沉重地打击了美国的石油工业。美国达拉斯联储 2015 年 12 月 23 日的报告指出，2015 年第四季度，美国至少有 9 家石油和天然气公司提出破产申请，

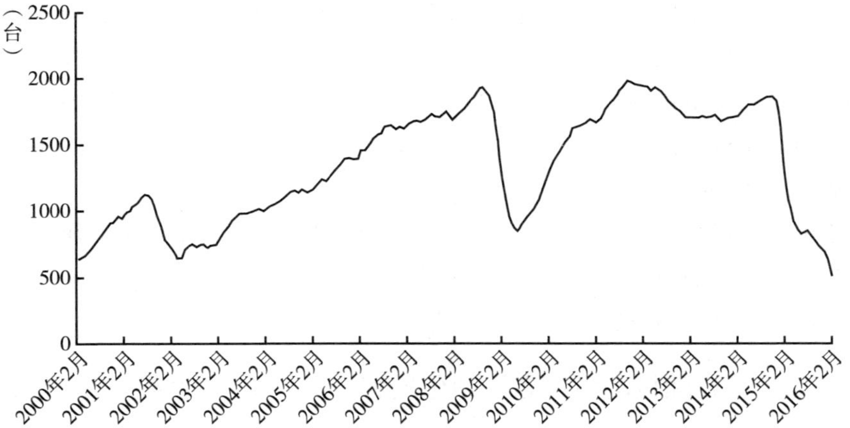

图 5　美国陆地钻机数量（2000～2015 年）

资料来源：Baker Hughes、Wind 资讯。

将有合计 20 亿美元的债务违约，依照这个速度，2016 年申请破产的企业将会更多。报告还指出，截至 2015 年第三季度，上游资本支出相比 2014 年第四季度大幅下降了 51%，和上年 10 月相比，2015 年 10 月美国油气企业的员工人数已减少了 7 万人，减员幅度高达 14.5%。

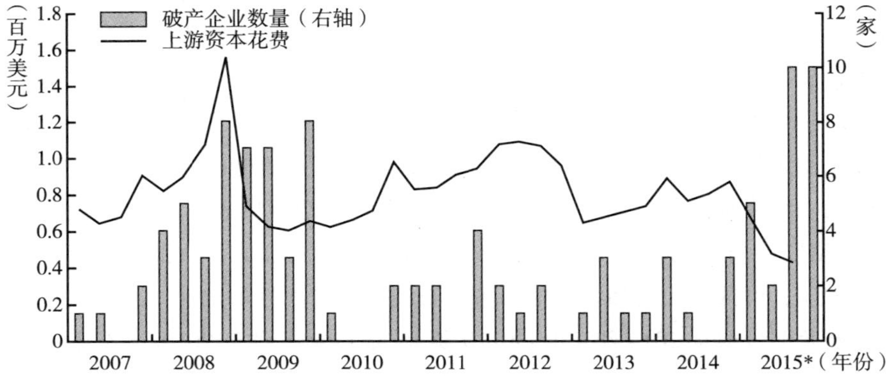

图 6　美国石油企业破产数量和上游资本花费

注：*2015 年第四季度破产企业数据根据前三季度情况估算。

上游资本投入是根据 69 家美国 E&P 企业以及三家一体化石油公司上游资本投入情况的均值测算。

资料来源：Bloomberg、New Generation Research。

这次石油价格下跌幅度之大、周期之长是自布雷顿森林体系破产以来前所未有的，最重要的原因就是石油定价机制发生了重大的改变。石油价格取决于石油市场供应需求基本面的原则没有改变，但“生产西移，消费东移”和技术进步大幅度提高了能源使用效率，发生了美国非常规油气革命，世界能源转型，石油供需格局发生了重大的改变。这次石油价格下跌不同于以往任何一次，不是传统意义上的周期重复，而是新的时代的开始，能源转型和石油市场都将进入全新的历史阶段。

2014 年底当欧佩克启动“不减产，保份额”战略时绝对没有想到，美国“高成本非常规石油产量”的生命力会如此强大。在一年多的石油价格大战中，美国动用钻机数减少了近 80%，资本投资减少了 20% 以上，从业人员也减少了 10% 以上，申请破产保护的石油公司越来越多，但总产量只减少了不足 10%，减少的产量远不足以回归“平衡”，于是石油价格仍远低于“平衡价格”。

低油价是把“双刃剑”，伤人也伤己。油价如此之低，持续时间如此之长，美国页岩油、致密油减少得并不多，被解除制裁的伊朗的石油产量迅速增加，也要进入市场，真有点像前门虎未赶走，后门狼又进来了。尽管沙特阿拉伯石油资源禀赋很好，生产成本最低，但持续低油价其经济上也难以承受。于是 2016 年初传出了沙特阿拉伯、俄罗斯两个最大的石油出口国开始商谈组建“冻产联盟”，协商冻结石油产量的可能性，以求缩短供需回归平衡的时间，让价格回归平衡。欧佩克国家已经开始同非欧佩克国家商谈原油限产事宜，接下来我们还将持续关注市场变化。对于伊朗，我们看到了其未来发展的巨大潜力，也欢迎它能够重新回归原油市场。

（三）“石油储备”从“缓冲器”到“双刃剑”的再平衡

“石油储备”作为供需均衡的“缓冲器”，根据储备目的不同通常可分为商业储备和战略储备。国际石油市场供应过剩局面在压垮油价的同时大幅刺激了各国原油储备水平的攀升，现有储备设施被填满、新的储备设施在建设，这在一定程度上吸收了市场上的过剩产能，但随着储备经济成本的攀升，迫近储备能力极限的担忧也在石油市场上逐渐升温。“石油储备”也像“双刃剑”一样，在应对石油短缺危机时起到“缓冲器”的作用，在供应过剩的形势下，则将成为供给侧加速市场扭曲的“炸弹”，因此在市场回归真正的“平衡价格”状态前，必须将“石油储备”调整回常态。

据 IHS 统计，自 2014 年起至 2015 年底，全球已有超过 7 亿桶原油被纳入储备体系中。截至2015年底，美国原油储备持续增长，达到了接近12亿桶的历史顶峰水平（见图7）。低油价加速了石油战略储备能力建设的进程，为达到IEA提出的储备90天净进口消费周转量的安全标准，很多亚洲国家都开始扩充储备能力。据估计，这一时期全球新增原油储备能力4亿桶，而中国新增近1.5亿桶储备能力，是其中最大的一部分。

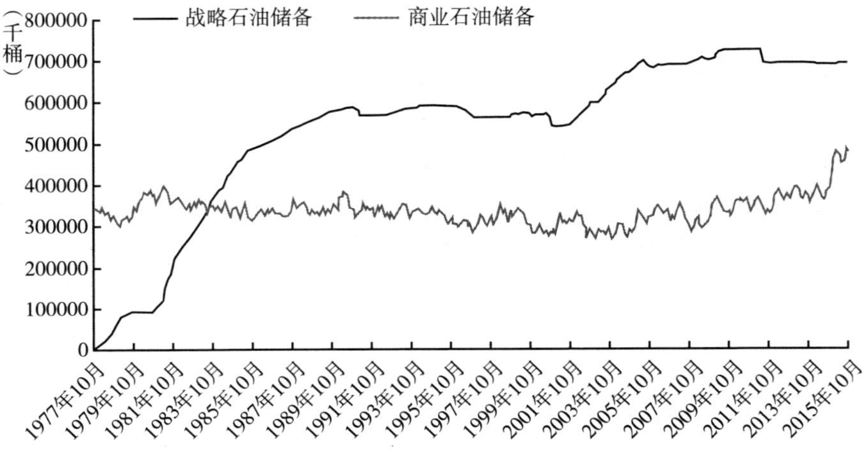

图7　美国战略石油储备和商业石油储备（1977～2015年）

资料来源：美国能源信息署（EIA）。

石油储备能力迫近极限而油价仍在低位徘徊的担忧迫使美国重新审视原油出口禁令。2014年6月美国商务部先通过私下裁定程序批准了两家企业对外出口凝析油，在已有禁令框架下打了一记“擦边球”。2015年12月18日，随着美国总统奥巴马正式签署美国国会通过的2016年综合拨款及税收优惠法案，维持了40年的原油出口禁令的最后一道防线被打开。法案废除了1975年《能源政策和节能法》中将本国所产原油列为短缺品条目，需要总统按照“一事一议”方式批准出口牌照的限制措施。美国原油出口禁令的解除及其后续影响可能对全球原油市场形成新的供给冲击。

当2015年石油需求有所回升、上游投资大幅削减、石油行业大幅裁员等一系列不利于产量增长的预期因素致使油价触及20～30美元/桶的底部时，库存过剩成为为油价回暖降温的新焦点。据IHS统计，欧洲的商业库存利用率已达到83%（峰值为80%），美国商业库存利用率约为86%（峰值为90%），也就是说欧洲和美国的陆地商业现有储备能力已经没有多少富余空间。

预计，2016 年中期在市场恢复真正的“平衡”状态前，全球还将新增 3 亿桶储备量，其中几乎一半的新建储油能力是为了满足中国的战略储备需要（见图 8）。这样自 2014 年油价下跌开始到 2016 年中期，合计大约有 10 亿桶原油储备增量加入到全球石油储备体系这个巨大的缓冲器中，这将导致近一两年内油价上行会遇到很大的压力。然而，在供应宽松的环境下，无论对商业储备还是对战略储备，都不能忽视储备成本的经济性与市场动态的联系，“储备”作为应对短缺危机和调整供需弹性的有效手段，在石油回归商品属性的能源转型过程中应找到其新的角色定位和功能价值。

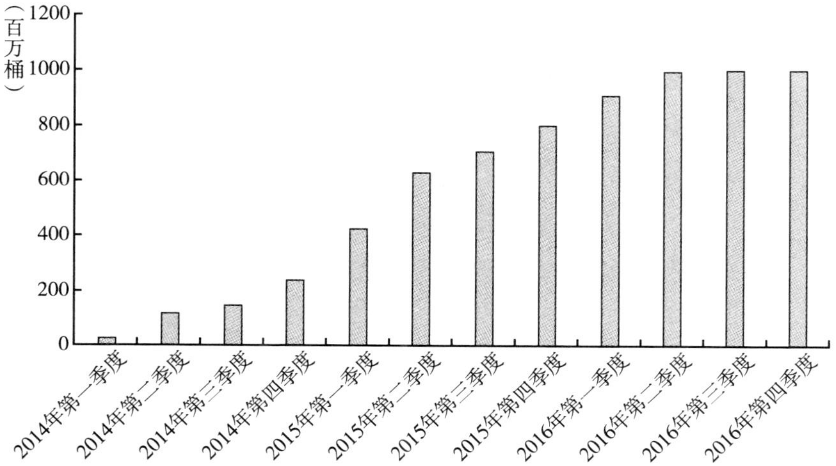

图 8　全球新增石油储备（2014～2016 年）

资料来源：IHS。

B.3 世界天然气市场：市场分析与国内现状及展望

王海燕　白 桦*

摘　要：本文第一部分从2015年国际天然气市场着手，采用丰富、翔实的数据对北美、欧洲、亚太等主要天然气市场的供需、贸易、价格以及年度热点、重点问题进行定性和定量分析。在此基础上，对2016年世界天然气市场进行展望，对全球天然气供需状况和区域市场价格做出研判。第二部分对2015年中国天然气消费、供应状况、市场特点进行了阐述，并分析了当前制约天然气发展的几方面因素，最后对短期内中国天然气市场的发展趋势进行了展望。

关键词：国际天然气市场　中国天然气市场　天然气消费　天然气供应　天然气价格

一　2015年国际天然气市场分析及2016年展望

2015年，全球天然气消费增速回升，欧洲和北美是主要驱动力，亚太地区增速继续回落；全球天然气产量稳步增长，市场供需宽松。全球天然气价格大幅下跌，亚洲天然气市场灵活性增加，贸易合同条款有所松动。2016年，全球天然气市场供大于求情况加剧，北美气价小幅上涨，欧洲和亚洲气价走低。

（一）国际天然气市场回顾

2015年，受全球天然气价格下跌影响，市场需求增加，天然气消费增速在

* 王海燕，中国石油集团国际部高级经济师；白桦，中国石油集团经济技术研究院高级经济师。

经历了连续两年下降之后出现回升。全球天然气产量增长快于消费量增长，市场供需持续宽松。

1. 全球天然气消费增速回升，“西升东落”态势显现

（1）全球天然气消费同比增长 2.7%

2015 年以来，受气价走低、欧美经济复苏等因素影响，全球天然气消费经过两年低速增长之后开始回升，2015 年消费量达 3.48 万亿立方米，较前一年增长 910 亿立方米，同比增速 2.7%，高于 2013 年 1% 和 2014 年 0.4% 的增速，也高于过去 10 年 2.3% 的平均增速。从消费区域看，欧洲及欧亚大陆、北美和亚太三大市场是全球天然气主要市场，消费量占比约为全球天然气消费量的 78%（见表 1）。

其中，欧洲和中东是全球天然气消费增长最快的地区，增速分别为 5.8% 和 5.7%，消费量分别为 4667 亿立方米和 4917 亿立方米，占全球比例为 13.4% 和 14.1%；北美消费保持稳步增长，增速 3.8%，消费量为 9855 亿立方米，全球占比为 28.3%；亚太地区天然气消费增速继续放缓，增速降至 1.2%，消费量为 6867 亿立方米，占比约为 19.7%。

分国家来看，美国天然气消费量居世界首位，2015 年消费量为 7944 亿立方米，占全球消费总量的 22.8%；俄罗斯消费量为 4010 亿立方米，居世界第二，占全球天然气消费总量的 11.5%；中国消费量为 1910 亿立方米，居世界第三，占比为 5.5%。第四至第十位分别为伊朗、沙特阿拉伯、日本、加拿大、墨西哥、德国和阿联酋。其中，沙特阿拉伯于 2015 年超越日本，位居第五（见表 2）。

表 1　2010～2015 年世界分地区天然气消费量

区　域	消费量（亿立方米）						2015 年所占比例（%）	2015 年同比增长（%）
	2010 年	2011 年	2012 年	2013 年	2014 年	2015 年		
北美	8496	8706	9034	9285	9494	9855	28.3	3.8
中南美	1486	1521	1617	1684	1701	1718	4.9	1.0
欧洲	5458	5012	4950	4894	4411	4667	13.4	5.8
欧亚大陆	5755	5966	5859	5714	5685	5617	16.1	-1.2
中东	3954	4187	4305	4377	4652	4917	14.1	5.7
非洲	1072	1139	1218	1201	1201	1201	3.4	0.01
亚太	5716	6122	6475	6653	6786	6867	19.7	1.2
合计	31937	32653	33458	33810	33930	34842	100	16.3

注：2015 年数据为中国石油集团经济技术研究院估计值。欧亚大陆为原苏联地区。

资料来源：BP《世界能源统计年鉴 2015》，《剑桥能源》2015 年 6 月。

表 2　世界十大天然气消费国 2010～2015 年消费量

序号	国家	消费量（亿立方米）						2010～2015 年年均增长（%）	2015 年同比增长（%）
		2010 年	2011 年	2012 年	2013 年	2014 年	2015 年		
1	美国	6821	6931	7232	7399	7594	7944	3.09	4.61
2	俄罗斯	4141	4246	4162	4135	4092	4010	-0.64	-2.0
3	中国	1069	1305	1463	1680	1843	1910	12.31	3.7
4	伊朗	1529	1624	1615	1594	1702	1804	3.36	6.0
5	沙特阿拉伯	877	923	993	1000	1082	1158	7.38	7.0
6	日本	945	1055	1135	1135	1125	1119	3.44	-0.5
7	加拿大	950	1009	1003	1039	1042	1044	1.11	0.19
8	墨西哥	725	766	799	847	858	887	4.16	3.4
9	德国	833	745	784	825	709	780	-1.31	10.0
10	阿联酋	608	632	656	668	693	728	3.67	5.0

注：2015 年数据为中国石油集团经济技术研究院估计值。
资料来源：BP《世界能源统计年鉴 2015》，《剑桥能源》2015 年 6 月。

（2）美欧市场天然气消费增长较快，亚太市场增长乏力

2015 年，北美天然气消费稳步增长；欧洲天然气消费在经历连续 4 年下降后，呈大幅反弹态势；中东地区天然气消费连续两年较快增长；亚太市场消费增速持续放缓（见图 1）。

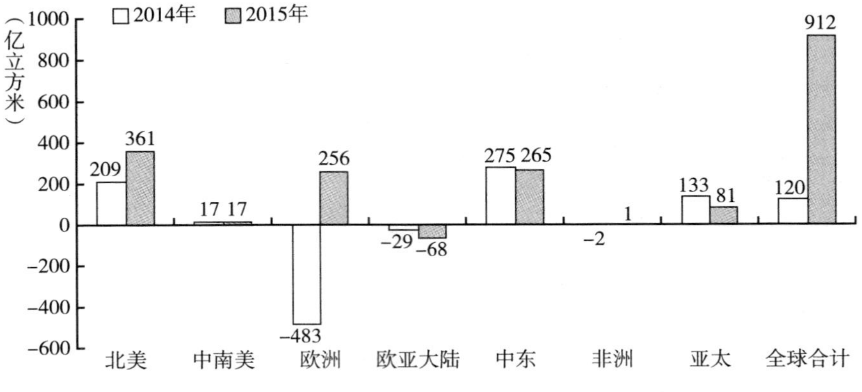

图 1　2014～2015 年世界主要地区天然气消费增量

注：2015 年数据为中国石油集团经济技术研究院估计值。
资料来源：BP《世界能源统计年鉴 2015》，《剑桥能源》2015 年 6 月。

第一，北美消费稳定增长。进入2015年以来，受气价下跌、美国经济稳步复苏等因素影响，北美天然气消费稳定增加。1～9月，北美天然气消费量7134亿立方米，同比增长4.8%，估计全年消费量9855亿立方米，同比增长3.8%。北美国家中，美国消费量（7944亿立方米）高居榜首，是拉动北美天然气消费增速提高的主要因素。1～9月，美国天然气消费量5847亿立方米，同比增长4.8%。其中，电力部门消费量同比增长18.5%，成为拉动需求增加的主要因素，居民、商业、工业用气量分别同比下降5.3%、3.8%和1.4%。此外，加拿大消费1044亿立方米，墨西哥消费约887亿立方米，分别居世界第七位和第八位。

第二，欧洲消费大幅回升。2015年，受气价下跌、天然气与煤炭及可再生能源相比价格优势显现，以及年初气温较低、经济复苏等因素影响，欧洲天然气消费在连续几年下滑后出现反弹。1～9月，欧洲经济合作与发展组织（OECD）国家消费量3343亿立方米，同比上升7.3%。估计2015年欧洲消费量4667亿立方米，同比上升5.8%。其中，一季度消费量受低温影响，消费增速高达13%。

第三，亚太消费增速明显回落。受经济增速放缓、核电重启等因素影响，亚洲天然气消费增速放缓。2015年1～9月，亚太OECD国家天然气消费量仅为1523亿立方米，同比下降3.4%。其中，日本天然气消费量为918亿立方米，同比增长1%；韩国消费量315亿立方米，同比下降7.4%；澳大利亚消费量197亿立方米，同比下降11.7%。新兴经济体中，1～9月中国天然气消费增速大幅放缓至2.8%，为近10年的低点；印度天然气消费低速增长。估计全年亚太天然气消费量6867亿立方米，增速仅为1.2%，低于2013年2.7%和2014年2%的增速。

第四，中东消费增势较猛。过去5年，中东地区天然气消费平均增速为4.1%，近两年增幅提升明显，2014年高达6.3%。2015年消费量4917亿立方米，同比增长5.7%，占全球天然气消费总量的14.1%。2015年消费增量为265亿立方米，成为仅次于北美的第二大增长区域。

（3）电力部门天然气消费比重持续增长

居民、商业部门、工业部门和电力部门是全球主要天然气消费部门（见表3），主要国家和地区发电用气比重日趋上升。2015年，美国电力部门用气消费量同比增加18.6%；欧洲电力部门用气同比大增30%；印度由于电力改革及国内气价下调，下半年电力部门用气量较快提升。总体上看，2015年，全球电力部门用气所占比例约为40%，2020年将逼近50%。

表 3　2000～2020 年世界分部门天然气消费结构所占比例

单位：%

部门	2000 年		2010 年		2014 年		2015 年		2016 年		2020 年	
	OECD 国家	非 OCED 国家	OECD 国家	非 OCED 国家	OECD 国家	非 OCED 国家	OECD 国家	非 OCED 国家	OECD 国家	非 OCED 国家	OECD 国家	非 OCED 国家
居民、商业	34	15	31	14	29	14	30	13	28	14	27	14
工业	28	23	21	25	22	26	22	26	22	26	22	26
电力	28	47	37	45	37	45	36	45	38	45	38	45
其他	10	15	12	16	12	16	0	1	12	16	13	16

注：2015 年数据为中国石油集团经济技术研究院估计值。

资料来源：国际能源署《IEA 中期能源展望》。

2. 全球天然气供应稳定增长，供需持续宽松

（1）全球天然气产量增速加快

2015 年，全球天然气产量约为 3.67 万亿立方米，同比增速 2.4%，增速是上年的两倍。其中，北美产量 10348 亿立方米，占全球比例 28.2%；欧洲及欧亚大陆产量 10899 亿立方米，占比 29.7%；中东产量 6181 亿立方米，占比 16.9%；亚太产量 5391 亿立方米，占比 14.7%；非洲产量 2121 亿立方米，占比 5.8%；中南美产量 1725 亿立方米，占比 4.7%。增幅较大的地区是北美、中东和非洲，分别为 5%、3% 和 4.6%。全球天然气产量高于消费量，市场供需呈持续宽松态势。

（2）LNG 产能稳步提高，即将进入产能集中释放期

截至 2015 年底，全球已投产液化天然气（LNG）液化能力达到 3.25 亿吨/年，较前一年增加 5.2%。其中，美洲 6 个项目，7 条生产线，产能为 2050 万吨/年；欧洲 1 个项目，1 条生产线，产能 420 万吨/年；亚太 26 个项目，45 条生产线，产能 13700 万吨/年；非洲 10 个项目，32 条生产线，产能 7090 万吨/年；俄罗斯 1 个项目，2 条生产线，产能 960 万吨/年（见图 2）。

2015 年全球计划投产的 5 个项目中，只有澳大利亚 APLNG 煤层气、Gladstone LNG 和 Queensland Curtis LNG（正式投产）3 个项目投产，新增产能 1980 万吨/年。计划及在建项目 55 项，生产线 116 条，产能达 5.9 亿吨/年，未来几年将有一批产能项目达到投产条件。其中，北美的美国和加拿大共 30 个项目，70 条生产线，设计产能 3.3 亿吨/年；亚太的澳大利亚、印度尼西亚、马来西亚再加俄罗斯共计 18 个项目，34 条生产线，设计产能 1.29 亿吨/年；非洲的莫桑

比克、尼日利亚和赤道几内亚共 7 个项目，12 条生产线，设计产能 0.61 亿吨/年（见表 4）。

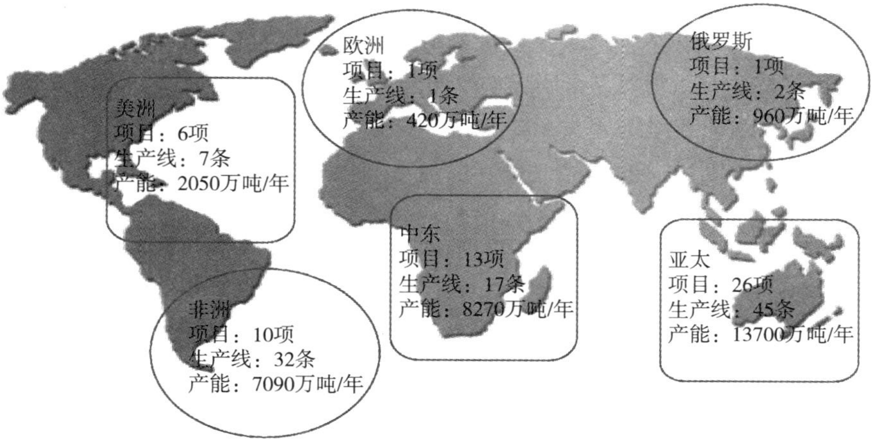

图 2　全球 LNG 已投产项目分布

资料来源：*LNG Journal*。

截至 2015 年底，全球 23 个国家和地区拥有 100 个 LNG 接收站，共 429 个储罐，储存能力超过 5020 万立方米，接收能力超过 7 亿吨/年。另外，12 个国家拥有 16 座浮式储存气化设施（FSRU）。

表 4　全球 LNG 计划及在建项目情况

地区	国家	项目（项）	生产线（条）	设计产能（亿吨/年）
北美	美国	19	59	2.014
	加拿大	11	11	1.233
亚太	澳大利亚	8	16	0.697
	印度尼西亚	3	6	0.065
	马来西亚	3	3	0.063
	俄罗斯	4	9	0.465
非洲	莫桑比克	3	5	0.225
	尼日利亚	3	7	0.384
	赤道几内亚	1	—	—
合计		55	116	5.146

资料来源：*LNG Journal*。

3. 全球天然气贸易量上升，LNG 贸易格局发生改变

（1）管道气贸易量小幅回升

全球天然气贸易中，北美和欧洲以管道天然气贸易为主，亚太以 LNG 贸易为主。2015 年，全球天然气贸易总量重返万亿立方米，同比上升 1.1%，扭转上年负增长态势。管道气贸易量同比小幅回升。其中，俄罗斯向欧洲天然气管道出口 1594 亿立方米，同比增长 8%；向法国出口增长 36.8%；向德国出口增长 17.1%；向意大利出口增长 12.6%；向奥地利出口增长 11.5%；向英国出口增长 10.2%。中国进口管道气 343 亿立方米，同比上升 7.2%。

（2）LNG 贸易量小幅增长

2015 年，全球 LNG 贸易量 2.51 亿吨（3489 亿立方米），同比增长 4.7%，较 2014 年 2.5% 的增速进一步加快。亚洲 LNG 贸易量回落，欧洲 LNG 进口量上升，出现资源由亚洲向欧洲输送的现象；拉丁美洲成为全球 LNG 现货资源的主要流入地。

第一，亚洲 LNG 进口量减少。2015 年，亚洲 LNG 需求增速趋缓，进口约 1.79 亿吨，同比减少 0.9%，出现转出口情况。其中，日本进口 8580 万吨，同比下降 3.3%，韩国进口 3360 万吨，同比减少 11%。具体来看，1～9 月，亚洲 LNG 进口量 11281 万吨，同比下降 4.5%。日本和韩国分别同比下降 4% 和 9%，主要原因是低油价使得替代能源竞争力增加、日本和韩国核电增加以及冬季气候温和。中国大陆受需求疲软影响，进口同比下降 4%。中国台湾受燃煤电厂检修影响，天然气需求超过预期，LNG 进口同比上升 5%。（见表 5）

表 5　2014～2015 年亚洲 LNG 进口情况

单位：万吨

时间	日本	韩国	中国大陆	中国台湾
2014 年 1～9 月	6632	2674	1474	1030
2015 年 1 月	843	406	212	111
2015 年 2 月	773	303	166	82
2015 年 3 月	814	305	135	115
2015 年 4 月	660	284	154	107
2015 年 5 月	576	236	112	147
2015 年 6 月	663	178	172	133

续表

时间	日本	韩国	中国大陆	中国台湾
2015 年 7 月	695	227	192	130
2015 年 8 月	706	200	141	149
2015 年 9 月	626	291	129	106
2015 年 1 ~9 月	6356	2430	1413	1080
同比	-4%	-9%	-4%	5%

资料来源：Argus Global LNG，《阿格斯全球 LNG 报告》（2015 年 1 ~9 月）；中国的数据来自中国海关总署。

第二，欧洲 LNG 进口量稳定增长。2015 年，欧洲受需求快速回升影响，LNG 进口 3784 万吨，同比增长 14.9%。其中，除法国同比下降 3% 以外，英国、西班牙、土耳其、意大利均进口量大增。1 ~9 月，欧洲 OECD 国家 LNG 进口 2933 万吨，同比增长 7.5%。（见图 3）进口量增加较大的国家依次为英国、比利时、意大利和葡萄牙，增幅分别为 16.1%、37.6%、41.1% 和 29.1%。转出口量由 600 万吨下降至 360 万吨。

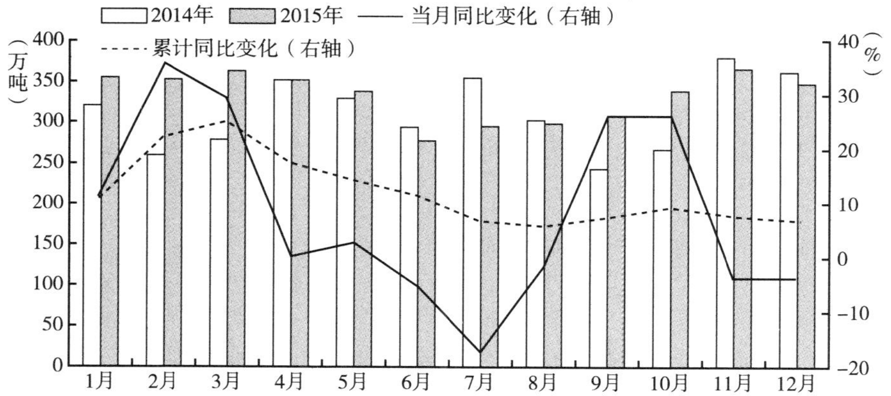

图 3　2014 ~2015 年欧洲 OECD 国家 LNG 进口量

资料来源：国际能源署（IEA）官方网站。

第三，拉丁美洲 LNG 进口大幅上升。2015 年，拉丁美洲 LNG 需求明显增加。其中，受干旱导致水力发电量大幅下降影响，1 ~6 月巴西 LNG 进口 2893.2 万吨，同比增加 49.3%。随着巴西、阿根廷和智利等国 LNG 需求的增长，拉丁美洲已经成为 LNG 行业新的关注点。未来几年，随着拉丁美洲国家的快速发展，拉丁美洲有望继亚洲之后成为又一个 LNG 关键性市场。

（3）LNG 新兴进口国涌现，贸易格局有所改变

2015 年，中东、北非 LNG 进口约 1044 万吨，同比增长 146.1%。其中，阿联酋、科威特进口增量较大，埃及、巴基斯坦等国成为新兴 LNG 进口国，LNG 资源流向发生变化，对国际 LNG 市场的影响将逐步显现。

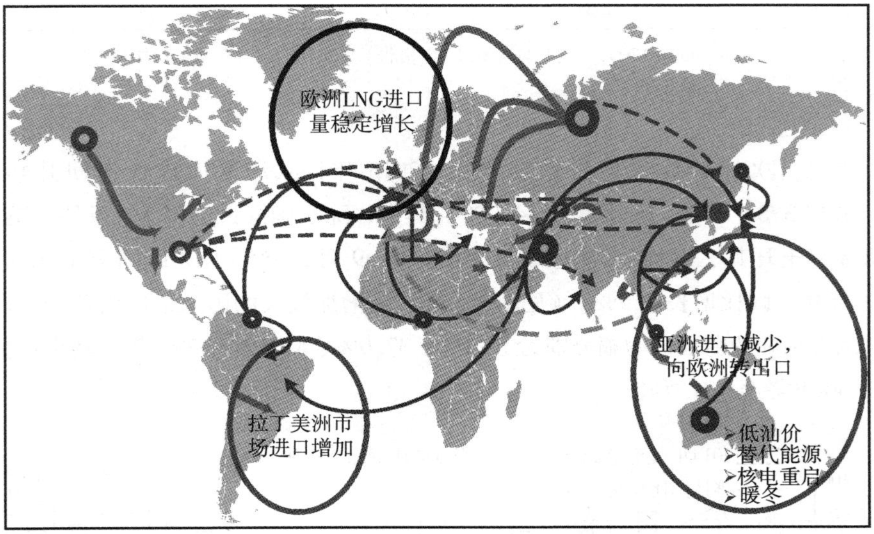

图 4　全球 LNG 贸易及资源流向

资料来源：中国石油集团经济技术研究院作者绘制。

埃及由于资源接替不足，2015 年由 LNG 出口国转为进口国，先后与包括俄罗斯天然气工业股份公司在内的 4 家外国公司共签署 75 船 LNG 供给协议，同时租赁浮式进口终端应对进口设施不足问题；巴基斯坦自 2015 年第一季度起租赁美国 Excelerate 能源公司气化能力为 290 万吨/年的浮式储存气化装置，并在瓜达尔港开展 LNG 接收设施和相关基础管线建设；11 月与卡塔尔敲定年供应量 150 万吨、为期 15 年的 LNG 供应协议，12 月开始供货；泰国于 2012 年与卡塔尔签署年进口量 200 万吨的 LNG 购销协议，于 2015 年开始执行，为期 20 年。为应对缅甸管道气进口量和国内产量下降，泰国 LNG 进口需求将继续增加。

（4）贸易合同灵活性增加，市场出现联合采购方式

第一，贸易合同灵活性增加。国际 LNG 市场贸易形式一直以长期贸易合同

为主，但近期长贸协议条款出现松动。卡塔尔放弃了印度 GAIL 公司因未履行照付不议合同产生的 10 亿美元罚金，并同意修改价格公式，印度 LNG 进口价格有望由目前的 12～13 美元/百万英热单位降至 7～8 美元/百万英热单位；2015 年 11 月，中海油启动国际招标转售澳大利亚的 LNG 船货；中石化计划从 2016 年起减少购买澳大利亚 APLNG 公司 10% 的长期合同量。

中期、短期、现货、易货等贸易形式迅速发展，其中短期和现货贸易比例的大幅增加最为抢眼。尤其是近期 LNG 市场供大于求，LNG 现货价格下滑，使锁定价格的长期贸易合同价格失去了竞争优势。为了降低风险，多数 LNG 买家签订了短期 LNG 合同。2015 年 1～8 月，全球新签 LNG 长贸合同量仅为 2700 万吨/年，而短期 LNG 合同（合同期低于 5 年）大幅增加，占全部合同的比重已由前两年的 9% 提高到 2015 年的 15%。

第二，联合采购贸易方式不断推进，买方 LNG 市场竞争力持续提升。近年，日本经常采用联合采购 LNG 的贸易方式提升买方竞争力。例如，东京电力公司和中部电力公司的联合采购使得其 LNG 采购份额在全球所占比例增加到 16%，两家公司于 2015 年 4 月成立合资公司"JERA"，合并火电站，增强联合购买力。国与国之间也有采购合作。早在 2011 年，日本和韩国作为全球最大的两个 LNG 买家就提出了联合采购 LNG。2014 年，日本中部电力公司与印度 GAIL 公司签署联合采购合约，此后东京电力公司也有意加入联合采购。

亚洲 LNG 进口国加强区域合作，实行抱团采购，有助于提高 LNG 买家联合体的议价能力和买方市场的竞争力，有助于区域内买家之间利用需求季节性差异进行调剂互补，还有助于目的地条款和转售条款进一步放开，促进 LNG 合同量的再出口和互换，提升了市场的流动性。

第三，亚洲各国纷纷筹备建设天然气交易中心。目前，北美和欧洲分别拥有具国际影响力的 Henry Hub 和 NBP 两大天然气基准价格体系，为这两个地区进口管道气和 LNG 合同价格提供了重要参考依据。多年来，亚洲一直是国际主要的 LNG 市场，但尚未形成地区 LNG 交易中心，也没有形成权威性的 LNG 现货基准价。为了推动天然气贸易市场的机制化，提高亚洲天然气市场的国际影响力，日本场外交易公司（JOE）于 2014 年推出 LNG 无本金交割远期外汇交易（NDF），并于 2015 年 7 月完成首批交易；中国上海石油天然气交易中心于 2015 年 7 月 1 日宣告投入试运行，交易量稳步增长；新加坡正在力图推出新加坡鸡尾酒交易指数（SLiNG）。亚洲各国希望供应商和采购商能通过提供公允价格体系的平台进行交易，共同建立繁荣的亚洲天然气市场。

4. 三大地区市场价格大幅下跌，欧亚价差缩小

2015 年，油价下跌、市场供需、定价机制等多重因素导致美欧亚三大市场天然气价格不同程度下跌，欧亚价差收窄；全球 LNG 现货价格受供需宽松影响跌幅明显（见图 5）。

（1）北美天然气价格暴跌

2015 年，受供需宽松影响，美国 Henry Hub 年均价格为 2.62 美元/百万英热单位，暴跌 39.8%。一季度美国居民用气 692 亿立方米，同比减少 5%。截至供暖季结束，储气库总工作气量 419 亿立方米，较上年增加 162.8 亿立方米。宽松的供应环境使一季度 Henry Hub 价格同比大跌 44%；受油价以及厄尔尼诺现象影响，二、三季度均价为 2.74 美元/百万英热单位，同比下跌 35.7%；四季度价格一度跌破 2 美元/百万英热单位，创近 16 年来新低，总体在 1.62 ~ 2.49 美元/百万英热单位运行。但受北美部分地区年末降温影响，全年一直疲软的美国 Henry Hub 价格在年底出现反弹。截至 12 月 31 日，价格回升至 2.31 美元/百万英热单位（见图 6）。

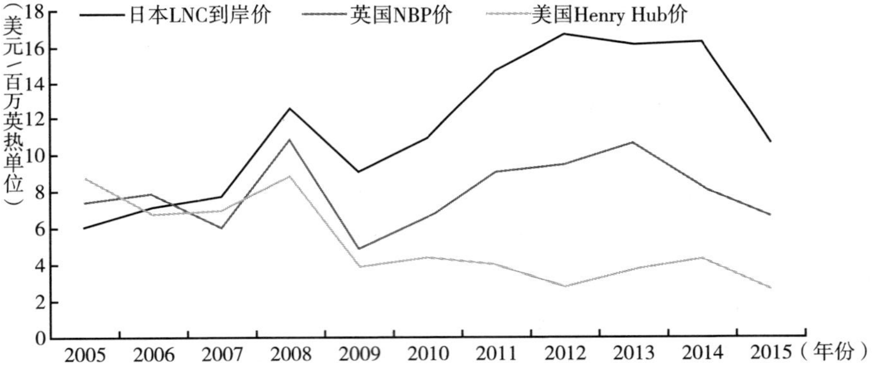

图 5　2005 ~ 2015 年三大地区价格走势

资料来源：BP《世界能源统计年鉴 2015》，《剑桥能源》2015 年 6 月。

（2）欧洲天然气价格振荡下跌

2015 年，以英国 NBP 价格为代表的欧洲天然气年均价为 6.62 美元/百万英热单位，下跌 14%。由于荷兰政府下令减产天然气，NBP 价格年初开始走高，2 月一度涨至 8.24 美元/百万英热单位；此后，气温回暖使消费略有下滑，加之原油价格低位徘徊，NBP 价格跌至 5.7 美元/百万英热单位；9 ~ 10 月，NBP 价格

图6　2014～2015年美国Henry Hub价格走势

资料来源：中国石油集团经济技术研究院信息资源网。

回升至6美元/百万英热单位以上，11月再度下滑至5.53美元/百万英热单位，同比下降34.6%，达16个月中的最低点（见图7）。

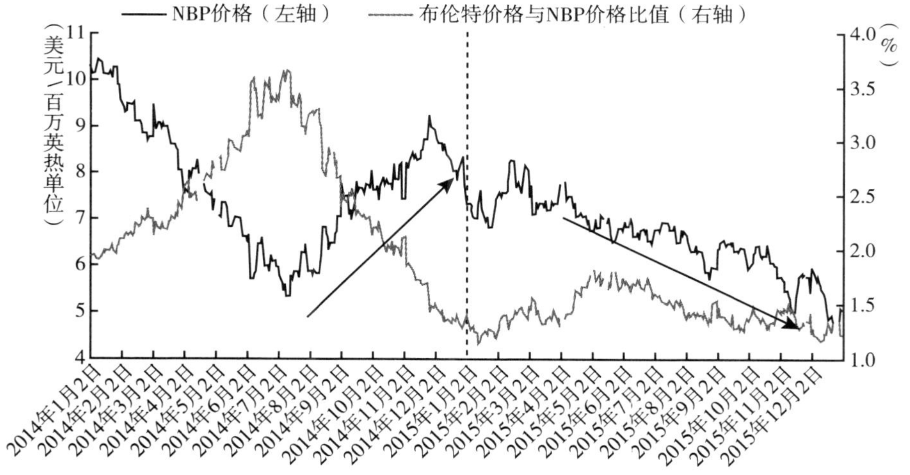

图7　2014～2015年英国NBP价格走势

资料来源：中国石油集团经济技术研究院信息资源网。

（3）亚洲 LNG 进口价格大跌

受国际原油价格大幅跳水影响，以日本 LNG 进口平均价格为代表的亚洲天然气价格大跌。2015 年，亚洲天然气平均价格为 10.64 美元/百万英热单位，同比下降 34.4%。月均最低价为 5 月的 8.85 美元/百万英热单位，1 ~5 月跌幅达 41%（见表6）。

表 6　2014 ~2015 年日本 LNG 月度进口均价

单位：美元/百万英热单位

年份＼月份	1 月	2 月	3 月	4 月	5 月	6 月	7 月	8 月	9 月
2014	16.8	16.6	16.6	16.9	16.4	16.1	16.0	15.7	15.1
2015	15.03	13.24	12.18	10.26	8.85	8.93	9.19	9.15	9.61

资料来源：Argus Global LNG，《阿格斯全球 LNG 报告》（2015 年 1 ~9 月）。

（4）LNG 现货价格大幅下滑

2015 年，受全球市场供应宽松影响，全球 LNG 现货价格大幅下跌。其中，自 2014 年亚太 LNG 现货价格首次低于长约价格后，2015 年全年低于长约价格。全年日本 LNG 现货均价为 7.46 美元/百万英热单位，同比下跌 46.9%；法国 LNG 现货均价为 6.17 美元/百万英热单位，同比下跌 29.6%；印度 LNG 现货均价为 7.25 美元/百万英热单位，同比下跌 44.9%。目前，日本对 2016 年 2 月 LNG 现货的报价保持在 7.09 美元/百万英热单位左右，同比下跌约 29%（见图 8）。

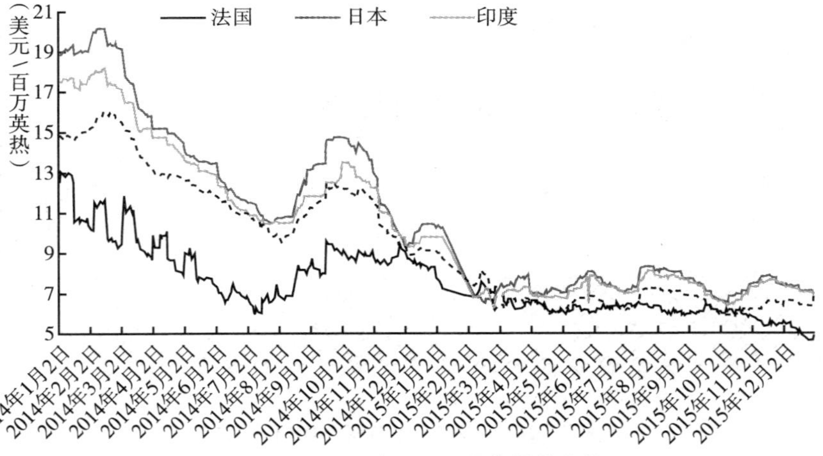

图 8　2014 ~2015 年 LNG 现货报价走势

注：图中价格是当周对下一 LNG 现货交割窗口报价的平均价。

资料来源：安迅思（ICIS）《LNG 月度报告》，安迅思咨询，2014 年 1 月 ~2015 年 12 月。

5. 年度热点分析：壳牌收购 BG 股份

壳牌公司十分看好天然气发展前景。因为壳牌公司一贯重视天然气业务，其业务范围遍布世界各地，实现了全球化布局。在收购 BG 公司前壳牌公司已经是全球领先的独立 LNG 供应商，还经营着规模庞大的 LNG 运输船队。壳牌公司认为，天然气将在未来一次能源结构中占有更大的比例，不断增加的天然气需求将为其带来丰厚的利润。

壳牌公司此次收购 BG 公司可以取得产业链优势互补。BG 公司在深水以及勘探、液化技术和 LNG 运输方面的优势，可以与壳牌公司的油气开发技术和资金优势实现融合发展。合并后，壳牌公司油气储量将增至 25%，产量增长 20%，现金流增长 15%，LNG 液化能力增长 27%，LNG 贸易交付能力增长 32%，特别有助于整合优化澳大利亚等地的 LNG 资产，并在巴西（深水）等 15 个国家形成业务互补，创造每年 25 亿美元的协同效应。新公司将成为全球 LNG 业务的领头羊。BG 公司的核心业务之一是 LNG，涵盖液化—采购—船运—销售整条产业链。2014 年，BG 公司与壳牌公司的 LNG 贸易量合计约 4500 万吨，约占全球 LNG 贸易量的 19%。随着 BG 公司在澳大利亚的项目陆续投产，预计到 2018 年，新公司的 LNG 液化能力将大幅提高到 4500 万吨/年左右，为排名第二的埃克森美孚公司产能的 2 倍。因此，合并将使新公司在 LNG 领域的领导地位得到进一步巩固，资产遍及北美、南美、东非、西非、澳大利亚、东南亚和俄罗斯。

（二）国际天然气市场展望

2016 年，综合考虑经济、气价、天气和替代能源因素，美国、欧洲天然气需求将继续增长，但增速有所回落；亚太天然气需求增速同比小幅提升，但仍低于过去 10 年的均值。全球天然气市场供需将继续保持宽松，需求约 3.55 万亿立方米，同比增长 2%，较 2015 年回落 0.7 个百分点。考虑到大批新项目投产和亚太需求不振，预计 2016 年全球 LNG 市场仍将过剩。在宽松的市场条件下，天然气贸易的灵活性将进一步提高。

1. 北美需求将平稳增长，供应侧或收紧，气价将小幅回升

2016 年第一季度，受气温影响，用气需求先升后降。自 2015 年 12 月底以来，美国东部迎来大幅降温、降雪天气，取暖用气回升较快；1 月美国天然气消费量环比上升 7% 左右，但随着低气温天气结束，2 月美国用气需求迅速回落；受低气价影响，欧美燃气发电的经济性较煤电不断增强，发电用气需求增长强劲。预计 2016 年全年北美天然气需求将稳步增长，增幅约 3%。其中，美国受

化肥和化工领域新项目投产影响，工业用气需求将有所增加；电力用气需求在年初将保持快速增长势头，随后因气价回升可能受到抑制；居民和商业用气将因为暖冬而继续小幅下降。

2016 年第一季度，美国 Henry Hub 现货均价为 2.07 美元/百万英热单位，环比下跌 11.9%，同比下跌 32.2%。1 月月均价格回升至 2.38 美元/百万英热单位，2 月价格再次下行，月均价 2.01 美元/百万英热单位，环比下降 12.1%。综合考虑供需因素，预计 2016 年全年 Henry Hub 价格约为 3 美元/百万英热单位，同比上涨 14.5%。

2. 欧洲需求将保持增长，供应充裕，气价将稳中趋降

2016 年 1 月，由于区内产量持续减少、气电需求增加、气源多元化策略的实施等因素，欧洲 LNG 进口量 390 万吨，同比增长 9.9%；由于欧亚 LNG 现货价差缩小、亚太区内供应能力增强，欧洲 1 月 LNG 再出口仅 20 万吨，不及 2015 年全年再出口量的 6%。受天然气价格走低影响，欧洲燃气电厂经济性增强，预计发电用气需求将得到提振。综合考虑经济脆弱复苏、替代能源竞争等因素，预计 2016 年天然气需求增速为 5% 左右，略低于 2015 年，但仍大幅高于过去 10 年的均值。欧洲 LNG 市场将继续呈现宽松，欧洲对俄罗斯进口管道气的依赖度将进一步降低。

由于天然气长贸合同价格随着油价而下跌，欧洲天然气市场价格将在 2016 年承压。2016 年第一季度，NBP 现货均价 5.08 美元/百万英热单位，环比下跌 15.6%，同比下跌 34.5%；NBP 价格由 2015 年 12 月初的 5.93 美元/百万英热单位震荡下跌至 2 月末的 4.5 美元/百万英热单位左右。预计 2016 年全年 NBP 价格将稳中趋降，维持在 6 美元/百万英热单位左右。

3. 亚太需求将保持低速增长，价格持续低迷

受日、韩进口下降影响，2016 年第一季度东北亚 LNG 需求继续下跌。2016 年 1 月，亚洲 LNG 进口总量为 1627 万吨，同比下降 6.2%，第一季度进口量约为 4672 万吨，同比下降 5.3%。其中，日本由于核电重启稳步进行（日本关西电力公司于 1 月重启高滨核电站 3 号机组），1 月 LNG 进口量同比下降 17.2%；韩国核电、煤电比重增加，“气改油”情况增多，1 月 LNG 进口量同比下降 18.4%；印度长贸复议后进口价格大幅下降，LNG 进口增加，但现货需求相应减少，1 月 LNG 进口同比上升 43.5%；中国台湾地区对重油和煤发电的环保管制进一步加强，1 月 LNG 进口量同比上升 11%。预计 2016 年全年，亚洲天然气需求仍将小幅增长，增幅约 2%。一方面，新兴国家用气需求增速或回升。其中，

受国内气价下调、电力市场改革和环保力度加大影响，预计中国天然气需求明显回升，印度天然气需求旺盛。另一方面，日韩等传统买家需求继续下降。

日本进口 LNG 现货 2016 年 3 月报价 5.26 美元/百万英热单位，环比下跌 23.1%（大幅低于前值 9.2%），同比下跌 22.7%。综合考虑油价下跌和需求因素，预计 2016 年日本 LNG 长贸合同进口均价为 8 美元/百万英热单位左右，现货价格在 7 美元/百万英热单位左右。

4. LNG 供过于求加剧，贸易灵活性将进一步提高

预计 2016 年全球范围内将有 7 个百万吨级 LNG 项目计划投产，新增产能超过 5000 万吨/年。美国天然气出口进程有望加快，目前已经有近 30 家公司向美国能源部（DOE）申请 LNG 出口，首船现货（美国切尼尔能源公司）预计于 2016 年 1 月发出。在需求侧，预计全球 LNG 进口量增速为 1.8% ~2%。日本 2011 年签订的 LNG 长贸合同将在 2016 年进入执行期，韩国现有的 LNG 长贸合同量足以满足需求，预计 2016 年东北亚 LNG 现货市场需求有限。埃及和约旦签订的大额 LNG 订单将对市场产生一定的提振作用。

在宽松的市场条件下，天然气贸易的灵活性将进一步提高。主要表现在：一是 LNG 长贸合同的照付不议量、合同期限、定价、目的地等将更趋灵活。以印度 Petronet 和卡塔尔 Resgas 公司的 LNG 长贸合同为例，经协商，该合同价格与油价的滞后期由原先的 60 个月缩短至 3 个月，价格也由 12 ~13 美元/百万英热单位降至 6 ~7 美元/百万英热单位。二是管道气定价机制将更加灵活。印度已经启动 TAPI 管道气价格复议，俄罗斯与土库曼斯坦就管道气价格复议问题展开多次磋商。三是伊朗出口或将促进天然气供应多样化。2016 年伊朗天然气产量有望达到 10 亿立方米/日，出口量 0.5 亿立方米/日左右。四是亚太地区天然气交易平台将继续快速发展，包括上海（SHOGX）、日本（JOE）、新加坡（SGX）以及澳大利亚（AGX）等，且各交易中心已透露出合作意愿，预计亚洲天然气交易中心建设进程将在 2016 年提速。

二　中国天然气市场发展现状及趋势预测

（一）中国天然气消费、供应状况

1. 2015年中国天然气消费状况

2015 年，随着中国经济增速放缓，全年能源供应总体平稳，能源供需较为

宽松，能源结构进一步优化。全年一次能源消费总量为43亿吨标准煤，同比增长0.9%，为1998年以来最低增速。其中煤炭消费总量为39.6亿吨，在一次能源消费结构中的比重降为64%；石油消费占比18.1%，天然气消费占比5.9%。水电、风电、核电等清洁能源消费量占能源消费总量的12%，比上年提高0.8个百分点，中国已成为世界可再生能源利用的第一大国。

2004年国家战略性工程西气东输一线天然气管道正式投入商业运营，标志着中国天然气市场进入快速发展期。2004～2015年，全国天然气消费量持续快速增长，年均增长量近140亿立方米，增速达到16%。2015年，中国经济增速放缓，产业机构调整，传统制造业产能过剩，部分工厂开工率下降；同时，由于国际油价下跌，而中国天然气价格调整滞后等因素，中国天然气消费量增速明显放缓，甚至消费量在4月首次出现负增长。中国的天然气市场供需明显宽松，买方市场特点突出，市场首次由“以产定销”转变为“以销定产”的模式。全年表观消费量为1932亿立方米，同比增长5.7%，占一次能源消费总量的5.9%左右，远低于《天然气发展“十二五”规划》中提出的2300亿立方米的目标。

2015年中国天然气市场发展的两个显著特点：一是发电用气需求增长较快。尽管天然气发电与燃煤发电相比具有环保、启停灵活、便于调峰、占地面积小等多重优势，但仍处于起步阶段。天然气发电的用气量从2009年前的不足100亿立方米/年逐步增加，2014年达到270亿立方米。尽管2015年全国电力供需宽松，但自下半年以来，受国家下调天然气价格驱动，江苏、浙江、广东等地燃气电厂用气量出现较大增幅，另外，一批新的燃气发电项目投产（如北京东北热电中心、太原东山热电等项目），拉动了发电用气量的增长，全年消费量预计达到294亿立方米。二是工业燃料用气需求疲软，甚至出现了天然气逆替代现象。2015年，主要工业用气需求不旺，平板玻璃、钢铁、建筑陶瓷等行业的用气需求下降。此外，由于煤炭、燃料油和LPG等竞争能源价格的竞争性比天然气价格的竞争性显著增强，出现了煤炭、燃料油逆向替代天然气的现象。在2015年11月国家发改委下调天然气价格后，天然气相对替代能源的经济性有所提高（见图9）。

根据国家统计局和中国石油集团经济技术研究院的统计数据，预计全年中国天然气的消费构成为：城市燃气消费量758亿立方米，同比增长13.1%，占比39.7%；发电用气294亿立方米，同比增长12.2%，占比15.4%；工业用气576亿立方米，同比下降5.4%，占比达30.2%；化工用气282亿立方米，同比下降6.5%，占比14.8%（见图10）。

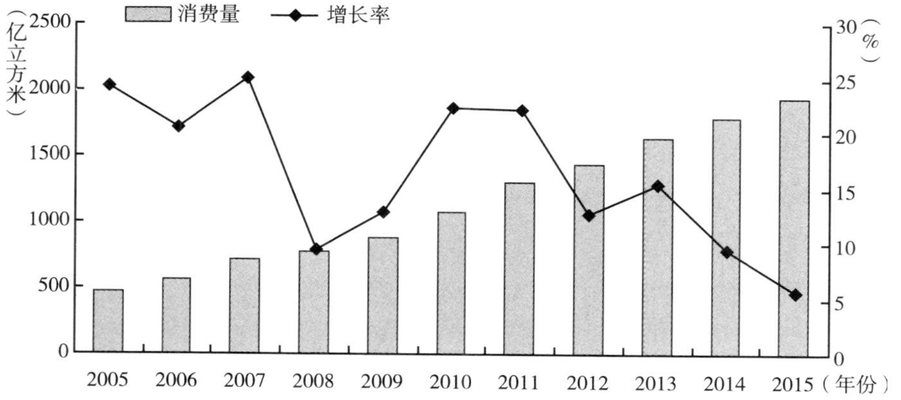

图 9　2005 ~ 2015 年中国天然气的消费量、增长率

资料来源：中国国家统计局和中国石油集团经济技术研究院统计数据。

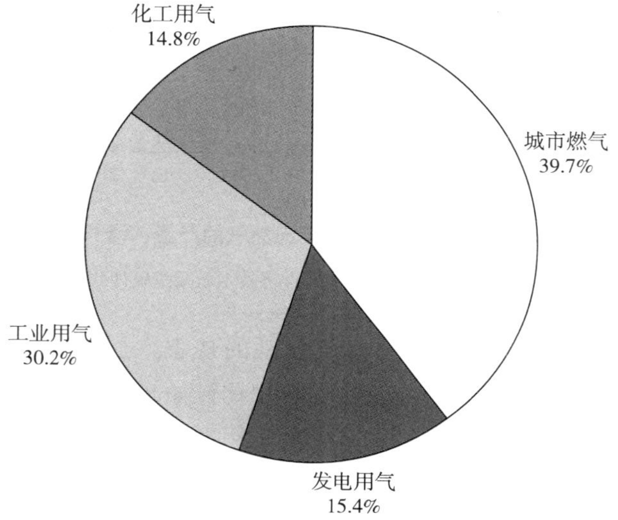

图 10　2015 年中国天然气消费结构

资料来源：中国石油集团经济技术研究院数据。

2. 2015年中国天然气供应状况

受压产影响，2015 年中国天然气产量为 1350 亿立方米（含非常规天然气、煤制气），同比增长 5.6%，略低于 2014 年的增长率。2015 年新疆年产天然气首次突破 300 亿立方米，成为继陕西之后中国第二个年产天然气量超过 300 亿立方米的省（区）（见图 11）。

受国内天然气需求增速减缓的影响，2015 年中国天然气进口量增速也相应降低，2015 年共计进口天然气 626 亿立方米，同比增长 6.3%，对外依存度超过 32%。进口天然气中管道天然气进口量为 355.4 亿立方米，同比增长 7.2%，占整体天然气进口量的 56.7%；液化天然气进口量 270.6 亿立方米，同比下降 1.1%，占比 43.3%。2015 年全年中国天然气总体供应过剩，但由于季节性用气不均衡，冬季仍有很多城市面临调峰保供的压力，如 2016 年初华北地区（包括北京）出现天然气供应短缺、限量保供的局面，天然气供应应急保障能力亟待加强。

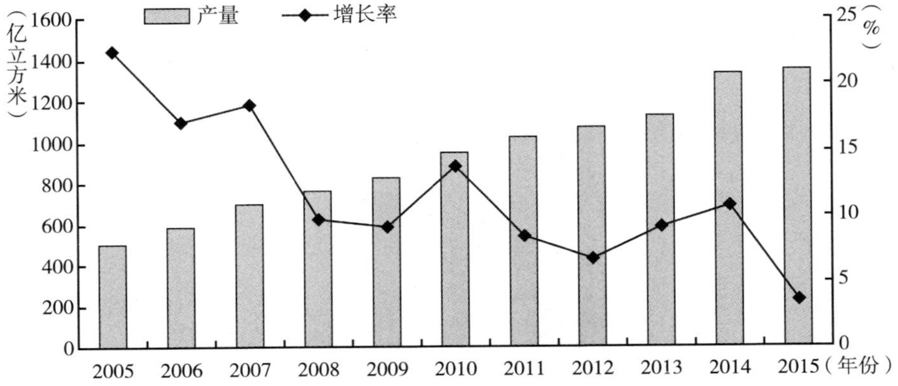

图 11　2005 ~2015 年中国天然气的产量、增长率

资料来源：中国国家统计局和中国石油集团经济技术研究院统计数据。

2015 年中国进口 LNG 出现了量价齐跌的现象。全年液化天然气进口量 270.6 亿立方米，同比下降 1.1%，这是自中国开始进口 LNG 以来的首次负增长。中国进口 LNG 是以长期合同为主，主要来自卡塔尔、澳大利亚、印度尼西亚、马来西亚等国；现货进口主要来自也门、阿尔及利亚等国。

接收站及中转站方面，2015 年全年没有新投产项目，截止到 2015 年底已建成的 LNG 接收站及中转站接收能力共计 4095 万吨/年。2015 年，LNG 接收站及中转站接收总量为 1967 万吨，接收站利用率从 2014 年的 48.7% 降至 47.7%，接收能力过剩问题凸显。另外，除传统的国有石油公司外，一些天然气用户和民营企业也开始积极布局 LNG 采购和接收站业务，如华电集团、广汇能源、新奥能源等。

3. 天然气价格情况

2015 年，中国国内天然气市场价格改革持续推进，天然气总体价格水平下降，进口气价也大幅度降低。尽管进口气价降低，但由于国内天然气销售价格下调，进口天然气企业仍面临巨额亏损。根据中国石油集团公司发布的2015年年报，该公司2015年销售进口天然气净亏损人民币162.99亿元，其中销售进口中亚天然气305.52亿立方米，亏损人民币62.16亿元；销售进口LNG 57.02亿立方米，亏损人民币85.19亿元；销售缅气46.23亿立方米，亏损人民币40.73亿元。①

中国LNG进口价格也出现大幅度下降，短期合同和现货交易比重加大。中国LNG现货交易占全球LNG交易总量的比重在1990年之前为零，2015年已增长为15%。预计不久的将来，中国短期及现货交易量有望达到世界LNG贸易总量的20%。

自2014年下半年国际油价下跌后，由于亚太地区长期LNG合同结算价格通常依据交货之前数个月的JCC平均价格确定，因此仅在2015年初价格才出现了下跌的趋势。

在国际油价快速下跌的压力下，亚太地区现货价格已由2014年最高的19.5美元/百万英热单位降至目前的6～7美元/百万英热单位，与欧洲NBP价格大致处于同一水平。国际天然气市场持续多年的“亚洲溢价”接近消失。随着LNG贸易量的快速增长，以及LNG船运和再气化能力的持续增强，形成全球统一的LNG市场和价格的条件进一步得到发展，当然形成统一市场的过程仍然漫长。

通常，油价变动对世界LNG市场主要有两个方面的影响：一是直接影响已投产LNG项目的产品销售价格和经济性；二是影响LNG在建或拟建项目的进展，进而影响远期LNG供应量。虽然长期和现货LNG贸易采用不同的定价方式，但都与油价有一定程度的关联。长期LNG合同的价格公式通常与油价挂钩，受油价波动的直接影响；现货LNG的价格主要取决于市场供需关系，并受替代燃料（主要是燃料油和LPG）价格变动的影响。

亚太地区进口LNG的长期贸易合同价格通常与油价挂钩，受2014年中以来国际油价大幅下跌的直接影响，整个市场基本面宽松，2015年日本进口LNG全年均价约为10.64美元/百万英热单位，同比下跌34.4%，其中LNG现货价格持续走低，全年均价约为7.46美元/百万英热单位，下降46.9%。亚洲天然气市场买家地位上升，在与卖家就目的地限制、照付不议比例、价格公式等条款方面的谈判取得进展。2011年12月，中石化曾与澳大利亚太平洋LNG公司（APLNG）签署增购

① http://www.cfi.net.cn/p20160323001967.html.

至760万吨/年LNG的长期协议。2016年1月，APLNG公司出口第一船LNG货物；中石化计划从2016年起减少购买该项目项下10%的长期合同量①。

表7　2014～2015年LNG到岸价格

单位：美元/百万英热单位

	1月	2月	3月	4月	5月	6月	7月	8月	9月	10月	11月	12月
2014年												
日本	16.67	16.76	16.55	16.79	16.32	16.13	15.21	15.74	15.16	15.89	15.59	15.62
欧盟	11.59	11.30	10.88	10.73	10.20	9.77	9.27	9.14	9.24	9.77	8.90	9.83
2015年												
日本	15.12	13.37	14.28	10.22	8.72	8.59	8.87	9.18	9.64	9.44	9.00	8.75
欧盟	9.25	8.27	8.27	7.42	7.27	7.29	6.93	6.95	6.71	6.43	6.24	6.10

资料来源：根据美国能源信息署（EIA）数据整理。

（二）中国天然气市场短期发展趋势

1. 中国天然气市场价格短期仍将低位运行

有关2016年的国际油价走势，业界普遍认为基本面总体宽松，世界石油供应仍是供大于求。从供给侧看，在国际油价跌至30美元/桶的情形下，美国非常规石油生产仍保持较强的韧性，此外，欧佩克国家没有限产的意愿，伊朗将在制裁解除后增加原油出口，这些因素加剧了市场供应过剩的心理预期。宽松的供需基本面决定了国际油价仍将在低位徘徊。

由于中国引进天然气长贸合同部分与油价挂钩，国际油价的下跌将导致天然气价格的逐步下降。另外，从供求关系看，国际天然气市场格局逐步转向买方市场，2010年以来的持续高油价，刺激了LNG上游投资的快速增加。根据项目的进展预测，2016年在全球范围内将有7个大型LNG项目投产，新增产能达到5000万吨/年。专家预测，至2018年，国际LNG供应能力将从目前的3亿吨/年左右增加至4.3亿吨/年，国际能源署在《2015年中期天然气市场报告》中预测，到2020年，全球液化天然气出口能力将较目前水平增加40%。

供应充足也将导致天然气价格维持低位。根据中国石油集团经济技术研究院的预测，2016年，由于国际油价保持低位，与油价挂钩的日本LNG进口长贸合同均价预计在8美元/百万英热单位左右，而现货价格仍然将低于长贸价格，预

① http://www.sinopecnews.com.cn/news/content/2016-01/12/content_1581675.shtml.

计在7美元/百万英热单位左右。除价格维持较低水平外，世界LNG贸易协议时间趋向缩短，市场的灵活性增强。目前5年以上的长期协议占69%，2~5年的协议占4%，2年以内的协议和现货占27%。

亚洲已成为全球最大的LNG消费市场，由于日本、韩国天然气消费增量有限，中国和印度成为最具潜力的LNG消费市场。由于价格的不确定性增加，买方对签署长期贸易合同态度更趋谨慎，长贸合同的数量将继续减少。另外，未来LNG合同中，目的地限制、照付不议量等合同条款将会逐步松动。

2. 中国天然气市场短期供大于求，但季节性供需矛盾仍然存在

价格因素和环境治理要求将拉动中国天然气需求增长。2015年11月18日国家发展和改革委员会发布通知，将非居民用气最高门站价格降低700元/千立方米（即0.7元/立方米）。根据中国石油经济技术研究院的预测，2016年中国天然气表观消费量有望达到2050亿立方米，同比增长7.3%。根据国家能源局2016年3月发布的《2016年能源工作指导意见》①，2016年天然气在一次能源消费结构中所占比重将提高到6.3%。

2016年，预计天然气供应稳定增长，总量有望达到2080亿立方米。根据国家能源局发布的《2016年能源工作指导意见》，其中国产气产量可达到1440亿立方米，同比增长6.5%。预计2016年全年进口天然气640亿立方米，约占消费量的32%；总体将保持资源供大于求的局面，但因国内储气调峰能力不足，因夏季用量下降导致天然气开采企业限产、冬季用气量大幅上升出现限供的现象仍有可能发生。

（三）中国天然气市场发展面临的问题

1. 天然气价格改革问题

天然气价格改革是中国能源体制市场化改革的重点内容之一。在“十二五”期间，中国的天然气价格形成机制几经调整，从最初的设立出厂价格变为调控门站价格，价格形成机制也从成本加成法转为与替代能源价格挂钩。2014年天然气价格改革方案曾明确将逐步实现增量气和存量气价格并轨的目标，2015年两次天然气价格改革的结果即形成了增量气与存量气的并轨，整体降低了天然气价格水平。2015年第一次天然气价格改革是2月26日国家发展和改革委员会发布《关于理顺非居民用天然气价格的通知》（发改价格〔2015〕351号），按照现行

① http://zfxxgk.nea.gov.cn/auto82/201604/t20160401_2219.htm.

天然气价格机制，增量气最高门站价降低 440 元/千立方米，存量气最高门站价格提高 40 元/千立方米（广东、广西、海南、重庆、四川按与全国衔接的原则安排），实现价格并轨。在此次天然气价格改革后，全国天然气门站价格平均为 2.51 元/立方米，其中上海为 2.88 元/立方米，北京为 2.7 元/立方米。天然气价格改革方案同时规定：放开天然气直供用户（化肥企业除外）的用气门站价，供需双方可自行协商确定；居民生活、学校教学和学生生活、养老福利机构等用气（不包括集中供热用气）门站价格暂不做调整。此次改革尽管降低了天然气价格，但在国际石油价格大幅下跌的背景下，由于面临燃料油和石油液化气等可替代能源的竞争，天然气的经济性欠佳，导致对气价较为敏感的工业用户需求下降，抑制了中国天然气消费量的增长。

2015 年 11 月 18 日国家发展和改革委员会发布《关于降低非居民用天然气门站价格并进一步推进价格市场化改革的通知》，对天然气价格进行了第二次改革，改革的主要内容是将非居民用气最高门站价格降低 700 元/千立方米，超出此前市场普遍预期的 400～500 元/千立方米；但化肥用气将继续实施现行的优惠政策。另外，在非居民用气价格管理体制方面，将此前实行的最高门站价格管理调整为基准门站价格管理，即供需双方可以以政府确定的基准门站价格为基础，在最高上浮 20%、下浮不限的范围内具体协商确定门站价格，自 2016 年 11 月 20 日起允许门站价格上浮（见表 8）。价格调整后，上海门站价格为 2.18 元/立方米，北京为 2 元/立方米，总体降幅接近 25%，回到 2011 年的价格水平。有观点认为，降价有助于提升天然气的竞争能力，促进市场需求恢复增长。但客观上此次价格调整再次导致进口气价与国内门站价格的倒挂。按照上海非居民用气门站价格 2.18 元/立方米测算，考虑增值税和气化管运输费等因素，进口 LNG 价格的盈亏平衡点将降至 7.5 美元/百万英热单位以下。

表 8　各省（区、市）非居民用天然气基准门站价格表

单位：元/千立方米（含增值税）

省(区、市)	基准门站价格	省份	基准门站价格
北　京	2000	湖　北	1960
天　津	2000	湖　南	1960
河　北	1980	广　东	2180
山　西	1910	广　西	2010
内蒙古	1340	海　南	1640
辽　宁	1980	重　庆	1640
吉　林	1760	四　川	1650

续表

省(区、市)	基准门站价格	省份	基准门站价格
黑龙江	1760	贵　州	1710
上　海	2180	云　南	1710
江　苏	2160	陕　西	1340
浙　江	2170	甘　肃	1430
安　徽	2090	宁　夏	1510
江　西	1960	青　海	1270
山　东	1980	新　疆	1150
河　南	2010		

注：上述基准门站价格暂不上浮，下浮不限；自 2016 年 11 月 20 日起最高可上浮 20%。
资料来源：国家发改委网站，http：//www. sdpc. gov. cn/g2dt/201511/t20151118_ 758904. html。

由于降价的因素，加上极寒天气刺激取暖用气的增长，国家发展和改革委员会最新发布的 2016 年 1 月天然气消费数据显示，1 月中国天然气消费量达到 223 亿立方米，同比增长 17. 6%。①“十二五”期间中国天然气价格机制改革取得重大进展，但目前在定价方面仍有以下两个方面的问题亟待解决。② 一是天然气定价机制，目前仍是政府定价，并未形成市场化定价机制。根据 2015 年 10 月中共中央、国务院发布的《关于推进价格机制改革的若干意见》，未来市场化改革的目标是“到 2017 年，竞争性领域和环节价格基本放开，政府定价范围主要限定在重要公用事业、公益性服务、网络型自然垄断环节。到 2020 年，市场决定价格机制基本完善，价格调控机制基本健全”。在此过程中，建设规范的产品交易市场是实现上述目标的重要举措。2015 年 7 月，国家发展和改革委员会批准成立了上海石油天然气交易中心，并明确要求尽快实现非居民用气进入此交易中心交易，由供需双方在政府价格政策允许的范围内公开交易。也有专家提出，形成市场基准价格的前提是要有交割地，即有形成枢纽的管网条件，同时交易中心既要具有现货交易功能，也要具备期货交易功能。因此改革需循序渐进，上海石油天然气交易中心形成像美国亨利枢纽一样的定价枢纽的道路依然漫长，客观上形成基准枢纽必须有较为发达的天然气金融市场、数量众多的市场主体且具备良好的流通性。二是中国的天然气价格中交叉补贴的情况仍然比较普遍。其中关键所在是，中国对居民用气实行低价政策，居民气价明显低于工业用气价格，存在严重的交叉补贴现

① http：//news. xinhuanet. com/fortune/2016 -03/06/c_ 1118248553. htm.
② 陈嘉茹、刘东旭、陈建荣：《市场化改革加速推进——2015 年中国油气政策回顾及“十三五”展望》，《国际石油经济》2016 年第 2 期。

象。2015 年的天然气价格改革并未涉及居民用气价格。未来改革的可能方向包括适当上调居民用气价格，以及减少政府对居民用气以及工业、热力用气的交叉补贴。

总之，天然气价格改革任重道远。2015 年 10 月国务院发布的《关于推进价格机制改革的若干意见》（以下简称《若干意见》）明确提出，“价格机制是市场机制的核心，市场决定价格是市场在资源配置中起决定性作用的关键”，将持续“推进石油、天然气等领域价格改革，放开竞争性环节价格，充分发挥市场决定价格的作用”。具体到天然气领域，《若干意见》中“加快推进能源价格市场化”部分明确了以下原则：管住中间、放开两头，促进市场主体多元化竞争，稳妥处理和逐步减少交叉补贴。尽快全面理顺天然气价格，放开天然气气源和销售价格，建立主要由市场决定能源价格的机制。按照“准许成本加合理收益”原则，合理制定天然气管网输配价格。①

2. 天然气发电问题

国务院在《能源发展战略行动计划（2014～2020 年）》中提出坚持“节约、清洁、安全”的战略方针，并提出：到 2020 年，天然气消费在中国一次能源消费中的比重要超过 10%，煤炭消费比重控制在 62% 以内，非化石能源占一次能源消费比重达到 15%。天然气作为化石能源中的低碳能源，将成为中国能源转型升级的重要过渡能源。而天然气用于发电可有效缓解天然气管道调峰问题，节省调峰设施建设费用。进入 21 世纪以来，中国天然气发电行业快速发展。截至 2015 年底，燃气发电装机容量 6637 万千瓦，占全国发电装机总量的 4%～5%，比 2014 年增加 940 万千瓦，同比增长 16.5%（见图 12）。截至 2014 年底，中国煤电装机容量 82524 万千瓦，占装机总量的 60.7%；水电装机容量 30183 万千瓦（含抽水蓄能装机容量 2183 万千瓦），占全部装机容量的 22.2%；核电装机容量 1988 万千瓦，并网风电装机容量 9581 万千瓦，并网太阳能发电装机容量 2652 万千瓦。②

2014 年，燃气发电量为 1333 亿千瓦时，同比增加 14.52%，燃气发电用气 270 亿方，占全国消费气量的 17%（见图 13）。中国北方气电项目以热电联产为主，实行“以热定电”的运行方式；南方气电项目早期以调峰为主，后期热电

---

① http://news.xinhuanet.com/energy/2015-10/16/c_128324252.htm.

② http://www.cec.org.cn/guihuayutongji/gongxufenxi/dianliyunxingjiankuang/2015-02-02/133565.html.

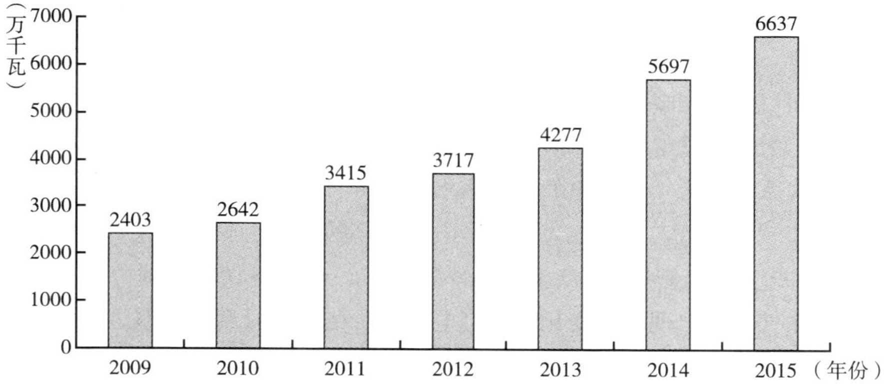

图 12　2009～2015 中国天然气发电装机容量

资料来源：中国石油集团规划总院数据。

联产项目得到快速发展，主要用于满足工业热负荷。天然气发电产业发展缓慢，主要是受到天然气价格与上网电价、发电用天然气供应保障、燃气分布式电站/能源站项目电力“并网”等方面的影响。中国目前天然气发电执行的是“一事一议”“一厂一价”的临时上网电价，没有明确的定价方法和调整机制，也没有确定热电联供形式下热、电之间的分摊方法。

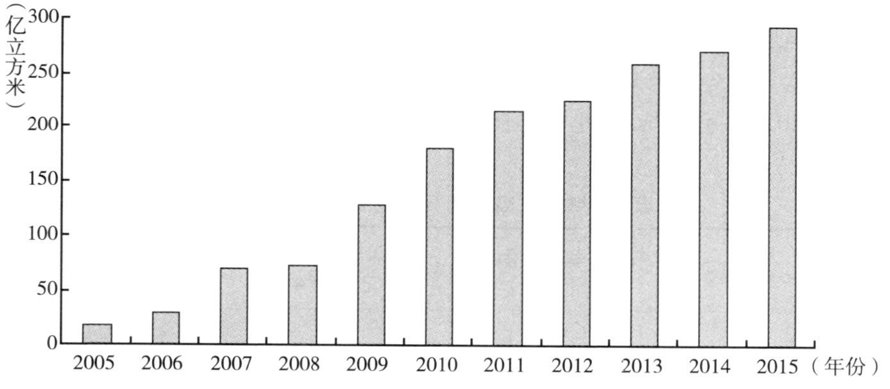

图 13　2005～2015 年天然气发电用气量

资料来源：中国石油集团规划总院数据。

以下是关于天然发电经济性的问题。

天然气的价格对于燃气发电成本影响最大。燃气发电成本通常由三部分组成，即设备的折旧成本、机组的运行维护成本以及天然气成本，其中天然气成本占比达70%～80%，燃气发电机组和热电联产机组的上网电价对气价的变化最为敏感。而目前中国多数天然气发电实行的临时上网电价，较少考虑竞争因素和效用差异，天然气发电调峰灵活、清洁高效的优势没有得到发挥，也没有如实反映中国电力系统对天然气发电的真实需求。2014年12月31日，国家发展和改革委员会发布《关于规范天然气发电上网电价管理有关问题的通知》（发改价格〔2014〕3009号），该通知第三条提出要建立气、电价格联动机制，即当供应发电用的天然气价格出现较大变化时，气电上网价格应及时调整，但最高电价不得超过当地燃煤发电上网标杆电价或当地电网企业平均购电价格0.35元/千瓦时。

以北京市为例，在国家发展和改革委员会2015年11月18日发布《关于降低非居民用天然气门站价格并进一步推进价格市场化改革的通知》（发改价格〔2015〕2688号）① 规定后，北京市发展和改革委员会在11月24日发布了《关于调整本市非居民天然气销售价格的通知》（京发改〔2015〕2620号）②，通知规定全市发电用气调整为2.51元/立方米。

北京热电厂的燃煤发电机组常用的装机容量是600兆瓦，而燃气发电机组常用的装机容量是350兆瓦，取年运行小时数为4500小时，将两种发电机组发电的上网电价进行对比（见表9）可得出结论，在天然气价格为2.51元/立方米时，燃煤价格约等于980元/吨时，天然气发电的上网电价与燃煤发电上网电价相当，即当燃煤价格高于980元/吨时，天然气发电相较传统的燃煤发电才具有经济上的竞争优势。需要考虑的是，实际情况下天然气发电年运行小时数远低于煤电，如2014年仅为2653小时，比同期煤电平均运行小时数低2359小时。

表9　燃煤发电与燃气发电上网电价对比

燃煤价格(元/吨)	燃煤发电上网电价（元/千瓦时）	天然气价格（元/立方米）	燃气发电上网电价（元/千瓦时）
450	0.342	2.51	0.579
550	0.386	2.67	0.616
650	0.429	2.87	0.652
750	0.473	3.07	0.688

① http://www.sdpc.gov.cn/zcfb/zcfbtz/201511/t20151118_758883.htm.

② http://zhengwu.beijing.gov.cn/gzdt/gggs/t1366320.htm.

续表

燃煤价格(元/吨)	燃煤发电上网电价（元/千瓦时）	天然气价格（元/立方米）	燃气发电上网电价（元/千瓦时）
850	0.517	3.27	0.724
950	0.561	3.47	0.76
1050	0.604	3.67	0.796
1150	0.648	3.87	0.832

资料来源：邵雪华、詹淑慧《天然气发电的经济性分析》，《中国科技信息》2015 年第 3 期。

综上可以得出结论，天然气发电比燃煤发电的燃料成本高很多，以目前工业用气价格 2.67 元/立方米测算，只有当燃煤价格高于 1100 元/吨时，天然气发电才具有经济上的竞争优势。

由于分布式燃气发电成本较高，在现行的电力体制下，电网公司不愿意高价收购分布式发电电量。此外，由于天然气消费市场开发处于初级阶段，天然气利用政策优先用于保障城市燃气，且各地区对天然气发电实行的政策在很大程度上取决于当地经济社会承受能力和气源供给能力，这些都制约了天然气发电的发展。

从推动天然气发电角度出发，建议尽快理顺天然气上网电价，加快建立天然气发电上中下游价格联动机制和天然气发电上网峰谷电价机制，实行调峰电价，以体现天然气的清洁环保和调峰价值。

尽管存在上述制约因素，但未来中国天然气发电领域的发展潜力依然较大。加快发展天然气发电，可满足供电负荷增加和调峰的需要。另外，与燃煤发电相比，天然气发电具有占地面积小、能源利用效率高等优势，通过燃气－蒸汽联合循环，发电效率可达 60%。美国能源信息署（EIA）预测，到 2040 年，全球天然气发电量占比将从 22% 提高到 24%。根据中电联发布的《电力工业“十二五”规划滚动研究综述报告》及中国电力发展促进会的相关预测，到 2020 年，中国气电装机将达到 1 亿千瓦时，装机占比将达到 5.17%，到 2030 年可达 2 亿千瓦时，占比为 7.14%。在国际油气价格持续走低的背景下，发电企业直接购买天然气资源的积极性增加。2015 年 10 月 21 日，中国华电与 BP 签署金额达百亿美元的天然气购销协议。根据该协议，BP 将向中国华电供应每年 100 万吨的液化天然气，为期 20 年。①

① http://energy.people.com.cn/n/2015/1022/c71661－27726852.html.

3. 天然气管道改革问题

截至 2015 年底，中国已建成天然气管道达到 8.8 万千米，干线管网与油气田周边天然气输气能力达到 3200 亿立方米/年，初步形成了“西气东输、川气东送、海气登陆、就近供应”的管网格局，建成了西北（新疆）、华北（鄂尔多斯）、西南（川渝）等供气基地，形成了川渝地区、华北地区和长三角地区等相对完善的区域性管网。管道是国民经济发展的能源大动脉，是上游资源生产和下游市场消费之间的纽带，管道建设及运营环节的改革是石油天然气行业体制改革的关键内容之一。

目前，中国的天然气管道主要由三大国有石油公司承建和运营。三大石油公司依托资源、技术、人才等方面的优势，在天然气干线、支线管道建设和运营中处于绝对主导地位。2015 年 10 月，国家发展和改革委员会正式核准中石化新疆煤制气外输管道工程（新粤浙管道），该管道总长约 8000 千米，包括一条干线、五条支线，年输气能力为 300 亿立方米，是目前国内最大的国家基础干线管道工程，在管道长度和投资规模上均超过近两年开工建设的西气东输三线。

此外，客观存在的问题是，按照管道与下游市场终端用户相对确定的关系建设的管道并没有剩余运力向第三方开放。未来管道建设改革内容主要涉及管道建设的主体、管道第三方准入和运营监管三个方面。自 2013 年以来，国家发展和改革委员会、国家能源局等部门陆续出台了一系列与天然气管网设施有关的政策，为天然气基础设施建设确定了明确的政策导向。如 2010 年 5 月 7 日《国务院关于鼓励和引导民间投资健康发展的若干意见》（国发〔2010〕13 号）①，在一定程度上解决了管道建设的公平参与问题。该意见第八条规定：支持民间资本进入油气勘探开发领域，并与国有石油企业合作开展油气勘探开发；支持民间资本参股建设原油、天然气、成品油的储运和管道输送设施及网络。但第三方公平准入和建立监管将是未来天然气管网改革的重点。

除国有石油公司主导的干线管道建设外，在区域管网建设和管理方面，通常的做法是由各地政府及地方国有企业通过独资或合资的方式成立地方管道公司进行建设和管理。据统计，全国已有 25 个省、区、市组建了 32 个省、区、市级管网公司。管道运输费用实行政府定价，其中跨省（区）管输费由国家发展和改革委员会核定，省内的管输费由省级物价主管部门核定。

目前，油气管道网运分开的改革方向已基本明确。不同国家实行不同的管道

---

① http://www.gov.cn/zwgk/2010-05/13/content_1605218.htm.

建设、运营、监管模式，综合考虑中国改革实施进程，预计中国天然气行业市场化改革将分为两个阶段。

第一阶段是拥有管道的公司通过业务整合，实现管道业务的独立。如中国石油集团已启动了内部管道业务的重组。2015 年 9 月，该公司发布公告称，拟以 150 亿 ~ 155 亿元人民币出售完成重组后的中亚天然气管道公司 50% 的股权。12 月 25 日，公司宣布将以中石油管道有限公司为平台，对所属东部管道公司、管道联合公司以及西北联合管道公司进行整合，未来目标是建立统一的管道资产管理运营及投融资平台。中石油整合和剥离天然气与管道的相关资产，目的是实现管网分离。管道整合可进一步提升管理效率，节约运营成本。

第二个阶段，通过资产剥离、资本运作等方式，推动相关市场主体间的资产的整合，实现完全的管道产权独立。有专家提出，未来中国管道业务整合将按照管道类型、功能定位的不同而区别对待：跨区域的干线天然气管道将实现剥离，在政府主导下成立国家管道公司，实现运行的统一管理和集中调度；各省内的区域性支线天然气管道，将允许多个市场主体的存在以促进竞争。但所有参与管网投资、建设、运营的企业，应该属于回报率低，但收益稳定的公用事业企业。

2014 年 2 月，国家能源局正式印发《油气管网设施公平开放监管办法（试行）》①（有效期 5 年，以下简称《办法》）。该《办法》第 5 条、第 6 条规定：油气管网设施运营企业在有剩余能力的情况下，应向第三方平等开放，提供输送、储存、气化、液化和压缩等服务。油气管网设施运营企业应在互惠互利、充分利用设施能力并保障现有用户现有服务的前提下，按签订合同的先后次序向新增用户公平、无歧视地开放使用油气管网设施。该《办法》第 4 条规定了国家能源局及其派出机构的监管职能及权限，监管内容包括油气管网设施公平开放，输送能力和效率、价格与成本，接入申请和受理，合同签订与执行，信息公开与报送等。《办法》第 19 条要求油气管网设施运营企业若同时经营油气生产、销售等其他业务，应当逐步建立健全财务制度，实行独立核算。在国家能源局公布《办法》后，同样在 2014 年 2 月，国家发展和改革委员会发布《天然气基础设施建设与运营管理办法》（以下简称《管理办法》），② 自 2014 年 4 月 1 日起施行。该《管理办法》第十七条规定，天然气基础设施运营企业在服务能力具备

---

① http：//zfxxgk. nea. gov. cn/auto92/201402/t20140224_ 1768. htm.

② http：//www. sdpc. gov. cn/zcfb/zcfbl/201403/t20140320_ 603521. html.

的情况下，不得拒绝为符合条件的用户提供服务或者提出不合理的要求。中共第十八届五中全会明确提出，“十三五”期间，中国要推动建设清洁低碳、安全高效的现代能源体系。① 其中，油气行业体制改革是建立现代能源体系的重要环节。2016 年 3 月初，国家发展和改革委员会副主任、国家能源局局长努尔·白克力透露，国务院已就《关于深化石油天然气体制改革的若干意见》进行过一次审议，此后国家发展和改革委员会、国家能源局按照要求进行了修改和完善，已经第二次上报，预计很快就可以出台。② 新一轮油气改革的思路涉及石油天然气上、中、下游的市场准入和价格机制，核心是放开上游开发权和实施管网分离。与管网分离政策相关的改革内容是需要完善管道运输价格形成机制，合理制定管道运输价格。国家发展和改革委员会 2016 年将开展成本监审，干线管道和省网分别由国家和省政府部门制定，在此基础上重新核定管输费用。

4. 地下储气库的建设

中国目前已投产的天然气地下储气库有 22 座，在建、计划建设 14 座。总体而言，中国地下储气库建设远落后于其他天然气消费大国。欧美国家的天然气储气库工作规模相当于其年用气量的 15% ~20%，工作气量大、调峰能力强。而中国目前已投产的 22 座储气库，设计工作容量虽有 158 亿立方米，但有效工作气量仅为 40 亿立方米，仅占天然气消费量的 2.2% 左右。目前中国天然气储气库主要由国有公司，如中石油和中石化承担。港华金坛盐穴储气库是中国第一个由城市燃气公司投资建设的地下储气库。2014 年 4 月，国家发展和改革委员会发布《关于加快推进储气设施建设的指导意见》（发改运行〔2014〕603 号）③ 指出：中国储气设施建设相对滞后、调峰能力不足，冬季供气紧张局面时有发生，为此需加快在建储气库项目施工进度；鼓励各种所有制经济以多种形式参与投资储气设施建设和运营，承担天然气调峰和应急储备义务的企业，可以单独或者共同建设储气设施储备天然气，也可以委托代为储备。

---

① http://news.cnr.cn/native/gd/20151103/t20151103_520379989.shtml.

② http://www.cnstock.com/v_news/sns_bwkx/201603/3728356.htm.

③ http://www.sdpc.gov.cn/zcfb/zcfbtz/201404/t20140429_609361.html.

B.4

世界煤炭市场：新稳态与结构性变革

从 威　郝亦纯*

摘　要：　本文首先分别从需求侧和供给侧对当前世界煤炭市场环境进行了分析，总结了世界煤炭供给和需求“双下滑”的原因，列举了煤炭贸易和企业并购中出现的典型现象。通过分析，提出了2016年世界煤炭市场将出现的基本特征和走势，即未来一段时期内，世界煤炭市场将呈现“新稳态”。“新稳态”市场的主要特征是：增长空间减小、增长动力稳定、消费集约化程度加深、国际贸易进入平缓期。其次，基于“新稳态”市场的特征，对2016年煤炭市场整体情况做了预测及展望。最后，以中国煤炭市场为重点，从与欧美发达国家（地区）及印度等新兴国家煤炭市场对比的角度，提出了应对世界煤炭市场低迷的对策，指出：要从产业结构、消费结构和市场布局三个方面加快推进煤炭市场结构性变革。

关键词：　煤炭需求　煤炭供给　国际贸易　新稳态　结构性变革

一　市场环境分析

国际能源署（IEA）在2016年初报告中称，预计到2030年，全球主导能源

* 丛威，管理学博士，高级经济师，现任中国石油天然气股份有限公司规划总院经济所综合经研室副主任，兼任《能源评论》编委，山东大学研究生培养合作导师，中国系统工程学会能源分会理事，主要研究领域为能源经济与政策、煤炭产业政策、天然气发展战略等；郝亦纯，中国矿业大学（北京）采矿工程专业硕士毕业，《能源志》微信公众平台主要创始人和运营人，曾在北京京煤集团生产一线工作，担任技术员、副段长，先后在《煤炭技术》《中国能源报》《能源评论》等期刊发表多篇文章，现就职于中国安全生产科学研究院。

仍是传统能源煤炭，而非风能、太阳能等可再生能源。不可否认，伴随新能源技术的突破性进展及世界性能源结构的调整完成，煤炭在世界能源消费中的占比在逐年下降。然而，正如英国石油公司（BP）在《世界能源展望2035》中特别点明的那样，近十年来，煤炭消费总量的绝对值并没有下降，仅是消费增长速度放缓。

需要指出的是，煤炭的生产和消费越来越受到环境的制约。特别是2015年11月巴黎世界气候大会召开以后，各主要经济体就加快减少化石燃料的消耗达成广泛共识。可以预见，在今后相当长的时期内，环境因素在约束煤炭产业发展方面将扮演越来越重要的角色。

尽管如此，各大机构仍纷纷预测全球煤炭需求在下一个十年内将整体攀升。综合判断，预计到2020年之前，世界煤炭总产量将达到90亿吨，煤炭在全球能源消费中占较大比重的现状还将持续一段时间。

（一）煤炭需求侧

煤炭是工业的粮食，特别是在个别具有特殊资源禀赋的工业化国家。2015年，以中美两大经济体经济增速放缓为标志，世界经济整体增长乏力。受经济下行等因素影响，2015年世界煤炭需求增速整体放缓。

1. 世界经济持续低迷，煤炭需求增长乏力

（1）煤炭在世界能源消费中的占比继续下降

根据美国联邦能源信息署数据，2010～2014年，全球能源消费的平均占比从高到低依次为原油、煤炭、天然气、水电和核电。其中，煤炭平均占比30%。2015年，煤炭在全球一次能源消费中的占比首次跌破这一数值。

（2）下游行业需求低迷

煤炭总消费量的80%以上来自火电、钢铁、建材、化工四大行业，而过去一年中这四大行业均面临着不同程度的困难甚至衰退。其中，钢铁、建材、化工又作为火电行业的主要下游产业，受基础设施、房地产、机械等行业投资和扩建能力不足的影响，对煤炭消费减少的影响产生了一定程度的叠加效应。

2015年，美国电力行业用煤量的增速在2014年同比下降3.4个百分点的基础上，再次下滑1.4个百分点；中国自2011年起逐步减少火电投资，预计未来五年内火电对煤炭的需求仍将呈逐年缩小态势。

（3）经济转型过程中煤炭消费结构变化

欧美发达国家和地区在经历一轮“去工业化”后，纷纷将实体经济转移至

海外。以中国为代表的新兴经济体不断出台政策措施，鼓励煤炭清洁利用，提升燃煤效率。根据BP数据，欧洲和北美地区2014年煤炭消费占比同比分别下降了6.2%和0.3%。中国政府在2014年末和2016年初连续颁布关于煤炭清洁利用的指导性意见，逐步提高燃煤发电技术、煤炭转化能源效率和燃煤工业锅炉平均运行效率，降低煤炭利用损耗。目前，中国仍是世界上一次能源增长最快的消费市场，但其增长率已降至18年以来的最低。

2. 国际油价低位徘徊，挤压煤炭需求空间

受世界石油消费增长放缓、美国页岩油技术革命、原油市场供大于求等多重复杂因素影响，特别是乌克兰危机以后，西方主要经济体对俄罗斯实施严厉的经济制裁，国际原油价格持续走低。2015年7月，欧佩克组织未能对削减原油出口量达成一致，国际油价应声下跌，截至2015年12月已跌至不足40美元/桶。国际油价长期低位徘徊，对煤炭转化利用产业冲击巨大。以中国为例，2014年下半年起，神华、大唐、伊泰等多家煤企连续下马煤制油、煤制气项目。个别企业甚至计划全盘暂停和重新评估旗下煤化工业务。不难看出，石油、天然气价格的持续走低，让原本就受到成本、环保等多因素制约的煤化工行业更加举步维艰。

3. 新兴能源成本下降，逐步显现竞争优势

以光伏、风电、生物质能为代表的新兴能源，经历了十余年的摸索发展后，近年来取得了长足进展。以光伏为例，其组件价格十年内下降了近90%，大大降低了基础投资和运行成本，开始显现出其竞争优势。全球风电新增装机容量连续第五个年头突破4000万千瓦，年均增长率近30%。生物质能供给量占全球能源供给的比例已由最初的不足1%上涨至超过10%。

2004~2013年，全球煤炭消费年均增长近3%，“煤炭黄金时代”已经一去不复返了。继2014年世界煤炭消费同比增长0.4个百分点后，国际能源署预测，2015~2016年，煤炭在全球一次能源消费中的占比将首次跌至25%左右。除中国、印度等新兴经济体将继续维持煤炭消费的一定增长外，以美国为代表的发达国家煤炭需求量将进一步萎缩。预计20年内，全球煤炭消费将以年均1.1%的增速低速增长。

（二）煤炭供给侧

1. 煤炭大国减产“度冬”

世界主要产煤国煤炭产量大幅回落。主要产煤国中，中国2015年原煤产量37.5亿吨，同比下降3.3%；美国2015年煤炭产量约为9亿吨，同比下降

10.0%；印度尼西亚2015年煤炭产量3.92亿吨，同比下降14.4%；澳大利亚2015年煤炭产量约为4.5亿吨，同比持平。主要产煤国中仅有印度、俄罗斯等国煤炭产量较上年有所增加。

2. 多国政府发出“弃煤”信号

2015年，在主要国家煤炭产量加快减少的大背景下，多国提出“终结煤炭”主张。英国早在20世纪五六十年代就启动煤炭替代计划，1984年、1987年英国境内多次爆发针对政府“弃煤”计划的工人罢工运动。英国历届政府，特别是工党执政期内就这一政策的延续与否多次发生争论和摇摆。直至20世纪90年代以后，主张终结煤炭的声音才成为主流。最终于2015年12月，英国关闭最后一处深层开采煤矿，正式宣告煤炭时代终结。

与此同时，丹麦政府于2016年1月宣布，丹麦成为世界风力发电占比最大的国家。2015年，丹麦风力发电量占总发电量的42.1%，较2014年增长了3个百分点。根据丹麦气体和电力运输网络国有运营公司预测，到2020年丹麦风力发电将超过总发电量的一半，到2050年实现风力发电100%覆盖。

除此之外，挪威、德国、加拿大等国多位经济学家提出效仿英国、丹麦等国模式，逐步淘汰煤炭等化石能源。甚至在一次能源消费中煤炭占比超过60%的中国，也有众多主张加快以新能源替代煤炭作为主体能源的声音。

美国和加拿大采取了补贴新兴能源的方式变相淘汰煤炭等化石能源。美国2015年煤炭产量达到1986年以来的最低水平，其最大的中部煤田阿巴拉契亚产量降幅接近40%。随着联邦政府对可再生能源发电政策性补贴力度加大，美国能源信息署预测2016年美国煤炭产量将进一步下降，降幅将达到2.9%。

3. 各地区煤炭生产能力差异巨大

2015年，世界煤炭产能分布不均衡的态势更加严重。世界煤炭生产集中于少数国家和地区，中国、美国、澳大利亚、印度尼西亚、印度、俄罗斯六大产煤国煤炭生产量超过全球煤炭总产量的85%。从区域上看，亚太地区占全球煤炭总产量的70%，煤炭在一次能源消费中占比较高的北美和欧洲，煤炭产量分别只占世界煤炭总产量的14%和10%。区域广大的非洲和中南美洲，产量不及世界煤炭总产量的5%。目前亚太地区已成为全球主要产煤基地。预计到2035年，中国、印度、澳大利亚、印度尼西亚的煤炭产量将接近全球煤炭产量的70%。

2015年，世界煤炭生产能力呈集中发展趋向，一些国家和地区用煤日益紧张。以印度为例，2015年印度超过1/3的燃煤发电厂平均存煤量不足4天。印度政府在2014年进口煤炭总量达2亿多吨，同比增长近20%，仍然不能满足其国内发电需求。根据国际能源署的预测，到 2020 年，印度全国煤炭总产量将是现有产量的一倍。届时，印度原煤进口量将达到创纪录的 3 亿吨，成为世界上最大的煤炭进口国。而这一数字到 2035 年预计将达 6. 3 亿吨。

（三）煤炭贸易及企业并购

1. 主要国家（地区）煤炭进口量出现分化

以下分别是中国、印度和日本三个世界煤炭贸易大国的情况。

第一，中国。海关总署 2016 年 1 月 13 日数据显示，2015 年 12 月，中国进口煤及褐煤量为 1764 万吨，环比增加 145 万吨，增长 8. 96%，同比减少 958 万吨，下降 35. 19%。2015 年，中国煤炭市场延续“寒冬季”，内贸煤价格持续下跌，与进口煤之间的价差明显缩小。《商品煤质量管理暂行办法》对进口煤质量要求严格化，导致全年进口煤量整体呈现同比下滑态势。2015 年 1 ~ 12 月，中国累计进口煤炭 20406 万吨，同比减少 8714 万吨，下降 29. 9%。

第二，印度。根据印度煤炭部消息，为应对近年来电力需求不断上涨的形势，印度 2014 ~2015 财年的煤炭进口量攀升近 20%，达到 2. 1 亿吨的历史最高水平。预计 2016 ~2017 财年，印度煤炭进口量将保持在 1. 6 亿 ~2 亿吨。

第三，日本。日本海关最新数据显示，2015 年日本煤炭累计进口量为 19074. 2 万吨，累计同比增长 1. 18%。其中，进口动力煤 14398. 53 万吨，同比增长 3. 54%；进口炼焦煤 4092. 6 万吨，同比下降 7. 63%；进口无烟煤 583. 07 万吨，同比增长 13. 37%。考虑到日本“零核电”政策的推行，同其峰值时占能源供应 17. 1% 的核电迅速下降至不足 1% 相比，煤炭进口 1 个百分点的增长已微不足道。

2. 煤炭出口国家相对集中

（1）印度尼西亚再次成为世界第一大煤炭出口国

印度尼西亚是世界上的煤炭出口大国。印度尼西亚向亚洲出口的煤炭占出口量的 70% 以上，其次为欧洲和美洲，其中印度、日本、中国等是印度尼西亚在亚洲的主要出口对象。2000 年以来，印度尼西亚的煤炭产量和出口量快速增加。2000 ~2013 年，其产量从 7700 万吨增加至 4. 2 亿吨，增长了 4. 46 倍；出口量由 5846 万吨增加至 3. 49 亿吨，增加了 4. 97 倍。2014 年，印度尼西亚煤炭产量为 4. 35 亿吨，出口煤炭 3. 59 亿吨，同比增长 9. 1%，再次成为世界第一大煤炭出口国，其中约有 30% 出口至中国。

2014 年，印度尼西亚频频出台煤炭产业政策，保证印度尼西亚的国家能源安全，保护自然生态环境。印度尼西亚政府加强了对国内非法煤矿的管制，采取措施，淘汰最差的煤炭生产企业；为了有效防控煤炭非法出口（境），从2014年10月1日起，印度尼西亚政府正式颁布实施了《煤炭出口许可证制度》，设置本国煤炭出口规模上限。同时，要求动力煤、炼焦煤出口商在煤炭出口（境）交易签订之前，必须申请并持有印度尼西亚贸易部出具的出口许可证。在全球煤炭市场低迷、煤价下跌之际，印度尼西亚的煤炭企业基本采用的是降低成本、以量补价的做法。

（2）澳大利亚成为煤炭出口增速最快的国家

国际能源署发布的《煤炭市场中期报告》指出，未来五年澳大利亚货币汇率将处于较低水平，预计中国对澳大利亚的煤炭需求将增加。而印度尼西亚国内煤炭需求的增长以及政策的收紧，必将导致其煤炭出口放缓。综合各影响因素，澳大利亚将成为煤炭出口增长最快的国家。

3. 企业纵向重组趋向明显

德勤2015年4月发布的《全球矿业趋势》指出，2016年亚太地区煤炭企业可能陷入整体低迷，煤炭行业区域性关联程度加深。2015年以来，煤炭行业领域同质企业间兼并重组行为愈加谨慎。国际煤炭巨头横向收购煤矿资源型企业总量近年来持续降低，纵向兼并重组趋势开始显现。

2016年1月，中国内蒙古自治区《政府工作报告》指出，内蒙古自治区政府将在“十三五”期间大力促进国有大型企业纵向联合，推动煤炭、电力、冶金、化工、建材等重点行业企业实现纵向兼并重组。同时，原则上禁止新增单一煤矿项目；对新增的电力、冶金、化工、建材等项目要按照一定比例与现有未落实转化煤矿项目进行重组，统筹规划，助推企业优势产能合作。除此之外，中国山西、陕西等煤炭生产大省正在研究推出类似的指导性意见。

二　新稳态市场走向

综合分析当前的世界煤炭市场，毋庸置疑，在激烈的市场波动中寻求一个相对“稳态”的平衡，与谋求快速突破的战略性转型及变革紧密结合，是当前世界煤炭行业发展的根本出路。新稳态与变革将成为未来十年煤炭行业发展的主旋律。

从国内看，随着世界经济复苏延缓和中国经济发展转入中高速增长状态，煤炭行业也进入“三低”“三严”的新常态，即低增速、低增量、低碳化，资源约束严、生态约束严、环境约束严，要求煤炭行业由单纯的资源供给行业向资源服务型综合性行业转变。具体说，就是把煤矿从单一煤炭资源开采地转变为集“优质商品煤 + 清洁电力 + 清洁热力 + 清洁油气 + 高效化工原料 + 节能利废建材”为一体的清洁能源综合基地。操作手段上，就是要把由消费侧负担的燃煤污染治理等责任承担起来，减少用户麻烦，改善用户体验，特别是大量无力改善燃煤负面影响的中小型客户体验，只有这样才能拓展和维持煤炭的生存空间。

根据中国煤炭工业协会数据，2010 年中国原煤入选率为 50.9%，2015 年为 65.9%，预计到 2020 年，这一数字将达到 80% 以上。可以说，转变发展思维，推动供给侧改革，不断优化产能结构，真正实现煤炭清洁高效利用是中国煤炭行业的唯一出路，也是世界煤炭行业发展的大势所趋。

（一）国际主要机构对市场走向的判断

近一段时间内，世界主要能源研究机构和企业对 2016 年煤炭经济形势做出了一系列预测，综合概括如下。

1. 国际能源署（IEA）

国际能源署发布《2015 年中期煤炭报告》称，十年来全球煤炭需求首次停止增长，中国经济调整导致全球煤炭需求大幅度下滑，煤炭需求已经达到峰值，且该下滑趋势将继续。欧洲和美国煤炭在能源结构中比重下降带来的影响被印度及东南亚的煤炭需求增长大大抵消，预计 2015～2020 年，除中国之外的煤炭市场需求将呈小幅上涨趋势。预计到 2020 年，煤炭在印度能源结构中的比重将达 60%，其将取代中国成为世界上最大的煤炭进口国。

2. 高盛（Goldman Sachs）

高盛 2015 年发布的煤炭业研报认为，目前煤炭行业产能淘汰、兼并重组的规模和效率稳定，短期内不足以充分扭转全行业产能严重过剩、企业利润持续下滑的总体趋势。预计 2016 年会显现以下趋势：一是向下游的电力行业整合；二是向清洁能源领域发展，如转型为风力和光伏发电，以利用现有的输电网络和享受更优惠的政策。

3. 世界煤炭协会（WCA）

世界煤炭协会近期报告称，煤炭不会走投无路。原因是，虽然可再生能源崛起，已成为发电厂第二大能源，但有数据表明，投资者仍继续关注化石燃料，从而避免“政策性因素”导致的撤资。预计到 21 世纪 30 年代，可再生能源将首次超越煤炭，成为发电供应第一能源，但煤炭在相当长一段时间内（2040 年之前）

都将保持稳定占比。

4. 中石油经济技术研究院（ETRI）

2016年1月，中石油经济技术研究院发布《2015年国内外油气行业发展报告》。这份报告指出，全球主要国家石油供需宽松趋势不减。中国石油消费持续中低速增长，2015年对外依存度首破60%，成品油净进口量连续三年大幅增长。受此影响，中国煤炭、天然气等化石能源量价齐跌，煤炭一次消费占比创新低，新兴能源产业受到冲击。预计2016年，西得克萨斯中间基原油（WTI）和布伦特原油期货平均价格将为每桶40～50美元，国际油价反弹乏力，煤炭生产和消费量小幅下滑。

综合世界主要能源企业和研究机构对一段时期内世界经济的预测，可以说，快速增长期已经结束，尽管新的增长点尚不明确，但整体衰退的可能性很小。可以预见的是，世界煤炭市场进入了“新稳态”发展期。中国作为世界上最大的煤炭生产国与消费国，煤炭产量和消费量均占全球总量的一半左右，中国煤炭的整体情况，既是全球煤炭市场的缩影，也是影响世界煤炭行业发展的最关键因素。

（二）新稳态市场特征

1. 增长空间缩小

（1）探明储量短期无大规模突破

根据公开资料，2005年世界煤炭探明储量为9090.64亿吨，2014年为8915.32亿吨，从总量上看不升反降，这与近十年煤炭开采效率日益提高有关。

以美国为例，美国能源部网站2008年申明，位于美国北部平原（Northern Plain）的蒙大拿州和怀俄明州交界处，全美最大的煤田——粉河盆地的开采年限为250～260年。但根据近期美国地质调查局的报告，粉河盆地现有煤炭储量仅能开发40年左右。这份报告颠覆了人们对世界最大煤炭资源保有国（美国）资源储备的传统看法，也反映出在开采成本上升、煤炭价格下跌、政策压力加大的前提下，矿业公司为寻求利润而加大开采力度的现实。

俄罗斯是世界煤炭储量第二大国。俄罗斯自20世纪90年代就再未勘探发现储量超过10亿吨的煤田。尽管近年来俄罗斯资源出口形势严峻，但俄罗斯能源部副部长亚诺夫斯基2016年2月表示，俄罗斯2016年煤炭产量和出口量将维持在2015年的水平上，不会有大幅震荡。

作为第三大煤炭储量拥有国，中国2014年煤炭探明储量为1145亿吨，这一数字几乎与2005年持平，而中国煤炭生产能力十年来增长了近50%。

（2）主要国家转变发展思维

发达国家在转变能源消费思路、改变化石能源不合理消费比重方面起步较早，且已经取得了一定进展。英国政府宣布"弃煤"以后，将更多注意力投放在新能源方面。2016年初，经过五年建设，英国在泰晤士河瓦尔顿镇建成欧洲最大的漂浮式太阳能发电厂，发电量为6.3兆瓦时。

日本同期开建的山村水库漂浮式太阳能发电厂将于2018年竣工，发电量是英国瓦尔顿镇项目的2倍，达13.7兆瓦时。不仅如此，作为汽车工业先行国家，日本政府采取财政补贴推广、加快配套完善、技术投入优先等手段，大力发展新能源汽车，使其取代化石能源在汽车行业占据的主导地位。预计到2030年，日本新能源汽车销量将占新车总销量的70%，以此降低石油、煤炭等传统能源在汽车行业消费中所占比重。

（3）煤企压力有增无减

2016年1月，美国第二大煤炭公司阿奇煤炭（Arch Coal）宣布破产。此前，爱国者煤炭（Patriot Coal）、沃尔特能源（Walter Energy）和阿尔法自然资源公司（Alpha Natural）等北美煤炭巨头相继申请破产保护。自2012年以来，美国已有超过50家煤炭企业申请破产。惠誉国际报告称，阿奇煤炭的破产将煤炭行业的债务违约率推高至43%。根据高盛的预测，下一个申请破产的美国煤炭企业将在皮博迪（Peabody Energy Corp）、康寿能源（Consol Energy）、菲尔赛能源（Foresight Energy）等煤炭公司中产生。

同美国类似，分别为世界第二、第三大煤炭资源保有国的俄罗斯和中国，其煤炭企业也出现不同程度的困难局面。2016年3月，俄罗斯能源部表示，2015年俄罗斯煤炭企业累计裁员1.1万余人。而中国主要煤企2015年度财报显示，中国煤炭企业2015年亏损率已达90%。据中信建投预测，中国煤企亏损率在今后两年内不会有明显好转。

2. 增长驱动力趋于平稳

（1）政府和企业层面固定资产投资放缓

2016年2月，中国国务院颁布《关于煤炭行业化解过剩产能实现脱困发展的意见》，规定从2016年起，中国三年内原则上将停止审批新建煤矿项目、新增产能的技术改造项目和产能核增项目；确实需要新建煤矿的项目，一律实行减量置换。同时明确提出用3～5年时间，中国煤炭行业再退出5亿吨、减量重组5亿吨落后产能，适度减少煤矿数量。

（2）高效采煤技术科研成果转化缓慢

根据中国煤炭工业协会数据，“十二五”期间，中国煤炭行业科技贡献率达49%，同比上升9个百分点。全行业共建成国家重点实验室18个，国家能源重点实验室6个，国家能源研发中心5个，国家工程实验室7个，国家工程研究中心8个，国家工程技术研究中心4个，国家级企业技术中心27个。共获得国家科技奖励35项，其中技术发明奖5项，科技进步奖30项。

中国煤炭行业科研投入巨大，2010年以来已有14家单位入选“国家知识产权示范企业和优势企业”，获得专利超过1500项。尽管如此，中国煤炭行业科研成果转化能力还有很大不足。根据中国科学院煤化工技术研究所（大连）估计，以辽宁为例，煤炭行业科研成果应用率不及10%，很多西部省份不足5%。

（3）煤炭企业经营成本有所提升

美国内政部2016年1月宣布，暂停实施新的联邦土地煤炭开采租赁。分析称，这项措施是继奥巴马政府实施清洁能源扶持计划以来，对美国煤矿企业的又一个打击。这意味着美国煤炭企业短期内将不能再通过勘探新的开采难度低的煤炭资源获得收益。

目前，日本燃煤发电占总发电量的40%左右，日本经济产业省（METI）从2016年4月开始，颁布实施新的燃煤电厂排放标准，计划到2030年将燃煤电厂碳排放总量较2013年减少26%。这就对日本燃煤发电企业在提高煤炭利用效率方面提出了新的要求，专家估计为改进此项技术需要额外支付的总成本将提升5~9个百分点。

（4）煤炭综合利用技术逐渐进步

以煤化工为例。烯烃是重要的化工原料，从航天工业到日常生活都有应用，所有的塑料都是由烯烃生产而来。长期以来，美国、德国、中国、日本等世界主要国家大都采用石油生产烯烃的路径应用于工业生产。尽管煤制烯烃技术已经问世90余年①，但其在工业应用领域一直未得到广泛采纳。其生产过程除产生大量温室气体外，还要消耗大量淡水，造成的环境负担非常大。

2015年，中国科学家发明了全新的煤制烯烃方案，在总排放不变的条件下，转化过程中耗水量极大地降低，开创了低耗水煤转化的先河。该成果已经取得中国发明专利和国际PCT专利。这对于石油对外依存程度高、能源结构以煤炭为主的中国，其重要性不言而喻。

---

① 德国科学家费舍尔和托普希1923年发明的费托（F-T）过程。

3. 消费集约化

（1）优质煤炭资源市场需求有所增长

国际煤炭价格整体下跌，此前价格一直坚挺的低硫、低灰、高发热量煤种也受到牵连。经过短期震荡回调后，2015 年下半年以来，国际炼焦煤价格出现反弹迹象。根据中国（太原）煤炭交易中心数据，2015 年底至 2016 年 3 月，受澳大利亚等国焦煤、炼焦煤供给收缩影响，秦皇岛港、青岛港进口炼焦煤价格持续攀升，3 月初报收每吨 83.5 美元，达到一个统计周期内最高水平。

（2）普通动力煤价格震荡减弱

发热量在 5000 ~ 5500 大卡的普通动力煤价格经历一个周期的下滑之后呈小幅波动态势，且震动幅度逐渐减弱。2015 年 10 月以来，中国煤炭出口前三位的神木优混、山西优混和山西大混煤炭价格控制在 425 ~ 450 元人民币/吨，预计 2016 年不会出现巨幅波动。发热量稍低的印尼煤（5000 ~ 5100 大卡）价格维持在 410 元人民币/吨上下。根据中国煤炭工业网，2016 年前两个月中国煤炭进口卸港煤价趋于稳定。中国南方广州港、宁波港等主要港口煤炭交易价格保持不变，北方主要煤炭发运港口煤炭价格小幅上涨。

（3）低效资源加快淘汰退出进程

根据中国煤炭工业网数据，2010 ~ 2015 年，中国累计关闭落后煤矿 7250 处，淘汰落后产能 5.63 亿吨。其中绝大多数为高能耗、高污染、高风险矿井。2015 年，中国原煤入选能力持续提升，全年原煤一次入选 26 亿吨，入选率达 65.9%，比 2010 年提高了 15 个百分点。高效煤粉工业锅炉在全国 20 多个省份被推广运用。产出高硫、高灰分、低热量的煤企不仅需要承担更高的洗选费用，其产品也面临“无炉可用”的境地，加速了低效能煤炭资源的淘汰退出。

4. 外贸常态化

（1）煤炭国际贸易现有格局短期不会改变

欧美主要市场 2016 年煤炭需求特别是炼焦煤需求依然不佳。西方发达经济体经济复苏乏力，基础设施投资连续出现负增长，导致欧盟钢铁产量大幅下跌。德国 2015 年钢铁产量为 4290 万吨，倒退至 2007 年金融危机以前水平。受此影响，欧美煤炭需求持续低迷。2016 年 2 月美国东海岸低挥发分焦煤现货平仓价为 74 美元/吨，环比下降 1.4%。

亚太地区煤炭需求整体平稳。日韩地区动力煤需求稳定，2016 年 1 ~ 2 月，纽卡斯尔港输往日本、韩国、中国台湾等国家和地区的 6000 千卡动力煤周平均价格波动幅度小于 0.3 美元；输往东南亚国家的 5500 千卡动力煤周价格波动幅度小于0.5美元。

（2）中国仍然是煤炭国际贸易增长的车头

中国应对煤炭严峻形势的目标明确。近三年来中国煤炭行业所面临的困境，究其原因，固然有中国经济整体下行带来的巨大压力，更有中国煤企在经历了一个“黄金时期”后的集体短视。2012年初，中国煤炭工业协会公布2011年煤炭行业年鉴时已经指出，2012年中国主要煤炭企业三级分化的态势已经初现端倪，即1/3盈利，1/3平衡，1/3亏损，而整体亏损情况将持续至“十二五”末即2015年底。其中，煤企普遍亏损的最大原因为产能严重过剩导致的库存居高不下。根据神华等公司年报，《中国煤炭报》发布了一组数据提到，2015年中国煤企亏损面已达90%。这与三年前煤炭工业协会的预测基本一致。

因此，中国政府和企业近年来达成的一个基本共识就是缓解煤炭行业的严峻形势。长期来看，需要化解产能过剩，合理调整和布局煤炭产业结构；短期来看，重点是降低库存，以销定产。从中国北方几大主要港口的相关数据看，2016年1月，秦皇岛港、京唐港、曹妃甸港、天津港、黄骅港5大北方港口库存量为1052万吨，环比减少30万吨。其中秦皇岛港库存量仅为上年同期的60%；广州港2016年2月煤炭库存为138.4万吨，同比减少14.5%，较2013年库存峰值时减少了近一半。

两年多的时间，中国政府主导的化解煤炭行业产能行动已经初显成效。进口方面，2014年中国煤炭产量同比下降2.6%，消费量上涨0.1%，产销差较2013年上涨4400万吨，分别是2014年世界第一、第二大煤炭出口国的印度尼西亚和澳大利亚全年产量的11%和15%。出口方面，国际炼焦煤贸易价格很大程度上取决于中国炼焦煤的供需。2015年前11个月，中国炼焦煤出口量为85万吨，同比增长21%，主要运达韩国、日本、朝鲜和伊朗。受海运运费影响，对于距离中国北方港口较远的南亚等地区，中国炼焦煤虽无明显优势，但仍能保持相对稳定的市场份额；在日韩市场，海运费用相对较低，中国山西炼焦煤与主要“竞争对手”澳大利亚炼焦煤相比，每吨低2美元，竞争优势明显。

2010~2015年，中国累计进口煤炭13.3亿吨，占世界贸易的比重由11.3%提高到25%左右，BP预测，这一数字在未来五年内不会有较大波动。毫无疑问，2016年中国将继续扮演全球煤炭贸易引领者和动力提供者的角色。

（3）印度等新兴市场发展成熟尚需时日

印度煤炭资源质量成为出口限制因素。近年来煤炭需求快速增长，但市场发育程度较低。尽管印度煤炭探明储量十分丰富，是仅次于美国、俄罗斯、中国和澳大利亚的第五大煤炭资源保有国，但由于其国内煤炭品质不高，动力煤大多为发热量低、灰分较高的劣质煤种，且炼焦煤相对稀缺，储量仅占12%，总量不及中国的10%。因此资源禀赋成为制约印度成长为煤炭生产大国的最重要因素。

印度极速扩大产能抑制进口。根据印度能源部数据，印度煤炭公司（CIL）产量占印度国内总产量的80%，印度政府要求印度煤炭公司产煤总量在2020年达到10亿吨，比现有水平翻一番。2014～2015财年印度进口煤炭总量为2.12亿吨，印度能源部计划到2017年，除部分沿海电厂外，印度将不再进口煤炭。

基础设施不完备导致增长缺乏后力。煤炭作为印度主要的能源，其消费路径主要是火力发电。但由于印度国内对铁路运煤管制严格，加之采煤征地政策、电网运力不足等因素的限制，其国内煤炭供应短期内难取得较大突破。随着中国—巴基斯坦经济走廊的建成，中国西部煤炭将给印度等南亚国家煤炭市场带来较大冲击。

（三）煤炭市场展望

1. 消费市场向扩大内需转变

世界最大煤炭出口国印度尼西亚上调2016年煤炭内需配额。2016年3月1日，印度尼西亚煤炭与矿业部发布公告，将2016年国内煤炭配额调整为8600万吨，较2015年印度尼西亚国内实际煤炭消费量7980万吨增长7.8%。其主要原因是国内煤炭发电需求持续增加。根据印度尼西亚最大的发电企业印尼国电公司数据，2016年印尼国电新月增发电能力约3.5万兆瓦时，共需8100万吨煤炭，比2015年实际需求增加14.1%。

美国商务部日前同意美国煤炭巨头康寿能源公司的申请，向美国能源和矿业公司（Energy&Minerals Group）以4.2亿美元的价格出售康寿旗下位于弗吉尼亚州西南部的布坎南煤矿（Buchanan）。而不久以前，有消息称，正是美国商务部和能源部阻挠了澳大利亚西澳矿业公司对该煤矿的收购。有专家分析指出，此举进一步表明美国政府力图促进国内资源能源型企业交易、变外需为内需、维护本土能源安全的战略意图。

2. 总需求维持在65亿吨标准煤上下

国际货币基金组织（IMF）近期发布了《中期煤炭市场报告》，其中指出，2019年世界煤炭需求总量将达到64.62亿吨标准煤，相较于2013年的数据，增幅达到13.53%。这与国际能源署的预测相一致。近5～10年内，经济合作组织国家

（OECD）煤炭需求年平均增长率降至1.5%以下，非经合组织国家则约为3%，全球煤炭总需求量年平均增幅约为2.2%。2013~2019年，非经合组织成员国煤炭需求总量攀升19.37个百分点，中国、印度两国成为拉动需求增长的火车头，到2019年，两国国内煤炭需求总量将分别达到4.71亿吨标准煤和1.77亿吨标准煤。

3. 煤炭运输成本将进一步下降

以中国西部鄂尔多斯等产煤基地为例，目前5500大卡的粉煤出厂价为每吨139元人民币①，秦皇岛港下水煤价为每吨445元人民币，价格上浮2.2倍左右，其中运输费用占近20%，超过世界煤炭主要出口国陆路运费平均水平，可见内陆煤炭运输成本仍有较大下降空间。

根据中国铁路总公司消息，2015年中国新建成3条输煤专用铁路支线，同时调整原有多条客货混行线路为货运专用线路。此举不仅大大提升内陆向沿海运煤效率，同时引入多头竞争，降低铁路运费。以秦皇岛为例，作为中国最重要的煤炭枢纽港，秦皇岛港煤炭发运量一度超过北方港口煤炭下水量的40%，在各港中居于首位。2015年6月，受中铁总公司线路增设和神华准池铁路建成通车影响，截至2016年2月，黄骅港月完成装船1244.1万吨，同比增加671.3万吨，涨幅超过90%。而秦皇岛港的市场份额由2015年的35.6%下降至2016年1月的29.9%，预计今年秦皇岛港发运煤炭1.6亿~1.8亿吨，同比减少4000万~6000万吨。

另外，被称为北煤南运新通道的蒙冀线于2015年12月投产，该条西起鄂尔多斯东至曹妃甸港的煤炭专线，年设计运煤能力为2亿吨，不仅使内蒙古西部煤炭东运至海港的总路程缩短了120千米，且曹妃甸港港杂费收取标准较秦皇岛港低3元/吨。综合运费的降低，将进一步削弱秦皇岛港一家独大的地位，给煤炭生产企业带来利好。

三 煤炭产业急需结构性变革

（一）产业结构方面

当前中国煤炭业既有远虑也有近忧。近忧体现在产能严重过剩，远虑在于新型能源异军突起；既有内忧也有外患，内忧在于煤企负担过重，外患在于进口煤

---

① 2016年2月数据，中国太原煤炭交易中心。

冲击市场。此种情况下，急需一系列系统的“结构性”变革。

产业的集中和整合是其转型升级的前提与基础。历史上，一个产业的演进需要逐步经历初创、规模化、集聚、平衡和联盟四个阶段。产业分散度越高，其内部无序竞争、产能过剩等问题就越突出。处于竞争关系的不同企业，通过兼并、收购等方式实现重组整合，有利于具备不同优势的企业跳出不良竞争的恶性循环，占领更大的市场份额。

中国煤炭产业集中程度远未饱和。中国煤炭行业“十一五”末提出“做大做强”的口号，截至2015年，中国规模最大的神华集团、同煤集团等9家年产量过亿吨煤企产量总和为14.1亿吨，仅占全国煤炭生产量的35%～38%，同石油、电力等行业相比，煤炭产业集中度远远不够，仍有很大兼并重组空间。

产业集中是历史必然，产业整合是大势所趋。有序推进产能落后、资源枯竭、耗能严重、煤质低劣的企业持续淘汰退出，从政策层面引导大型煤炭企业对中小型煤矿、大型煤企之间进行兼并重组，形成优势煤炭产业集团，同时进一步提高煤矿审批、建设、验收标准，鼓励煤炭产业结构向高技术含量、高附加值等方向调整，是中国国民经济“十三五”规划的具体要求。世界范围内，随着煤炭市场危机持续和大批煤炭企业亏损加重，可以预见，以优势企业为主体驱动的新一轮重组并购浪潮即将来临。

中国煤炭企业煤企改革前景光明。根据中国煤炭网预测，2020年中国能源需求总量将达到52亿吨标准煤，煤炭仍将承担保障能源稳定供应的重任。尽管受到新能源兴起、环保约束日趋严格等因素的制约，煤炭仍是中国最重要的基础能源和原料，并且这一局面在一段相当长的时期内不会改变。这是由中国能源的资源禀赋、比价关系、安全保障、替代能力等因素决定的。2015年初，中国科学院、中国工程院公布的《中国煤炭清洁高效可持续开发利用战略研究》就明确提出，中国能源革命不是“革煤炭的命”，“后煤时代”形成尚需时日，“去煤化”的论调更不可取。煤炭领域革命的核心在于整体推进煤炭全行业、全产业链的清洁利用，完成由低效污染向高效清洁的结构性优化，整体提高煤炭集约化程度。

煤炭价格的持续走低，短期看给煤炭产业特别是老牌煤企带来极大困难；长期看，传统化石能源价格持续低位徘徊对重振煤炭行业是一把“双刃剑”。21世纪，特别是2008年以来，迫于国际原油、天然气、煤炭等传统能源价格不理性走高，很多能源消费大国加快光伏、风电、生物质等新兴能源的研发和投资，用于冲抵化石能源进口的高额投入，降低传统能源在能源一次消费中的占比。甚至一些不具备基础投资条件的发展中国家和地区，也大幅增加新能源项目布局。2012 年后，随着化石能源价格下行，新能源产业逐渐失去优势。相对于传统运输通道如铁路、公路、油气管线较为完备的基础建设，光伏、风能、生物质发电电网输送设施建设起步较晚，导致很多新能源项目建设中断或暂停。

以中国为例，2015 年以来，面对国内“弃风”“弃光”案例不断出现，根据国家能源局《2015 年光伏发电相关统计数据》，甘肃省和新疆维吾尔自治区 2015 年平均利用小时数均不足 1100 小时，两省份“弃光”率分别达到 31% 和 26% 。

为改善可再生能源所面临的困境，政府部门不得不拟定强制措施予以遏制。2016 年初，国家能源局出台《关于建立可再生能源开发利用目标引导制度的指导意见》，再次重申到 2020 年非化石能源占一次能源消费比重达到 15% 的目标，要求到 2020 年，除专门的非化石能源生产企业外，各发电企业非水电可再生能源发电量，应达到全部发电量的 9% 以上。2016 年 2 月，国家能源局再次发布《关于做好“三北”地区可再生能源消纳工作的通知》，要求充分挖掘可再生能源富集地区的电能消纳潜力，提升电力系统辅助服务能力，进一步促进可再生能源科学协调发展。新兴能源优势减势客观上将有利于能源消费结构更趋合理。

（二）消费结构方面

1. 统筹设计煤、电、气整体布局

（1）加快煤层气开发利用

2016 年 3 月，中国财政部发布《关于“十三五”期间煤层气（瓦斯）开发利用补贴标准的通知》，明确“十三五”期间煤层气（瓦斯）开采利用中央财政补贴标准从 0. 2 元/立方米提高到 0. 3 元/立方米，补贴标准提高 50% 。同时，财政部表示，将根据产业发展、抽采利用成本和市场销售价格变化等因素适时调整补贴政策。

此前有业内人士认为，“十三五”是煤层气开采的机遇期，国家将加大对煤层气开发的支持力度。这意味着此前因涉及“高瓦斯”“瓦斯突出”等因素被关停退出的产能有望成为煤炭行业新的增长点。此举同时给煤炭企业基础建设、设备投入、工艺流程带来新的变化和要求。有此政策性利好，“十三五”期间中国煤层气开发步伐将进一步加快，煤层气利用率普遍提高，先抽气后采煤的格局将基本形成。

中国政府提出，到 2020 年，建成 3 ~4 个煤层气产业化基地，年抽采量力争达到 400 亿立方米。

（2）合理布局发电产能是关键

中国国家能源局数据表明，2015 年中国全社会用电量为 5.55 万亿千万时，同比仅增长 0.5%，增速为 1974 年以来最低水平。火电设备平均利用小时为 410 小时。尽管需求低迷，2015 年中国火电投资完成 1396 亿元，同比增长 22%；火电新增容量 6400 万千瓦，同比增长 33.6%，约占全部新增容量的一半。

火力发电领域供给和需求增长严重不平衡的原因，一是火力发电是煤炭消费大户，煤价持续下跌，让燃煤发电企业看到了利润上升空间；二是煤炭企业为了增加现有产能消费通道，大力兴建燃煤电厂。截至 2015 年，中国煤炭企业参股控股电厂装机容量 1.5 亿千瓦，占全国火电装机容量的 1/6。中国电力企业联合会预计，到 2017 年，燃煤发电行业将成为继钢铁、煤炭之后，又一个产能严重过剩行业。

华北电力大学研究称，中国火力发电产业目前存在项目审批不严、电厂选址不合理、预估市场容量虚高等问题。中国电力企业联合会报告显示，在建火力发电项目全部投产后，到 2020 年，煤电装机过剩将达 2 亿千瓦，即使新建煤电项目全部停止，现有产能也可基本满足 2020 年的全年用电量。

（3）寻求煤化工领域新突破

中国煤炭加工利用协会称，随着伊朗石油出口制裁被解除，国际原油价格一度跌至 12 年来最低水平，预计“十三五”期间石油价格整体将保持在中低位状态。中国是世界上最大的石油净进口国，低油价时代利弊共存，一方面可以直接降低石油进口成本和石油化工成本，另一方面将严重冲击煤化工生存环境。

根据中国石油和化学工业规划院资料，中国煤化工领域各行业应对低油价冲击能力不尽相同。假设煤价一定时期内为每吨 200 元人民币左右，那么，煤制油项目可承受最低 70 美元/桶的油价冲击，考虑国家税费优惠补贴等因素，煤制油项目可承受最低 60 美元/桶的油价冲击；煤制烯烃方面，新建煤、甲醇制烯烃项目的最低承受能力分别是 70 美元/桶和 80 美元/桶，已建成项目的承受能力分别是 50 美元/桶和 55 美元/桶；煤制天然气定价机制复杂，中国天然气定价机制不完全与石油价格挂钩，所以煤制天然气价格的权重因素为目标市场和运输途径。

寻求低油价大背景下的煤化工项目新突破，主要应做好三件事：一是充分合理布局，避免重复建设和资源浪费，研究细化新型煤化工发展机会成本和竞争力，促进煤炭化解产能和转型升级；二是加大科研投入，推动技术创新，改进新型煤化工核心工艺水平，拓展发展空间；三是完善落实环保措施，在厂址比选过程中充分考虑排污去向、环境容量、水分条件等因素，加大对环境友好型煤化工企业的奖励补贴，提高示范引领作用。

（4）科学运用大数据思维

打破煤炭市场供大于求的困难局面，理顺煤炭消费通道，实现结构优化和产业转型，关键在于发展思维的转变。以“大数据”为代表的“互联网 +”技术可以作为煤炭产业发展思维转变的重要参考和指导。对煤炭行业内部而言，利用工业“大数据”可以改变传统粗放型的扩张思路，实现企业精细化发展；对企业甚至行业外部而言，互联网“大数据”是调整上下游产业布局、寻求优质客户和商机、实现良性竞争的桥梁和信息源。

煤炭能否向清洁、高效、智能能源转变，根源在于煤炭企业能否从能源提供者转变为能源服务者。能源服务者不仅要提供生产性服务，而且要提供个性化服务。“大数据”有助于煤炭企业精准划分客户类型，科学生产定制型产品。具体来说，就是通过整合煤炭的“产、选、储、运、配、用”等环节，对各环节中的信息流、资金流、人才流等进行优化和重构，提高煤炭供给和消费的精准性及效率。

2. 开展煤炭分级分质利用探索

“十二五”期间，中国国务院委托中国工程院、清华大学等多家科研机构开展煤炭分级分质利用专题研究，近期已经取得一定突破。

（1）煤炭分级分质利用的积极意义

煤炭分级分质利用是基于煤炭各组分的不同性质和转化特性，同时把煤炭作为原料和燃料，将煤的热解（干馏）与燃煤发电、煤气化、煤气利用、煤焦油深加工等多个过程有机结合的新型能源利用系统。中国工程院发布的《中国煤炭清洁高效可持续开发利用战略研究》中指出：“以煤的部分热解气化制高级油品、洁净煤发电、灰渣综合利用为主要特点的煤分级转化技术，在能耗、环保以及经济性方面具有优越性。”

基础投资占比不高。煤制油、煤制气项目中，技术设备投入平均约占总投资的 80%。而煤炭分级分质利用项目中，技术设备费用平均占总投资的 68%。同时，其核心设备已基本实现了国产化，成本仍具有一定下降空间，经济性指标的竞争优势将更加明显。

利于生态环境保护。国务院研究中心报告显示，以京津冀地区农村散烧煤每年用量 4224 万吨为例，若以分级利用的洁净煤替代，分级利用过程中产生的 184 万吨天然气和 314 万吨燃料油全部用于替代城市分散燃煤，可减排二氧化硫 12.66 万吨、氮氧化物 0.82 万吨、烟粉尘 8.72 万吨、二氧化碳 1107.66 万吨；

以分级利用的洁净煤替代电厂用煤，入炉煤水分减少、热值提高，发电效率可提高 2 ~5 个百分点，2014 年中国发电用低阶煤为 14 亿吨，若热解分级后再发电，将减排二氧化硫 210 万吨、氮氧化物 124 万吨、烟粉尘 41 万吨。

改善煤炭利用结构。根据中国电力工业协会数据，目前煤炭下游用于发电的消费占比过高。运用分级分质的新型煤炭利用方式，在全国大型煤炭煤电基地建设煤油气电联产项目，可改变煤炭单一用于发电的产业结构，形成煤炭清洁高效利用战略性新兴产业链，进而增加煤炭有效需求，培育和形成新的经济增长点。

加快煤炭产业升级。洁净煤脱除挥发分等轻质组分及氧、硫、氮、磷等杂质后，热值提高，更加清洁，可替代无烟煤、贫煤、瘦煤，广泛用于发电、高炉喷吹、民用、化工等领域；煤气可作为制氢、天然气以及化工生产的原料，也可脱硫脱氮后直接燃烧发电；煤焦油可提取苯、酚、吡啶等几十种甚至上百种精细化工产品，可制取柴油、石脑油等清洁液体燃料，有利于实现煤炭行业转型升级。

降低石油对外依存。中国每年消费的近 40 亿吨煤炭中的 55% 以上含有丰富的油气组分，若全部实现分级利用相当于增加 1.43 亿吨燃料油、0.84 亿吨液化天然气供应，仅燃料油就相当于中国每年石油进口量的一半。中国煤炭工业协会数据显示，截至 2015 年，中国已探明适于分级分质利用的煤炭储量 8758.32 亿吨，其中蕴藏约 657 亿吨油品和 51 万亿立方米天然气，分别相当于已探明石油可采储量的 20 倍、已探明天然气可采储量的 11 倍。

（2）煤炭分级分质利用的缺点和不足

技术手段仍不成熟。一是热解装置能否大型化是决定煤炭分级分质利用是否具有经济性、环保性、安全性的重要因素；二是煤炭热解后的洁净煤如何与钢铁、建材、发电、民用、化工等产业实现有机连接、系统耦合；三是热解所产焦油成分复杂。

洁净煤质量标准空白。洁净煤无论是用于分散燃烧还是发电、化工等工业领域，目前均缺乏科学的质量标准。单个生产厂商规模普遍偏小、生产过程中易掺混少量焦油，导致洁净煤产品质量参差不齐，使分级分质利用所生产的洁净煤并未被纳入各地供应方案中。

政策支持力度不够。尽管中国政府已在相应政策规划或行动计划中提出要鼓励煤炭分级分质利用示范推广，但由于该技术属于近年来提出并开发的一种新型煤炭利用方式，因此目前对这类技术仍未形成一套专门、系统、健全的示范鼓励和产业扶持政策。相对于煤制油、煤制气等现代煤化工项目均建有示范项目，煤炭分级分质利用示范仍是空白。

（3）煤炭分级分质利用发展方向

科学顶层设计。中国国务院研究中心等部门正在筹划将煤炭分级分质利用纳入《国家能源发展“十三五”规划》和《国民经济和社会发展第十三个五年规划纲要》。根据技术发展状况、区域煤炭资源条件、市场承接能力、水资源承载力和生态环境容量等因素，研究煤炭分级分质利用发展规划和行动计划，明确煤炭分级分质利用的适宜区域、发展规模，加快制定煤炭分级分质利用技术和装备标准，研究建立煤炭分级分质利用技术和装备评价机制，及时向社会发布先进技术和装备目录。

多行业合力协同。国务院牵头，组织力量开展热解装置工艺优化与设备定型、热解与燃煤锅炉发电耦合、煤焦油加氢、煤气制氢联产 LNG 等技术攻关；鼓励并加快开展煤炭分级分质利用产业化示范和规模化利用，鼓励利用成熟的热解技术，在国家规划的煤炭煤电基地建设一批煤炭分级分质利用示范项目，待项目稳定运行、通过国家层面的验收后，有计划、有步骤地在全国范围内推广应用。

严格质量要求。参照民用无烟煤的相关指标要求，从挥发分、硫分、灰分、焦油含量等方面制定洁净煤（洁净煤型煤）的质量标准。将煤炭分级分质利用技术所产洁净煤、洁净煤型煤纳入京津冀洁净煤供应网络的具体方案中，推动该区域民用散烧煤替代。并在《环境保护、节能节水项目企业所得税优惠目录》中，增列“煤炭分级分质利用相关设备及产业化项目”类别。

（三）市场格局方面

1. 重新认识引进外资重要性

2016 年 3 月，中国商务部再次强调中国政府利用外资政策的“三个不会变”，一是吸引外资的政策不会变，二是鼓励外商发展、提供保障服务的政策不会变，三是提供环境支持的政策不会变。可以说，吸引和利用外资在当前经济形势下仍不过时。

对此，煤炭行业可以借鉴电力行业有益做法。2016 年 1 月，经过长达两年多的谈判，重庆能源集团松藻电力公司获得了重庆市颁发的“三证合一”中外合资企业营业执照，标志着新加坡胜科集团并购松藻电力公司股权事宜结束。松藻电力成为中国最大的中外合资电力公司，其中松藻煤电持股 51%，新加坡胜科公司持股 49%。

中国煤炭行业引进外资起步较晚。2001 年 11 月，山西亚美大宁能源有限公司二期破土动工，标志着中国煤炭行业第一家中外合资项目上马。而由河南永煤集团、上海宝钢集团和巴西淡水河谷公司（CVRD）共同出资，永煤集团控股的河南龙宇能源股份有限公司，是中国第一家大型中外合资股份制煤炭企业。摩根大通曾估计，外资入股中国煤炭企业的峰值是在2006年。此后随着美国次贷危机引发的全球金融危机的爆发，国外资本在中国煤炭企业中年均投资不足5亿美元。

2. 加快国内区域协同整合

2015年，中国东北地区主要商业港口锦州港、丹东港、营口港分别开通至秦皇岛港、黄骅港等北方煤炭主要下水港口专用航线，在缓解大连港航运压力的同时，加快构建“环渤海地区”航运线路网。

2016年1月，天津港集团与河北港口集团签署框架协议，由双方共同出资收购天津港和黄骅港码头泊位，进一步推进两地港口资源集约利用，促进津冀港口协同发展和提质增效，合理配置进出京煤炭通道，化解不良竞争，构建北方国际航运中心，加快“京津冀”全方位一体化建设。

“十二五”期间，中国加快煤炭产业集中化区域优势建设，截至2015年末，全国建成14个大型煤炭生产基地，占全国总产量的92.3%，比2010年提高了4.3个百分点。神华集团经济技术研究院报告认为，“十三五”期间，中国煤炭生产、运输、储存等环节区域化协同能力将进一步提升。

3. 进一步完善煤电价格联动机制

2016年1月，中国国家发展和改革委员会发出《关于完善煤电价格联动机制有关事项的通知》，明确了煤电价格联动机制基准，同时宣布此前关于煤电价格联动的相关规定不再执行。有学者分析，2012年出台的煤电联动机制一直饱受诟病，主要原因就是虽然规定波动幅度超过5%即联动，但未指明参考的是哪种价格。

此项通知的发布，在完善煤电价格联动的同时，明确提出要坚持推进电价市场化改革，逐步放开竞争性环节电力价格，这对煤电类公司提高自身产能效率提出更高要求。

4. 深化“一带一路”沿线国家产能合作

削减和转移产能将是中国煤炭行业化解过剩产能的主要途径。从更大范围内平衡和优化煤炭产能结构，加快推进与“一带一路”国家煤炭产能合作，是中国煤炭国际化发展的现实之选。“一带一路”战略在党中央、国务院的支持推进下，为身处低谷的中国煤企指明了方向。

中国煤炭经济研究会近期发布的报告中指出中国煤炭企业参与“一带一路”战略的优势主要体现在六个方面。

第一，中国煤企煤炭开发建设能力强，包括拥有大型露天矿、超千米深部井工（立井、斜井、平峒）和千万吨煤矿等各类矿井建设的丰富经验和技术装备雄厚实力。

第二，中国煤企具备组织大型、中型和小型各类现代化矿井安全高效生产的能力，矿井生产自动化和智能化水平处于世界领先水平，同时积极开展无人工作面的试验。

第三，中国煤企掌握高端、中端和低端煤机制造技术，特别是在大型露天、千万吨井工矿的生产装备和安全监控装备、调度通信、办公自动化装备等多个领域实现了设计及制造的国产化。

第四，中国煤企不仅能够设计制造煤炭洗选设备，而且能独立完成大型洗选厂的建设施工与组织运营。

第五，中国煤企具备煤基产业链综合开发能力，特别是在大型煤电、煤化工、煤电铝和铁路、港口、物流、房地产等方面已经形成集群开发建设和组织运营的强大实力。

第六，中国煤企“走出去”战略已实施多年，在与澳大利亚、印度尼西亚等国的煤炭开发和煤炭贸易合作中积累了一定的经验，加之拥有各类煤矿的管理经验和煤矿建设、生产的几百万名熟练的职工队伍，基本形成了中国煤企国际化运营能力。

山东兖矿集团在总结自身多年海外煤炭贸易经验的基础上，结合中国煤企当前的发展情况，认为中国煤企参与“一带一路”计划可在煤炭全产业链的各个环节展开。例如，从煤炭资源勘探与设计到煤矿开发设计和生产运营，从煤矿机械生产制造到煤炭洗选加工及煤炭相关物流贸易，从煤化工到煤电铝开发建设与生产运营，从铁矿等有色金属资源的开发建设与生产运营到采矿技术和煤炭生产建设劳务服务。

中国煤炭企业参与国家“一带一路”战略建设，将为中国煤炭企业转型发展带来新的契机和可持续利好。

第一，中国煤企将获得更大的发展新空间。以“一带一路”战略为支点，带动国内、国际两个市场，大大拓宽煤炭企业的生存空间。

第二，中国煤企过剩要素得到有效转移。现阶段，中国煤炭产能过剩不仅体现在生产能力上，与10亿吨过剩产能相伴生的还有设备闲置、人员富余和技术迟滞等要素过剩问题。借助“一带一路”战略实施中的新资源、新项目和新市场的吸纳与拉动，中国煤企的过剩产能和过剩要素能在新项目上、新市场中发挥更重要的作用，同时缓解国内“过剩”矛盾。

第三，中国煤企获取经济创效的新平台。中国煤企通过深度参与“一带一路”战略，寻找并培养自身新的利润源和经济增长点，以国内要素支持国外项目的开发建设和组织运营，利用国外项目的效益反哺国内部分的转型发展，最终实现国内与国外互补共生、资源共用、协同共进和利益共享。

第四，中国煤企培养国际化人才的“大课堂”。中国煤企在参与“一带一路”经济合作和发展实践过程中，必将锻炼、培养一支熟悉国际化经营的管理人才、技术人才、金融资本人才和物流贸易人才队伍。

第五，中国煤企提升国际竞争力的新舞台。中国煤企通过广泛开展与国外企业的合作、交流和竞争，积累经验，开阔视野，审时度势，提升内功。逐步培育一批具有较强国际竞争力的中国煤炭跨国公司，使其担当起中国煤炭企业参与世界竞争的历史重任。

B.5
世界可再生能源市场：发展现状及展望

王振霞*

摘　要：　进入21世纪以来，世界主要国家都将构建安全、清洁和可持续的能源供给体系作为国家经济安全的重要组成部分，可再生能源发展进入了黄金时期。2008年世界金融危机之后，可再生能源产业不仅关乎国家能源安全，也是各国应对金融危机，寻求新的经济增长点的重要举措。在此背景下，世界可再生能源产业迅速发展，投资增长明显。从区域层面看，欧盟可再生能源产业进入成熟阶段。随着中国、日本等国的快速发展，亚太地区逐渐成为世界可再生能源市场的重要力量。从产业层面看，风能、太阳能和生物质能依然发展较快。虽然世界可再生能源发展总体趋势向好，但是也面临着诸多挑战，未来依然需要加强政策扶持。

关键词：　可再生能源　现状与展望　政策建议

一　世界可再生能源市场发展概况

（一）2014年世界可再生能源市场发展基本情况

为了保证能源供给安全与经济增长速度相适应，并逐步减少温室气体排放带来的环境污染，越来越多的国家开始高度重视可再生能源产业的发展。据统计，

* 王振霞，中国社会科学院财经战略研究院助理研究员、经济学博士，中国人民银行金融研究所博士后，美国乔治梅森大学公共政策学院访问学者。

2014 年，世界可再生能源占世界能源总供给的 19.1%，[1] 极大地满足了与世界经济增长相适应的能源需求。未来可再生能源将继续保持强劲的发展势头，并真正开始进入替代化石能源的阶段。据国际能源署（IEA）预测，在未来的 5 年中，可再生能源（包含水电）消费量将增长 40%。到 2018 年，可再生能源消费量将占世界能源消费总量的 25%。IEA 同时预测，除水电之外，到 2018 年，风能、太阳能和生物质能等可再生能源的消费将占世界能源消费总量的 8% 左右。英国石油公司（BP）也预测，到 2035 年，世界可再生能源消费将迅速增加，并于 2020 年超过核电，于 2030 年超过水电，成为世界能源供给的主要形式之一。

从世界可再生能源发电情况来看（见表 1），截至 2014 年底，可再生能源发电装机容量（含水电）已经达到 17.1 亿千瓦，其中可再生能源发电量（不含水电）增长率为 17.32%。从具体产业看，风电依然是主要的发电形式。太阳能发电增长速度较快，2014 年太阳能发电累计装机容量比 2013 年增长近 30%。虽然生物质能发电累计装机容量、生物乙醇产量和生物柴油产量都实现 5% 以上的增长，但其绝对量较少，是可再生能源发电的有益补充。

表 1　2010～2014 年世界可再生能源发展状况

类型	2010 年	2011 年	2012 年	2013 年	2014 年	2014 年增长率（%）
可再生能源（不含水电，万千瓦）	31500	39500	48000	56000	65700	17.32
可再生能源（含水电，万千瓦）	125000	135500	144000	157800	171200	8.49
水电累计（万千瓦）	93500	96000	96000	101800	105500	3.63
风电累计装机容量（万千瓦）	19800	23800	28300	31900	37000	15.99
光伏发电累计装机容量（万千瓦）	4000	7100	10000	13800	17700	28.26
太阳能发电累计装机容量（万千瓦）	110	160	250	340	440	29.41
太阳能热水器累计安装量（吉瓦）	195	223	282	373	406	8.85
生物质能发电装机容量（万千瓦）	—	—	—	8800	9300	5.68
地热能发电装机容量（万千瓦）	—	—	—	1210	1280	5.79
生物乙醇年产量（亿升）	850	842	826	878	940	7.06
生物柴油年产量（亿升）	185	224	236	263	297	12.93

资料来源：国家可再生能源中心《国际可再生能源发展报告 2015》，第 4 页。

① "Renewables 2015 Global Status Report," REN 21，2015 年 6 月。

（二）世界主要国家和地区可再生能源发展情况

1. 欧洲市场

从区域来看，欧洲依然是可再生能源消费的重点地区。2014 年，欧洲可再生能源消费占世界可再生能源消费总量的 39. 3%，比排在第二位的亚太地区高接近 10 个百分点（见图 1）。

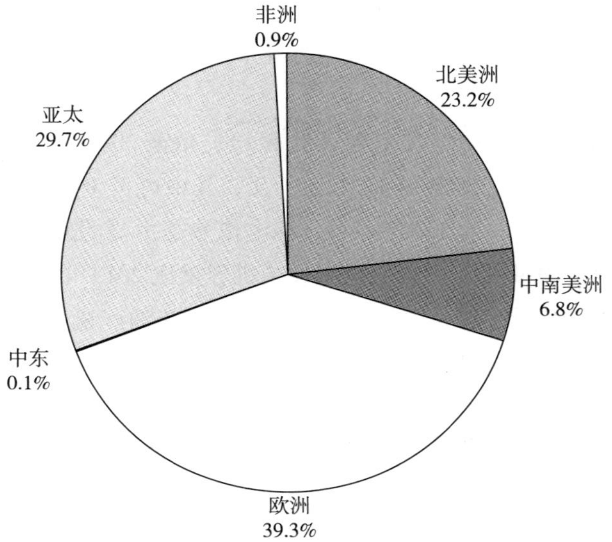

图 1　2014 年主要地区在世界可再生能源消费中占比

资料来源：BP，*Statistical Review of World Energy*，http：//www. bp. com/zh cn/china/reports – adn – publications bp 2015 html，2015。

欧洲国家历来就有着重视可再生能源发展的优秀传统。早在 2003 年英国就提出低碳经济发展机制的概念，并率先提出建立低碳经济国家的倡议，这个提议得到了欧盟大部分国家的积极响应。英国政府提出，通过能源结构优化、税收优惠、促进技术进步等手段，力争使 2010 年二氧化碳排放量在 1990 年水平上减少 20%，使 2050 年减少 60%。此后，欧盟主要国家也相应出台符合自身能源结构特点的低碳经济发展措施，这使得欧盟成为低碳经济发展的引导者。

2014 年初，欧盟宣布，到 2030 年，欧盟成员国将温室气体排放量削减至比 1990 年少 40% 的水平，并保证新能源在欧盟能源结构中所占比例不低于 27%，再次明确可再生能源产业的战略地位。欧盟可再生能源市场迅速发展得益于欧洲各国政府的重视和科学合理的政策的支持（见表 2）。

表 2　主要欧盟国家可再生能源发展政策概览

国家	主要政策
德国	①1974 年成立联邦环境局，处理与环境事务相关的各项工作 ②1991 年制定《电力入网法》，支持可再生能源顺利入网 ③2000 年颁布《可再生能源法》，奠定可再生能源发展的战略地位 ④2004 年、2009 年、2010 年、2012 年以及 2014 年根据国内发展需要修订《可再生能源法》 ⑤相继出台《可再生能源国家行动计划》《可再生能源供热法》《可再生能源市场刺激计划》《生物发动机燃料份额法》《输电网络开发计划》《海上风电输电网络开发计划》 经验：依靠政府补贴和相关法律规定，逐步提高可再生能源在德国的应用，提高可再生能源利用技术的研发水平。之后再放开管制和减少补贴水平，促进可再生能源与化石能源竞争，完善可再生能源市场
英国	①1990 年颁布《非化石燃料义务公约》 ②2002 年开始实施“可再生能源义务证书制度”（Renewable Obligation） ③2003 年提出低碳经济发展机制的概念 ④2009 年发布《可再生能源指令》 ⑤2010 年决定投资 9700 万美元用于海上风电开发 ⑥2011 年由可再生能源义务电价（ROC）向差价合同固定电价（CFD）过渡 经验：完备可再生能源发展管理机构，开展电力体制市场化改革，以及尽早确立可再生能源在国家能源安全中的战略地位
法国	①2000 年出台 2000 - 108 号法案，为可再生能源发电政策提供标准 ②2000 年出台《电力公共服务的现代化与发展法》 ③2002 年颁布《住宅用可再生能源设备增值税减税法案》 ④2009 年出台《格纳勒格法案》，规定温室气体排放标准 ⑤2010 年提出国家可再生能源行动计划（NREAP） ⑥2014 年通过国家能源转型法案 经验：完备法律体系，提供国家政策支持

2. 亚太地区市场

近年来，亚太市场是世界可再生能源市场的重要力量（见表 3）。这主要得益于中国、印度和日本等国家对可再生能源的重视和大力投入。受生态环境恶化的威胁，中国政府高度重视可再生能源的开发和利用。2012 年，中国发布《可再生能源发展“十二五”规划（2011～2015）》，提出要在“十二五”期间力争实现 1.6 亿千瓦的可再生能源新增发电装机容量，其中风电 7000 万千瓦，生物质发电 750 万千瓦，太阳能发电 2000 万千瓦，常规水电 6100 万千瓦。2014 年 11 月，APEC 会议后，中美联合发布《中美气候变化联合声明》，声明中指出，中国计划于 2030 年达到二氧化碳排放峰值，并努力在 2030 年实现非化石能源消费占能源消费总量的20%左右。这就意味着在未来很长时间内，中国依然是亚太地区可再生能源发展的重要组成力量。

表3　2014年世界主要国家可再生能源消费情况

单位：百万吨油当量

国家	可再生能源消费量	能源消费总量	所占比重(%)
美国	65.0	2298.7	2.83
巴西	15.4	296.0	5.20
德国	31.7	311.0	10.19
意大利	14.8	148.9	9.94
西班牙	16.0	133.0	12.03
英国	13.2	187.9	7.03
中国	53.1	2972.1	1.79
印度	13.9	637.8	2.18
日本	11.6	456.1	2.54

资料来源：BP《世界能源统计年鉴2015》。

除中国以外，日本可再生能源产业也在加速发展。一直以来，日本新能源消费比重比较稳定，其中，水电是日本新能源发电的主要形式。第二次世界大战后，日本一直致力于提高能源自给率，维护日本能源供给稳定。大力发展新能源发电是日本能源自给的重要体现。1980～2015年的30多年间，日本10家电力公司的供电结构中，水电比重一直维持在10%左右，是日本新能源发电的主要形式。其他新能源发电量在总发电量中的比重小于2%。近年来，日本加大对太阳能发电的补贴力度，鼓励发展太阳能、地热能等资源发电，并希望到2030年，新能源发电的比例能达到22%～24%（见图2）。

3. 美国市场

据美国能源信息署（EIA）统计，2014年美国化石能源消费占一次能源消费的81.7%，核能占总消费量的8.5%，可再生能源占总量的9.8%。与2013年相比，可再生能源消费比重略有上升，化石能源比例略有下降。由于页岩油气的开发和利用，美国天然气消费比重在上升，占总消费量的28.1%。

与欧盟相似，美国不仅具有发展可再生能源的完善的法律法规体系，也有针对可再生能源产业的相关补贴和税收优惠政策（见表4）。在此基础上进行相应的市场机制改革是美国可再生能源发展的重要经验。

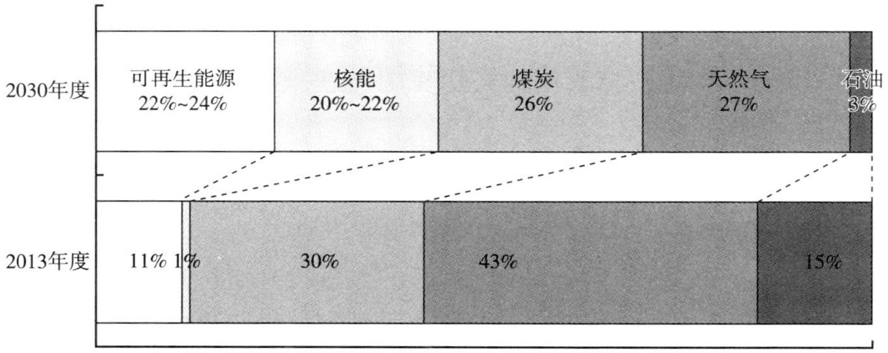

图 2　2030 年日本规划电力结构比例

资料来源：综合资源能源调查会委员会报告，2015 年 6 月 1 日，www. nippon. com。

表 4　美国可再生能源产业生产税抵扣和投资税抵扣政策概况

	生产税抵扣政策(PTC)	投资税抵扣政策(ITC)
政策层级	联邦政府层面	联邦政府层面
技术范围	风电、生物质能发电、小水电、地热能发电、垃圾发电、潮汐能发电、波浪能发电、海洋热能发电	太阳能光伏发电、太阳能供热、太阳能热发电、风电、生物质能发电、地热能发电、燃料电池、地源热泵、热电联产、太阳能照明等
适用部门	商业、工业	商业、工业、公共事业、农业
补贴水平	①风电、地热能发电、闭环生物质能发电;② 3 美分/千瓦时; ③其他技术:1. 1 美分/千瓦时	①太阳能、燃料电池和小型风电:30% 投资成本; ②地热能、热电联产、微型发电机:10% 投资成本
补贴说明	补贴期限:项目运营前十年	补贴上限 燃料电池:1500 美元/0. 5 千瓦 微型电机:200 美元/千瓦 小风机(建成于 2008 年 10 月 4 日 ~ 2008 年 12 月 31 日):4000 美元 小风机(2008 年 12 月 31 日之后建成):无上限 其他技术:无上限
项目规模	对沼气发电和畜牧业废物发电特别规定最小规模为 150 千瓦	①小风机:不超过 100 千瓦 ②燃料电池:不低于 0. 5 千瓦 ③微型发电机:不超过 2 兆瓦 ④热电联产:不超过 50 兆瓦
有效期	政策有效期延长至 2014 年底,冲抵生产税中没有用完的 PTC 可以在未来 20 年的有效期内使用	政策 2016 年到期

资料来源：国家可再生能源中心《国际可再生能源发展报告 2015》，第 272 页，www. dsireusa. com。

二　风能、太阳能等主要可再生能源发展概况

（一）世界风能市场发展情况

据全球风能理事会（GWEC）最新统计数据（见表5），2014年世界风能发展势头强劲，全年总投资额达到995亿美元，比2013年增长11%。2014年，全球风能新增装机容量达到51477兆瓦，累计装机容量达到369553兆瓦。全球已有超过80个国家开发风能。特别是在一些国家，风能已经成为主要的能源形式。如2014年，丹麦风能发电量占全国总发电量的39%，德国风能发电量也接近总发电量的10%。

表5　1997～2014年世界风能新增装机和累计装机容量及增长率

年份	新增装机容量(兆瓦)	增长率(%)	累计装机容量(兆瓦)	增长率(%)
1997	1530	—	7600	—
1998	2520	64.71	10200	34.21
1999	3440	36.51	13600	33.33
2000	3760	9.30	17400	27.94
2001	6500	72.87	23900	37.36
2002	7270	11.85	31100	30.13
2003	8133	11.87	39431	26.79
2004	8207	0.91	47620	20.77
2005	11531	40.50	59091	24.09
2006	14701	27.49	73959	25.16
2007	20286	37.99	93911	26.98
2008	26952	32.86	120725	28.55
2009	38478	42.76	159089	31.78
2010	38989	1.33	197953	24.43
2011	40637	4.23	238139	20.30
2012	45161	11.13	283068	18.87
2013	35708	-20.93	318596	12.55
2014	51477	44.16	369553	15.99

资料来源：GWEC，"Global Wind Statistics 2014，" Oct. 2，2015，http：//gwec. net.

世界风能发展具有如下几个特征。

第一，世界风能发展尚未进入成熟稳定期。一方面，世界风能装机增长率并

不稳定。从表 5 可以看出，世界风能新增装机容量受经济发展形势、个别国家政策调整等影响较大。1997 ~ 2014 年，世界风能新增装机容量增长率在 -20.93% ~72.87% 波动，波动率较大。另一方面，即使在新增装机容量增长较快的年份，弃风问题仍没有得到解决。据中国国家能源局统计数据，中国弃风率在 2012 年达到 17%，2013 年有所缓解，降至 11%，2014 年上半年更进一步降至 8.5%。但是，2015 年中国弃风率再度上升至 15%，其中在最为严重的甘肃、新疆、吉林三省（区）弃风率均超过 30%，甘肃甚至接近 39%。这说明风能发展尚没有进入稳定、成熟时期。

第二，中国是世界风电发展速度最快的国家之一，成为世界风能增长的主要拉动力量。从区域布局看，亚洲、欧洲和美国是世界风能发展的主要力量（见表6）。由于中国风电产业迅速发展，亚洲地区在 2014 年实现 142119 兆瓦的装机容量，超过欧洲的水平。此外，美国在 2014 年实现 65879 兆瓦的累计装机容量，是北美洲最重要的风电发展力量。

表 6　2014 年世界风电发展区域特征

单位：兆瓦

区域及主要国家	2014 年新增装机容量	2014 年累计装机容量
非洲和中东地区	934	2545
摩洛哥	300	787
南非	560	570
埃及	60	610
亚洲	26161	142119
中国	23351	114763
印度	2315	22465
日本	130	2789
欧洲	12820	133969
德国	5270	39165
西班牙	28	22987
英国	1736	12440
法国	1042	9285
拉丁美洲和加勒比海地区	3749	8526
巴西	2472	5939
智利	506	836
北美洲	7247	77953
美国	4854	65879
加拿大	1871	9694
墨西哥	522	2381

续表

区域及主要国家	2014 年新增装机容量	2014 年累计装机容量
太平洋地区	567	4441
澳大利亚	567	3806
世界总计	51478	369553

资料来源：GWEC，“Global Wind Statistics 2014，” Oct. 2，2015，http：//gwec. net。

据统计，2014 年，中国全国（除台湾地区外）新增装机容量 23196 兆瓦，同比增长 44. 2%。新增安装风电机组 13121 台。累计装机容量 114609 兆瓦，同比增长 25. 4%。① 2015 年上半年中国共有 270 个风电场项目开工吊装，新增装机共 5474 台，装机容量为 1010 万千瓦，同比增长 40. 8%②（见表 7）。

表 7　2015 年上半年各省（区）风电装机量

省(区)	装机台数(台)	装机容量(万千瓦)	市场份额(%)
新疆	968	154. 39	15. 28
云南	646	118. 21	11. 70
内蒙古	503	78	7. 72
山东	351	65. 1	6. 44
山西	341	61. 9	6. 13
江苏	239	56. 92	5. 64
贵州	294	56. 82	5. 63
甘肃	323	55. 45	5. 49
河北	160	44. 1	4. 37
宁夏	227	42. 42	4. 20
湖南	154	30. 8	3. 05
安徽	140	27. 77	2. 75
陕西	140	26. 75	2. 65
河南	122	24. 7	2. 45
吉林	124	23. 55	2. 33
广东	116	23	2. 28
湖北	89	16. 4	1. 62

① 中国可再生能源学会风能专业委员会（中国风能协会，Chinese Wind Energy Association，CWEA）：《2014 年中国风电装机容量统计》，2015。

② 中国可再生能源学会风能专业委员会（中国风能协会，Chinese Wind Energy Association，CWEA）：《2015 年 1 ~6 月中国风电装机容量统计》，2015。

续表

省(区)	装机台数	装机容量(万千瓦)	市场份额(%)
山　西	80	16	1.58
福　建	62	13	1.29
四　川	67	11.7	1.16
江　西	52	10.9	1.08
辽　宁	55	10.35	1.02
上　海	41	9.05	0.90
浙　江	44	7.97	0.79
内蒙古	35	7	0.69
重　庆	34	6.8	0.67
广　西	35	6.15	0.61
黑龙江	26	3.9	0.39
青　海	6	1	0.10
总　计	5474	1010.1	100.00

资料来源：中国可再生能源学会风能专业委员会（中国风能协会，Chinese Wind Energy Association，CWEA）：《2015 年 1～6 月中国风电装机容量统计》，2015。

第三，全球海上风电发展速度较快。据全球风能理事会统计，2014 年全球新增海上风电装机容量 173 万千瓦，累计海上风电装机容量达到 877 万千瓦。欧洲是海上风电发展的重点地区，2014 年欧洲累计海上风电装机容量达到 805 万千瓦，新增海上风电装机容量 148 万千瓦。2014 年，中国海上风电新增装机 61 台，容量达到 229.3 兆瓦，同比增长 487.9%。截至 2014 年底，中国已建成的海上风电项目装机容量共计 657.88 兆瓦。

（二）世界太阳能光伏产业发展情况

据彭博新能源财经统计，2014 年全球太阳能光伏累计装机容量为 188.8 吉瓦，比 2013 年增加 33%。2014 年新增装机容量 47 吉瓦，比 2013 年增加 16.9%。国际能源咨询机构 IHS 预计，2015 年全球新增光伏装机总量将达到 57.85 吉瓦，其中亚洲地区占全球新增装机总量的比重为 60%，美洲为 22%，欧洲为 15%，中东与非洲为 3%。IHS 预计 2016 年全球新能源政策将保持不变，全球新增并网光伏装机容量有望突破 64.54 吉瓦，其中亚洲占 56%，美洲占 29%，欧洲占 11%，中东与非洲占 4%。世界光伏产业发展得益于各国产业政策的有效实施（见表 8）。

表 8　世界主要国家的太阳能光伏产业政策以及实施成效

国家	政府支持	光伏产业发展
德国	①2000 年“可再生能源法”，2003 年又公布了“可再生能源促进法” ②修订 EEG 法案，进一步促进家庭光伏应用的可持续部署，下调上网电价 ③每年减少相应的 FIT 额度以控制市场的增长	①2003 年圆满完成了“10 万屋顶发电计划” ②2004 年德国光伏发电总量达到 2000 兆瓦，一举超过了日本，成为最大的光伏发电国家 ③2014 年德国安装量将达到 5 吉瓦的规模，光伏系统逐步转变为支持家庭和商业建筑
法国	①小幅降低上网电价 ②示范光伏项目	①政府的长期目标是到 2015 年国内的太阳能市场容量为 5 吉瓦 ②建设屋顶的光伏项目的 IRR 将超过 15%
西班牙	①制定 2011 ~ 2020 可再生能源计划草案 ②实施 0.23 ~ 0.44 欧元/度的电价补贴 ③电价补贴无递减率，25 年上网电价合同期保证	
意大利	①净计量政策和 FIT ②新 ContoEnergia 法案 ③高额补贴支持屋顶安装和应用系统的发展和创新	①2009 年意大利安装量位居全球和欧洲第二位 ②2010 年成为当年第二个超过吉瓦的市场 ③意大利市场预计在 2014 年增长到 2 吉瓦
美国	①大型地面项目计划的制定 ②“百万屋顶计划” ③光伏投资税减免政策 ④绿色能源制造业税收优惠政策	预计 2014 年美国光伏年安装量预测将达到 3 吉瓦
日本	①“阳光计划” ②“新阳光计划” ③上网电价补贴政策	逐渐重视住宅应用领域：日本的“住宅屋顶光伏发电系统”已经成为主流供电，并达到了 3 吉瓦，预计 2020 年累计安装容量目标是 28 吉瓦

资料来源：史丹等《新能源产业发展与政策研究》，中国社会科学出版社，2015。

日本近年来对太阳能光伏产业发展提供了大量的政策支持。2011 年严重的福岛核泄漏事件后，核电的发展在日本陷入停滞。实际上，日本核电站事故发生的次数多于媒体报道。从表 9 可以看出，20 世纪 90 年代以来，日本的主要核电站相继发生大小事故，使得核能电站被迫关闭，导致电力供应中断。为了维护能源供给的安全和清洁，日本高度重视太阳能光伏产业的发展，并取得初步成效。

表 9　1995 年以来日本核电泄漏事故情况汇总

时间	地点	事故原因	状态
1995 年	福井县敦贺市“文殊”核反应堆	钠冷却剂核泄漏	2010 年重启
1997 年	东海村燃料处理厂	火灾、爆炸	关闭 3 年
1997 年	东海村铀燃料生产厂	燃料达到临界值虚假报警导致混乱	
1997 年	普贤先进热中子原型堆	放射性氚泄露	暂时关闭
1997 年	东海村放射性废物贮存设施	低水平辐射泄露	
1999 年	敦贺市核电站	过放射性冷却剂泄漏	暂时关闭
1999 年	东海村铀回收处理设施	核泄漏和连锁反应	一直关闭
2000 年	普贤先进热中子原型堆	控制棒位置错误	暂时关闭
2000 年	常阳反应堆	控制棒失效	暂时关闭
2000 年	美滨核电站	水管爆裂，冷却剂泄漏	暂时关闭
2001 年	滨冈核电站	放射性物质泄露	暂时关闭
2002 年	福岛第一核电站	核心保护装置破裂	暂时关闭
2002 年	东京电力公司	数据造假	暂时关闭
2004 年	美滨核电站	高压蒸汽管爆炸	暂时关闭
2005 年	福岛县两座核电站中存储核废料的池子中部分池水外溢	地震	
2006 年	福岛第一核电站 6 号机组发生放射性物质泄漏事故		
2008 年	福岛核电站核反应堆 5 加仑放射性冷却水泄漏		
2011 年	福岛第一核电站异常导致核蒸汽泄漏	地震	

资料来源：2005 年之前资源来源于 Beder, Sharon, “Conclusion: The Japanese Situation, New Conclusion for the Japanese Edition of Power Play,” in Beder Sharon (ed.), *Power Play: The Fight to Control the World's Electricity* (New York: The New Press, 2003)；2006 年之后资料来自新闻媒体报道。

太阳能光伏产业是可再生能源中技术成熟程度较高、应用最为广泛的产业之一。据 IEA 数据统计，到 2014 年底，全球太阳能热利用安装运行集热总面积达到 5.8 亿立方米。在太阳能热利用的累计安装量中，真空管集热器的市场份额为 70.5%，平板集热器份额为 22.4%，无盖板集热器市场份额为 6.7%，空气集热器的应用量尚不足。[①] 全球太阳能热的主要利用方式是单户热水供给，达到总利用量的 80%，其他应用主要是工程热水供给等。

① IEA, “Solar Heat Worldwide,” 2015.

经过长期的积累，中国太阳能利用已经初见成效（见表 10）。2014 年中国的太阳能利用产业发展趋势较好。全年光伏发电累计并网装机容量 2805 万千瓦，同比增长 60%。中国地面大型电站项目分布在甘肃、青海、新疆、内蒙古、宁夏等中西部省及自治区。同时，中国太阳能热水器利用保有量保持世界第一。①

表 10　中国太阳能光伏产业发展历程

时间	事件
2002 年	“送电到乡工程”揭开了中国分布式光伏发电的序幕
2009 年	实施太阳能光电建筑应用示范项目和金太阳能示范工程
2011 年	出台国家光伏发电上网标杆电价政策
2012 年	启动“金太阳”示范工程，发布《太阳能发电发展“十二五”规划》
2013 年	对于地面电站并网难、补贴年限不确定以及补贴拖延等问题出台针对性政策。在这些政策的支持下，2013 年全国新增并网光伏装机容量达 10857 兆瓦，同比增长高达 129%，中国一跃成为全球最大的光伏终端市场
2013 年	能源局下发《关于发挥价格杠杆作用促进光伏产业健康发展的通知》
2014 年	中国政府出台一系列政策扶持光伏发电，年新增并网光伏发电装机达到 12516 兆瓦，同比上涨 15%
2015 年	①能源局下发《2015 年度全国光伏年度计划新增并网规模表（征求意见稿）》，计划 2015 年全国新增并网规模 1500 万千瓦，其中集中式电站 800 万千瓦，分布式电站 700 万千瓦（其中屋顶分布式不低于 315 万千瓦），较 2014 年的 1060 万千瓦的装机总量增幅高达 41.5%； ②国家能源局下发《2015 年光伏发电建设实施方案的通知》； ③能源局再次将光伏建设指标上调了 530 万千瓦，将全年建设指标上调至 2310 万千瓦

资料来源：2015 年光伏电站行业发展研究报告。

（三）生物质能产业

据 21 世纪可再生能源政策网络（REN21）的《全球可再生能源现状报告 2015》统计，2014 年全球生物质能利用总量约 58.5 艾焦（相当于 20 亿吨标准煤）。其中，生物质供热所占比重最大。此外，生物质发电和生物质燃料也是重要的应用领域。据统计，2014 年全球生物质发电装机容量达到 9300 万千瓦。在全球生物质发电中，巴西等发展中国家是主导力量。同时，德国、英国等也高度重视生物质能的发展。此外，全球生物质燃料的快速发展也将为供暖、商业、热电联产等行业的发展提供资源上的保障（见表 11）。

① 参见国家可再生能源中心《国际可再生能源发展报告 2015》。

表 11　2006 ~ 2014 年生物质能市场概况

年份	燃料乙醇产量(亿升)	生物柴油产量(万吨)
2006	417.9	656.8
2007	505.7	918.7
2008	661.9	1327.2
2009	724.8	1441.3
2010	845.8	1663.4
2011	830	1978.3
2012	857.6	2165.4
2013	850	2440
2014	892.5	2562

资料来源：GlobalData（http://www.globaldata.com）、The Global Renewable Fuels Alliance（GRFA）（http://www.globalrfa.org/），以及汉能控股集团和全国工商能联新能源商联合发布的《全球新能源发展报告 2015》。

三　可再生能源发展面临的巨大挑战及发展前景

虽然可再生能源市场发展形势较好，但是也面临着诸多的挑战和风险。2008 年经济危机之后，世界主要国家和地区的经济增长持续慢于预期、化石能源价格一路走低、新兴市场经济国家对化石能源依赖程度较高等，都在制约可再生能源的开发和利用。

（一）世界经济复苏慢于预期，能源消费量或下滑

目前，世界发达国家经济复苏状况不一，美国复苏快于预期，但是受欧盟和日本经济复苏慢于预期的影响，部分发展中国家将继续承受经济低迷的影响，全球经济没有表现出明显的整体复苏迹象。2016 年初，国际货币基金组织（IMF）以及世界银行纷纷报出世界经济增长速度下降，提出 2016 年的世界经济增速和国际贸易水平将非常令人失望。① 世界主要经济体将继续被原材料价格下降、金融风险加大以及增长乏力困扰（见表 12）。

① 世界银行：《2016 年全球经济展望》，2016 年 1 月 6 日。

表 12　2012～2017 年中国主要贸易伙伴经济复苏状况及国际贸易量复苏状况（真实 GDP 增长情况）

单位：%

国家或地区	2012 年	2013 年	2014 年	2015 年	2016 年	2017 年
美国	2.3	2.2	2.4	3.2	3.0	2.4
欧洲	-0.7	-0.4	0.8	1.1	1.6	1.6
金砖国家	5.4	5.4	5.0	5.1	5.5	5.6
日本	1.5	1.5	0.2	1.2	1.6	1.2
国际贸易量	2.8	3.4	4.0	4.5	4.8	4.8

注：2016～2017 年均为预测数据。

资料来源：World Bank Group，*Global Economic Prospects*：*Having Fiscal Space and Using It*，January 2015。

受世界经济复苏慢于预期的影响，全球能源消费增速也会相应下降，特别是中国、巴西等新兴市场经济国家，能源需求迅猛增长的时期已经过去。据 BP 统计，2000～2013 年，非经合组织亚洲国家能源消费年均增长 7%，而预计在 2013～2035 年将放缓至年均 2.5%。① 对于初期投资额大、回报期较长的可再生能源产业而言，能源消费增速放缓或将制约其长期发展。

（二）化石能源价格明显下降，可再生能源利用的相对成本较高

2015 年初，全球九类大宗商品价格指数在走势的预期中均出现下降，这是近年来不常见的现象。受国际石油价格大幅下降的影响（2014 年比 2013 年下降 45%），天然气、化肥以及部分农产品期货价格大幅下降，并有继续下降的趋势。甚至有研究机构认为，国际大宗商品价格走低的时间将持续 5～10 年（见表 13）。

表 13　2012～2017 年国际大宗商品价格涨跌情况与预测

单位：%

项目	2012 年	2013 年	2014 年	2015 年	2016 年	2017 年
非石油类商品价格	-8.6	-7.2	-3.6	-1.1	0.2	0.3
石油价格	1.0	-0.9	-7.7	-31.9	4.9	4.7

注：2014 年为估计数据；2016～2017 年均为预测数据。

资料来源：World Bank Group，*Global Economic Prospects*：*Having Fiscal Space and Using It*，January 2015。

① BP：《世界能源展望 2035》。

以西得克萨斯中间基原油（WTI）现货价格为例，其已经由 2014 年 6 月的 105.37 美元/桶跌至 2015 年 8 月的 42.52 美元/桶，跌幅达 59.6%。虽然国际石油价格在 2015 年个别月份略有回升，但是总体下跌趋势明显。供求结构不平衡是国际原油价格下跌的主要原因。从需求看，虽然包括中国在内的新兴市场经济国家经济增速放缓，但是国际原油进口和消费量没有明显减少（见图 3）。以中国为例，中国 2012 年进口原油 2.71 亿吨，2013 年进口 2.82 亿吨，同比增长 4%；2014 年进口原油 3.1 亿吨，同比增长接近 10%。相比而言，欧洲和北美地区原油消费放缓趋势比较明显。从供给看，随着页岩油气的大规模开采，北美地区原油产量明显上升（见图 4）。中东地区国家为了保护市场份额采取不减产措施也是导致世界原油市场供过于求的重要原因。

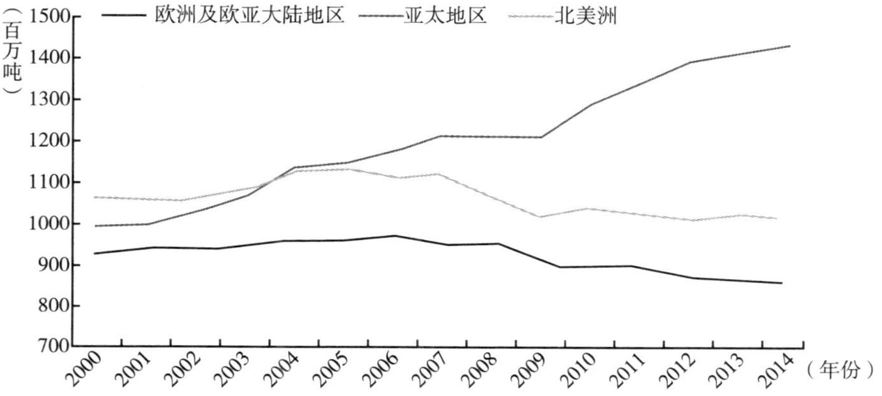

图 3　世界主要地区原油消费量

资料来源：BP《世界能源统计年鉴 2015》，http：//www.bp.com/zh_ ch/china/reports - and - publications/_ bp_ 2015.html。

此外，美元进入加息期也是国际大宗商品价格指数持续下降的重要影响因素。图 5 显示，2008 年金融危机之后，国际大宗商品主要价格指数均出现大幅下降，之后经历短暂企稳和复苏。但是，2014 年之后，主要价格指标快速、明显、大幅下降，幅度甚至超过 2008 年金融危机时期。在未来一段时间，美元依然处于加息周期，国际大宗商品供给稳定，其价格大幅上升是小概率事件。虽然不能排除因国际地缘政治形势复杂化等因素导致国际大宗商品价格有短期、小幅回升的可能性，但是总体而言其价格将处于低位运行态势。

国际化石能源价格大幅下降，导致可再生能源使用相对成本较高。从图 6 可

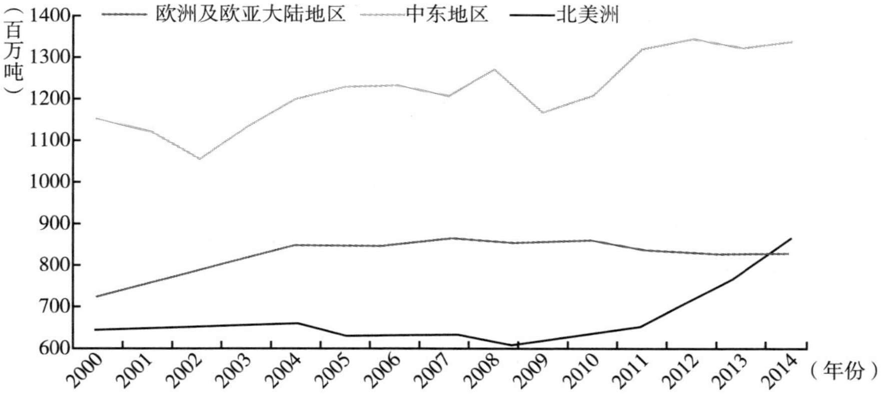

图 4　世界主要地区原油产量

资料来源：BP《世界能源统计年鉴 2015》，http：//www. bp. com/zh_ ch/china/reports - and - publications/_ bp_ 2015. html。

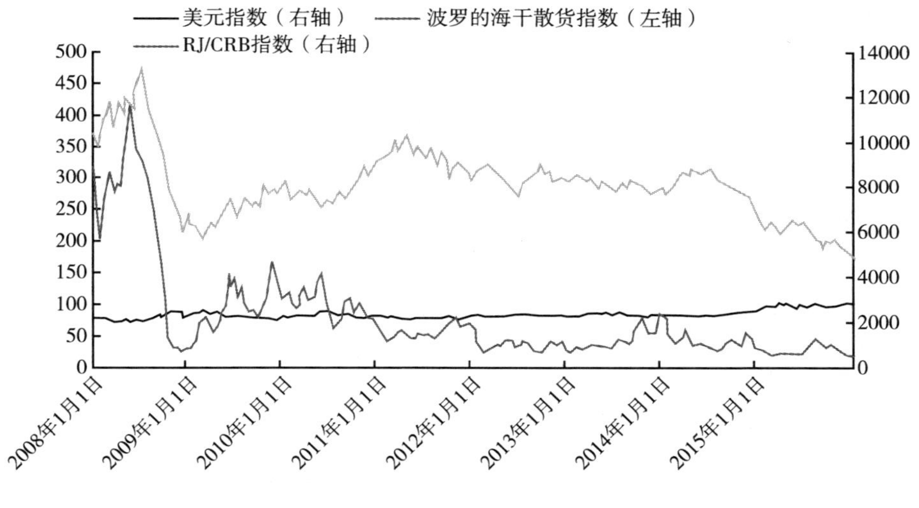

图 5　2008 年 1 月 ~2015 年 12 月 CRB 指数、美元指数和波罗的海干散货指数走势

资料来源：万德数据库（WIND）。

以看出，对于新建电网运行成本而言，煤炭、天然气等化石能源成本要远远低于风电和太阳能发电，这个趋势将持续至 2035 年。在全球经济增长放缓时期，相对使用成本过高将制约可再生能源的进一步普及。

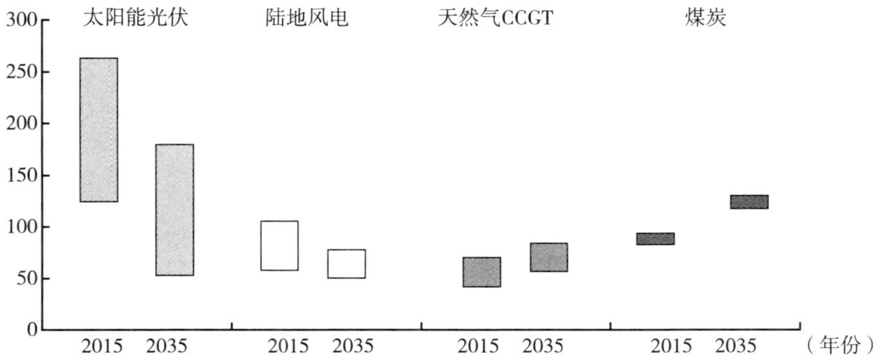

图6　2015 年和 2035 年新建并网电站成本比较（以北美为例）

注：（1）单位为美元/百万瓦时，2014 年价格。（2）建造电厂并在其生命周期进行运营的每百万瓦时平准化成本。太阳能和风能成本不包括并网成本，也不包括任何补贴或者税收优惠。2035 年的天然气和煤炭成本包括假定价格为每吨 40 美元的碳价成本。

资料来源：BP，*Statistical Review of World*（*Energy*），http：//www.bp.com/zh－cn/chinal/reports－and－publicationsl_ bp_ 2015. html。

（三）中国等新兴市场经济国家对化石能源的依赖

中国等新兴市场经济国家对煤炭等化石能源存在消费依赖。虽然也有研究提出，由于煤炭开采等属于高耗能、高污染行业，可以借助经济增速合理放缓时期减少对其依赖，促进能源结构转向，实现清洁发展。如国家能源局和国家煤矿安监局联合通知，明确 2015 年拟淘汰煤炭行业落后产能 7779 万吨，淘汰煤矿 1254 座。2015 年 4 月，国家发改委下调燃煤发电上网电价。由于需求萎缩形势更加严峻，即使在产能减少的情况下，煤炭价格依然持续下跌。2015 年 4 月，内蒙古动力煤平均坑口价格下降至 142.12 元/吨，较 2014 年第四季度价格下降 0.38%，较 2014 年第一季度价格下降 9.22%。

但是，一方面出于技术改造等客观原因，可再生能源对化石能源的替代需要时间；另一方面，化石能源本身就是经济增长的重要来源，在国内经济走势下行期，国家依然会对化石能源企业进行必要的扶持。如 2014～2015 年煤炭行业价格下跌，导致煤炭行业经营困境加重。据统计，煤炭开采和洗选业亏损企业的累计亏损额已经由 2015 年 4 月初的 126.35 亿元扩大到 5 月初的 312.9 亿元。为缓解行业经营困境，2015 年国家能源局出台措施，积极落实《财政部国家税务总局关于实施煤炭资源税改革的通知》，推行煤炭资源税优惠政策。5 月，国家发改委也召开全国煤炭行业脱困暨经济运行调节电视电话会议。

在经济总需求不足的时期，煤炭等化石能源消费萎靡没能为可再生能源发展提供机会。以风电为例，2015 年第一季度，全国风电新增并网容量 470 万千瓦，但是同期风电弃风电量为 107 亿千瓦时，同比增加 58 亿千瓦时，平均弃风率 18.6%，同比上升 6.6 个百分点。5 月，国家能源局印发《关于进一步完善风电年度开发方案管理工作的通知》，明确提出弃风限电比例高的地区不得安排新的建设项目，年度开发方案完成率较低的省（区、市）不能在下一年度安排新建项目。这说明能源结构调整和优化并不是自动实现的，需要政策引导和市场机制的健全，并需要经历较长时间。

除此之外，新兴市场经济国家大多处于可再生能源产业链的制造端，并非核心技术掌握者。这容易导致新的产能过剩和环境问题，也是制约可再生能源快速发展的重要因素。

（四）全球尚未能对低碳经济和联合减排模式达成共识

目前，部分发达国家以及主要的发展中国家基本还处于依赖化石能源消费推动工业化或者再工业化进程的阶段。但是，化石能源的使用会导致全球生态环境的恶化。气候恶化已经对全球经济增长产生阻碍作用，甚至在某些地区已经造成了经济的衰退。

减少由碳排放带来的生态环境破坏和气候变化对未来世界经济可持续发展具有重要意义。2007 年，达沃斯世界经济论坛年会的讨论提出，与恐怖袭击一样，气候变化也是世界各国需要严肃对待的首要问题之一。为了应对由人类活动带来的温室气体过量排放造成的全球变暖，各国政府和社会各界人士从政治、经济以及科学技术等很多方面提出解决问题的方案。由于全球变暖是世界范围内所有国家行为的结果，单靠某个国家或地区无法全面治理全球环境问题，所以当前全球环境治理的主要特点是以联合国或欧盟等国际主权国家组织为主导，由各国政府广泛参与、合作实现。

早在 1992 年 6 月 4 日，在巴西里约热内卢举行的联合国环境与发展大会上，与会各国通过了《联合国气候变化框架公约》，这个公约标志着世界主要国家合作治理全球变暖问题的开端。1997 年 12 月 11 日，国际社会通过了具有法定约束力的《京都议定书》，这对于减少温室气体排放具有重要的里程碑作用。《京都议定书》规定发达国家与发展中国家在减少温室气体排放的问题上负有“共同但有区别的责任”，而发达国家对全球环境问题的治理具有不可推卸的法定责任，并规定了发达国家减少温室气体排放的具体标准。不仅如此，《京都议定书》还构建了减少二氧化碳排放的国际合作机制，即联合履行（Joint Implemented，JI）、清洁发展机制（Clean Development Mechanism，CDM）和“碳减排”贸易机制（Emission Trade，ET）。这三个机制的主要作用是将碳排放量化，使其成为可以计量的具体商品，这样有利于衡量由碳排放对环境产生的外部成本。在此基础上，通过碳排放交易市场将外部成本内部化，减少温室气体的排放，也使得参与交易的各方可以获得减排带来的实际效益。

虽然《联合国气候变化框架公约》和《京都议定书》已经明确了各国减少温室气体排放的职责和具体方式，但是这两个公约在实施过程中并没有收到预计的效果。主要原因可以归结为三个方面：一是包括发达国家在内的世界主要参与国都面临着国内经济发展、就业促进的压力，减少温室气体的排放可能会在一定程度上影响各国经济增长的速度，这是全球减排合作难以实现的根本原因；二是环境对于各个国家而言属于公共物品，普遍存在被过度使用的情况，在治理环境的问题上各个国家又面临着其他国家搭便车的风险，这就使得全球温室气体减排陷入“囚徒困境”，难以实现合作均衡，这是全球合作减排难以实现的现实原因；三是各个国家排放份额分配、各个国家温室气体排放总量衡量以及减排技术的转让等需要大量资金和先进技术、前沿理论的支持，很难在短时间之内完成，这是全球减排合作难以实现的技术原因。①

全球环境治理问题是涉及政治、经济、文化、法律、制度以及生活习惯、价值观念等各个领域的综合性问题。政府推动低碳经济发展机制，需要建立系统的政策体系，以及在各个领域广泛的政府间合作。从长期来看，低碳经济发展机制最终将实现世界各国从根本上转变经济发展方式、优化产业结构，将经济增长与温室气体排放完全脱钩，并在全世界范围形成经济和环境和谐发展的价值观念。但是，虽然经历多番探讨，目前世界主要国家依然没有形成理想的联合减排模式。这是制约可再生能源快速、健康发展的重要因素。

尽管可再生能源发展面临诸多的挑战和风险，但是世界主要能源研究机构依然对未来可再生能源市场的发展表现出乐观的态度（见表14）。未来可再生能源不仅是世界能源供给的重要来源，也将是世界经济增长的重要源泉。

---

① 崔长彬：《低碳经济模式下中国碳排放权交易机制研究》，硕士学位论文，河北师范大学人口、资源与环境经济学系，2009。

表 14　主要能源研究机构对可再生能源利用情况的预测

新能源	预测机构	预测结论
风力发电	Clean Edge	2016 年风力发电市场增加到 608 亿美元
风电装机	国际能源署	2020 年全球风电装机将超过 4 亿千瓦，占全球发电总装机容量的比重接近 7%；2030 年全球风电装机将超过 6 亿千瓦，占全球发电总装机容量的比重接近 8%
太阳能光伏发电	Clean Edge	2016 年太阳能光伏发电市场增加到 693 亿美元
燃料电池和分散式氢能发电	Clean Edge	由 2006 年 14 亿美元增加到 2016 年的 156 亿美元
生物质发电	国际能源署	到 2030 年全球生物质发电总量将达到 860 亿千瓦时；[①] 在 2011 ~ 2020 年，全球将形成 3000 亿美元的投资需求
地热能发电	国际能源署	到 2030 年全球地热能发电总量将达到 180 亿千瓦时，[②] 占全球发电总量的 0.6%
生物液体燃料	国际能源署	到 2020 年，全球生物乙醇和生物柴油消费量预计将分别达到 300 亿加仑和 83 亿加仑；生物液体燃料市场规模将超过 650 亿美元
生物质固体成型燃料	世界能源理事会	以年均增长 10% 的速度保守估算，到 2020 年全球生物质固体成型燃料市场规模将会达到 1500 亿欧元

注：①参见 IEA，*World Energy Outlook 2008*（Paris：2008）。

②参见 IEA，*World Energy Outlook 2008*（Paris：2008）。

资料来源：史丹等《新能源产业发展与政策研究》，中国社会科学出版社，2015。

B.6

中国电力市场：运行、投资贸易与改革形势*

刘喜梅**

摘　要：近两年我国经济增长速度显现放缓趋势，2013 年 GDP 的增长率为 7.7%，2014 年为 7.3%，2015 年为 6.9%。随着中国经济步入“新常态”，电力生产消费也呈现出新的特征：电力供需形势由偏紧转为宽松，其中，电力供应结构出现持续调整，电力消费呈现增长减速与结构转型，电力消费增长结构由高耗能向新兴产业、服务业和居民生活用电转换；与电力供需形势对应，以及为适应我国能源经济发展与环境保护的要求，电力价格水平也出现一定程度调整。电力投资、贸易和并购方面有了新的突破。配电网投资战略与新能源投资形势初步体现了电力结构转型特点，电力国际贸易与国际并购在“一带一路”倡议下稳步推进。新一轮电力改革有序开展，市场化特征明显，输配电价与售电侧市场开放等多项试点改革正在进行中。预计 2016 年中国宏观经济增速总体将呈现稳中缓降态势，电力消费增速将维持低速增长，全国电力供应能力总体宽松，电力投资与供给结构转型速度加快，清洁能源发电比重会继续增加，电力市场投资与贸易将伴随着电力市场改革稳步推进。

关键词：电力供需形势　电价　电力投资　电力贸易　电力市场改革

---

* 感谢华北电力大学研究生侯潇阳、吴泽宇为资料搜集与分类所做的贡献。

** 刘喜梅，经济学博士，硕士生导师，华北电力大学副教授，中国社会科学院研究生院国际能源安全中心研究员，研究领域为能源与电力经济、能源安全。

一　电力需求

目前我国的电力消费持续增长，增速出现明显下降，各地区用电量增速出现较大幅度回落，产业用电结构也有所优化。

近年来，受国内外经济形势影响，我国电力消费总量稳定，但增幅波动性较大。2011 年，中国作为世界电力消费第一大国，电力消费总量约占世界总量的 19%。2012 年，全社会用电量 4.96 万亿千瓦时，增长 5.6%，增速比 2011 年回落 6.4 个百分点。① 2013 年，全社会用电量达到 5.3223 万亿千瓦时，同比大幅增长 7.5%，增速比 2012 年提升 1.9 个百分点。2014 年，全社会用电量为 5.5233 万亿千瓦时，同比仅增长 3.8%，电力消费需求增速降至 1998 年以来的新低。2015 年，全社会用电量 55500 亿千瓦时，同比增长仅为 0.5%，② 增速同比大幅回落 3.3 个百分点。总体来看，中国电力消费增速自 2012 年以来呈现下降态势，虽然 2013 年数据有所提升，但之后开始继续呈现较大幅度回落，这与中国步入增长速度放缓的经济新常态有直接关系。

分季度看，2014 年，中国一至四季度的全社会用电量增速与 2013 年相比依次为 5.4%、5.2%、1.4% 和 3.5%，其中，三季度增速为 2009 年三季度以来的最低水平。2015 年第一季度全社会用电量同比上年增幅为 0.8%，较上年同期增速大幅下降了 4.6 个百分点；二季度全社会用电量同比增幅为 1.7%，较上年同期增速下降了 3.5 个百分点；三季度全社会用电同比增长 0.8%，较上年同期下降了 0.6 个百分点。2015 年电力消费增速与 2014 年相比进一步出现明显回落。

分月份看，2014 年上半年各月增速总体处于 5% 左右的增长水平，下半年除 8 月因气温因素负增长外，其余各月平均水平位于 3% 左右，增速出现较大下滑。在 2015 年 1 月出现了 10.23% 的较大增幅后，2 月、3 月、7 月、9 月和 10 月全社会用电量增速均为负增长，其中 2 月用电量降幅最大，为 6.3%；9 月和 10 月降幅最小，均为 0.2%。4 月、5 月、6 月、8 月和 11 月的用电量同比有小幅增加（11 月份增幅最小，为 0.6%，其余几个月的增幅平均约为 1.6%）。③ 总体来看，

---

① 中国电力网，http://www.chinapower.com.cn/newsarticle/1199/new1199541.asp。

② 国家能源局，http://www.cpnn.com.cn/zdyw/201601/t20160118_866273.html。

③ 中国电力企业联合会，http://www.cec.org.cn/yaowenkuaidi/2016-02-03/148763.html。

2015 年中国用电量增长与前两年相比，增速放缓的趋势愈加显著。

分地区看，虽然 2013 年一至四季度，东、中、西和东北地区用电同比分别增长 6.4%、6.8%、9.8% 和 4.4%，增幅明显，然而，2014 年全国各地区用电增速呈现全面回落态势，尤其是东部和中部地区用电形势出现较大调整，增速同比和环比均出现较大幅度回落。其中，东部地区全社会用电同比增长 3.5%，增速同比大幅回落 3.1 个百分点；中部地区全社会用电量同比仅增长 1.7%，增速同比回落 5.2 个百分点，是增速回落幅度最大的地区；西部地区全社会用电量同比增长 6.4%，虽然用电增速领先于其他地区，但同比回落了 4.5 个百分点；东北地区全社会用电量同比增长仅有 1.7%，增速同比回落 2.6 个百分点。2015 年，中国各地区用电量增速继续呈现较大幅度回落态势。东、中、西部和东北地区全社会用电量同比分别增长 0.8%、0.2%、0.8% 和 -1.7%，增速同比分别回落 2.7、1.5、5.6 和 3.4 个百分点。东部地区的用电增速相对较高，中部增速回落幅度最小，而西部地区增速回落幅度最大。

从产业角度看，近年来电力消费结构有所优化，如表 1、图 1 所示。

表 1　2013～2015 年中国工业电力用电量统计数据

单位：亿千瓦时，%

名称	2015 年	同比增长	占比	2014 年	同比增长	占比	2013 年	同比增长	占比
全社会用电量	55500	0.5	100	55233	3.8	100	53223	7.5	100
第一产业用电量	1020	2.5	1.84	994	-0.2	1.80	1014	0.7	1.91
第二产业用电量	40046	-1.4	72.15	40650	3.7	73.60	39143	7.0	73.55
第三产业用电量	7158	7.5	12.90	6660	6.4	12.06	6273	10.3	11.79
城镇居民用电量	7276	5.0	13.11	6928	2.2	12.54	6793	9.2	12.76

资料来源：中国国家能源局网站。

从表 1 可以看出，近年来全社会用电量增速逐年减小，第二产业用电量占比最大，第一产业用电量占全社会用电量的比重小幅波动，第三产业用电量占全社会用电量的比重逐渐上升。用电量结构变化与产业结构优化有一定关系。

具体来看，2013 年，第一产业用电量 1014 亿千瓦时，增长 0.7%，用电增幅最低；第二产业用电量 39143 亿千瓦时，增长 7.0%，同比提高 2.8 个百分点，增速稳定上升；第三产业用电增幅最快，用电量 6273 亿千瓦时，增长 10.3%，对全社会用电增长的贡献率上升为 68.7%，同比提高 13.6 个百分点。2013 年整体用电量增长幅度较大，主要原因是重工业用电增速出现较大幅度回升，以及终

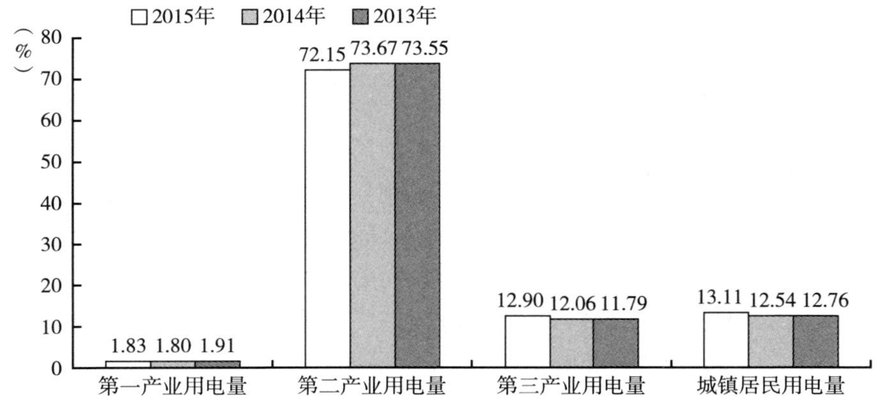

图1　2013～2015年电力消费比例

资料来源：根据中国国家能源局网站，http：//www.nea.gov.cn/2014－01/14/c 133043689.htm；http：//www.nea.gov.cn/2015－01/16/c 133923477.htm；http：//www.nea.gov.cn/2016－01/15/c 135013789.htm。

端市场消费需求活跃。城镇居民生活用电量6793亿千瓦时，增长9.2%，① 增速同比下降1.5个百分点，主要是受阶梯电价以及2013年初全国全面取消家电下乡补贴等因素的影响。

2014年，第一产业用电量小幅下降，第二产业和第三产业用电量增长，增速较2013年均出现回落。其中，第一产业用电量为994亿千瓦时，下降了0.2%；第二产业用电量为40650亿千瓦时，增长3.7%，同比降低了2.3个百分点；第三产业用电量为6660亿千瓦时，增长6.4%，增速同比降低了3.9个百分点。② 第三产业用电量增速明显高于其他产业，信息业用电持续保持旺盛势头，设备制造业用电保持较快增长。

2015年，第一产业用电量小幅增长，第二产业用电量小幅下降，第三产业用电量增速较快。其中，第一产业的用电量达到1020亿千瓦时，同比增长了2.5%，增速较上年同期提高了2.7个百分点；第二产业的用电量达到40046亿千瓦时，下降了1.4%，增速同比降低了5.1个百分点；第三产业用电量为7158亿千瓦时，增长7.5%，增速同比提高了1.1个百分点。第三产业用电量增速依然处于领跑地位，成为稳定全社会用电量增长的最主要力量，其中信息业消费持

---

① 国家能源局，http：//www.nea.gov.cn/2014－01/14/c_ 133043689.htm。

② 国家能源局，http：//www.nea.gov.cn/2014－01/14/c_ 133043689.htm。

续保持旺盛势头。

2016 年，由于宏观经济增速将继续呈现稳中缓降态势，总体判断中国的用电需求仍较低迷。根据中电联预测，如果气温水平变化不大，预计 2016 年全社会用电量同比增长将达到 1% ~2% 。[①]

二　电力供应

目前我国的电力供应能力充足，电源结构不断优化，电力节能减排能力有所提高，但部分地区的“弃风”、“弃光”现象突出，发电设备利用小时数有所降低。

近年来，中国电力供应充足。2013 年底，中国发电装机容量达 12.47 亿千瓦，位居世界第一，当年电源新增生产能力（正式投产）9400 万千瓦，220 千伏及以上线路回路长度 54.0 万公里，全年发电量为 5.3976 万亿千瓦时，同比增长 7.5% ，增速较 2012 年回升 2.4 个百分点。2014 年，中国装机总量及发电量继续增长，截至当年底，全国全口径发电装机容量达到 13.6 亿千瓦，同比大幅增长了 8.7% ，全口径发电量 5.55 万亿千瓦时，同比增长为 3.6% 。2015 年中国装机总量继续呈现上升态势。2015 年底全国全口径发电装机容量为 15.1 亿千瓦，同比增长幅度达到 10.5% ，其中，全口径水电装机为 3.2 亿千瓦，火电装机容量高达 9.9 亿千瓦，核电装机容量 2608 万千瓦，并网风电装机容量 1.3 亿千瓦。

近年来中国电源结构有所优化，非化石能源装机与发电量均出现快速增长。2013 年，中国煤电装机容量占总装机容量比例首次下降到 70% 以下，非化石能源发电装机容量 3.9 亿千瓦，占比达到 31.6% 。[②] 就非化石能源发电结构看，由表 2 可见，2013 年水电发电量 9116 亿千瓦时，同比增长 5.6% ，核电发电量 1106 亿千瓦时，同比增长 13.6% 。其中，新能源发电增长态势强劲。风力发电量 1401 亿千瓦时，同比大幅增长 36.3% 。太阳能发电量 87 亿千瓦时，同比增速更是高达 143.0% 。2014 年的全口径火电发电量为 4.17 万亿千瓦时，同比小幅下降 0.7% ，为 1974 年以来首次负增长；非化石能源装机容量与发电量分别为 4.5 亿千瓦与 1.42 万亿千瓦时，非化石能源装机容量占总装机容量比重为 33.3% ，发电量同比增长 19.6% 。[③] 2014 年至今，这一趋势继续延续。

---

① 中国电力企业联合会：《2016 年度全国电力供需形势分析预测报告》。

② 中电联规划与统计信息部：《2013 年全国电力供需形势分析预测报告》。

③ 中国电力企业联合会，http：//www.cec.org.cn/yaowenkuaidi/2015 - 03 - 10/134972.html。

2015 年，核电、风电发电量增长显著，而火电发电量连续两年负增长。2015 年底全口径发电量 5.60 万亿千瓦时，同比增长 0.6%。其中，全年全口径水电发电量 1.11 万亿千瓦时，同比增长 5.1%；火电发电量为 4.10 万亿千瓦时，同比下降 2.3%，已经连续两年出现负增长；核电发电量 0.17 万亿千瓦时，同比大幅增长 27.2%；并网风电发电量 1851 亿千瓦时，同比增长 15.8%①。

表 2　2013 至 2015 年中国发电量及发电结构

单位：亿千瓦时，%

类别	2013 年	同比变化	占比	2014 年	同比变化	占比	2015 年	同比变化	占比
全国发电量	53976	7.5	100	55459	3.6	100	56045	0.6	100
火电	42359	7.0	78.5	41731	-0.7	75.2	40972	-2.3	73.1
水电	9116	5.6	16.9	10661	19.7	19.2	11143	5.1	19.9
核电	1106	13.6	2.0	1262	13.2	2.3	1670	27.2	1.8
风电	1401	36.3	2.6	1563	12.2	2.8	1851	15.8	1.2

资料来源：中国电力企业联合会《2013 至 2015 年电力工业运行间况》，http：www.cec.org.cn/yaowenkuaidfi/2016-02-03/148763.html。

同时，也可看出近几年我国发电量增速不断减缓。其中火电在 2013 年增速达到 7.0%后，在 2014 年和 2015 年上半年均处于下降的趋势。水电、核电和风电的发电量均处于上升的状态。就发电结构看，火电发电量占总发电量的比例总体呈下降趋势，核电和风电的比例有所提高，显示了我国对可再生能源不断加大的支持力度，以及对能源结构的调整初显成效。

电力节能减排能力有所提高。2014 年电力行业单位发电量的二氧化碳排放量与 2005 年相比减少约 19%，2006～2014 年电力行业累计减排二氧化碳约 60 亿吨。2013 年，全国 6000 千瓦及以上火电机组供电标准煤耗达到 318 克/千瓦时，同比下降 3 克/千瓦时，煤电机组供电煤耗保持世界先进水平。

然而，部分地区“弃风”、“弃光”现象突出，发电设备利用小时数有所降低。2015 年中国已经成为全球光伏发电装机容量最大的国家，截至 2015 年底，中国光伏发电累计装机容量达到 4318 万千瓦，其中，光伏电站为 3712 万千瓦，分布式光伏电站容量为 606 万千瓦，年发电量达到 392 亿千瓦时，全国全年平均利用小时数为 1133 小时。然而，西北部分地区的“弃光”形势严峻。如甘肃

① 中国电力企业联合会：《2016 年度全国电力供需形势分析预测报告》。

2015 年全年平均利用小时数为 1061 小时，弃光率高达 31%；新疆维吾尔自治区全年平均利用小时数略低，为 1042 小时，弃光率达到 26%。① 2015 年，中国全年弃风率飙升至 15%，其中最为严重的甘肃、新疆、吉林三省（区），弃风率均超过 30%，甘肃甚至接近 39%。弃风电量也创下史上新高，达到 339 亿千瓦时，比 2014 年高出 213 亿千瓦时。

2015 年，受电力需求增长放缓、新能源装机容量占比不断提高等因素影响，全国 6000 千瓦及以上电厂发电设备平均利用小时继续下降，全国发电设备平均利用小时数仅为 3969 小时，较 2014 年出现较大幅度回落，同比降低了 349 小时，回落至 1978 年以来最低水平。② 2014 年，中国发电设备利用小时数为 4286 小时（发电设备利用小时数均为 6000 千瓦及以上电厂口径），同比降低 235 小时；风电设备利用小时数为 1905 小时，同比降低 120 小时；核电设备利用小时数为 7489 小时，同比降低 385 小时。③

2015 年，全国电力供需呈现宽松局面，部分地区呈现电力过剩态势。其中，东北和西北区域电力供应能力过剩，华北电力供需总体基本平衡并略显宽松，华东、华中和南方区域电力供需形势总体宽松，部分省份出现过剩。省级电网中，山东、江西、河南、安徽电网在个别时段存在错峰，海南 8 月前的电力供应形势偏紧。④ 整体上看，2015 年全国电力供需形势较 2014 年相比，供应宽松局面较为明显。⑤（2014 年，中国东北和西北区域电力供应能力富余较多，华东、华中和南方区域电力供需平衡，华北区域电力供需平衡偏紧。⑥）

按照目前的电力规划，预计 2016 年全年中国新增发电装机将达到 1 亿千瓦左右，其中，非化石能源发电装机约占一半，达到 5200 万千瓦左右；截至 2016 年底，全国发电装机总量预计达到 16.1 亿千瓦，同比增长约 6.5%，非化石能源发电装机比重将继续提高，其中，水电装机容量接近 3.3 亿千瓦，核电装机容量约为 3450 万千瓦，并网风电为 1.5 亿千瓦左右，并网太阳能发电预计达到 5700 万千瓦左右。据此，预计 2016 年我国的电力供应能力总体上会呈现富余状态，

---

① 国家能源局，http：//www.kesolar.com/policy/65793.html。

② 中华人民共和国中央人民政府，http：//www.gov.cn/xinwen/2016－01/29/content_5037241.htm。

③ 中国电力联合会网，http：//www.cec.org.cn/yaowenkuaidi/2015－03－10/134972.html。

④ 中国电力企业联合会：《2016 年度全国电力供需形势分析报告》。

⑤ 中国电力企业联合会：《2015 年上半年全国电力供需形势分析预测报告》。

⑥ 中国电力企业联合会，http：//www.cec.org.cn/yaowenkuaidi/2015－03－10/134972.html。

部分地区依然会过剩，特别需要警惕火电装机过剩局面，应有效调配资源，合理进行电力投资。

三　电力价格

目前，我国电价水平总体偏低，地区电价水平和不同电源的上网电价结构存在较大差异。

与主要 OECD 国家相比，中国电价水平位于偏低水平。

就居民电价水平看，2011 年，OECD 国家加权平均电价为 0.158 美元/千瓦时，其中，居民电价水平最高的国家是丹麦，为 0.409 美元/千瓦时，美国为 0.118 美元/千瓦时，韩国最低，为 0.089 美元/千瓦时。中国居民电价严重偏低，仅为 0.074 美元/千瓦时。

就工业电价水平看，2011 年 OECD 国家加权平均电价为 0.111 美元/千瓦时，其中，意大利电价水平最高，达到 0.279 美元/千瓦时，韩国依然是最低国家，仅为 0.058 美元/千瓦时，美国为 0.070 美元/千瓦时。2011 年我国工业电价水平是 0.092 美元/千瓦时，低于中国的 OECD 成员国仅有 5 个，分别是新西兰、挪威、美国、加拿大与韩国。①

就居民电价与工业电价的比价看，除了意大利和墨西哥外，OECD 国家中多数国家居民电价都高于工业电价。2011 年 OECD 成员国的居民电价与工业电价的平均比价为 1.42。中国居民生活电价低于工业电价，比价仅为 0.80（低于墨西哥，比价 0.83）。中国居民电价处在严重偏低的水平，工业电价则低于 OECD 大多数国家。

中国近期的电价水平结构呈现出清洁能源电价小幅上调、燃煤机组电价有所下调的趋势，用户电价水平结构中，一般工商业及其他用电平均电价水平最高。根据 2015 年 9 月 14 日由国家能源局发布的《2013 ~2014 年度全国电力企业价格情况监管通报》，就分类电源的电价水平结构看，全国水电机组平均上网电价为 0.29161 元/千瓦时，同比增长 2.97%，风电机组平均上网电价为 0.57206 元/千瓦时，同比增长 1.73%，燃煤机组平均上网电价为 0.41877 元/千瓦时，同比下降 1.93%；就用户电价水平结构看，一般工商业及其他用电平均电价水平最高，为 0.85651 元/千瓦时，大工业用电平均电价为 0.65586 元/千瓦时，居民用电类

---

① 原因是新西兰、挪威、加拿大水电比重大，韩国核电比重大，美国页岩气供应量增加，以及电价不含税（OECD 成员国中只有美国和澳大利亚两国电价中不含税）。

别平均电价（到户价）水平最低，为0.55748元/千瓦时。

中国电价在不同的区域也呈现不同的水平。2014年我国电网企业平均销售电价（含税）为647.05元/千千瓦时，即0.647元/千瓦时，同比增长1.82%。从各省（区、直辖市）的平均销售电价看，北京的销售电价最高，为776.09元/千千瓦时，青海最低，为384.24元/千千瓦时。此外，广州市和深圳市销售电价也单独进行了披露，分别是788.64元/千千瓦时和827.82元/千千瓦时。在各省居民用电类别平均电价水平中，广东、江西、湖南的电价最高，分别为647.04元/千千瓦时、618.50元/千千瓦时和607.38元/千千瓦时；宁夏、内蒙古（西部）和青海电价最低，分别为456.31元/千千瓦时、439.81元/千千瓦时和406.99元/千千瓦时。排名第一的广东电价是排名最后的青海电价的1.59倍，地区电价水平仍存在着较大的差异。①

2016年，中国燃煤发电上网电价水平将有所降低。

根据2015年12月27日发布的《国家发展改革委关于降低燃煤发电上网电价和一般工商业用电价格的通知》，由于煤炭价格下降，我国对燃煤发电上网电价向下进行了调整。各省（区、市）的具体调整幅度如表3所示。

表3 各省（区、市）燃煤发电上网电价和一般工商业用电价格调整

单位：元/千瓦时（含税）

省级电网	调整后的燃煤发电标杆上网电价排名	统调燃煤发电上网电价平均降低标准	一般工商业用电价格平均降低标准	调整后的燃煤发电标杆上网电价	提高后的可再生能源电价附加征收标准
广东	1	0.0230	0.0058	0.4505	0.019
湖南	2	0.0249	0.0108	0.4471	0.019
海南	3	0.0330	0.0103	0.4198	0.019
浙江	4	0.0300	0.0447	0.4153	0.019
广西	5	0.0284	0.0150	0.4140	0.019
上海	6	0.0311	0.0212	0.4048	0.019
四川	7	0.0390	0.0060	0.4012	0.019
江西	8	0.0403	0.0362	0.3993	0.019
湖北	9	0.0435	0.0300	0.3981	0.019
重庆	10	0.0417	0.0203	0.3796	0.019
江苏	11	0.0316	0.0312	0.3780	0.019

① 国家能源局：《2013～2014年度全国电力企业价格情况监管通报》，http://www.nea.gov.cn/2015-09/14/c_134621671.htm。

续表

省级电网	调整后的燃煤发电标杆上网电价排名	统调燃煤发电上网电价平均降低标准	一般工商业用电价格平均降低标准	调整后的燃煤发电标杆上网电价	提高后的可再生能源电价附加征收标准
福　建	12	0.0338	0.0204	0.3737	0.019
山　东	13	0.0465	0.0415	0.3729	0.019
黑龙江	14	0.0141	0.0130	0.3723	0.019
吉　林	15	0.0086	0	0.3717	0.019
安　徽	16	0.0376	0.0428	0.3693	0.019
辽　宁	17	0.0178	0.0117	0.3685	0.019
冀　北	18	0.0337	0.0310	0.3634	0.019
河　南	19	0.0446	0.0557	0.3551	0.019
北　京	20	0.0239	0	0.3515	0.019
天　津	21	0.0301	0.0313	0.3514	0.019
冀　南	22	0.0417	0.0309	0.3497	0.019
贵　州	23	0.0346	0	0.3363	0.019
云　南	24	0.0205	0.0030	0.3358	0.019
陕　西	25	0.0450	0.0517	0.3346	0.019
青　海	26	0.0123	0	0.3247	0.019
山　西	27	0.0333	0.0609	0.3205	0.019
蒙　东	28	0.0033	0	0.3035	0.019
甘　肃	29	0.0272	0.0139	0.2978	0.019
蒙　西	30	0.0165	0.0118	0.2772	0.019
宁　夏	31	0.0116	0.0316	0.2595	0.019

注：上述燃煤发电标杆上网电价含脱硫、脱硝和除尘电价。

资料来源：国家发展和改革委员会网站，http：//www.sdpc.gov.cn/acfb12cfbtz/2015041t20156417_688585.html。

从表3中可以看到，调整后的燃煤发电标杆上网电价最低的省份是宁夏，为0.2595元/千瓦时。蒙西和甘肃的电价水平也很低，分别是0.2772元/千瓦时和0.2978元/千瓦时。从排名中也可以看到，贵州、云南、青海等地在全国的排名中均处于较低水平。由于这些地方处于我国西部，经济发展水平较低，电力需求较为宽松，且电力供应充足，因此电价水平偏低。此外，西部地区资源丰富，山西、内蒙古、陕西、新疆、贵州和宁夏6省（区）的煤炭资源最多，6省区煤炭保有储量约占全国总量的81.6%。区域内煤炭价格水平比较低，燃煤发电成本较低，所以调整后的燃煤发电标杆上网电价依然处于较低水平。

调整后的燃煤发电标杆上网电价最高的省份是广东省，为0.4505元/千瓦时，是上网电价最低的宁夏的0.2595元/千瓦时的1.74倍。此外，湖南和海南的上网电价水平也很高，分别是 0.4471 元/千瓦时和 0.4198 元/千瓦时。浙江、广西、上海、四川等地在全国排名均处于较高水平。这是由于浙江、上海等东部沿海地区经济发达，电力需求旺盛，供应偏紧，以及海南、浙江、广西等地的煤炭资源储量较低，区域燃煤发电成本较高导致的。下调燃煤发电上网电价，将有利于我国电源结构的优化转型，以减少燃煤发电，提高对清洁能源的利用。

展望 2016 年，清洁能源电价水平将出现回落，风电上网标杆电价水平全面下降，光伏电价水平依然较高。

根据 2015 年 12 月发布的《国家发展改革委关于完善陆上风电光伏发电上网标杆电价政策的通知》，不同风能资源区域的风力发电上网电价水平将出现下调。具体如表 4 所示。

表 4　全国陆上风力发电上网标杆电价

单位：元/千瓦时（含税）

资源区	陆上风电标杆上网电价		各资源区所包括的地区
	2016 年	2018 年	
Ⅰ类资源区	0.47	0.44	内蒙古自治区除赤峰市、通辽市、兴安盟与呼伦贝尔市以外其他地区，新疆维吾尔自治区的乌鲁木齐市、伊犁哈萨克族自治州、克拉玛依市与石河子市
Ⅱ类资源区	0.50	0.47	河北省的张家口市、承德市，内蒙古自治区的赤峰市、通辽市、兴安盟、呼伦贝尔市，甘肃省的嘉峪关市、酒泉市
Ⅲ类资源区	0.54	0.51	吉林省的白城市、松原市，黑龙江省的鸡西市、双鸭山市、七台河市、绥化市、伊春市、大兴安岭地区，甘肃省除嘉峪关市、酒泉市以外其他地区，新疆维吾尔自治区除乌鲁木齐市、伊犁哈萨克族自治州、克拉玛依市、石河子市以外其他地区，宁夏回族自治区
Ⅳ类资源区	0.60	0.58	除Ⅰ类、Ⅱ类、Ⅲ类资源区以外的其他地区

注：1. 2016 年 1 月 1 日与 2018 年 1 月 1 日以后核准的陆上风电项目分别执行 2016 年与 2018 年的上网标杆电价；2016 年前核准的但于 2017 年底前仍未开工建设的陆上风电项目将执行 2016 年上网标杆电价；2 年核准期内未开工建设的项目不得执行该核准期对应的标杆电价。

2. 2018 年前如果项目投资运行成本发生较大变化，国家可根据实际情况调整上述标杆电价。

资料来源：国家发展和改革委员会网站，http：www. sdpc. gov. cn/2cfb12cfbtz/201512/t20151224_768573. html。

从表 4 中可以看到，风力发电上网电价最低的地区为Ⅰ类资源区，包括内蒙古自治区除赤峰市、通辽市、兴安盟、呼伦贝尔市以外其他地区，以及新疆维吾尔自治区的乌鲁木齐市、伊犁哈萨克族自治州、克拉玛依市、石河子市，2016

年的电价水平为0.47元/千瓦时。由于以上地区具备最为丰富的适合发电的风能资源，风力发电成本较低，所以上网电价也比较低。Ⅳ类资源区风力发电的上网电价最高，2016年为0.60元/千瓦时，因为这些地区风力发电自然条件不如前三类资源区，风电成本相对较高。

根据2015年12月发布的《国家发展改革委关于完善陆上风电光伏发电上网标杆电价政策的通知》，不同地区光伏发电的上网电价水平也得到进一步明确。具体分类如表5所示。

表5　全国光伏发电上网标杆电价

单位：元/千瓦时（含税）

资源区	光伏电站标杆上网电价	各资源区所包括的地区
Ⅰ类资源区	0.80	宁夏，青海海西，甘肃嘉峪关、武威、张掖、酒泉、敦煌、金昌，新疆哈密、塔城、阿勒泰、克拉玛依，内蒙古除赤峰、通辽、兴安盟、呼伦贝尔以外地区
Ⅱ类资源区	0.88	北京，天津，黑龙江，吉林，辽宁，四川，云南，内蒙古赤峰、通辽、兴安盟、呼伦贝尔，河北承德、张家口、唐山、秦皇岛，山西大同、朔州、忻州，陕西榆林、延安，青海，甘肃，新疆除Ⅰ类外其他地区
Ⅲ类资源区	0.98	除Ⅰ类、Ⅱ类资源区以外的其他地区

注：1. 2016年以前备案并纳入年度规模管理的光伏发电项目，但于2016年6月30日以前仍未全部投运的，执行2016年上网标杆电价；2016年1月1日以后备案并纳入年度规模管理的光伏发电项目，执行2016年光伏发电上网标杆电价。

2. 西藏自治区光伏电站标杆电价另行制定。

资料来源：国家发展和改革委员会《国家发展改革委关于完善陆上风电光伏发电上网标杆电价政策的通知》。

从表5可以看到，光伏发电上网电价最低的地区是Ⅰ类资源区，为0.80元/千瓦时。该类地区位于西北部，具备丰富的太阳能资源，光伏发电成本较低，故上网电价也比较低。Ⅲ类资源区光伏发电的上网电价最高，为0.98元/千瓦时，因为该类区域太阳能发电自然条件弱于前两类资源区，光电成本相比较高，上网电价也比较高。

此外，全国核电上网电价水平为0.43元/千瓦时（2013年7月核定），较2015年广东和湖南的燃煤发电上网电价要低，相对而言，核电价格水平具有一定竞争优势。由于太阳能发电技术的限制，光伏发电上网电价水平最高，风电产业的快速发展，带来风电上网电价水平的整体回落。未来，随着中国电力供需形势变化和电力市场改革的进一步深化，电价机制将出现新的调整，电价水平也将出现新的变化。

四　电力投资

（一）中国电力投资力度加大，投资向电网与可再生能源倾斜

中国已经成为全球最大的电力投资市场。虽然目前中国电力需求增速减缓，但是未来中国电力市场发展依然潜能巨大，投资前景可观。近年来中国电力投资表现为以下趋势。

1. 电力投资力度不断加大，向电网倾斜趋势比较明显

2013 年，中国电网建设投资总额为 3894 亿元，首次超过了电源建设投资（3717 亿元），电网投资占电力工程投资比重为 51.2%，同比提高 1.6 个百分点。2014 年，中国主要电力企业电力工程建设完成投资 7764 亿元，同比增长 0.5%。其中，电网建设投入 4118 亿元，同比增幅为 6.8%，超过电源建设投资 3646 亿元（同比减少 5.8%），差额为 472 亿元。

2015 年，中国国家电网公司计划投资 4202 亿元用于电网建设，同比增幅预计将达到 9%。南方电网公司的计划固定资产投资达到 700 亿元。① 2015 年上半年，电网工程方面共完成投资 1636 亿元，同比小幅下降 0.8%。其中，750 千伏及以上交流变电工程的在建规模为 64800 兆伏安，占比达到了总规模的 19.95%，750 千伏及以上交流输电线路工程的在建规模为 6559.1 千米，占比达到了总规模的 10.07%。主要发电企业电源工程已完成投资额度为 1321 亿元，较 2014 年同期出现较大幅度增加，增幅为 7.6%。电网建设投资中将注重特高压工程建设与配网投资。根据国家电网公司战略规划，2015 年，中国国家电网公司将可能开工建设 14 条特高压工程，②“三交一直”工程将于 2016 年投产，“一交四直”工程预计于 2017 年建成。③

2. 电源投资结构不断优化，非化石能源发电投资比重大幅提高

2013 年，中国非化石能源发电投资比重为 75.1%，同比提高了 1.7 个百分点。2013 年全年非化石能源发电新增装机达到 5829 万千瓦，占总新增装机比重为 62%。2015 年上半年，电源完成投资中，水电、核电、风电等清洁能源完成

---

① 北极星电力新闻网，http：//news.bjx.com.cn/html/20150228/592896.shtml。

② 北极星电力新闻网，http：//news.bjx.com.cn/html/20150228/592896.shtml。

③ 北极星电力新闻网，http：//news.bjx.com.cn/html/20150119/582705.shtml。

投资占电源完成投资的69.4%。① 与2014年相比，2017年将可望新增核电装机容量680万千瓦，新增天然气供应能力约120亿立方米/年。核电重启与光伏电站建设提速，以及多项电力政策出台，均将促进清洁电源继续发展，这一趋势在未来不会有太大改变。② 具体表现为以下方面。

第一，水电新投产容量创历史新高，投资完成额有所减少。

2013年，常规水电新增2873万千瓦，年底装机2.6亿千瓦，同比增长12.9%；全年抽水蓄能新增120万千瓦，年底装机容量2151万千瓦。2014年，水电投资完成额为960亿元，同比下降21.5%，全国全口径水电装机容量3.0亿千瓦（其中抽水蓄能2183万千瓦），同比增长7.9%。2015年上半年，水电完成投资仅276亿元，同比减少17.2%。

第二，并网太阳能发电新增装机大幅增长。

2013年出台的太阳能发电产业扶持政策，大力促进了中国太阳能发电产业的快速发展。2013年全年新增装机1130万千瓦，同比增长幅度高达953.2%。2013年底装机总额达到1479万千瓦，同比大幅增长了335.1%。2014年全国新增并网光伏发电容量1060万千瓦，约占全球新增容量的1/4，其中新增光伏电站855万千瓦，分布式光伏为205万千瓦。③ 2015年上半年，我国全国新增并网光伏装机量773万千瓦，累计装机量达3570万千瓦，光伏产业同比增长30%，光伏制造业总产值超过2000亿元。

第三，风电增长趋势有所放缓，但速度依然较高。

2013年并网风电新增1406万千瓦，年底装机7548万千瓦，同比增长幅度为24.5%。2014年，风电投资同比大幅增长52.8%，合计完成993亿元，年底并网风电装机容量达到9581万千瓦，同比增长25.6%。2015年上半年，风电完成投资397亿元，同比增长43.7%，投资依然呈现上升态势。

第四，核电投资出现起伏。

2013年，中国全年核电投资完成额达到569亿元，同比下降13.8%，新增两台核电机组容量为221万千瓦，年底装机总量达到1461万千瓦，同比增长16.2%。2014年核电在建规模2590万千瓦，新增核电机组5台，机组容量为547万千瓦，是中国投产核电机组最多的一年，年底核电装机容量达到1988万

---

① 中国电力企业联合会：《2015年上半年全国在建电力工程规模统计》。

② 中国电力企业联合会：《2015年1~6月份电力工业运行简况》。

③ 中国电力新闻网，http：//www.cpnn.com.cn/zdyw/201503/t20150309_786491.html。

千瓦，同比增长 36.1%。2015 年上半年，核电完成投资 203 亿元，同比有所降低，降幅为 14.9%。

第五，火电结构进一步优化，煤电投资与装机比重均出现下降趋势，气电装机增长较快。

2013 年，中国完成煤电投资同比下降 12.3%，占电源投资比重降至 19.6%。2013 年底装机 7.9 亿千瓦，占比降至 63.0%，同比降低 2.6 个百分点；中国气电装机同比增长 15.9%。① 2014 年，火电投资完成额为 952 亿元，同比下降 6.3%，全口径火电达到 9.2 亿千瓦，同比增长幅度为 5.9%。其中煤电装机容量为 8.3 亿千瓦，同比增长 5.0%；气电装机容量为 5567 万千瓦，同比增长 29.2%。② 2015 年上半年，火电完成投资 405 亿元，同比增长幅度较高，达到 14.1%。

3. 中国电力（电源）投资将向西部地区有所侧重，大型风光基地建设成为投资重点

中国西部地区太阳能资源和风力资源丰富，加大西部地区电力投资，开发西部风能和太阳能，对发展我国电力事业有着举足轻重的作用。2014 年陕西的规划目标是从 2014 年起连续 3 年，按照年 100 兆瓦左右的增长速度规模进行布局，以创建国家新能源示范城市为契机，建设 6 个分布式光伏发电示范区，50 个光伏发电应用示范镇、文化旅游名镇（街区）及示范村。宁夏 2015 年度光伏扶贫试点总装机容量为 50.57 兆瓦，预计总投资 5.1 亿元。2015 年新疆计划电网投资 150 亿元，2016 年将加大投资力度，“十三五”期间将继续加快建设“五环网、三通道、两延伸”的新疆 750 千伏骨干网架建设，同时加强农网低电压等配电网薄弱环节建设。2015 年上半年，新疆的新装机并网容量为 251.4 万千瓦，其中，风电投产容量达到 24.9 万千瓦，光伏投产容量为 58 万千瓦，比 2014 年同期大幅增长约 5 倍。③

4. 中国境外电力投资力度不断加大

“中巴经济走廊”建设项目持续进行。2014 年 11 月，中国长江三峡集团公司（简称三峡集团）建设的巴基斯坦风力发电项目一期工程（巴风一期）建成；2015 年 3 月底，新疆特变电工股份有限公司下属新能源公司在巴基斯坦投资 2.1

① 中电联规划与统计信息部：《2013 年全国电力供需形势分析预测报告》。

② 中国电力企业联合会：《2014 年电力工业运行简况》。

③ 北极星光伏网，http：//guangfu.bjx.com.cn/news/20150925/667395.shtml。

亿美元的太阳能项目正式投产发电；中国三峡集团投资巴基斯坦科哈拉水电站；葛洲坝集团与中国东方集团在巴基斯坦南部投资额达到 2.6 亿美元，装机容量 100 兆瓦的吉姆普尔风电一期项目规划将形成 500 兆瓦的总装机容量。未来中巴电力能源合作力度将继续加大。

中国能建集团近年来在国外陆续展开了多项电力合作，包括签订了约旦阿塔拉特的 55.4 万千瓦燃油页岩电站的设计、采购和施工总承包（EPC）合同，中标波黑图兹拉火电站 45 万千瓦火电机组 EPC 合同等。①

截至 2015 年底，国家电力投资集团公司已设立境外企业或机构 36 个，涉及 36 个国家，投资项目分布在日本、澳大利亚、马耳他、印度、土耳其、缅甸等 19 个国家。2015 年 12 月，该集团与澳大利亚太平洋水电公司签订收购合同，集团将新增境外装机容量约 91.5 万千瓦，储备项目接近 151.6 万千瓦。

（二）“一带一路”倡议对中国对外电力投资作用明显

2015 年，中国对外投资继续加大。中国企业对“一带一路”沿线的 48 个国家直接投资额达到 120.3 亿美元，同比大幅增长 66.2%，占我国非金融类对外直接投资的 15.3%，主要流向国家包括新加坡、哈萨克斯坦、老挝、印尼与俄罗斯等。前三季度中国企业在“一带一路”沿线的 57 个国家承揽对外承包工程项目内容主要涉及电力工程、房屋建筑、通信工程、石油化工、交通运输建设领域。项目数量多达 3059 个，新签合同额总计 591.1 亿美元，占同期我国对外承包工程新签合同额的 54.3%，同比增长幅度为 24.9%。②

能源是“一带一路”合作的重要内容，合作内容从传统能源勘探开发合作和水电、核电、风电、太阳能等能源合作，延伸到能源资源就地加工转化以及技术装备与工程服务领域的合作。在中国“一带一路”倡议与全球能源互联网思维引导下，国家电网公司的境外电网互联投资力度将有望继续加大。2015 年，哈萨克斯坦埃基巴斯图兹至河南南阳的 ±1100 千伏高压直流工程、俄罗斯叶尔科夫齐至河北霸州的 ±800 千伏高压直流工程、蒙古锡伯敖包至天津和新疆伊犁至巴基斯坦伊斯兰堡的 ±660 千伏直流工程的前期规划工作已展开。截至 2014 年底，中国国家电网公司境外资产达到 298 亿美元，是 2009 年的 17 倍，年投资回报率在 12% 以上。

---

① 北极星配售电网，http://psd.bjx.com.cn/html/20150611/629496.shtml。

② 新浪网，http://finance.sina.com.cn/china/20151020/055923519121.shtml。

（三）配电网投资将大幅增加，配电网投建落后局面将有望得到扭转

由于我国电网建设曾长期“重发轻供不管用”，配电网建设相对滞后，结构不合理，供电能力不强。美国、英国、日本等国家电网输配电投资为电源投资的1.2倍左右，对配电网投资更加重视。过去中国电力投资更为重视发电侧，电力投资中约60%用于电源，40%用于电网。2010年以后电网投资占比出现大幅上升，投资比重达到60%，电源投资占比下降到40%。但是，与输电网络相比，中国配电网投资和建设相对落后。2014年我国配电网建设改造投资额为1700亿元。总体上，目前电网投资仍以输电侧投资为主，尤其是基于特高压的投资。未来电网会更加注重配网侧和用户侧，可靠性、互动性、清洁性和灵活性是未来配电网智能化趋势的特点。

2015年8月31日，国家能源局发布的《配电网建设改造行动计划（2015～2020年）》明确指出，要加大配电网资金投入，① 目标是2015～2020年配电网建设改造投资不低于2万亿元，2015年投资不低于3000亿元，“十三五”期间累计投资不低于1.7万亿元。“十三五”期间年均投资预计为3400亿，较2014年将大幅增长80%。

为适应未来能源消费革命、技术革命和体制革命，智能配电网投资势在必行。启动电力需求市场与优化电力需求侧管理需要强大的智能配电网支撑，电力市场改革中的加大售电侧市场、增量配电市场开放以及开展电力交易，也必须完善配电网物理基础。未来电动车、分布式能源、燃气冷热电三联供、储能技术革命均需要加大智能配电网投资。根据国家能源局规划，2020年中国高压配电网变电容量预计将达到21亿千伏安，线路长度达到101万公里，中压公用配变容量将达到11.5亿千伏安，线路长度达到404万公里，与2014年相比，分别为其1.5倍、1.4倍、1.4倍与1.3倍。

五　电力贸易

（一）中国国内跨区电力贸易活跃，区域间电量贸易不平衡

2013～2015年上半年，中国跨区送电量均同比有所增加。2015年1月至6

① 北极星电力新闻网，http：//news.bjx.com.cn/html/20150901/658765－2.shtml。

月，中国跨区送电完成1226亿千瓦时，同比增加3.8%。而2013年，跨区送电量为2379亿千瓦时，同比增长17.9%，跨省输出电量7853亿千瓦时，同比增长9.1%。① 2015年上半年中国跨区送电增幅较2013年出现明显回落。

由于中国资源禀赋与经济发展的不均衡，区域间电能交易平衡也呈现出较大差异。2015年上半年，华北电网送华中（特高压）电网电量为45亿千瓦时，同比大幅下降46.4%；华北送华东电网电量是71亿千瓦时，同比增长8.4%；东北送华北电网电量为80亿千瓦时，同比下降23.0%；华中送华东电网电量428亿千瓦时，同比增长22.8%；华中送南方电网电量112亿千瓦时，同比增长5.2%；西北送华北和华中合计电网电量300亿千瓦时，同比增长10.4%。②

发电权交易、特高压输电交易与新能源电力跨省输送规模均有所增加。2014年，通过特高压输电交易跨区输送电量1366.57亿千瓦时，同比大幅增长88.3%，占电力市场交易电量的20.1%；新能源电力跨省输送规模也日益扩大，全年外送电量190亿千瓦时，同比增长高达90.0%。节能减排取得一定成效。

（二）中国对外电力贸易规模稳步增长

除了广东与香港、澳门地区之间的电力贸易外，我国当前跨境电力贸易国家与贸易规模均日益增加。向我国输送电力的国家包括俄罗斯、缅甸和朝鲜，我国对外出口电力的国家包括越南、老挝、缅甸、蒙古国和朝鲜。从地缘关系看，一是东北亚接壤国家互联，包括向北与俄罗斯的西伯利亚和蒙古国实现联网，向东北与朝鲜联网，向中国东北和华北输电，以及与朝鲜互供。二是沿陆上“丝绸之路”向西通过新疆与中亚的吉尔吉斯斯坦、哈萨克斯坦和阿富汗等国电网互联。三是与东南亚国家互联。这条通道通过云南和广西与大湄公河次区域国家互联，并向越南、缅甸、老挝和泰国送电。随着“一带一路”倡议的不断推进，中国与“一带一路”沿线国家的电力贸易规模将会日益加大。

中国云南与越南、缅甸和老挝的区域电力贸易逐渐成为中国与东盟贸易的新增长点。中国与东南亚国家的电力跨境贸易，有利于清洁能源的互惠利用，为大湄公河次区域国家提供了稳定电力保障，对促进区域经济协同发展起到重要作用。③

---

① 北极星电力新闻网，http：//news. bjx. com. cn/html/20140124/488821. shtml。

② 中国电力企业联合会：《2015年1～6月份电力工业运行简况》。

③ 国家能源局，http：//www. nea. gov. cn/2014－01/10/c_ 133034376. html。

自2001年起，云南就先后通过10千伏、35千伏线路对老挝北部供电，2004年通过110千伏线路从河口向越南老街送电，送电规模逐年递增。2013年，云南对越南送电31.92亿千瓦时，同比增长21.2%，对老挝送电2.04亿千瓦时，同比增长97%，缅甸回送电量18.85亿千瓦时。2014年，中国云南电网对越南出口电量为19.76亿千瓦时，对老挝出口电量为2.21亿千瓦时，从缅甸进口电量14.96亿千瓦时。2015年1月至6月，云南电网对越南送电量为8.64亿千瓦时，对老挝送电量为1.25亿千瓦时，向缅甸购电4.29亿千瓦时。自2004年9月25日起至2015年6月30日，中国累计向越南供电量为300.61亿千瓦时；自2009年12月6日至2015年6月25日，中国累计向老挝供电量为8.19亿千瓦时；自2008年12月起至2015年6月30日，中国累计自缅甸回购电量为114.64亿千瓦时。①

对俄电力贸易是中俄两国政府能源战略领域合作项目之一。2012年4月，中国国家电网公司同俄罗斯东方能源公司签署了长达25年的购电协议，协议规定俄罗斯将于2037年前向中国供应1000亿千瓦时的电量。2013年3月22日，国家电网公司与俄罗斯统一电力国际公司签署了《关于开展扩大中俄电力合作项目可行性研究的协议》，协议规定中国将于2014年从俄罗斯进口36亿千瓦时电量。② 截至2014年底，国网黑龙江省电力有限公司累计进口结算俄罗斯电量33.75亿千瓦时，中俄电力合作累计进口俄罗斯电量143.83亿千瓦时。③

中国同蒙古国双边关系相对融洽，双方的电力贸易合作也在不断加强。2006年，根据蒙古国向我国提出的输电请求，新疆阿勒泰地区开始向蒙古国供电，电力供应区域也逐步扩大。2014年12月9日，新疆阿勒泰供电公司与蒙古国签订了2015年电力输出合同。截至2014年11月，新疆电网对蒙古国输出电量460万千瓦时，2015年预计达到520万千瓦时。中国与蒙古国另一处互联电网在内蒙古自治区，截至2014年9月，巴彦淖尔乌拉特中旗境内的国合电力开闭站向蒙古国出口电量7.24亿千瓦时，同比大幅增长102.8%，贸易额达到4.73亿元④。

俄罗斯国际统一电力系统公司的子公司——东方能源公司与中国国家电网

---

① 中国电力新闻网，http：//www.cpnn.com.cn/zdzg/201507/t20150722_817045.html。

② 北极星智能电网，http：//www.chinasmartgrid.com.cn/news/20140813/536645.shtml。

③ 国务院国有资产监督管理委员会，http：//www.sasac.gov.cn/n1180/n1226/n2410/n314244/16194681.html。

④ 北极星电力新闻网，http：//news.bjx.com.cn/html/20150316/597915.shtml。

公司签署期的限为25年、总输电量为1000亿千瓦时的供电合同于2012年3月1日生效。出口电力能源使用连接俄罗斯远东电网和中国东北电网的110、220和500千伏的输电线路。2012年，俄罗斯对中国输电量超过26亿千瓦时（2011年仅为12亿千瓦时）。2015年第一季度，东方能源公司出口至中国和蒙古国的电量合计约6.3亿千瓦时，其中，向中国出口电量为5.75亿千瓦时，向蒙古国出口电量0.56亿千瓦时。2015年1月至6月，东方能源公司向中国出口电量为14.7亿千瓦时，较上年同期相比下降了12%。至中国出口量下降原因是中俄出口电量的季节性调整，至蒙古国出口量下降原因是蒙古国乌兰巴托4号中央热电站的新机组投入营运。①

六　电力改革

（一）中国电力改革的历史回顾

改革开放至今，中国电力体制改革大体上经历了四个阶段。

第一阶段（1978～1985年）：主要解决电力供应严重短缺问题。推行“集资办电”，解决电力建设资金不足问题。电力部提出利用部门与地方及部门与部门联合办电、集资办电、利用外资办电等办法来解决电力建设资金不足的问题，并且对集资新建的电力项目按还本付息的原则核定电价水平，打破了单一的电价模式，培育了按照市场规律定价的机制。

第二阶段（1987～2002年）：主要解决政企合一问题。提出“政企分开，省为实体，联合电网，统一调度，集资办电”的“二十字方针”和“因地因网制宜”的电力改革与发展方针。将电力联合公司改组为电力集团公司，组建了华北、东北、华东、华中、西北五大电力集团。1997年1月16日，中国国家电力公司在北京正式成立。这个按现代企业制度组建的大型国有公司的诞生，标志着我国电力工业管理体制由计划经济向社会主义市场经济的历史性转折。此后，随着原电力工业部撤销，其行政管理和行业管理职能分别被移交至国家经贸委和中国电力企业联合会，电力工业彻底地实现了在中央层面的政企分开。

第三阶段（2002～2012年）：厂网分开与电力市场初步发育阶段。2002年

① 《俄罗斯上半年向中国出口电力源总量同比下降12%》，国际电力网，2015年7月27日，http：//power. in－en. com/html/power－2242004. shtml。

12 月，国务院下发了《电力体制改革方案》（即电改“五号文”），提出了“厂网分开、主辅分离、输配分开、竞价上网”的 16 字方针并规划了改革路径。总体目标是“打破垄断，引入竞争，提高效率，降低成本，健全电价机制，优化资源配置，促进电力发展，推进全国联网，构建政府监督下的政企分开、公平竞争、开放有序、健康发展的电力市场体系。”根据该方案，电力管理体制、厂网分开、电价机制等一系列改革开始推进。①

但是，后来国内外经济与电力供需形势出现较大变化，改革环境风险加大，利益纷争加剧，意见分歧较多，致使电力改革裹足不前，与国际趋势偏离渐甚，未能实现改革初衷。2003 年，中国经济增长速度达到 10.5%，电荒苗头开始显现，发电企业竞价上网动力明显不足；2003 年 8 月 14 日的美加大停电事故、后续的英国伦敦与欧洲电网等多起大停电事件、2008 年国内南方冰冻灾害后的大停电事故，以及国外电力改革后出现的市场操纵与电价上涨等负面效应加大了国内对电改引发通胀预期和不稳定因素的担忧，使得改革重心向维护电网安全稳定运行偏移。近年来，国际低碳转型趋势以及国内能源环境问题的日益严峻，促使我国加快发展可再生能源发电技术，对电网安全稳定运营的依赖性提高，市场化改革态度则较为保守，改革步伐放缓。然而，经济改革不应随着个人意志而转移，而是要符合一国国情与经济发展规律。

自 2002 年电力体制改革实施以来，中国电力产业供应能力大幅提高，要素生产率有所提升，电价形成机制逐步完善，如发电环节实行了发电上网标杆电价，部分省份对输配环节差价进行了初步核定，销售环节相继出台了差别电价、居民阶梯电价与惩罚性电价政策等。然而，电力市场改革还面临许多矛盾和问题，如电力交易机制还很薄弱，市场定价机制尚未有效形成，某些业务领域的行政性垄断依然过强，管制制度与管制专业化水平有待提高，企业生产效率还有很大的提升空间，企业产权制度单一、内部人控制甚至腐败的问题依然突出，市场配置资源的决定性作用难以发挥，产业组织间的利益博弈与矛盾突出，节能高效环保机组不能被完全有效利用，弃水、弃风与弃光现象突出。此外，现行政府管制电价政策不灵活，电价调整滞后于市场供需形势与能源成本变化，不能合理地反映用电成本与资源价格，缺乏对供需机制、竞争机制与外部性的有效反映。

随着中国经济步入新常态，国际国内经济形势的各种不确定因素和风险加

---

① 新华网，http：//news. xinhuanet. com/politics/2011 -11/28/c_ 122344838. html。

大，电力需求出现明显放缓趋势，电力能源环境问题与安全问题凸显，如何针对新形势下的能源电力经济进一步深化改革，成为政府经济工作的重点。

第四阶段（2013 年至今）：电力体制改革进入新常态，市场化步伐加快。目前中国经济已经步入新常态，在增速回落调整与结构转型升级的经济形势下要实现“十三五”规划，未来的一段时期，电力体制改革必须要与其他领域改革一起不断推进和深化，这将构成中国式电力体制改革的新常态。这一阶段的特点如下：一是政策密集出台；二是我国经济进入新常态发展阶段，电力经济也进入新常态发展时期；三是电力市场改革落地实践，输配电价与售电侧开放等改革成为热点；四是电力产业组织结构调整加快，电价制度更加灵活；五是更注重可再生能源开发与应用；六是注重顶层设计与企业共识相结合。

（二）现阶段中国电力改革的特点

第一个显著特点是，从政策层面看，电力改革采取中央文件或者政府政策密集出台的形式，完善电力市场机制的相关政策不断推出。

2014 年 12 月 24 日，国务院总理李克强主持召开年度第 39 次常务会议。2014 年 12 月 27 日，《关于进一步深化电力体制改革的若干意见》即新电改总体方案已获原则性通过，基本思路是输配电价以外的经营性电价放开、售电业务放开、增量配电业务放开、公益性和调节性以外的发供电计划放开、交易平台独立、加强电网与电源规划。

2014 年 12 月 25 日，全国能源工作会议再次重申要继续推动深化电力体制改革，研究确定总体建设方案。

2014 年 11 月 4 日，《国家发展改革委关于深圳市开展输配电价改革试点的通知》发布，深圳输配电价改革试点方案出台，改变了电网的购售差价盈利模式。国家发展改革委与国家能源局协商后，已批复了深圳市首个监管周期（2015 ~ 2017 年）的输配电价格水平。2015 年 1 月 1 日起，深圳市执行新的输配电价制度。①

① 这三年中，输配电价平均水平分别为每千瓦时 0.1435 元、0.1433 元和 0.1428 元，呈现不断降低的趋势。其中，2015 年的输配电价平均水平较 2014 年的每千瓦时 0.1558 元下降 1.23 分，下降幅度约 7.89%。按照电压等级划分的输电电价水平也呈现出不同幅度的下降。国家发改委表示，深圳市直购电交易具体执行的输配电价，可在此基础上考虑广东省级电网输电成本分摊和地区交叉补贴因素，授权由广东发改委制定，并提出应根据输配电价水平降低情况相应下调深圳市销售电价水平。

2015 年 3 月，《中共中央国务院关于进一步深化电力体制改革的若干意见》（中发〔2015〕9 号）发布，文件明确指出，深化电力体制改革的重点和路径是：在进一步完善政企分开、厂网分开与主辅分开的基础上，按照“管住中间、放开两头”的电力改革构架，有序放开输配电价以外的竞争性环节电价，有序向社会资本放开配售电业务，有序放开公益性和调节性以外的发用电计划；推进交易机构相对独立，规范运行；继续深化对区域电网建设和适合我国国情的输配电网与电价制度研究；进一步强化政府监管、电力统筹规划与电力安全高效运行和可靠供应，以及通过深化电力体制改革，促进可再生能源发展。近期电力改革重点是进一步完善电力体制改革领导小组工作机制，理顺电价形成机制、完善市场化交易机制、建立相对独立的电力交易机构、有序推进售电侧改革等。①

随后，为贯彻落实《中共中央国务院关于进一步深化电力体制改革的若干意见》（中发〔2015〕9 号）有关要求，国家发改委会同国家能源局、财政部分别就促进清洁能源持续健康发展、加强电力需求侧管理、加快推进输配电价改革与推进跨省跨区电力市场化交易陆续出台了四个配套文件。②

一是 2015 年 3 月 20 日由国家发展改革委、国家能源局共同发布的《关于改善电力运行调节促进清洁能源多发满发的指导意见》（发改运行〔2015〕518 号）。该文件目的是改善电力运行调节、促进清洁能源持续健康发展，内容包括统筹年度电力电量平衡、积极促进清洁能源消纳、落实可再生能源发电全额保障性收购制度，并明确提出要求政府主管部门在组织国家电网公司、南方电网公司制定年度跨省区送受电计划时，优先安排清洁能源送出并明确送电比例，并提高输电的稳定性和安全性。

二是 2015 年 4 月 7 日由国家发展改革委联合财政部发布的《关于完善电力应急机制做好电力需求侧管理城市综合试点工作的通知》（发改运行〔2015〕703 号）。该文件主旨是针对电力需求侧，要求在北京市、苏州市、唐山市、佛山市电力需求侧管理城市综合试点和上海市需求响应试点工作基础上，建立长效机制，制定、完善尖峰电价或季节电价，实施需求侧管理，强化机制创新与技术平台建设。

三是 2015 年 4 月 13 日由国家发展改革委发布的《加快推进输配电价改革的

---

① 国家发展改革委经济体制综合改革司，http://tgs.ndrc.gov.cn/ggkx/201504/t20150409_676924.html。

② 《新电改 9 号文四个配套文件回顾》，中国电力网，转引自北极星配售电网，http://psd.bjx.com.cn/html/20150525/622570.shtml。

通知》，目的是建立科学合理的输配电价形成机制，加快推进输配电价改革。在深圳市、内蒙古西部的输配电价改革试点基础上，安徽、湖北、宁夏、云南省（区）被列入先期输配电价改革试点范围，按“准许成本加合理收益”原则单独核定输配电价，全面开展输配电价摸底测算工作，以及改变政府输配电价监管方式等。

四是2015年5月5日由国家发展改革委发布的《完善跨省跨区电能交易价格形成机制有关问题的通知》（发改价格〔2015〕962号）。该文件目的是完善电价形成机制，推进跨省跨区电力市场化交易，促进电力资源在更大范围优化配置。明确表示鼓励通过招标等竞争方式确定新建跨省跨区送电项目业主和电价，鼓励送受电双方建立长期、稳定的电量交易和价格调整机制等。

现阶段中国电力改革的第二个显著特点是，当前经济形势进入新常态，电力经济也进入新常态，改革环境出现明显变化。

2015年，国际经济形势错综复杂，中国经济增速继续放缓。根据初步核算，一季度的国内生产总值为140667亿元，同比增长7.0%，增速较2014年第四季度回落了0.3个百分点。2015年8月，规模以上工业增加值同比实际增长6.1%，与上年同期相比降低0.7个百分点，环比提升了0.1个百分点。2015年1~8月，规模以上工业增加值同比增长幅度为6.3%。分地区看，2015年8月，东部地区增加值同比增长6.2%，中部地区增长8.2%，西部地区增长7.7%，东北地区下降0.4%。分门类看，2015年8月，采矿业增加值同比增长4.0%，制造业增长6.8%，电力、热力、燃气及水生产和供应业增长1.9%。

在国际能源需求增速放缓，能源价格低位运行和国内经济下行压力加大的形势下，中国电力需求增速也大幅放缓。2015年一季度，全社会用电量同比增速仅为0.8%，为“十二五”期间的季度最低增速；火电发电量自2014年7月份以来持续负增长，设备平均利用小时继续呈现下降趋势；而风电平均利用小时仅有477小时，平均弃风率更是大幅提高为18.6%，同比上升6.6个百分点。2015年上半年，全国各地区用电量增速继续呈现较大幅度回落态势，中部和东北地区用电量出现负增长，中西部地区用电量增速同比回落幅度较大。

中国此次新一轮电力改革的国内外经济环境与2002年相比均发生了很大变化。回顾2002年，国际经济形势处在良好运行状态，我国经济高速增长，电力需求旺盛，电力投资热情高涨，电力企业“跑马圈地”投资成为常态。在英国与美国电力市场改革的放松管制与自由化竞争趋势带动下，以及自由市场经济的思潮下，许多国家，包括澳大利亚、阿根廷、欧盟成员国、日本与俄罗斯等纷纷加入电力体制改革进程，对其电力工业进行重组，以提高生产经营效率。2013年，我国GDP总量已经位居世界第二，成为世界第一电力装机及电力供需总量大国，取得可再生能源生产大国的地位。然而近两年，我国经济形势出现明显放缓，经济结构面临优化升级，区域经济发展不均衡问题凸显，经济增长中的传统要素优势，诸如劳动力、资本的比较优势逐渐丧失，新兴产业发展规模有待扩大，布局有待优化，可再生能源利用效率不高，尤其是电力产业市场环境不完善，市场改革与发达国家相比相对滞后。

第三个显著特点是：以输配电价改革与售电侧的改革开放引领垄断性业务与竞争性业务的并重改革。

新电改方案概括起来是“三放开、一独立、三加强”，即有序放开输配电价以外的竞争性环节电价、有序向社会资本放开配售电业务、有序放开公益性和调节性以外的发用电计划，推进交易机构相对独立、规范运行，进一步强化政府监管、电力统筹规划与电力安全高效运行和可靠供应。这需要电力改革做到“管住中间、放开两头”。“管住中间”是指对具有自然垄断属性的输配电网环节加强电价、成本、市场准入与企业运营监管，确保电网公平开放、公平交易、科学规划。“放开两头”是指在发电侧和售电侧放开市场准入，引入有效竞争，扩大用户选择权，形成竞争性市场格局，建立有效的市场价格形成机制。

2014年11月4日，国家发展改革委公布了《关于深圳市开展输配电价改革试点的通知》，推动建立独立的输配电价体系，正式启动我国新一轮输配电价改革试点。通知明确指出，独立输配电价体系建立后，要积极推进发电侧和销售侧电价市场化，电网企业按政府核定的输配电价收取过网费。深圳输配电价改革试点标志着我国对电网企业监管方式的转变，是电价改革提速的重要信号，为推进更大范围的输配电价改革积累了经验。① 自此，电力输配电价的试点从深圳开始，2015年底已经扩大到内蒙古、安徽、湖北、宁夏、云南等六个省域电网。

2015年11月30日，由国家发展和改革委员会、国家能源局等部门制定的6个电力体制改革配套文件正式发布。6个配套文件分别是《关于推进输配电价改革的实施意见》《关于推进电力市场建设的实施意见》《关于电力交易机构组建和规范运行的实施意见》《关于有序放开发用电计划的实施意见》《关于推进售电侧改革的实施意见》与《关于加强和规范燃煤自备电厂监督管理的指导意见》。

其中，《关于推进输配电价改革的实施意见》进一步明确，按照“准许成本

---

① http：//power. in – en. com/html/power – 13361336362215536. html.

加合理收益”原则，核定电网企业准许总收入和分电压等级输配电价，建立规则明晰、水平合理、监管有力、科学透明的独立输配电价体系。改革目的在于规范电网企业运营模式，向所有用户公平开放、改善服务，加强对电网企业的成本约束。

《关于推进售电侧改革的实施意见》指出，向社会资本开放售电业务，多途径培育售电侧市场竞争主体。电网企业对供电营业区内的各类用户提供电力普遍服务，保障基本供电，承担其供电营业区保底供电服务；发电企业及其他社会资本均可投资成立售电公司；拥有分布式电源的用户，供水、供气、供热等公共服务行业，节能服务公司等均可从事市场化售电业务。

虽然，目前的新电改方案以及实施意见与完全意义上的输配分开，以及交易独立下的开放性电力市场还有一定距离，但这并不意味着未来电改将放弃效率目标，而是会结合中国的区域特点、资源禀赋以及电力供需形势等国情更加因地制宜、灵活开放。

2016 年 3 月 14 日，中国国家发展和改革委员会明确表示，2016 年将北京、天津、冀南、冀北、山西、陕西、江西、湖南、四川、重庆、广东、广西 12 个省级电网，以及国家电力体制改革综合试点省份电网和华北区域电网列入输配电价改革试点范围。未被纳入 2016 年输配电价改革试点的省份，也需要展开输配电成本调查，为输配电价测算工作做准备。2017 年将进一步扩大输配电价改革试点范围，全面开展输配电价改革。所以，在未来中国能源可持续发展与结构转型升级的战略部署下，结合电力产业组织结构与系统运行现状，考虑到复杂利益博弈格局，阻力较小的电改方案将会更具成效。未来电改的最终目标是提高电力系统运营效率和社会福利，同时兼顾低碳转型环境目标，并确保系统安全稳定运行。

第四个显著特点是：进一步完善电力市场交易与电价制度，构建更加灵活有效的电价机制与科学合理的电价体系。

在完善电价机制方面有诸多文件或政策出台。如 2013 年国家发展改革委连续发出通知，对海上风电价格政策、销售电价分类、核电上网电价机制、可再生能源电价附加等进行了调整。

从海上风电为例，2014 年 6 月 19 日，国家发改委正式出台海上风电价格政策，确定 2017 年以前投运的、非招标的海上风电项目上网电价。对非招标的海上风电项目，区分潮间带风电和近海风电两种类型以确定上网电价。潮间带风电项目（含税）上网电价为每千瓦时 0. 75 元，近海风电项目（含税）上网电价为每千瓦时 0.85 元。对于 2017 年及以后投运的海上风电项目，国家发改委表示将根据海上风电技术进步和项目建设成本变化，结合特许权招投标情况另行研究制定上网电价政策。发改委表示，鼓励通过特许权招标等市场竞争方式确定海上风电项目开发业主和上网电价，以促进技术进步。通过特许权招标确定海上风电项目，上网电价按照中标价格执行，但不得高于同类项目政府定价水平。①

2013 年 5 月，为健全和完善销售电价体系，促进电力用户公平负担，合理配置电力资源，根据《国务院办公厅关于印发电价改革方案的通知》（国办发〔2003〕62 号）、《国家发展改革委关于印发电价改革实施办法的通知》（发改价格〔2005〕514 号）等有关规定，销售电价分类结构将得到逐步调整，各类销售电价的适用范围将得到进一步规范。②

2013 年 7 月，国家发展改革委下发通知，部署完善核电上网电价机制。将现行核电上网电价由个别定价改为对新建核电机组实行标杆上网电价政策，并核定全国核电标杆电价为每千瓦时 0.43 元。核电标杆电价将保持相对稳定，未来将根据核电技术进步、成本变化、电力市场供需状况等对核电标杆电价定期评估并适时调整。③

2013 年 9 月，国家发改委决定在保持现有销售电价总水平不变的情况下，主要利用电煤价格下降腾出的电价空间，适当提高可再生能源电价附加、脱硝电价标准，新增除尘电价，以支持可再生能源发展，鼓励燃煤发电企业进行脱硝、除尘改造，改善大气质量。要求自 2013 年 9 月 25 日起，将除居民生活和农业生产用电之外的其他用电可再生能源电价附加标准由每千瓦时 0.8 分钱提高到 1.5 分钱；将燃煤发电企业脱硝电价补偿标准由每千瓦时 0.8 分钱提高到 1 分钱；对烟尘排放浓度低于 30 毫克/立方米（重点地区 20 毫克/立方米）的燃煤发电企业实行每千瓦时 0.2 分钱的电价补偿。④

由于电力市场改革的核心是电价改革，在市场化程度不高、市场发育不完善的改革初期，加强政府有效的价格监管，包括输配电价监管以及市场交易电价监管将成为中国此次电力体制改革的重点。目前，中国在电力市场交易以及电力市场主体等基础概念或组织体系上需要给出更加详细明确的界定，提前考虑到市场交易风险控制以及交易品种、交易模式的有效落地，关键是形成符合电力供需特

---

① http：//www. p – e – china. com/neir. asp? newsid = 44696.

② http：//www. cec. org. cn/huanbao/xingyexinxi/fazhangaige/2013 – 06 – 14/103900. html.

③ http：//www. cec. org. cn/huanbao/xingyexinxi/fazhangaige/2013 – 07 – 16/105827. html.

④ http：//www. cec. org. cn/huanbao/zhengcefagui/2013 – 09 – 02/108256. html.

点且有效的市场交易电价机制。此外，未来还将采取相关政策在各地进一步推进差别电价和阶梯电价各类具体电价形式的落实。

第五个显著特点是：更注重可再生能源开发与应用，电力供应结构转型将会进一步优化。

伴随着可再生能源投资建设规模不断提速，区域消纳容量与电网外送能力受到极大限制，西南水电基地，新疆、甘肃等西部光伏大省（区）以及“三北”风电基地的“弃水”、“弃风”和“弃光”问题突出，形势严峻。就风力发电而言，2010 年的平均弃风率为 10%，2011 年上升到 20% 左右，内蒙古等风能资源丰富地区甚至达到 30%。2013 年弃风现象有所好转，平均弃风率回落至 12%。虽然 2014 年风电利用形势向好，但平均弃风率仍然达到 8%。发电中的可再生能源浪费现象依然普遍，造成的经济损失严重。

因此，此次中国电力市场改革更加注重可再生能源电力发展。如 2013 年，国务院发布了《能源发展“十二五”规划》，明确提出要加快发展风能、太阳能等可再生能源，要求可再生能源并网取得实质性突破。2014 年 11 月 19 日，国务院办公厅发布了《能源发展战略行动计划（2014～2020 年）》，明确提出 2020 年，我国非化石能源占一次能源消费比重达到 15% 的目标。在 2014 年 11 月 12 日签署的《中美气候变化联合声明》中，中国提出到 2030 年该比重将进一步提高到 20%，2030 年左右二氧化碳排放达到峰值，并承诺争取早日达峰。

电网企业配合国家战略也提出相应措施。如 2013 年 2 月 27 日，国家电网公司发布了《关于做好分布式电源并网服务工作的意见》，意见就分布式电源优化并网流程、提供优惠并网条件、简化并网手续与加强配套电网建设等方面做出具体规定；2014 年 5 月 27 日，国家电网公司发布了重新修订后的《关于做好分布式电源并网服务工作的意见》，提出要扩大分布式电源适用范围并加大配套电网投资和建设力度。以上举措对推动可再生能源并网发电起到积极作用。

根据国家能源局的数据，2015 年“弃风”“弃光”形势严峻，以甘肃省为例，其弃光率达 31%，弃风率达 39%。2015 年 11 月 30 日发布的《关于有序放开发用电计划的实施意见》配套文件明确了将通过建立优先发电制度保障清洁能源发电、调节性电源发电优先上网，以及通过直接交易、电力市场等市场化交易方式，逐步放开其他发用电计划，实现电力电量平衡，从以计划手段为主平稳过渡到以市场手段为主，以促进节能减排。2016 年 2 月 16 日，国家能源局发布《关于做好“三北”地区可再生能源消纳工作的通知》，要求华北、东北、西北地区挖掘电能消纳潜力和电力系统辅助服务潜力，着力解决“弃风”“弃光”问题。通知的第一条即指出要鼓励可再生能源发电企业积极参与直接交易并逐步扩大交易范围和规模。① 新一轮电力改革中所提出的鼓励发电企业和用电企业进行直接交易、鼓励探索发电权交易，其实就是电力市场化改革的方向。

第六个显著特点是：加快电力混合所有制改革，完善电力企业的现代企业制度。

2013 年 11 月，党的十八届三中全会提出积极发展混合所有制经济，在此背景下，中石油已宣布将引入社会和民营资本，共同经营其油品销售业务。基于电力行业的重要性，电力改革也应以此为契机，主动发挥带头示范作用，通过在售电侧向民营资本开放，形成多元化售电市场，深化电力体制改革。“放开两头，管住中间”，推行市场化电价形成机制，使大用户与发电厂商直接见面，提升购电自主权，培育私人售电公司，成立电力期货交易所。②

2014 年 11 月 6 日，国务院发布《关于创新重点领域投融资机制鼓励社会投资的指导意见》，针对公共服务、资源环境、生态建设、基础设施等经济社会发展的薄弱环节，提出了进一步放开市场准入、鼓励社会投资、放开国有垄断领域等措施。

2015 年 9 月 13 日，中共中央与国务院联合发布了《关于深化国有企业改革的指导意见》（中发〔2015〕22 号，以下简称“22 号文”）。该文件被认为是进一步推进国企改革，支持国有企业制度创新的重要文件，也标志着新一轮的混合所有制改革将要全面进行。“22 号文”明确鼓励国有企业整体上市。文中指出，“将大力推进国企改制，引入多种投资者实现股权的多元化，争取公司整体上市，规范股东行为，建立有效的内部约束机制，可以考虑采用部分国有资产转为优先股的方法，考虑建立成为国家特殊的管理股的结构”。

以上文件精神，说明此次电力体制改革与国有企业改革、投融资体制改革同步推进，为电力、能源等领域创造了平等投资机会，以及加快了电力能源等公共事业企业的混合所有制改革，竞争性业务将向社会资本开放，非竞争性业务也将通过灵活方式，有步骤地推进电力融资体制与机制完善。比如《关于创新重点领域投融资机制鼓励社会投资的指导意见》就提出，在确保具备核电控股资质主体承担核安全责任的前提下引入社会资本参与核电项目投资，鼓励民间投资进入核电设备研制和核电服务领域。《关于创新重点领域投融资机制鼓励社会投资

---

① 中国电力企业联合会，http：//www. cec. org. cn/xinwenpingxi/2016 - 02 - 23/149338. html。

② http：//power. in - en. com/html/power - 07110711852215478. html.

的指导意见》还提出要在信贷服务、担保、产业投资基金、股权债权融资等方面多措并举，丰富社会资本的融资方式和渠道，如发展股权和创业投资基金、鼓励民间投资发起设立产业投资基金、政府可以通过认购基金份额等方式给予支持等。①

可见，就电力企业产权制度而言，未来的改革趋势是要积极引进社会资本，加快推动售电侧电力体制改革，鼓励社会资本建立售电企业，也鼓励社会资本进入增量配电业务，包括对现有的配电业务通过发展混合所有制经济的形式来实现社会资本的进入。

第七个显著特点是：此次电改更加注重顶层设计与企业共识相结合。

2014 年 4 月 18 日，李克强在新一届国家能源委员会首次会议中，对能源发展中的相关战略问题和重大项目提出政府战略构想，特别提到要加快电力体制改革步伐，推动电力市场供求双方直接交易，提供更加经济、优质的电力保障，让市场在电力资源配置中发挥决定性作用。

2014 年《国家能源局市场监管工作要点》也提出要按照规划、计划、政策、监管“四位一体”的要求，突出重点，务实求效，健全闭环监管工作机制，加强重要领域和关键环节监管，积极提升监管效能，维护能源市场公平公正，促进能源行业健康有序发展。文件还提出要推进电力市场建设，完善市场交易机制；加强能源市场秩序监管，保障市场规范有序；加强能源重要领域和关键环节监管，促进效率提高和公平竞争等等。②

据国家发展和改革委员会消息，2015 年国家将加紧出台电力体制改革系列配套方案，未来除了输配电价改革试点以外，还将开展综合电力体制改革试点，以及可再生能源消纳试点与售电侧体制改革试点。这种有序开展电力体制改革的方式是一种顶层设计的方案，不仅是在探索改革路径，而且是与企业实践相结合的落实改革方案过程当中的试点。此外，我国在电力交易组织机构与模式设计等方面也已启动试点。

综观国外电力市场改革以及中国新一轮电力体制改革，未来中国电改需要立足于国内能源与经济环境，改革与政策取向不能背离国际电力市场改革取向与绿色电力经济发展趋势，应按照相关部署完善电力市场体系，建立更灵活的电价制度，加大投资准入力度和提高管制水平，稳步推进市场化，实现效率与环境安全

---

① http：//www. p – e – china. com/neir. asp？ newsid = 57579.

② http：//www. p – e – china. com/neir. asp？ newsid = 40746.

改革目标，构建良好的政府科学管理制度与协同机制等。

未来中国可能采取的改革措施包括以下几点。

一是继续完善有效竞争市场结构，暂不硬性拆分输配电网。电力体制改革将会继续完善市场环境与市场结构，并构建符合现代电力运行技术经济特征的电力市场组织。中国已启动发电侧竞争，全面开放售电侧市场，实现有效市场。

二是电价改革依然是未来电改重点。改革内容包括全面开展输配电价制度试点并推广经验，分层次逐步放开经营性电价，重点落实直供电价自主确定机制和上网电价试点。由于2015年电力产业结构、运行形势和改革环境已经出现很大变化，竞价模式将会随之改变。可根据区域特点权衡选择双边（供需方）竞价模式或远期合同模式，容量竞价与电量竞价分离或结合模式，场外交易或集中交易，等等。

三是建立适合电力资源与市场特征且制度完善的交易中心，以及相对独立、信息完备的调度中心，支持电力交易业务开展，形成和完善市场化电价机制。

四是电网投资与增量配电业务投资开放以及混合所有制改革将稳步推进，但政府会强化国有资产安全的保障体系。

五是加强电网运行信息安全与智能电网技术创新，进一步促进可再生能源和化石能源的协调利用，以及协调分布式能源与集中化、规模化利用方式。

总之，中国电力体制改革由于直接关系到利益分配，面临的问题与矛盾很多，需要市场结构与制度变革的配合，是一项复杂的系统工程，必须要在顶层设计与各方共识的基础上有序、有效、稳妥地推进。

热 点 篇

Hot Issues Review

B.7

“一带一路”能源合作方法与外部因素应对

余家豪*

摘 要： “一带一路”在政策、设施、贸易、金融、民心五大领域齐头并进，是中国推动与亚太周边国家互联互通，实现经贸、社会、文化合作带的大规划。2015年3月28日，国家发改委、外交部、商务部共同发布的《推动共建丝绸之路经济带和21世纪海上丝绸之路的愿景与行动》中提到沿线各国之间需加强能源方面互联互通的合作。能源资源合作不单是海外投资的政策机遇，更是中国推动“一带一路”倡议的重要支柱。本文将分析“一带一路”规划下的能源合作与外部因素。

关键词： “一带一路”倡议 中国 能源合作 中美关系

* 余家豪，中国社会科学院研究生院国际能源安全研究中心特聘研究员、哈佛大学肯尼迪学院研究员。

一 “一带一路”的能源合作方法与外部影响

“一带一路”在政策、设施、贸易、金融、民心五大领域齐头并进，是中国推动与亚太周边国家互联互通，实现经贸、社会、文化合作带的大规划。2015年3月28日，国家发改委、商务部、外交部发布《推动共建丝绸之路经济带和21世纪海上丝绸之路的愿景与行动》，提出了沿线各国需要加强在能源方面互联互通的合作。能源资源合作不单是海外投资的政策机遇，更是中国推动“一带一路”战略的重要支柱。

“一带一路”倡议蓝图覆盖60多个国家，沿线涉及人口数量相当于世界人口的60%，其GDP总和占世界的33%。该倡议依靠中国和周边国家现有的双、多边机制，致力于建立和加强沿线各国互联互通伙伴关系。其中，周边国家既是外交上的必经之地，也是维护能源安全的支点，亦是中国打通“一带一路”的第一步。“一带一路”规划了六大经济走廊，包括新亚欧大陆桥经济走廊、中蒙俄经济走廊、中国—中南半岛经济走廊、中国—中亚—西亚经济走廊、中巴经济走廊和孟中印缅经济走廊。六大经济走廊行之有效地构建了“一带一路”的愿景，也覆盖了中国和相关地区能源合作。中国应该依托主要区域，如俄罗斯、东南亚、中亚、欧盟等国家和地区的辐射效应，塑造周边区域市场，建立能源自由贸易区，并最终建立国际地缘战略伙伴关系。

（1）新亚欧大陆桥经济走廊。新亚欧大陆桥，又名“第二亚欧大陆桥”，它途经中国的江苏省连云港市、山东省日照市，是延伸到荷兰鹿特丹港的国际化铁路交通干线。预计该走廊会成为中欧经济贸易的主要通道。大陆桥途经中国的7个省份，出国境后可经3条线路抵达荷兰的鹿特丹港，比海上运输快捷，比航空运输价格低廉。中国正与沿线国家如哈萨克斯坦、波兰、俄罗斯的海关部门展开合作，以减少贸易清关的费用。

（2）中蒙俄经济走廊。中蒙俄经济走廊涵盖高速铁路、公路，被分为两条线路：京津冀到俄罗斯（途经呼和浩特和内蒙古其他地区），以及大连到俄罗斯的赤塔（途经沈阳、长春、哈尔滨、内蒙古）。中蒙俄经济走廊将建设一条联结环渤海湾经济圈（涵盖北京、大连、天津）和西欧的北方通道。该经济走廊不仅符合中国的“一带一路”愿景，亦符合俄罗斯跨欧亚大铁路计划（包括中俄铁路、公路的互联互通）和蒙古国草原之路倡议（由5个项目组成，包括公路、铁路、天然气管道、石油管道）。中国正和俄罗斯领导的欧亚经济联盟展开合作。2015 年 5 月，国家主席习近平和白俄罗斯、俄罗斯、哈萨克斯坦领导人在高铁、能源基础设施、外太空和提供金融服务（人民币结算）的工业园区领域签订了一系列基础设施协议，总价值高达 250 亿美元。

（3）中国—中亚—西亚经济走廊。这将是一条从阿拉伯半岛、土耳其、伊朗通向新疆的重要的石油和天然气运输通道。中国—中亚天然气管道是世界最长的天然气管道。它起始于土库曼斯坦、乌兹别克斯坦的边境，穿过乌兹别克斯坦中部、哈萨克斯坦南部，在新疆的霍尔果斯进入中国，与仍在建设中的“西气东输二线”衔接。中国也和哈萨克斯坦、乌兹别克斯坦、塔吉克斯坦在贸易便利化和物流领域签订了合作协议。

另外，中国和中东国家建立的全面合作战略（“1+2+3”战略）中，能源（特别是核能等可持续能源）是其关键组成部分。它还包括基础设施建设合作、宇航科技，以及贸易投资，旨在促进双边贸易在十年内实现三倍增长，并且推动“中国—海湾国家自由贸易合作”的建成。

（4）中国—中南半岛（印度支那）经济走廊。这条走廊将联结中国珠江三角洲地区（靠近广州、香港和深圳）与东南亚国家（柬埔寨、老挝、缅甸、泰国和越南）。高铁与高速公路将贯穿中国广西南宁和越南河内，联结中国南部的珠江三角洲与新加坡。该地区的发展目标是建立“大湄公河次区域”，即由亚洲发展银行创立的经济区，该经济区将成为湄公河沿岸开展工业合作、共同建设交通网络的平台。

（5）孟加拉国—中国—印度—缅甸经济走廊。该走廊连接中国和南亚。印度一直是中国与西亚等国开展合作的重要伙伴。围绕该走廊建设的合作机制已经建立，包括铁路建设、工业合作、职业培训。2015 年 5 月，印度总理莫迪在访华期间与中方签订了价值超过 220 亿美元的双边协议，内容涵盖电信、钢铁、太阳能和电影，但是其中大部分是中国对印度的投资，而不涉及走廊建设。

（6）中国—巴基斯坦经济走廊。这条走廊是联结喀什和巴基斯坦深海港口瓜达尔的走廊，将穿过迪拜、阿曼和马六甲海峡，为中国提供一条联结中东和非洲的捷径。但是印度政府强烈反对走廊穿过克什米尔。2015 年 4 月在习近平访问巴基斯坦期间，双方签订了价值约为 290 亿英镑的合作协议，涵盖能源、交通基础设施等方面。巴基斯坦基础设施建设十分落后，这项计划将成为“一带一路”的主要组成部分。

根据 IMF 的数据，“一带一路”沿线 64 个国家中只有 7 个发达国家，“一带一路”沿线国家的基础设施状况总体低于全球平均水平，建设需求非常大。尽管该地区投资风险不小，但随着“一带一路”的发展，该路线附近的发展中国家市场会变得更加自由、多元，贸易壁垒会大大减少，投资环境将得到改善，这会带来更多的投资机会，促进产品与服务出口。“一带一路”也为发展中国家带来合作机会，尤其是在合作经营、投资、经验分享等方面。

在合作伙伴方面，一般来说，中方更喜欢大型的、知名的国际合作伙伴，后者具有较高的可信度与知名度。中小企业可以参与供应链。发达国家的能源公司可以利用与第三国的合作关系参与中国项目，或者通过与中国公司合作联系第三国客户。在技术转移方面，发达国家的能源公司可将先进技术与服务转移，授权给中国公司。在投资基金方面，中方可为发达国家的能源公司项目扩展、资金转让提供基金。在工程总承包（EPC）方面，一些中国承包公司已经开始加速海外投资，这包括中国建筑工程总公司、中国通信建设有限公司、中国冶金科工股份有限公司、中国能源工程集团有限公司、中国铁路建设集团有限公司。在公私合作（PPP）方面，许多海外签约项目已经从传统的“工程总承包模式”（EPC）转变为“建设－移交模式”（BT），“建设－经营－转移模式”（BOT）和“公私合作模式”（PPP）。在项目管理上，风险评估要求变得更高，而遵守当地技术规范、法律意见和环境保护要求都是经验丰富的英国企业的强项。在对改变供应链的改变上，发达国家的能源公司可以利用路线市场，更低价有效地向第三方经济体出售产品和服务。

成功的关键是发达国家的能源公司需要选择正确的中国合作伙伴，充分利用双方优势，比如在项目风险/质量管理、综合项目解决方案、咨询和金融服务、基础设施服务等方面的优势，共同进入新市场。“一带一路”的能源合作方面仍然面临很多挑战，其潜在的合作契机和投资风险存在于政治外交、经济金融等方面，并且关系到中国在区域和全球能源治理中的角色、话语权等关键问题。因此推动“一带一路”能源合作，三个必须把握的着力点一是周边地区能源通道的基建网络支点，二是中国为主导的区域多边能源治理机制，三是新能源格局契机中能源产业的金融合作。

（一）健全“一带一路”周边的能源通道基建网络

基建先行是“一带一路”的基调，亦是在能源互联互通合作方面的基调，沿线国家发展程度不一，经济互补性很强，基建投资具有非常重要的地位。“一带一路”沿线的中亚、俄罗斯、中东等国家和地区拥有丰富的油气资源，其资源量相加占全球总量相当大的比重。促进能源资源就地就近加工、转化，推进合作，形成资源上下游的一体化产业链，共同维护输油、输气等通道的安全，同时推动跨境电力与输电通道建设，开展升级改造区域电网的合作，这不仅具有经济意义，也具有地缘政治和安全意义。能源合作是“一带一路”战略的重要支柱。成功的能源合作，尤其是管道、电网、运输等包含基建设施的合作项目，如同纽带一般把中国与周边国家紧密联系在一起，加强了互动与合作，从而与“一带一路”起到相互促进的作用。

1. 欧亚大陆跨国油气合作与产业一体化

在新能源格局里，乌克兰危机加快了中俄签订天然气东线合同的节奏，成为俄罗斯深化与东北亚合作的开端，它为中俄的亚洲能源战略打下了重要基础，也加快了亚洲能源合作的步伐。两线如果都向中国供气，供给量最高能达到每年680亿立方米。如果基于中俄管线，扩建黄海通向韩国的管道，并随之出口天然气，中国将由天然气进口国变为天然气中转国。这将有利于加强中国的能源安全。中俄天然气管线合作是中国将能源合作在“一带一路”辐射出去的重要起点，中国一直试图降低对煤炭的依赖性，但面临天然气短缺的问题，俄罗斯在东西伯利亚地区提高油气产量的计划为两国未来合作打下了坚实的基础。但想要在中长期维持这种合作关系，避免能源供应出现问题，还需要两国之间更加紧密的制度联系。

同时，较长时间的低迷油价为中国油气企业带来了油气资源投资、并购、整合的契机。油价下跌令“一带一路”沿线区域，如中亚、中东等的油田市值直线下落，这些地区的油气产业正向外寻求合作机会。它们甚至在低价出售资产。中国企业应把握机会，并购“一带一路”沿线区域油气区块，整合上中下游的生产、炼化中心，实行产业一体化。

2. 加强与新进能源生产国的能源合作

从2012年初开始，莫桑比克、坦桑尼亚、肯尼亚等东非国家相继发现大型油田，成为世界能源新贵。中国也需要与这些“一带一路”沿线的新晋能源生产国搞好关系。莫桑比克的一个油气区块估计有超过150万亿立方英尺的天然气，足以令该国成为继卡塔尔和澳大利亚之后的第三大液化天然气（LNG）生产国。随着新油田的发现，海外油气公司纷纷涌入东非，中国也是其中之一。2013年7月，中国石油天然气集团公司收购莫桑比克一个天然气区块的部分股权，从此加入东非天然气开发者的行列。对中国而言，这一举动的投资意义重大，一方面有利于自身的长期能源安全，另一方面则增大了未来联合多国合资企业的可能性。它标志着中国在非洲参与方式的转变，对东非区域的安全稳定亦有所启示。

伴随着合资企业的兴起，中国的企业将有更多机会接触到国际商业标准和措施，同时让西方企业了解中国的商业习惯，减少因沟通不足而产生的困惑和分歧，促进中西商业之间的融合和一体化。

3. 多元化市场和能源自贸区

“一带一路”的建设能够多元化中国的出口市场。中国出口品传统的欧美市场虽然规模庞大却运行不畅。更重要的是太阳能电池板、机械、通信、建设服务等传统市场已经面临饱和或是充斥着贸易保护主义的贸易或投资措施。丝绸之路沿线发展中国家的市场还远未充分开发，据商务部的数据，2015 年第一季度中国与丝绸之路沿线国家的双边贸易额占中国贸易总量的 26%。另外，中国的能源和食物供给将有更好途径，减轻对由美国军方控制的运输路线的依赖。

“一带一路”本身由多个区域贸易区组成，是成立能源自贸区的基础。以天然气为例，“一带一路”上的亚洲国家需要成立一个 LNG 进口国的多边集团，重新构建亚洲市场的管理模式，降低该市场的 LNG 价格，并增强亚洲进口国在国际市场的影响力，同时提升该市场的流动性。不过，成立了十多年的天然气出口国论坛仍是个很松散的组织，亚洲 LNG 进口国大都缺乏全球能源治理的经验和人才，想要在短期之内成立一个能够表达利益诉求、拥有控制市场能力，并能维持自由竞争、互利共赢等原则的国际组织并非易事。但在未来，亚洲需要一个更有效的能源市场，“一带一路”沿线城市很有可能成为改革现货市场的一个交易中心。天然气合作将会推动贸易发展和 LNG 枢纽建设，推进中国与海上丝路国家的合作。

（二）以新能源格局为契机，开展能源金融合作

在世界经济复苏乏力的背景下，中国周边地区需要新的经济“火车头”来带动繁荣，这一世界能源格局的变化给“一带一路”沿线的金融合作带来了机遇。亚洲新兴的经济体正在成为世界能源消费增长的主要来源。而美国页岩气革命使得美国对中东能源的依赖降低，中东就需寻求新的买家，此外俄罗斯因受制裁而能源产量下降，这些都改变了能源供应格局。全球能源市场的重心向亚洲东移，意味着中国有机会成为能源地缘政治中心。这些变化都为“一带一路”的能源合作带来新的金融合作机遇和挑战。

1. 以亚洲基础设施投资银行建设推动能源合作

基建先行是“一带一路”能源合作件的基调，它包含大量的投资项目，需要数目很大的战略资金和建立成熟的能源金融体系来运作。中国周边区域的基建投资存在巨大缺口，但现有区域金融机构都未能提供足够投资支持，为了突破发

展限制，中国需建设并领导区域金融机构来推动发展，当中值得一提的是亚洲基础设施投资银行和“丝绸之路”基金。根据世界银行估计，截至2020年，亚洲技术设施建设将需要每年7300亿美元的投入，而亚洲开发银行只能提供每年300亿美元的投入。

亚投行不仅支持了“一带一路”，还能对外输出资本，对人民币国际化也大有裨益。亚投行按商业模式运作，而不是作为实现中国政策的工具运作，投入运作后，将借助亚洲国家的基础设施建设缺口发力，带动整个亚洲地区的经济发展，亚投行的成立和运行将为“一带一路”国家打开一个比中国更加庞大的能源需求市场，而亚投行也将加快“一带一路”沿线的能源基础设施建设。丝绸之路基金则面向特定的项目，由国家外汇管理局、中国投资公司、中国进出口银行和中国发展银行共同出资建成，其定位是关注投资机会和融资投资服务的中长期发展基金，包括铁路、公路和管道在内的基础设施建设是基金的优先议程。基金的首个项目是卡洛特（Karot）水电项目，该项目也是中巴经济走廊倡议的一部分。基金后来也入股俄罗斯亚马尔LNG项目。因而在一定程度上，亚投行、丝绸之路基金与“一带一路”是相辅相成的，为“一带一路”能源合作提供了一个以中国为主导的多边合作平台，促进中国与沿线国家的战略互惠。

2. 推进油气贸易以人民币结算

“一带一路”能源战略在实施之前需要建立成熟的能源金融体系。该体系的建立关系到相关资源投资的强度、全球能源定价中的话语权以及人民币的国际化进程。中亚、俄罗斯和亚太等国家和地区的能源金融制度不完善，同时能源消费重心又在东移，这使得中国有空间、有条件建立自己的区域能源市场，同时提高油气贸易的本币结算规模，争取能源定价话语权，进而影响亚洲的能源金融体系。

“一带一路”可能成为一个人民币圈，使得中国能优化外汇储备的利用结构，加速人民币国际化。中国目前大部分外汇储备被用于购买回报率较低的美国政府债券，在人民币升值的背景下，中国外汇储备不断贬值。现在中国投资外汇储备，以用于沿线国家的基础设施建设和生产，可以获得更好的经济效益并建立政治友谊。除了一些双边协议，中国也建立了两个多边机制，一是原始股权达1000亿美元、总部设在北京的亚投行，二是“丝绸之路基金”。正如在“一带一路”行动计划中提及的，中国想实现对美元依赖的减少以及更大程度的资本集中与货币一体化，人民币将在泰国、俄罗斯、哈萨克斯坦、乌兹别克斯坦、越南和蒙古等国的贸易中被广泛使用。这一倡议能推动以人民币为核心的亚洲债券市场。

（三）参考现有国际能源机制建设以中国为主导的区域合作规则

随着中国“一带一路”战略的推进，中国与周边国家的能源联系日益紧密。现已有大量油气管网、电网、新能源等能源项目，这意味着需要保障的海外能源利益越来越多。以上都是实现提高发展中国家对全球治理和国际事务参与度的承诺的表现。“一带一路”倡议可能会实践更多的“中国智慧、中国路线”以及更多的国际社会公共产品。对许多国家而言，中国的路线图能够带来可观的经济刺激和就业机会，但同时相关贸易的争端及跨境运输问题日渐凸显。因为实际上中国缺乏相关法律框架来保障海外能源投资的安全。此外，长期以来，中国海外企业在信贷、保险等领域缺乏技术支持，自身也存在缺少人才、信息化水平低下、缺乏产业组织等问题，抗风险的能力比较弱。而面对国情复杂的“一带一路”沿线国家，中国必须投入更多精力去研究它们的市场，同时参考现有的国际机制，制订有利于中国的区域合作规则，提升话语权，从而确保能源合作能够推动“一带一路”战略。

1. 区域能源治理提升影响力

“一带一路”倡导亚洲地区的能源合作，其中覆盖亚太、中亚、中国、俄罗斯等国家与地区的能源合作尤其重要，这些国家与地区是保证中国能够把能源合作辐射到“一带一路”地区的关键起点。欧洲是一个能源对外来依赖程度很强的地区，但欧盟 28 个成员国加上土耳其有一个很统一的能源贸易体系，顺利解决了对外依赖问题。而亚洲的能源市场现在还是四分五裂的，即便是东盟或者中印地区都无法形成统一市场。亚洲市场杂乱无序的竞争态势，是该地区的能源价格高于其他国家和地区的根本性原因之一。中国参与区域能源治理，将非常有利于保护中国能源企业的海外利益，同时亦可保护向中国投资的外资企业，提振我国在外来投资方面的信心。但这并不意味着中国要盲目加入任何国际能源框架。与此相反，应该先参照成熟的现有国际能源机构，注意培养国际法专家和国际组织运作人才，为以中国为主导的亚洲能源机构的成立做准备，推动发展生产国之间和消费国之间的合作平台，制订有利中国的多边游戏规则。

2. 借鉴能源宪章条约

能源宪章条约被称为能源界的 WTO，是针对国际能源领域的多边条约，具有法律约束力。它的合作框架包括能源贸易、投资保护、运输保护等若干部分。该条约针对能源部门的需求，制订国际规则主体，保护国外投资，同时保障能源产品交易中的非歧视原则和跨境运输，为国家间争议提供解决机制和方案。它对推动和促进能源领域的贸易、投资、运输具有非常重要的意义。它是唯一一个具有法律约束力的能源投资保护及多边贸易协定，也是第一个将具有法律约束力的、旨在解决国际争端的方案作为总则的多边条约。目前，我国能源管理体制仍然面临着政府干预过多、管理混乱、相关法律不健全的问题，而能源宪章有着很成熟的法律框架基础。例如，基于国民待遇的对外国能源投资的促进与保护，基于 WTO 准则的能源原料、产品及相关设备的自由贸易等，可以借鉴用来规范我国能源管理，制定相关法律法规。不同于中国加入的其他国际多边贸易组织，能源宪章条约组织并不要求加入国调整国内相关政策或做出承诺来满足某些要求，其高包容度也是中国在制定能源合作机制时值得参考的一点。

（四）“一带一路”的外部影响：美国

“一带一路”并非中国能独立完成的倡议，这需要各个国家的共同努力和合作，亦不能忽视外部影响，尤其是在“一带一路”区域中如美国、欧洲、俄罗斯等其他国家势力的影响，下文将集中讨论美国因素。

2011 年底奥巴马政府宣布了重心重回亚洲的政策，2012 年底习近平总书记表达了建立 21 世纪大国间新型关系的想法，对这种关系的中方解释通常都强调中国在全球治理方面有更多的话语权并与美国分享权力。但美方认为，中方的真实意图是在美国试图巩固在亚洲的领导权时挑战其在亚洲的权威。许多美国分析家就中国的“一带一路”和亚洲基础设施建设投资银行等战略指出，中国在推动重塑国际机制并激烈回应美国的行动。中国专家则指向了美国破坏中国倡议的努力，并认为美方试图在亚洲遏制中国。中方还质疑了美国的政策，认为其加剧了地区海洋争端的紧张局势。双方的政策都保留了足够的解释空间，而且加剧了紧张局势。正因为误解已经比比皆是，更凸显了达成共识的重要性。

美国是否应该欢迎中国的崛起和新兴的“中国圈”？美国政治家把头埋在沙子里是不明智的，新兴国家的崛起是一种必然。“中国圈”、“印度圈”以及“巴西圈”等的兴盛是不可阻挡的，在全球领导者的视野下，美国应该欢迎中国更平等地参与规则制订，并承认中国影响力的日益增强可能是一种良性的力量。假如“一带一路”成功了，其将有助于填补欧亚大陆基础设施、经济发展和政治机构的资本缺口，为每个国家创造更大的经济机遇，还将减少恐怖主义和激进运动。

从现实角度思考，限制中国有效吗？答案可能是否定的。中国的制造业能力、国内市场和外汇储备已经足以创造自己的圈子了。尽管美国反对其他国家加入亚投行，并进行了警告，但 57 个主要的经济体都成了创始成员。反过来说，价值观、较好的环境和劳动标准等都是美国可以显示其领导力的关键领域，也是21世纪全球经济体系的基石，但关键基石也需要与其他国家的合作才能发挥作用。

（1）战略互信。中美之间缺乏战略互信导致双方没能有效合作。中国是美国的第二大贸易伙伴，2014年双方贸易额达到了5920亿美元，但双方还是缺乏战略互信，总是存在一种竞争的意识。一方面，美国在积极推进跨太平洋伙伴关系，另一方面，中国在追求区域全面经济伙伴关系，两个框架双方都将对方排除在外，进一步加深了不信任。双方在很大程度上延续了“零和博弈”的游戏规则。美方对中国逐步增加军费开支（从1997年的100亿美元增加到了2015年的1450亿美元）表示担忧，并将中国视为其亚太地区盟友和利益的直接威胁，最近的东海和南海安全纠纷加剧了紧张局势，美方还指责中方对其政府部门的网络黑客攻击。中美角力都在“一带一路”战略所覆盖的地区，这会影响“一带一路”的发展，例如两国持续在缅甸争夺影响力就是如此。

（2）美国国内政治。美国国内政治利益也是中美双边关系的障碍。美国强硬派担心中国日益强大，军事威胁论被用于合理化美国增加国防经费的行为，同时也能被用于反对任何试图与中国交好的尝试，甚至被用来批评《中美气候变化和清洁能源合作联合声明》。在中国，相似的强硬情绪亦有不断增长的趋势，阴谋论以及认为美国政策意图不轨的想法比比皆是，而且几乎所有中国外交政策的失败都被归因于美国方面，缅甸政治转型就是一个例子。

（3）合作意愿。在风云变幻的全球舞台上中美两国都在努力坚持自己的外交政策原则，双方在合作意愿上有明显的原则上的鸿沟。虽然美国仍致力于传播自由民主以及继续做全球的领导者，并通过介入的方式来完成其全球领导者的责任，但中国表现得越来越想对全球治理和国际事务有更多的参与权，这一政策将重塑中国传统的对外发展援助、贸易和投资方式。另外，美国对“一带一路”的关注点并不是如何与中国合作，而是中国如何与自己合作，以及与中国合作的行为将如何影响美国在相关地区的利益。极端地坚持原则将伤害中美关系，也会损害建设性合作的能力，中美双方需要继续显示其外交政策的灵活性。

不过，中美关系是两面的，紧张的局势并不会完全妨碍中美两国克服障碍。随着亚洲安全紧张局势逐渐升级以及中国开始推出全球行动，中美双方的合作势在必行。毕竟大国竞争，轻则导致资源浪费，重则导致第三世界更激烈的冲突和紧张局势，这并非双方所愿意见到的结果。双方需要加强合作，达成更深入的相互理解和战略互信，私人部门和非政府组织可以通过合作来启动这一进程。“一带一路”和亚投行等可以是合作的一个起点，由于其规则和指导方针还没有完全确定，亚投行为西方国家提供了一个与中国分享经验的机会，为中国创造了一个与发达国家整合发展模式的机会。2015 年6 月，57 个国家签署了亚投行的宪章，而亚投行被视为改变全球金融市场面貌的倡议。美国最好也加入其中，因为亚投行的目标定位于较不发达国家以及冲突热点地区的基础设施建设和发展项目，产生的新兴投资机会是中美合作的契机。发展贷款会成为政治敏锐性最低的测试方式。中美双方可以互补，中国在工程、建筑和基础设施建设方面很强大，而美国的优势在于研究发展风险、提供安全指导等方面——这正是中西方分析人士指出的中国路线面临的关键缺口。为了达到最佳效果，两国需要为协调发展努力。

二　对“一带一路”能源合作的政策建议

第一，推动基建网络建设。“一带一路”沿线国家间的能源合作互补性很强，中国应该以能源企业作为基建建设的先头部队，从油气管网和电力走廊等能源通道建设展开，带动“一带一路”的沿线繁荣。

第二，将更多注意力放在“一带一路”能源金融衍生品上，如油气现货、期货、金融产品合约等，为中国建立有影响力的能源基准价格，提高能源贸易本币结算规模，推进人民币国际化进程。

第三，借助低油价在“一带一路”沿线并购油气区块，同时建造上中下游领域的能源开发中心、加工炼化中心、市场中心，并与新晋能源生产国建立能源合作关系，增强能源安全。

第四，建设并领导区域金融机构。“一带一路”周边区域的基建投资存在巨大缺口且缺乏成熟的金融体系，国际能源市场重心的东移使中国获得了建立区域能源市场的良机，中国可以通过建设亚区域金融机构提升人民币的结算规模，并争取能源定价的话语权，进而实现亚洲能源金融体系主导权的转移。

第五，推动周边区域合作，向有国际能源治理经验的国际组织借鉴，完善自身的制度体系和法律框架，加强人才培养，将中国对外能源合作由单边发展为多边，整合生产国、消费国和过境国的合作机制，并传达丝路本身合作开放的互利共赢精神。

第六，把中国建设成为亚洲能源地缘政治的中心。一方面，筹划和建设海上丝路能源枢纽、中亚四条能源管线、中俄油气管线合作、中巴能源走廊、中缅能源通道、周边地区电网等；另一方面，面对“亚洲溢价”，建立一个 LNG 进口国多边集团，共同表达利益诉求，增加国际影响力，以获得合理的价格。

第七，评估其他势力的反作用力，思考如何向外推送自身的正能量和软实力。“一带一路”和亚投行引起全世界的强烈关注。对美国而言，盟国不顾其压力加入中国主持的亚投行无疑带来挑战，美国担心的是中国经济影响力增强并左右全球贸易规则。从短期来看，美国的亚太经济布局将受到来自中国的压力；从长期来看，这将成为中国推动的新国际制度发展的重要部分，未来双方还将有更激烈的博弈。

第八，加强风险评估与投资保护。石油开采属于高技术和高风险行业，因此需做好对投资风险、地缘政治风险等的风险评估。中国海外能源投资的增加同时也暴露了中国在能源投资合作方面的制度缺陷等问题，需要加强海外投资保护，同时也要承担生态环境和社会责任。

三　结语：金融体系、基建网络与区域合作三管齐下推动共同繁荣

“一带一路”是一项复杂而长期的整合工程，涵盖多个领域。“一带一路”沿线大多是新兴经济体，政治互信在加强，合作也在加强，但因其经济发展程度差异巨大，产生了能源增长趋势方面的分化。现在这种差距对世界能源的供需将产生影响，也会影响发展中国家的能源平衡，所以亚洲各国需要建立一个联盟，去处理更多的全球性、平衡性能源问题，这也意味着“一带一路”在重塑世界能源格局的过程中能发挥更大的作用。如何解决本报告提出的问题？这需要综合研究以及国别研究，同时把握上述金融体系、周边通道与治理三个方面条件，充分在双边和多边、区域和次区域等渠道发挥作用，从而推动“一带一路”沿线国家和地区的共同发展与繁荣。

B.8

清洁能源与全球气候变化的应对*

徐洪峰**

摘　要：根据政府间气候变化专门委员会（IPCC）的研究报告，使用清洁能源取代化石燃料，增加清洁能源在能源总供给中的比重，可以有效减少地球的温室气体排放，进而减缓地球变暖。作为减缓地球气候变暖的重要途径之一，推动清洁能源发展的议题越来越多地出现在全球应对气候变化的相关议程中。2015 年底的巴黎国际气候大会以及政府间气候变化专门委员会的第五次《气候变化评估报告》均提出了全球温室气体减排的最新计划。在国际社会的共同推动和努力下，20 世纪 70 年代至今，清洁能源在全球一次能源供应中的比重有了一定程度的增加。在全球应对气候变化、加快化石能源替代的大背景下，2014 年和 2015 年全球清洁能源的技术研发和产业投资均继续保持一定程度增加，但受国际油价大跌、全球经济复苏乏力、欧债危机等因素影响增速有所放缓。

关键词：清洁能源　气候变化　巴黎气候大会　温室气体减排

20 世纪 70 年代初，影响全球的石油危机爆发，这一危机促使国际社会转而寻求化石燃料的替代能源，以降低对传统化石燃料的严重依赖，这为清洁能源的发展提供了最初的契机。之后几十年间，随着国际社会对全球气候变化问题的日

---

* 本文为中国国家社会科学基金项目“低碳经济时代中美发展清洁能源的合作与冲突及我国对策研究”（项目批准号：11CGJ026））的阶段研究成果。

** 徐洪峰，中国社会科学院副研究员，清华大学中美关系研究中心博士后，福特基金会国际学者（2010 年度），哈佛大学肯尼迪政府学院 Rajawali 学者（2010 年度）。

益重视，发展清洁能源除了最初保障能源安全的意义之外，也被作为减少温室气体排放、应对气候变化的有效途径之一。

一　清洁能源、温室气体减排与减缓气候变暖

所谓“清洁能源”是指在生产、输送、消费过程中，很少，或者几乎不产生生态环境污染和温室气体排放的能源，即所谓的“零碳”能源（Zero - Carbon Energy）或“低碳”能源（Low - Carbon Energy），具体来讲，主要包括“可再生能源”和核能，以及通过碳捕获和封存（Carbon Capture and Storage，or CCS）技术处理得到的能源。① 根据政府间气候变化专门委员会（IPCC）的定义，“可再生能源”是指任何一种源自太阳、地球物理或生物资源的能源形式，这些资源可以通过自然过程以相同或超过使用速率的速度得到补充，包括生物质、太阳能、地热、水电、潮汐和海浪、海洋热能和风能等资源。②

根据《京都议定书》（Kyoto Protocol）附件 A，最主要的人为温室气体有六类：二氧化碳、甲烷、氧化亚氮、氢氟碳化物（HFC_S）、全氟化碳（PFC_S）、六氟化碳（CF_6）。而在由人为因素所产生的温室气体排放中，③ 因对化石燃料的使用所产生的二氧化碳排放量占到温室气体总排放量的 78% 左右。④

与化石燃料相比，清洁能源技术产生的温室气体排放微乎其微。以发电为例，使用清洁能源发电每千瓦时所产生的温室气体排放量比使用化石能源要少得

---

① 由于碳捕获和封存技术涉及煤、石油、天然气等化石能源，以及生物质能等多种能源的二氧化碳处理，为了便于区分，本文在讨论清洁能源的种类时，一般认为清洁能源主要包括可再生能源和核能。

② Moomaw，W.，F. Yamba，M. Kamimoto，L. Maurice，J. Nyboer，K. Urama，T. Weir，“2011：Introduction，” in O. Edenhofer，R. Pichs-Madruga，Y. Sokona，K. Seyboth，P. Matschoss，S. Kadner，T. Zwickel，P. Eickemeier，G. Hansen，S. Schlomer，C. von Stechow（eds.），*IPCC Special Report on Renewable Energy Sources and Climate Change Mitigation*，Cambridge University Press，Cambridge and New York，p. 178，http：//www. ipcc. ch/pdf/special-reports/srren/SRREN_ Full_ Report. pdf.

③ “Kyoto Protocol to the United Nations Framework Conventionon Climate Change，” 1998，p. 19，http：//unfccc. int/resource/docs/convkp/kpeng. pdf.

④ Edenhofer，O.，R. Pichs-Madruga，Y. Sokona，E. Farahani，S. Kadner，K. Seyboth，A. Adler，I. Baum，S. Brunner，P. Eickemeier，B. Kriemann，J. Savolainen，S. Schlomer，C. von Stechow，T. Zwickel and J. C. Minx（eds.），*Climate Change 2014：Mitigation of Climate Change. Contribution of Working Group III to the Fifth Assessment Report of the Intergovernmental Panel on Climate Change*，Cambridge University Press，Cambridge and New York，p. 123，http：//www. ipcc. ch/pdf/assessment - report/ar5/wg3/ipcc_ wg3_ ar5_ full. pdf.

多。使用化石燃料发电所产生的温室气体排放量在每千瓦时 469 克到 1001 克二氧化碳当量之间,① 其中，燃煤发电排放的温室气体最多，石油次之，天然气相对最少。

比较而言，使用清洁能源技术发电排放的温室气体量平均仅在每千瓦时 4 克到 46 克二氧化碳当量之间,② 其中，光伏发电、地热发电以及生物能发电所排放的温室气体相对较多，海洋能发电、水电、风电所产生的温室气体相对较少，核电和聚焦式太阳能发电的温室气体排放量居中（见图 1）。此外，通过使用二氧化碳捕获和封存技术，可以大幅度减少煤电、天然气发电以及生物能发电所产生的温室气体（见图 1）。

正是因为清洁能源技术能够产生更少的温室气体排放量，因此，在同样的经济社会发展背景下，更多地使用清洁能源取代化石燃料，增加清洁能源在能源总供给量中的比重，可以有效减少地球的温室气体排放，进而减缓地球变暖。IPCC 的《排放前景特别报告》根据人口变化、社会经济发展、技术变革等因素列出了四组温室气体排放情景：A1，融合的经济社会发展；A2，差异化的经济社会发展；B1，通过全球解决方案促进融合的经济社会可持续发展；B2，通过区域和地方解决方案促进差异化经济社会可持续发展。其中，在 A1 情景中，根据能源技术类型的不同，进一步细分出三种排放情景：A1FI，化石燃料密集型；A1B，能源选择平衡型；A1T，非化石能源型。③

根据相关估值（见图2），在 A1 的三种不同能源技术选择情景中，无论是温室气体排放量，还是相应的全球地表升温值，非化石能源型（A1T）均显著低于化石燃料密集型（A1F1），而能源选择平衡型（A1B）的效果居中。由此进一步表明，包括清洁能源在内的非化石能源具有较大的温室气体减排和减缓气候变暖的潜力。

---

① IPCC, “2011: Summary for Policymakers,” in O. Edenhofer, R. Pichs-Madruga, Y. Sokona, K. Seyboth, P. Matschoss, S. Kadner, T. Zwickel, P. Eickemeier, G. Hansen, S. Schlomer, C. von Stechow (eds.), *IPCC Special Report on Renewable Energy Sources and Climate Change Mitigation*, Cambridge University Press, Cambridge and New York, p. 18, http://www.ipcc.ch/pdf/special-reports/srren/SRREN_Full_Report.pdf.

② IPCC, “2011: Summary for Policymakers,” in O. Edenhofer, R. Pichs-Madruga, Y. Sokona, K. Seyboth, P. Matschoss, S. Kadner, T. Zwickel, P. Eickemeier, G. Hansen, S. Schlomer, C. von Stechow (eds.), *IPCC Special Report on Renewable Energy Sources and Climate Change Mitigation*, Cambridge University Press, Cambridge and New York, p. 18, http://www.ipcc.ch/pdf/special-reports/srren/SRREN_Full_Report.pdf.

③ IPCC, “2000: Summary for Policymakers,” in *Emissions Scenarios: A Special Report of Working Group III of the Intergovernmental Panel on Climate Change*, pp. 4-5.

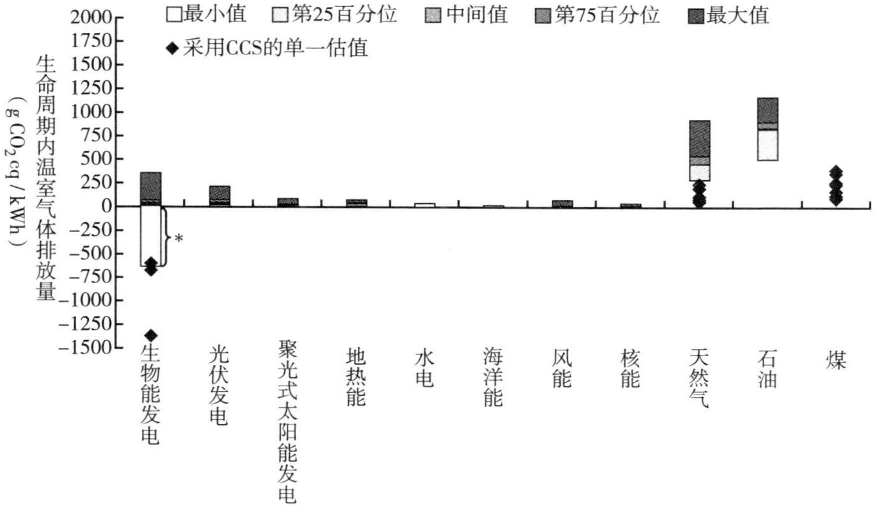

图 1　不同种类能源发电技术在其生命周期内的温室气体排放估值

注：“负估值”是指可以避免的温室气体排放量。

资料来源：IPCC, “2011: Summary for Policymakers,” in O. Edenhofer, R. Pichs - Madruga, Y. Sokona, K. Seyboth, P. Matschoss, S. Kadner, T. Zwickel, P. Eickemeier, G. Hansen, S. Schlomer, C. von Stechow (eds.), *IPCC Special Report on Renewable Energy Sources and Climate Change Mitigation*, Cambridge University Press, Cambridge and New York, p. 19.

二　通过发展清洁能源减缓气候变化的国际努力

20 世纪 70 年代世界石油危机发生之后，国际社会日益重视化石燃料的替代能源，清洁能源开始越来越多地出现在联合国各种环境和发展相关议程上。1981 年联合国新能源和可再生能源大会（UN Conference on New and Renewable Sources of Energy）通过了内罗毕项目行动（Nairobi Programme of Action）。1992 年联合国环境和发展大会（UN Conference on Environment and Development）通过了利用可持续能源和保护大气实现可持续发展的行动计划，之后的 2002 年的世界可持续发展峰会（World Summit on Sustainable Development），确立了数个可再生能源伙伴关系。2001 年，联合国可持续发展委员会（UN Commission on Sustainable Development）的“为了可持续发展的能源”（Energy for Sustainable Development）

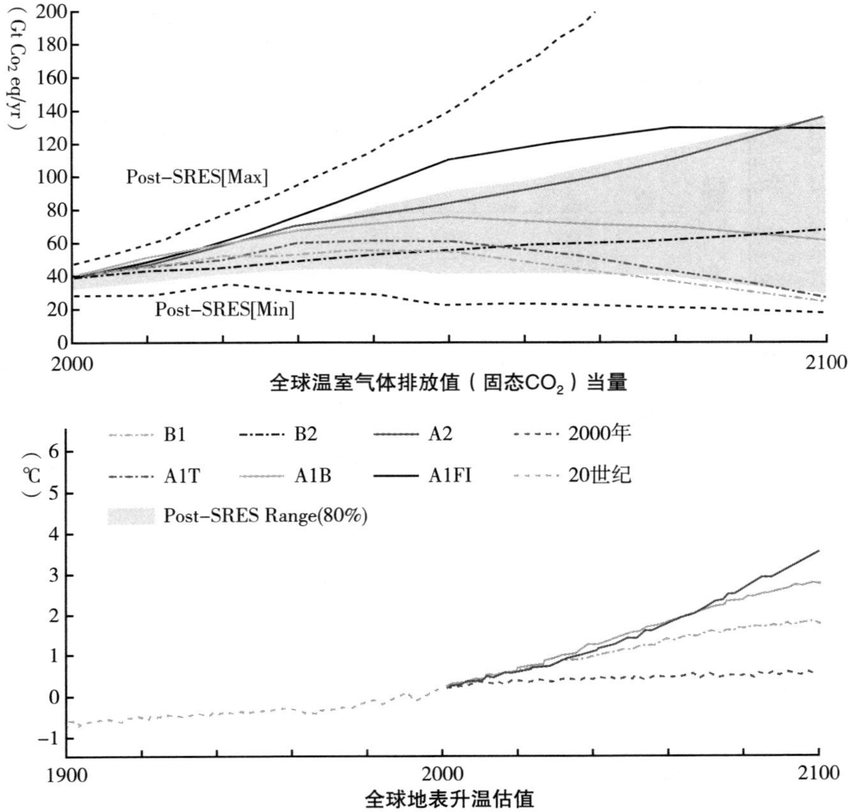

图 2　不同情景下的全球温室气体排放与全球地表升温估值（相对于 1980 ~ 1999 年的温度变化）

资料来源：Moomaw，W.，F. Yamba，M. Kamimoto，L. Maurice，J. Nyboer，K. Urama，T. Weir，“2011：Introduction，” in O. Edenhofer，R. Pichs-Madruga，Y. Sokona，K. Seyboth，P. Matschoss，S. Kadner，T. Zwickel，P. Eickemeier，G. Hansen，S. Schlomer，C. von Stechow（eds.），*IPCC Special Report on Renewable Energy Sources and Climate Change Mitigation*，Cambridge University Press，Cambridge and New York，p. 170。

议题突出强调了发展清洁能源的重要性。①

作为为联合国制定气候政策、为全球应对气候变化提供科学研究信息支持的权

① Moomaw，W. ，F. Yamba，M. Kamimoto，L. Maurice，J. Nyboer，K. Urama，T. Weir，“2011：Introduction，” in O. Edenhofer，R. Pichs-Madruga，Y. Sokona，K. Seyboth，P. Matschoss，S. Kadner，T. Zwickel，P. Eickemeier，G. Hansen，S. Schlomer，C. von Stechow（eds.），*IPCC Special Report on Renewable Energy Sources and Climate Change Mitigation*，Cambridge University Press，Cambridge and New York，p. 177.

威机构，IPCC 迄今已经发布五次《气候变化评估报告》① 以及《管理极端事件和灾害风险、推进气候变化适应特别报告》②《可再生能源与减缓气候变化》③《排放前景》④《二氧化碳捕获与封存》⑤《技术转移中的方法与技术问题》⑥《保护臭氧层和全球气候系统》⑦ 等特别报告，其中部分内容对清洁能源与气候变化相关议题的数据和研究进行了系统详尽的梳理和总结。

此外，作为国际社会联合应对气候变化的主要平台，《联合国气候变化框架公约》⑧（United Nations Framework Convention on Climate Change）以及此后在其框架下的《京都议定书》⑨、《巴厘路线图》⑩（Bali Road Map）、《坎昆协

---

① IPCC 的五次评估报告分别发布于 1990 年、1995 年、2001 年、2007 年和 2014 年。IPCC, "Assessment Reports," http：//www. ipcc. ch/publications_ and_ data/publications_ and_ data_ reports. shtml.

② Field, C. B. , V. Barros, T. F. Stocker, D. Qin, D. J. Dokken, K. L. Ebi, M. D. Mastrandrea, K. J. Mach, G. K. Plattner, S. K. Allen, M. Tignor, and P. M. Midgley (eds.), *Managing the Risks of Extreme Events and Disasters to Advance Climate Change Adaptation*, Cambridge：Cambridge University Press, 2012, http：//www. ipcc. ch/pdf/special-reports/srex/SREX_ Full_ Report. pdf.

③ Ottmar Edenhofer, Ramon Pichs Madruga, Youba Sokona et al. (eds.), *Renewable Energy Sources and Climate Change Mitigation*：*Special Report of the Intergovernmental Panel on Climate Change*, New York：Cambridge University Press, 2012, http：//www. ipcc. ch/pdf/special – reports/srren/SRREN_ Full_ Report. pdf.

④ Nakicenovic, Nebojsa and Rob Swart (eds.), *Emissions Scenarios*, Cambridge：Cambridge University Press, 2000, http：//www. ipcc. ch/ipccreports/sres/emission/emissions_ scenarios. pdf.

⑤ Metz, B. , O. Davidson, H. C. de Coninck, M. Loos, and L. A. Meyer (eds.), *IPCC Special Report on Carbon Dioxide Capture and Storage*, Cambridge：Cambridge University Press, 2005, http：//www. ipcc. ch/pdf/special – reports/srccs/srccs_ wholereport. pdf.

⑥ Metz, B. , Ogunlade Davidson, Jan-Willem Martens, Sascha Van Rooijen and Laura Van Wie Mcgrory (eds.), *Methodological and Technological Issues in Technology Transfer*, Cambridge：Cambridge University Press, 2000, http：//www. ipcc. ch/pdf/special – reports/spm/srtt – en. pdf.

⑦ Metz, B. , Lambert Kuijpers, Susan Solomon, Stephen O. Andersen, Ogunlade Davidson, José Pons, David de Jager, Tahl Kestin, Martin Manning, and Leo Meyer (eds.), *IPCC/TEAP Special Report*：*Safeguarding the Ozone Layer and the Global Climate System*, Cambridge：Cambridge University Press, 2005, http：//www. ipcc. ch/pdf/special – reports/sroc/sroc_ full. pdf.

⑧ "United Nations Framework Convention on Climate Change," 1992, http：//unfccc. int/files/essential_ background/convention/background/application/pdf/convention_ text_ with_ annexes_ english_ for_ posting. pdf.

⑨ "Kyoto Protocol to the United Nations Framework Conventionon Climate Change," 1998, http：//unfccc. int/resource/docs/convkp/kpeng. pdf.

⑩ "United Nations Framework Convention on Climate Change, Report of the Conference of the Parties on Its Thirteenth Session," 2007, http：//unfccc. int/resource/docs/2007/cop13/eng/06a01. pdf.

议》① （Cancun Agreements）、《德班决议》② （Durban Outcomes）、《多哈气候通关》③（Doha Climate Gateway）、《华沙决议》④、《巴黎协定》⑤（Paris Agreement）等在应对气候变化和推动清洁能源发展方面均发挥了重要作用，作为减缓地球气候变暖的重要途径之一，推动清洁能源发展的议题越来越多地出现在应对气候变化的相关议程中（见表1）。

表1　历届世界气候大会重要进展

年份	世界气候大会	重要进展
1979	瑞士 日内瓦	气候变化第一次被作为受到国际社会关注的问题提上议程
1992	巴西 里约热内卢	《联合国气候变化框架公约》(UNFCCC)正式开放签字。这是世界上第一个为控制温室气体排放、应对全球变暖而起草的国际公约。中国是该公约最早的10个缔约方之一
1995	德国 柏林	通过《柏林授权书》,同意立即开始谈判,以期最迟于1997年签订一项议定书
1997	日本 京都	各国签订《京都议定书》,规定到2012年,主要工业发达国家温室气体排放量在1990年基础上减少5.2%,欧盟削减8%,美国(后退出)7%,日本6%
1999	德国 波恩	通过《公约》附件一所列缔约方国家信息通报编制指南、温室气体清单技术审查指南、全球气候观测系统报告编写指南,并就技术开发与转让、发展中国家的能力建设问题进行协商
2000	荷兰 海牙	美国推销"抵消排放"法案,欧盟强调履行京都协议,中国、印度坚持不承诺减排义务

① "United Nations Framework Convention on Climate Change, Report of the Conference of the Parties on Its Sixteenth Session," 2010, http://unfccc.int/meetings/cancun_nov_2010/items/6005.php.

② "United Nations Framework Convention on Climate Change, Report of the Conference of the Parties Serving as the Meeting of the Parties to the Kyoto Protocol on Its Seventh Session," 2011, http://unfccc.int/meetings/durban_nov_2011/meeting/6245/php/view/decisions.php.

③ "United Nations Framework Convention on Climate Change, Doha Climate Gateway," 2012, http://unfccc.int/key_steps/doha_climate_gateway/items/7389.php#Specific_Outcomes.

④ "United Nations Framework Convention on Climate Change, Warsaw Outcomes," November 2013, http://unfccc.int/meetings/warsaw_nov_2013/meeting/7649/php/view/decisions.php.

⑤ "United Nations Framework Convention on Climate Change, Paris Agreement," December 2015, http://unfccc.int/files/home/application/pdf/paris_agreement.pdf.

续表

年份	世界气候大会	重要进展
2001	摩洛哥 马拉喀什	通过《京都议定书》履约问题（尤其是清洁发展机制），为附件一缔约方批准《京都议定书》并生效铺平道路
2005	加拿大 蒙特利尔	启动《京都议定书》第二阶段谈判
2007	印尼 巴厘岛	通过“巴厘岛路线图”，启动“双轨制”谈判。“巴厘岛路线图”规定，在2009年前就应对气候变化问题新的安排举行谈判，达成一份新协议。新协议将在2012年《京都议定书》第一期承诺到期后生效
2008	波兰 波兹南	八国集团领导人就减排目标达成一致，与其他缔约国谈判通过共同实现2050年全球温室气体排放量减半的长期目标
2009	丹麦 哥本哈根	提出将全球平均气温升高控制在工业革命以前2摄氏度的目标；全部发达国家和最大的发展中国家第一次同意设定温室气体排放限额；在发达国家提供应对气候变化的资金和技术支持方面取得积极进展
2010	墨西哥 坎昆	坚持了《公约》《议定书》和《巴厘岛路线图》；在适应、技术转让、资金和能力建设等问题上取得一定进展
2011	南非 德班	批准《京都议定书》第二承诺期，2013年开始实施；进一步明确和细化适应、技术、能力建设和透明度的机制安排。明确2020年后公约实施进程。启动绿色气候基金，确定基金管理框架和运行模式
2012	卡塔尔 多哈	确定2013～2020年为《京都议定书》第二承诺期；确定欧盟比1990年减排20%等部分发达国家减排目标
2014	秘鲁 利马	就2015年巴黎大会协议草案的要素基本达成一致
2015	法国 巴黎	通过《巴黎协定》，确立将全球平均气温较工业化前水平升幅控制在2摄氏度内的长远目标，并为将升温控制在1.5摄氏度内而努力。尽快实现温室气体排放达峰，21世纪下半叶实现温室气体净零排放。各方以“自主贡献”方式参与全球应对气候变化行动。从2023年开始，每5年对全球应对气候变化行动总体进展进行一次盘点

资料来源：United Nations Environment Programme。

2015年12月，在于法国巴黎召开的世界气候大会上，195个国家通过了全球应对气候变化的《巴黎协定》。《巴黎协定》提出，长远目标是确保全球平均气温较工业化前水平的升幅控制在2摄氏度内，并为将升温控制在1.5摄氏度内而努力。《巴黎协定》要求缔约方尽快实现温室气体排放达峰，到21世纪下半叶实现温室气体的净零排放。《巴黎协定》缔约方以“自主贡献”（Nationally Determined Contributions）方式参与全球应对气候变化行动。从2023年开始，每

5 年对全球应对气候变化行动的总体进展进行一次盘点。①

根据 IPCC 的第五次《气候变化评估报告》，为了有效控制 2℃的平均温度增加，大气的温室气体浓度需要稳定在 2100 年的 450 百万分之一（ppm）二氧化碳当量左右，这意味着到 2050 年全球温室气体排放量需要比 2010 年减少 40% ~ 70%，并且到 2100 年接近零排放或者更低。② 为达到这一目标，以清洁能源代替化石燃料，通过降低碳强度的方式，减少与能源使用有关的碳排放已经成为国际社会的重要共识。

在国际社会的共同推动和努力下，20 世纪 70 年代至今，清洁能源在全球一次能源供应中的比重有了一定程度的增加。1973 年，全球一次能源供应总量为 6100 百万吨油当量（Mtoe），其中，清洁能源所占的份额为 13.3% 左右（生物燃料约占 10.5%，水能约占 1.8%，核能约占 0.9%，包括地热能、太阳能、风能等在内的其他清洁能源约占 0.1%）。而到了 2013 年，全球一次能源供应总量为 13541 百万吨油当量，其中清洁能源的份额约增加到了 18.6%（生物燃料约占 10.2%，水能约占 2.4%，核能约占 4.8%，包括地热能、太阳能、风能等在内的其他清洁能源约占 1.2%），与 1973 年相比，约增加了 5.3 个百分点（见图 3）。

清洁能源发展的种类方面，在 1973 ~ 2013 年的 40 年间，核能发展速度较快，其占全球一次能源供应的份额从 1973 年的 0.9% 增加到 2013 年的 4.8%，份额增加超过 4 倍。水能占全球一次能源供应的份额则从 1.8% 增加到 2.4%。与多数清洁能源份额增加的情况不同，在 1973 ~ 2013 年的 40 年期间，生物燃料在全球一次能源供应中的占比反而略有下降，从 10.5% 小幅降低至 10.2%。而包括地热能、太阳能、风能在内的其他清洁能源则有了较大程度发展，其占全球一次能源供应的份额从 1973 年的 0.1% 增加到 2013 年的 1.2%，40 年间份额增加了 11 倍（见图 3）。③

---

① "United Nations Framework Convention on Climate Change," *Paris Agreement*, December 2015, http://unfccc.int/files/home/application/pdf/paris_agreement.pdf.

② Edenhofer, O., R. Pichs-Madruga, Y. Sokona, E. Farahani, S. Kadner, K. Seyboth, A. Adler, I. Baum, S. Brunner, P. Eickemeier, B. Kriemann, J. Savolainen, S. Schlomer, C. von Stechow, T. Zwickel and J. C. Minx (eds.), *Climate Change 2014: Mitigation of Climate Change. Contribution of Working Group III to the Fifth Assessment Report of the Intergovernmental Panel on Climate Change*, Cambridge University Press, Cambridge and New York, p. 10, http://www.ipcc.ch/pdf/assessment-report/ar5/wg3/ipcc_wg3_ar5_full.pdf.

③ IEA, *Key World Energy Statistics 2015*, p. 6, https://www.iea.org/publications/freepublications/publication/KeyWorld_Statistics_2015.pdf.

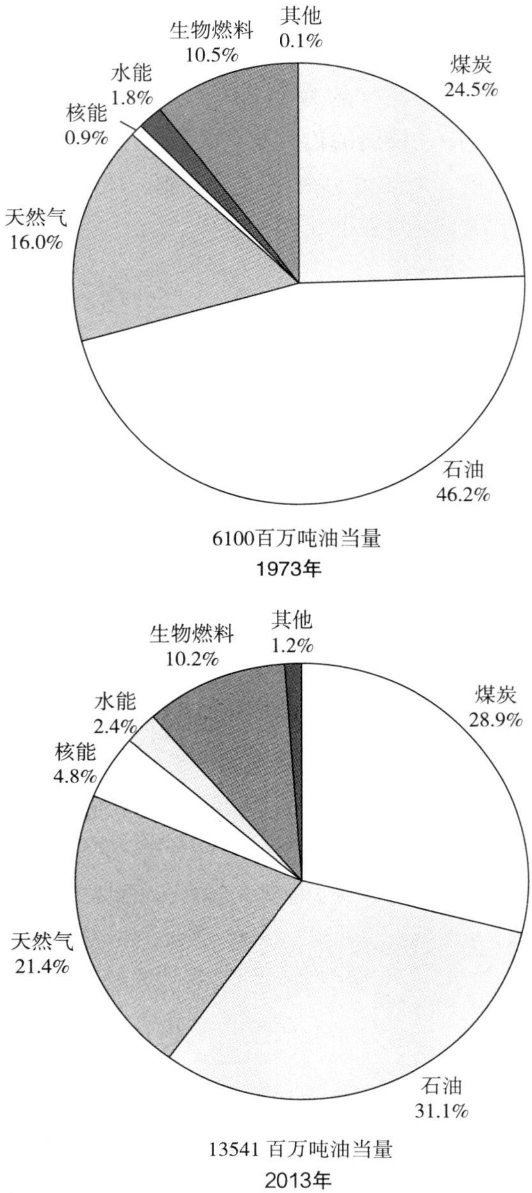

图 3　1973 年与 2013 年不同种类能源占全球一次能源供应份额

注：其他能源包括地热能、太阳能、风能等。

资料来源：IEA，*Key World Energy Statistics 2015*，p. 6，https：//www. iea. org/publications/freepublications/publication/KeyWorld_ Statistics_ 2015. pdf。

根据国际能源署的预测，按照当前的全球气候政策，如果要把全球温室气体排放量稳定在450百万分之一（ppm）二氧化碳当量的水平，预计到2035年，清洁能源占全球一次能源供应（约为14870百万吨油当量）的比重需要大幅度增加到38.1%左右。其中，核能的份额需要增加到11.2%，水能的份额增加到3.5%，而包括生物质能、地热能、太阳能、风能、潮汐能等在内的其他清洁能源的份额需要增加为23.4%左右（见图4）。①

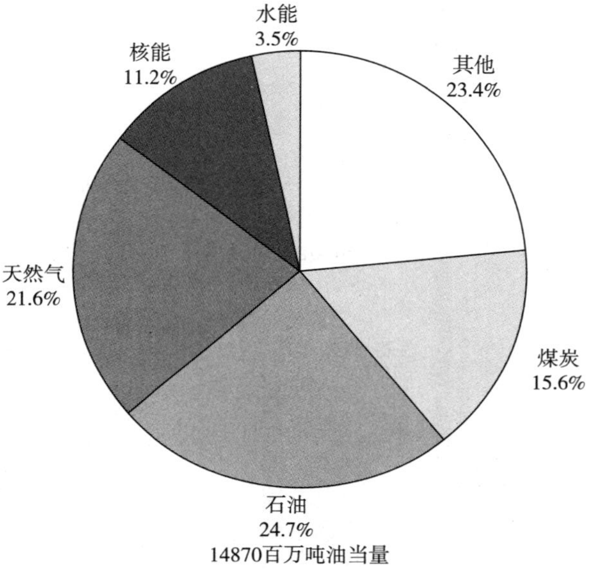

图4　2035年不同种类能源占全球一次能源供应份额

注：其他能源包括生物质能、地热能、太阳能、风能、潮汐能等。

资料来源：IEA，*Key World Energy Statistics 2012*，p. 46，http：//www. iea. org/publications/freepublications/publication/kwes. pdf。

三　全球清洁能源技术研发及产业投资的新情况和新趋势

在全球应对气候变化、加快化石能源替代的大背景下，2014年、2015年全

---

① IEA，*Key World Energy Statistics 2012*，p. 46，available at：http：//www. iea. org/publications/freepublications/publication/kwes. pdf.

球清洁能源的技术研发和产业投资均继续保持一定程度的增加，但受国际油价大跌、全球经济复苏乏力、欧债危机等因素影响，增幅有所放缓。

（一）清洁能源的技术研发①

清洁能源的技术研发主要包括政府研发和企业研发两部分。2004～2014年，全球可再生能源的技术研发投资自51亿美元增加到117亿美元，十年间年均增长约9%。其中，在2014年的可再生能源技术研发投资中，政府研发投资51亿美元，企业研发投资66亿美元，企业研发投资比政府研发投资多约30%。② 除了政府投资和企业投资外，在清洁能源的技术开发阶段，也会有少量的风险投资参与进来，2014年，全球参与清洁能源技术研发的风险投资为10亿美元左右。③ 总体来看，2014年全球清洁能源的技术研发投资保持了增长势头，但与2013年相比，增幅明显放缓，当年度技术研发投资仅增加了2%，与2013年全球清洁能源技术研发投资22%的增幅有较大差距（见图5）。

从研发投资的技术领域看，太阳能、风能、生物燃料是近几年全球清洁能源研发投资的前三大品类，2013年全球太阳能、风能、生物燃料技术研发投资分别为60亿美元（政府投资23亿美元、企业投资37亿美元）、21亿美元（政府投资7亿美元、企业投资14亿美元）、20亿美元（政府投资12亿美元、企业投资8亿美元）。④ 2013年全球清洁能源研发投资主要集中在通过技术进步减少光伏制造所需要的原材料，力求制造更薄的太阳能晶片，以及通过技术创新和材料创新生产直径更长、更强韧耐用的风轮叶片（见图6）。

（二）清洁能源的产业投资

2004～2014年，全球清洁能源新增投资从600亿美元增加到3180亿美元，

---

① 由于统计数据所限，本部分数据主要是可再生能源的技术研发数据，核能、能效和低碳技术的研发数据未计入。

② REN21（Renewable Energy Policy Network for the 21st Century），“Renewables Global Status Report 2015，” p. 83， http：//www. ren21. net/wp-content/uploads/2015/07/REN12 – GSR2015 _ Onlinebook_ low1. pdf；Frankfurt School – UNEP Center/Bloomberg New Energy Finance，“Global Trends in Renewable Energy Investment 2015，” p. 72， http：//fs – unep – centre. org/system/files/gtr2015. pdf.

③ Frankfurt School-UNEP Center/ Bloomberg New Energy Finance，“Global Trends in Renewable Energy Investment 2015，” p. 15， http：//fs – unep – centre. org/system/files/gtr2015. pdf.

④ Frankfurt School-UNEP Center/ Bloomberg New Energy Finance，“Global Trends in Renewable Energy Investment 2015，” p. 73， http：//fs – unep – centre. org/system/files/gtr2015. pdf.

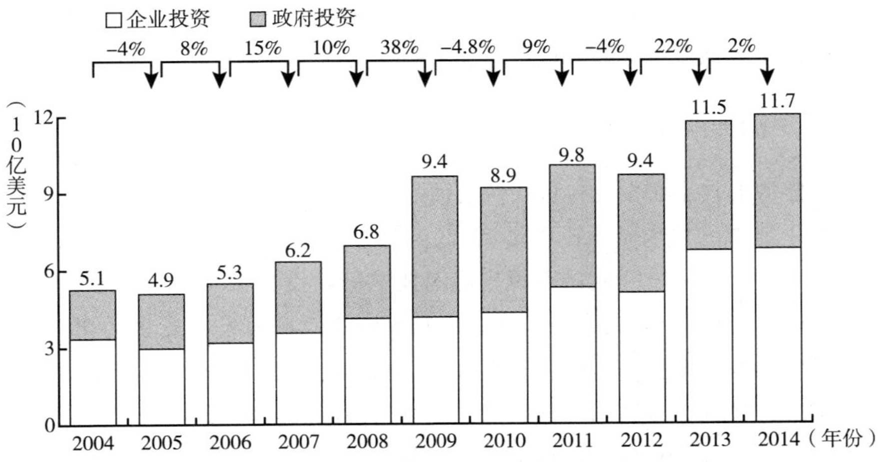

图 5　2004～2014 年全球可再生能源的技术研发投资

资料来源：Frankfurt School - UNEP Center/ Bloomberg New Energy Finance，"Global Trends in Renewable Energy Investment 2015，" p. 72，http：//fs - unep - centre. org/system/files/gtr2015. pdf。

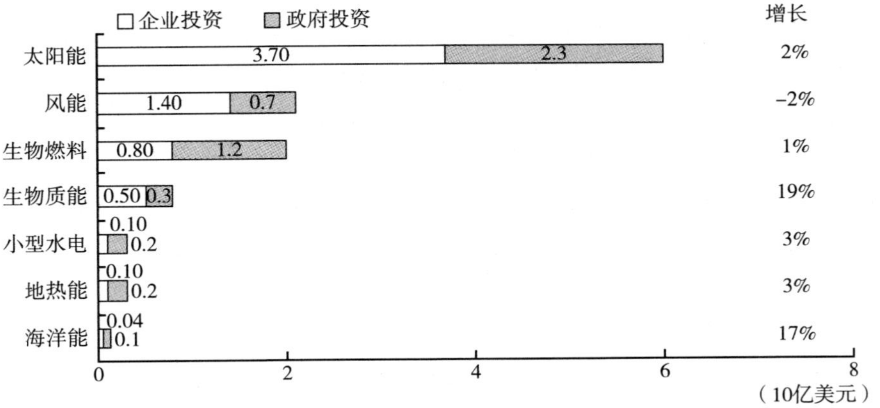

图 6　2013 年全球可再生能源研发投资技术分类

资料来源：Frankfurt School - UNEP Center/ Bloomberg New Energy Finance，"Global Trends in Renewable Energy Investment 2015，" p. 73，http：//fs - unep - centre. org/system/files/gtr2015. pdf。

十年时间内投资增加超过四倍。① 其中，如图 7 所示，清洁能源投资增加最快的三个时期是：①2004 年第四季度至 2008 年第二季度。新增投资额自 90 亿美元增

---

① Mills，L.，"Global Trends in Clean Energy Investment，" *Bloomberg New Energy Finance*，October 6，2015，p. 4，http：//about. newenergyfinance. com/content/uploads/sites/4/2015/10/2015 - 10 - 08 - Clean - Energy - Investment - Q3 - 2015 - factpack. pdf.

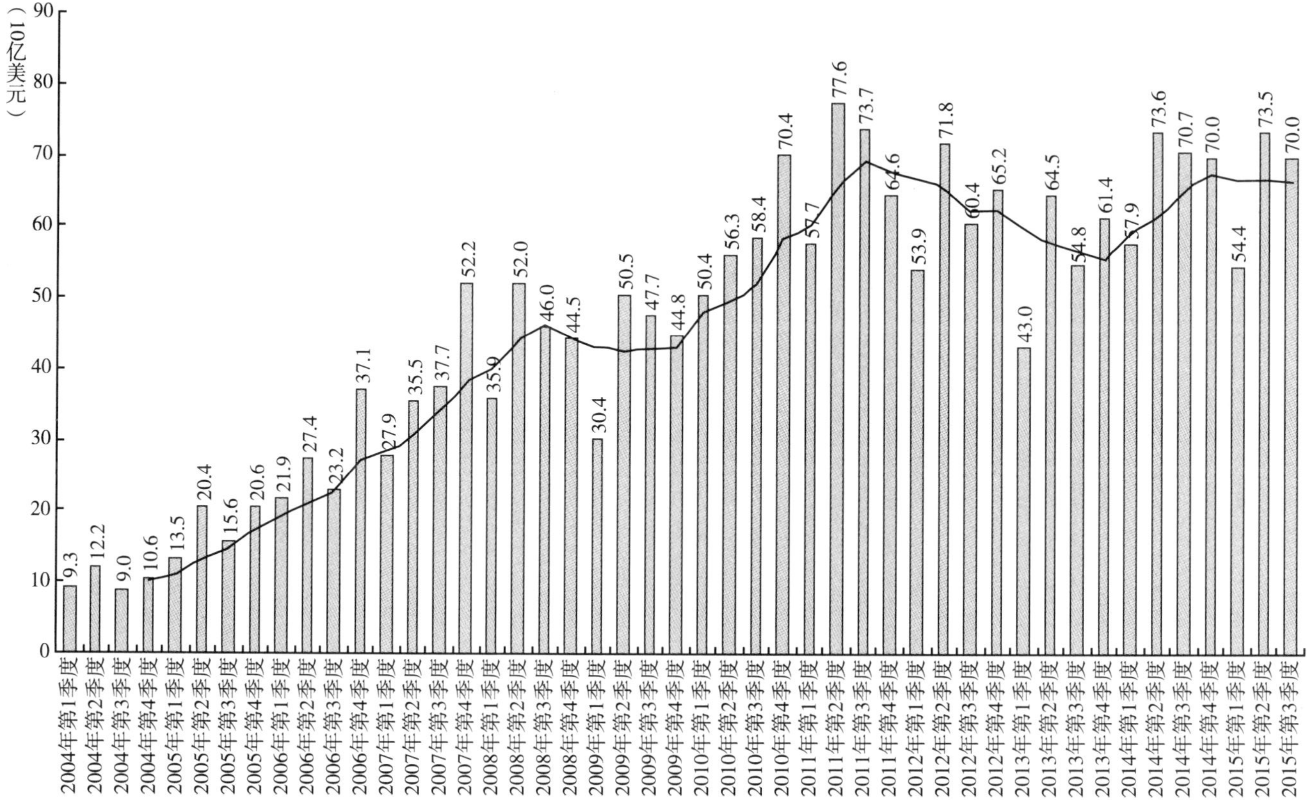

图7　2004 年第 1 季度 ~2015 年第 3 季度全球清洁能源新增投资

资料来源：Mills, L.,"Global Trends in Clean Energy Investment," *Bloomberg New Energy Finance*, October 6, 2015, p. 8, http://about. newenergyfinance. com/content/uploads/sites/4/2015/10/2015 – 10 – 08 – Clean – Energy – Investment – Q3 – 2015 – factpack. pdf.

加到520亿美元，增长了约4.8倍。②2010年第一季度至2011年第二季度。新增投资额自504亿美元增加到776亿美元，增长了约54%。③2013年第四季度至2015年第三季度，新增投资额自548亿美元增加到700亿美元，增长了约28%。其中，在2015年第三季度，全球清洁能源新增投资约700亿美元。[①]

如图8所示，[②] 从投资领域看，全球的清洁能源投资主要集中在太阳能、风能、生物质能三大领域。全球太阳能新增投资自2004年的120亿美元增加到2014年的1496亿美元，十年间年均约增长29%，目前已经成为全球新增投资最多的清洁能源种类。风能是全球清洁能源投资第二大领域，全球风能新增投资自2004年的179亿美元增加到2014年的995亿美元，十年间年均增长约19%。[③] 此外，生物质能、水能、地热能、海洋能等可再生能源，以及能效和低碳技术投资等在全球清洁能源新增投资中也占有一定份额。

如图9所示，在清洁能源所有投资类型中，资产融资是全球清洁能源投资的首要方式。2014年，全球清洁能源资产融资1879亿美元，[④] 占当年度全球清洁能源新增投资总额的69%。小规模分布式发电投资和公开市场融资分别是全球清洁能源第二和第三大投资类型。2014年，全球清洁能源小规模分布式发电投资和公开市场融资分别达到592亿美元和202亿美元，[⑤] 约占当年度全球清洁能源新增投资总额的22%和7%。

在投资来源方面，全球清洁能源投资既有清洁能源基金（Clean Energy Funds）、绿色债券（Green Bonds）、清洁能源项目债券（Clean Energy Project Bonds）、开发银行（Development Banks）、机构投资者（Institutional Investors）等传统投资来源，也有项目收益公司（Yieldcos）和众筹（Crowd-funding）等新的投

---

① Mills, L., "Global Trends in Clean Energy Investment," *Bloomberg New Energy Finance*, October 6, 2015, p.8, http://about.newenergyfinance.com/content/uploads/sites/4/2015/10/2015-10-08-Clean-Energy-Investment-Q3-2015-factpack.pdf.

② Mills, L., "Global Trends in Clean Energy Investment," *Bloomberg New Energy Finance*, October 6, 2015, p.13, http://about.newenergyfinance.com/content/uploads/sites/4/2015/10/2015-10-08-Clean-Energy-Investment-Q3-2015-factpack.pdf.

③ Frankfurt School - UNEP Center/ Bloomberg New Energy Finance, "Global Trends in Renewable Energy Investment 2015," p.15, http://fs-unep-centre.org/system/files/gtr 2015.pdf.

④ The PEW Charitable Trusts, "2013: Who's Winning the Clean Energy Race?" April 2014, p.22, http://www.pewtrusts.org/~/media/assets/2014/04/01/clenwhoswinningthecleanenergyrace2013pdf.

⑤ The PEW Charitable Trusts, "2013: Who's Winning the Clean Energy Race?" April 2014, p.18, http://www.pewtrusts.org/~/media/assets/2014/04/01/clenwhoswinningthecleanenergyrace2013pdf.

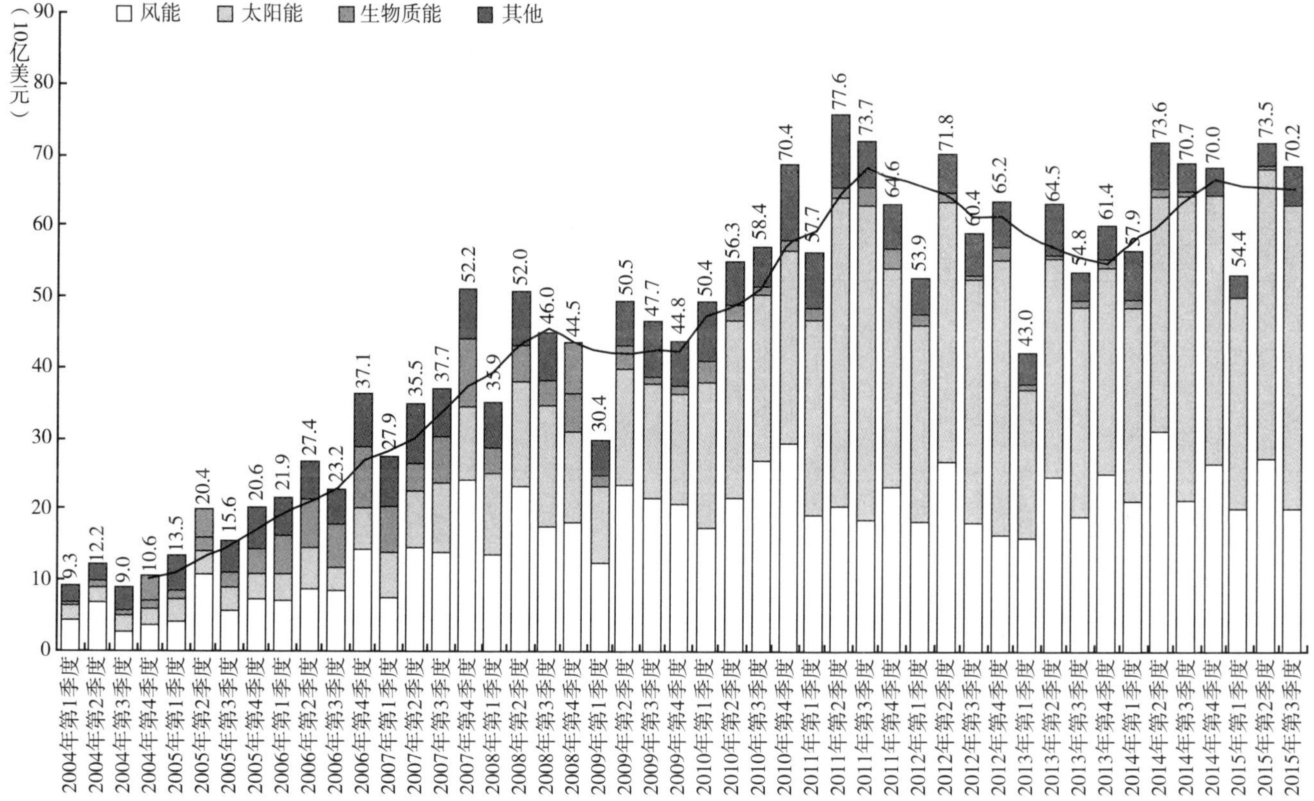

图8　2004年第1季度~2015年第3季度全球清洁能源投资主要领域

资料来源：Mills，L.，“Global Trends in Clean Energy Investment”，*Bloomberg New Energy Finance*，October 6，2015，p. 13，http://about.newenergyfinance.com/content/uploads/sites/4/2015/10/2015-10-08-Clean-Energy-Investment-Q3-2015-factpack.pdf.

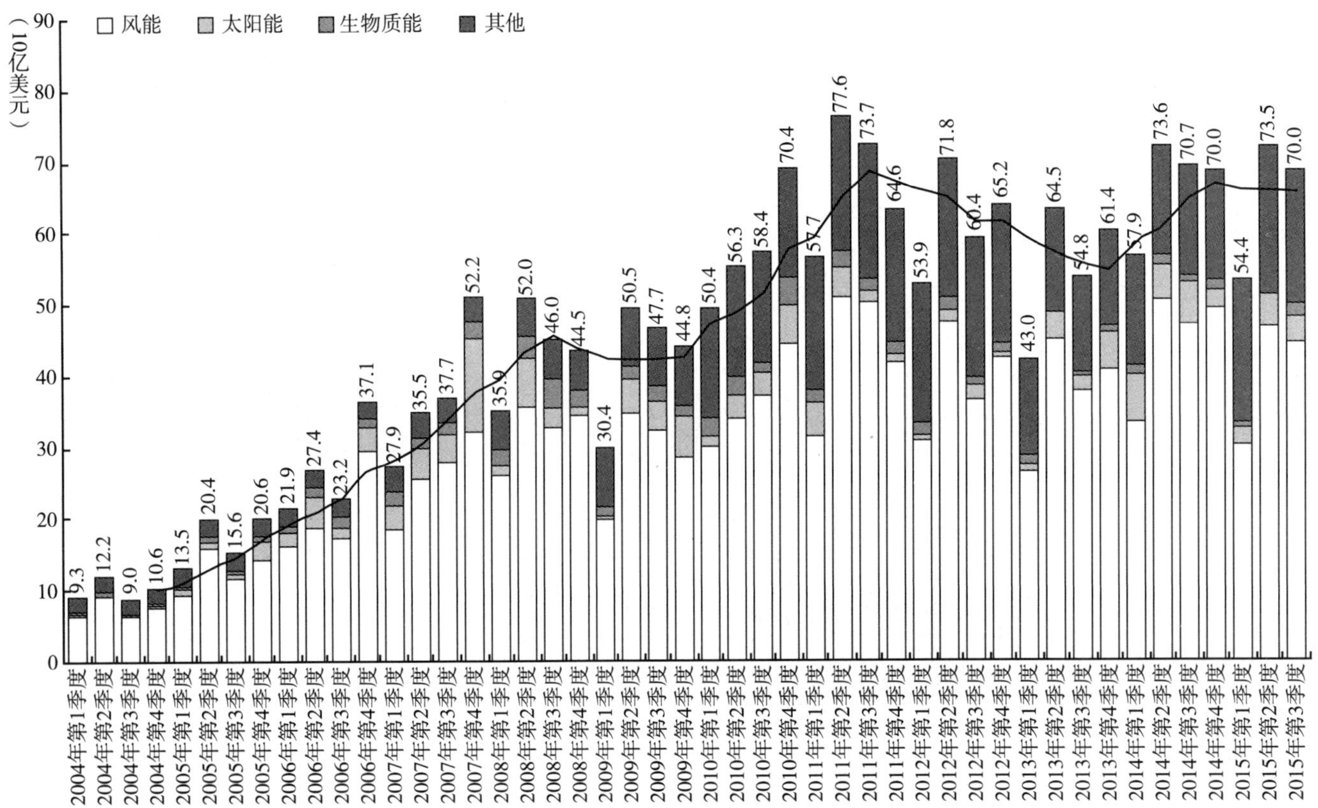

图9　2004年第1季度~2015年第3季度全球清洁能源投资类型

资料来源：Mills，L.，"Global Trends in Clean Energy Investment"，*Bloomberg New Energy Finance*，October 6，2015，p. 8，http://about.newenergyfinance.com/content/uploads/sites/4/2015/10/2015-10-08-Clean-Energy-Investment-Q3-2015-factpack.pdf.

资渠道。①受 2014 年国际油价下跌的影响，全球清洁能源基金股价普遍下跌，与 2013 年相比，清洁能源基金的资产价值减少了 13.5% 左右；清洁能源绿色债券在 2014 年则达到创纪录的 390 亿美元，其主要来自世界银行、政府机构，以及公司债券。受欧洲银行债务因素的影响，2014 年全球清洁能源项目债券则减少了 82%，只有 6.3 亿美元左右。此外，机构投资者仍然是清洁能源投资的主要来源之一，绿色债券、项目收益公司以及清洁能源项目直接投资的增加都反映出机构投资者投资的增加；除机构投资者以外，开发银行一直在全球清洁能源投资中发挥着关键作用。2014 年，巴西国家开发银行（Brazilian Development Bank）为清洁能源项目提供了 27 亿美元信贷资金，位居世界第一，而欧洲投资银行（European Investment Bank）以 15 亿美元的清洁能源项目信贷额退居世界第二位。此外，2014 年，金砖国家新开发银行（BRICS New Development Bank）和亚洲基础设施投资银行（Asian Infrastructure Investment Bank）先后宣布成立，预计新成立的两个开发银行在未来也会成为全球清洁能源项目的重要投资来源。除了以上传统投资来源外，项目收益公司和众筹也逐渐成为全球清洁能源新的投资来源，2014 年，3 家美国、6 家英国和 1 家德国项目收益公司共从股票市场募集了 50 亿美元用于清洁能源开发项目。②

① Frankfurt School – UNEP Center/ Bloomberg New Energy Finance, "Global Trends in Renewable Energy Investment 2015," p. 42, http://fs – unep – centre. org/system/files/gtr2015. pdf.

② REN21 (Renewable Energy Policy Network for the 21st Century), "Renewables Global Status Report 2015," pp. 84 – 85, http://www. ren21. net/wp – content/uploads/2015/07/REN12 – GSR2015_ Onlinebook_ low1. pdf.

B.9

全球与中国核电市场的回顾与展望

刘先云　张春宇*

摘　要：　2011年3月日本福岛核事故以后，全球核电建设逐渐企稳回暖。2015年，日本重启川内核电站1号机组，结束了1年又11个月的“零核”状态。2015年也是中国重启沿海核电站建设的关键之年，开启了中国核电开工和投产的高潮。目前全球核电建设的重心已经从发达国家向中国、印度、巴西、俄罗斯等新兴经济体转移。全球核电技术加快升级，企业间竞争加剧、合作扩大，全球核能产业进入竞争合作并存时代。中国在国内核电建设提速的同时，加快了“走出去”步伐。

关键词：　核电　回暖　走出去

一　全球核电市场

在日本福岛核事故后，全球核电产业逐渐走出低谷，回暖势头明显。除了传统的核电大国外，中国、印度、巴西、沙特等新兴经济体对核电都表现出了强烈的兴趣，成为全球核电建设的主力军。目前中国在建机组为24台，占全球在建机组数量的约1/3，在建规模居世界第一。

1. 全球核电回暖势头较为强劲

国际原子能机构统计显示，截至2016年3月15日，全球在运核电机组为436台，总装机容量为379017千兆瓦（见表1），永久停运的核电机组为2台，在建机组为66台。图1为1995年以来全球在运核电装机容量变化图。总体上

---

* 刘先云，中国社会科学院研究生院亚太系世界经济专业2014级博士生；张春宇，中国社会科学院世界经济与政治研究所助理研究员。

看，经历2012年的小幅下滑后，全球核电建设已经开始企稳回升。2015年底召开的巴黎气候大会为各国减排设定了新的目标和义务，全球减排压力的加大，必将进一步推动世界核电建设的步伐。

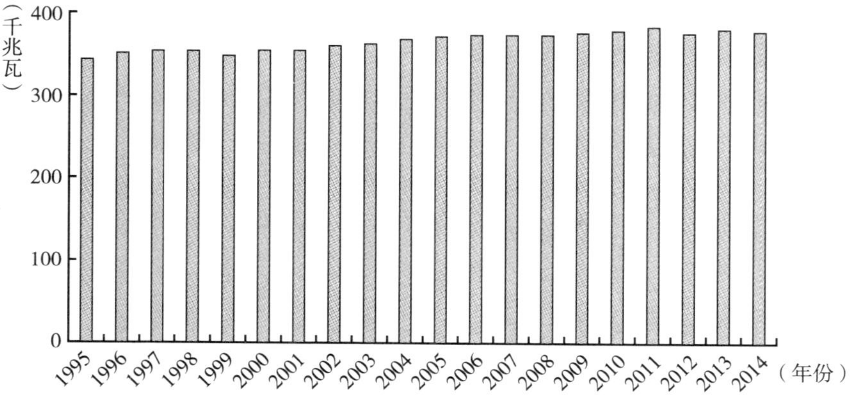

图1　1995年以来全球在运核电装机容量变化

资料来源：国际原子能机构官网。

国际原子能机构信息显示，截至2015年末，全球在运核电机组为442台，总装机容量为384093千兆瓦。在建核电机组为66台，总装机容量为63703兆瓦（见表1）。

英国石油公司（BP）统计数据显示，2014年全球核能发电量同比增长1.8%，实现了2009年以来的连续两年增长，核电占全球发电市场的份额首次扩大。2015年核电总装机容量继续保持消费增长，总装机容量从2014年371790千兆瓦微升至2015年的367340千兆瓦。

据媒体报道，2015年8月11日，日本九州电力公司的川内核电站1号机组重启，8月31日达到了满负荷运转。川内核电站2号机组也于10月重启，11月1日达到全面运转。上述核电机组的重启，结束了日本1年又11个月的“零核电”状态。除川内1、2号机组重启外，四国电力公司旗下伊方核电站3号机组和关西电力公司旗下高滨核电站3、4号机组也已通过日本监管机构的审查，将适时恢复运行。日本将重启部分符合安全监管要求且服役期限在40年以内的反应堆。种种迹象表明，日本正逐步摆脱福岛核事故的阴影，公众对核电安全的信心也逐渐恢复。日本核电站的重启，成为全球核电回暖的一个重要标志。

表 1　全球在运核电机组分布

国家	机组数(台)	总装机容量(千兆瓦)
亚美尼亚	1	375
伊朗	1	915
荷兰	1	482
斯洛文尼亚	1	688
巴西	2	1884
保加利亚	2	1926
墨西哥	2	1440
罗马尼亚	2	1300
南非	2	1860
阿根廷	3	1632
巴基斯坦	3	690
芬兰	4	2752
匈牙利	4	1889
斯洛伐克	4	1814
瑞士	5	3333
捷克	6	3930
比利时	7	5913
西班牙	7	7121
德国	8	10799
瑞典	10	9648
乌克兰	15	13107
英国	15	8883
加拿大	19	13524
印度	21	5308
韩国	25	23133
中国	31	26635
俄罗斯	35	25433
日本	43	40290
法国	58	63130
美国	99	99183
全球	442	384081

注：统计时间截至 2016 年 3 月 15 日。

资料来源：国际原子能机构官网。

除了日本外，其他国家核电回暖的态势也可圈可点。美国一边新建核电机组，一边开展在役机组的延寿工作。目前在建机组 5 台，在建机组装机容量达

563.3 亿千瓦，预计到 2040 年核电装机容量最高可达 1.33 亿千瓦。美国能源信息署 2015 年底透露：“虽然到 2019 年美国将有 3 台核电机组（2140 兆瓦电力）关闭，但由于在 2016~2020 年将有 5 台新核电机组（5618 兆瓦电力）投运，因此美国核电装机容量到 2020 年仍将出现增长。”① 统计显示，2014 年美国核能发电量达到 7970 亿千瓦时，约占美国发电量的 19.5%，占比仅次于火力发电（39%）和天然气发电（27%）。

英国亦欲重振核电产业，目前正在筹建欣克利角 C 核电站，以及布拉德维尔 B（Bradwell B）项目。目前欧盟已批准法国电力与中广核合作建设欣克利角 C 核电站。据报道，英国计划在 2030 年前新建 8 座核电站。到 2030 年，英国将大力发展用于发输电的小型模块化反应堆，这也是全球核电市场发展的标志之一。

俄罗斯在核电发展方面雄心勃勃。根据计划，到 2030 年俄罗斯国内核电装机容量将达到 6000 万千瓦，核电占电力装机比重提高到 25%。俄罗斯还不遗余力地开拓国际市场。据英国广播公司 2015 年 12 月报道，俄罗斯总统普京宣布俄罗斯将于未来 20 年在印度兴建 6 座核电站。此外，俄罗斯还在积极开拓中国、伊朗、阿联酋、南非、芬兰、埃及、匈牙利、约旦等国际市场。

印度电力短缺和大气污染问题严重。为弥补本国庞大的能源缺口、改善生态环境，近年来印度把发展核电作为解决能源问题的重要手段。目前印度在建的核电机组有 6 台，装机容量 390.7 万千瓦。当前，核电在印度发电量中占比不到 4%，印度政府计划，到 2050 年将这一比例增至 25%。

除了这些老牌核电国家，白俄罗斯、埃及、孟加拉国、约旦、立陶宛、波兰、越南等国家也都将核电站建设提上日程，部分国家已经开工建设第一座核电站。即便是沙特和阿联酋等石油资源极其丰富的国家，也启动了核电站建设项目。

2. 全球核电建设中心向新兴国家转移

近年来，经济增长重心不断向新兴经济体转移，新兴经济体 GDP 总量已占据全球 GDP 的半壁江山。全球核电市场格局正悄然发生变化，重心由欧美等发达国家向新兴市场国家转移，目前全球核电的需求主要集中在中国、印度、泰国、越南、印尼以及北非和拉美地区。对发达国家来说，其目前发展核电主要是为了应对气候变化，经济发展带来的能源需求已基本饱和。而新兴市场国家由于需要快速发展经济，改善人民生活，对能源的需求巨大，核电成为这些国家弥补能源缺口的重要途径。

① 《美国核电装机容量到 2020 年仍将增长》，闫淑敏译，《国外核新闻》2015 年第 12 期，第 5 页。

从表2和表3不难看出，在运的核电机组主要分布在北美、西欧和东亚地区。而新建核电机组则主要分布在中国、俄罗斯、印度等新兴经济体。《2015世界核能产业报告》显示，目前80%的新建机组在亚洲和东欧，其中一半在中国。超过60%的在建机组位于中国、印度和俄罗斯三个国家。2011年仅有的2台新开工机组分别为巴基斯坦恰希玛3号机组和印度拉贾斯坦7号机组。2012年，全球新建核电机组7台，其中4台位于中国，其余3台分别位于俄罗斯、韩国和阿联酋。2013年，全球新开工核电机组除了美国的4台外，其余均位于新兴市场国家。2014年，新建机组数量再次下降到了个位数，只有3台，分别来自白俄罗斯、阿根廷和阿联酋。

3. 全球核电产业进入竞争性合作阶段

表2 全球在运核电机组区域分布图

地区	机组数量(台)	装机容量(千兆瓦)
西欧	115	112061
中东欧	70	50472
中东和南亚	25	6913
东亚	105	95110
北美	118	112709
拉丁美洲	7	4856
非洲	2	1860
全球	442	383981

资料来源：国际原子能机构。

表3 全球在建核电机组分布

国家	机组数量(台)	装机容量(千兆瓦)
芬兰	1	1600
法国	1	1630
乌克兰	2	1900
白俄罗斯	2	2218
印度	6	3907
韩国	3	4020
沙特	4	5380
美国	5	5633
俄罗斯	8	6582
中国	24	24128
全球	56	56998

资料来源：国际原子能机构。

随着核电建设回暖，全球核电市场竞争也日趋激烈。不仅老牌的美国、俄罗斯、法国、日本等拥有核电的国家极力争夺新增市场份额，中国、韩国等新兴核电大国也开始后来居上。在各国核电企业纷纷争夺市场的同时，企业的合作也在不断加强，企业融合加快、合资企业增多、供应链日趋全球化的态势也日趋明显。全球核电产业正迎来竞争性合作的时代。

核电建设产业链长、投资规模大，每台核电机组投资规模就约达200亿元。世界核能行业协会发布的报告（2013）显示，到2030年，全球计划新建核电站的总采购额将高达1.2万亿美元，其中跨国采购额将达到5750亿美元。对于庞大的核电建设市场，老牌核电大国的企业自然争相进入。美国、法国等一些发达国家本身已没有建设核电的刚性需求，为了维持已经建立起来的成熟的核电产业研发体系、保持产业链竞争力，它们也在国际市场寻找出路。2015年7月，南非开展了7～8个核电项目的国际招标工作，项目涉及金额高达800亿元。俄罗斯、美国、法国、韩国与中国无不对南非这一市场“虎视眈眈”。对印度这个庞大的核电市场，美国、法国、俄罗斯、韩国和日本的企业也在展开激烈的竞争。

然而，在全球核电市场争夺日趋白热化的同时，全球核电企业的合作也在不断增强。核能是技术密集型与资本密集型产业，业主公司和供应链上下游企业的高效合作是确保其经济性和安全性的基础。任何企业都不可能在产业链所有环节都具有比较优势，总有与其他企业开展合作的空间。核产业全球供应链的形成，意味着企业可以根据自身需求选取最有竞争力的合作伙伴。核电全球市场的形成，也使各国核电企业在近年都加大了整合力度，以资源整合培育本国优势企业、提升本国核电核心竞争力。

目前英国欣克利角C核电项目就由法国电力公司（EDF）和中方联合体共同开发，目前这一合作方案已获得欧盟批准。2014年11月，法国电力公司和参与该项目的中方联合体，共同举办了中国供应链推介会。在这种合作模式下，中国供应商有望通过独立投标或分包合作等方式，获得更多的机会。虽然中国和各核电大国是潜在的竞争对手，但在竞争中深化合作，无疑是实现多方共赢的最佳途径。

法国核电企业与中方的合作不仅表现在英国欣克利角C核电项目上。近年法国核电设备生产巨头阿海珐公司从一个技术供应商逐步转型为中国企业的全产业链合作伙伴。通过建立合资企业等方式，阿海珐进一步拓展了中国市场。目前阿海珐已在中国成立了多家合资公司，有东方阿海珐核泵有限责任公司、中核阿海珐（上海）锆合金管材有限公司、阿海珐（中国）核电服务有限公司等。

目前，中国国家核电技术公司（现已并入国电投公司）正与美国西屋公司一道开发土耳其市场。2014 年 11 月，国家核电技术公司、西屋公司和土耳其国有发电公司（EUAS）共同签署合作备忘录，达成排他性协商，拟采用先进非能动压水堆 CAP1400 技术和 AP1000 技术在土耳其建设 4 台核电机组。目前这批项目进展顺利，土耳其政府已为项目确定了厂址。总之，全球核产业链中，各企业“你中有我、我中有你”的发展趋势日益明显。

核电企业之间的兼并重组也是 2015 年核电市场的一大亮点。2014 年法国阿海珐公司出现巨额亏损，亏损额高达 48 亿欧元，债务压力导致阿海珐亟须注资。2015 年 6 月，法国宣布，法国电力公司将正式启动法国核电巨头阿海珐和法国电力公司的整合工作。双方将会把核反应堆等业务合并到法国电力公司控股的合资企业。

2015 年 5 月，经国务院批准，中国电力投资公司与国家核电技术公司重组建立国家电力投资集团公司（以下简称“国电投”）。此前，中国电力投资公司是国内拥有核电项目开发建设资质的三家企业之一，国家核电技术公司从美国引进了第三代核电技术 AP1000，并在此基础上进行消化吸收，研发了拥有自主知识产权的 CAP1400 技术。新组建的国电投集核电研发、工程建设、运营管理能力于一身。随着国家核电与中电投合并尘埃落定，中国核电产业真正进入中核集团、中广核集团和国电投“三足鼎立”的时代。从发展趋势来看，核电产业竞争全球化、各国国内核电企业通过兼并重组实现合理分工和资源优化配置已经成为提升本国核电产业竞争力的重要途径之一。

二　中国核能市场

1. 2015年是沿海核电建设重启的关键之年

2011 年 3 月日本福岛核事故后，我国暂停了新核电站的核准，一批福岛核事故前已经通过核准但尚未开工的项目也都延迟开工。同时，我国还大幅提高核电安全审核标准。直到 2012 年 12 月，我国才核准建设田湾核电二期工程项目，此后 26 个月再无新项目获批。2015 年 3 月，红沿河核电二期 5、6 号机组获批准开工。至此，我国核电建设正式按下重启键，进入批准、新建、投产高峰期。

国家能源局局长努尔·白克力在 2015 年全国能源工作会议上透露，2015 年全年，我国新投产核电机组容量为 820 万千瓦，核准开工核电机组容量为 880 万千瓦，在建及已核准机组容量为 3203 万千瓦，在建规模居世界第一。2015 年是中国投产核电机组最多的一年，也是核电重启的关键之年。中国核能工业协会数据显示，截至2015年底，全国在运核电机组装机容量达2642.74万千瓦，占全国电力总装机容量的1.75%。

截至2016年1月，中国大陆地区有30台核电机组投入商运，总装机容量2831万千瓦；24台机组在建，总装机容量2672万千瓦。2015年中国大陆地区有7台核电机组投入商业运行，分别为岭澳核电1号、红沿河核电3号、宁德核电3号、福清核电2号、阳江核电2号、方家山核电2号以及昌江核电1号；与此同时，红沿河核电站5、6号机组，福清核电5、6号机组，防城港核电3号机组和田湾核电5号机组等6台机组开工建设（见表4）。

表4　2015年开工建设的机组

核电厂	机组	技术	开工时间
田湾核电厂	5号	M310改进	2015年12月
红沿河核电厂	5号	ACPR1000	2015年3月
红沿河核电厂	6号	ACPR1000	2015年7月
福清核电厂	5号	华龙一号	2015年5月
福清核电厂	6号	华龙一号	2015年12月
防城港核电厂	3号	华龙一号	2015年12月

注：数据截止日期为2016年1月31日。
资料来源：据中国能源报课题组完成的《2015年中国核电发展报告》。

中国核能行业协会发布的数据显示，2015年，全国累计发电量为56184.00亿千瓦时，其中核电累计发电1689.93亿千瓦时，同比增长29.40%，约占2015年总发电量的3.01%，占比首次超过3%；核电累计上网电量1582.89亿千万时，同比增长29.00%（见图2）。

我国《能源发展战略行动计划（2014~2020年）》提出的目标是，到2020年我国核电装机容量将达5800万千瓦，在建装机容量3000万千瓦以上。这意味着我国未来核电项目建设将大跨步发展，以及“十三五”期间每年将新开工机组5~6台。

中国核能工业协会的数据还显示，2015年我国核电设备平均利用小时数为7279.28小时，比2014年的7561.42小时下降282.14小时；设备利用率83.3%，比2014年的86.32%下降3.02个百分点。电力行业是资本密集型行业，核电设备利用小时数的下降，意味着设备未能满负荷运行，这将直接影响核电运营的经济效益。

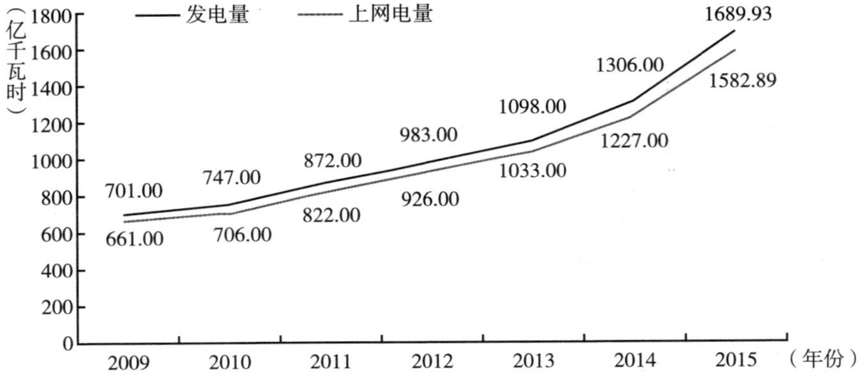

图2　2009～2015 年核电发电量和上网电量趋势

资料来源：中国核能行业协会。

2015 年我国向国际社会提交的自主减排目标已经明确提出：中国二氧化碳排放量将在 2030 年左右到达峰值，并力争早日达峰；到 2030 年，单位国内生产总值比 2005 年下降 60%～65%。要实现这样的减排目标，必须进一步优化能源结构，提高清洁能源比重。而且，从横向比较来看，我国核电仅占发电总量的 3%，仍然远低于约 16%这一全球平均水平。我国核电发展的空间和潜力巨大。

当前国内对清洁能源的需求不断增加，但是在经济新常态以及电力供给结构性过剩的情况下继续加大核电建设，会使核电上网压力加大。未来核电设备利用率如何变化，核电上网定价如何调整，这些市场和政策风险都是摆在整个行业面前的挑战。

在核电政策方面，内陆核电站的建设备受关注，但目前并未取得突破性进展。“十二五”能源规划明确提出，“‘十二五’时期只在沿海安排少数经过充分论证的核电项目厂址，不安排内陆核电项目”。此前已经完成前期准备工作的江西彭泽湖等内陆核电项目，至今未能获准开工。随着沿海地区经济增速和能源消费增长放缓，以及厂址资源的枯竭，沿海地区核电发展空间日益缩小，核电发展的重心由沿海向内陆转移是大势所趋。事实上，核电安全的保障并无沿海和内陆的严格区分，核电站从选址到退役的建设标准、监管要求等都没有沿海和内陆之分，全世界运行的核电机组大多建在内陆地区。“十三五”期间，内陆核电站能否获准开工建设仍然是未知的。

2. 我国核电技术不断升级

在核电装机容量较快增长的同时，“十二五”期间，我国核能科技创新能力明显增强。在引进、吸收的基础上，我国拥有自主知识产权的“华龙一号”、CAP1400 等第三代核电技术和具有第四代安全特征的高温气冷堆核电技术在研发上都取得了显著进展。

目前我国运行的核电站大多为第二代改进型，新建核电机组则以更加先进的第三代核电技术为主，“华龙一号”、CAP1000、CAP1400 等三代核电技术成为未来我国核电发展的主流技术。2015 年 4 月，国务院常务会议提出，决定核准建设“华龙一号”示范机组。2015 年，“华龙一号”示范机组——防城港核电站 3、4 号机组和福清核电站 5 号、6 号机组相继动工，标志着三代技术在我国正式全面接替二代技术，中国核电全面迎来 3.0 时代。CAP1400 示范工程已进入核准倒计时，采用 AP1000 技术的陆丰一期、漳州一期和徐大堡一期有望获得核准。目前我国有五种第三代核电技术拟投入应用，分别是 AP1000、华龙一号、CAP1400、法国核电技术（EPR）以及俄罗斯核电技术（VVER），但最主要的仍为 AP1000、华龙一号、CAP1400。

中国工程院组织撰写的《中国能源中长期（2030、2050）发展战略研究（电力、油气、核能、环境卷）》① 指出，核反应堆技术大致分热堆、快堆、聚变堆三步发展。第一步发展已成熟的热中子堆（热堆）核电站，满足中短期核电发展的需要；第二步是发展快中子堆（快堆）核电站及配套的核燃料循环体系，推动裂变核能的可持续发展；第三步是发展核聚变堆（聚变堆）核电站，最终解决人类的能源供应问题。

我国第四代核电技术取得显著进展。中国实验快堆（CEFR）是快中子增殖堆的简称，是第四代核能系统的优选堆型，快堆可将天然铀资源的利用率从压水堆的 1% 提高为 60% ~70%，对我国核电可持续发展具有重要战略意义。我国实验快堆于 1992 年 3 月获国务院批准立项，2010 年 7 月 21 日首次达到临界。中国成为世界上第八个拥有快堆技术的国家。由华能集团、清华大学和中国核工业建设集团合资建设的山东荣成石岛湾核电站，是我国拥有自主知识产权的第一座高温气冷堆示范电站，也是全球首个具有第四代安全特性模块式高温气冷堆的商用规模示范电站。

2015 年 5 月，中国核工业建设集团公司建设的 60 万千瓦高温堆江西瑞金核电项目初步可行性研究报告通过专家评审。自从 2003 年中国核工业建设集团与

---

① 中国能源中长期发展战略研究项目组编《中国能源中长期（2030、2050）发展战略研究（电力、油气、核能、环境卷）》，科学出版社，2011，第 231 页。

清华大学共同推进第四代核电站技术——高温堆技术产业化以来，高温堆技术从实验堆不断走向成熟，该高温堆核电项目有望成为世界第一座商用第四代核电站，该核电项目一期工程两台机组有望于2017年开工建设。

我国在核燃料循环和核废料处理等产业链后端也取得了显著进展。2015年，中法合建的核循环大厂项目正式签署协议。同时，中核集团积极参与法国阿海珐公司的重组，中国核燃料循环后端发展进入关键时期。“根据最新计划，核燃料循环大厂将于2020年开建，2030年建成投运，一期贮存能力为3000吨。届时，中国形成的商用大规模核循环能力，可有效缓解未来十几年内核电站乏燃料在堆贮存压力，以及为商业快堆提供燃料。”① 此外，中国已建成实验快堆和乏燃料核循环中试厂，2015年核燃料后处理放化实验设施也已完成首次热试验，后处理具备了一定的技术实力。

3. 核安全管理日趋成熟

在核安全管理方面，2015年初国家核安全局、国家能源局和国防科工局联合发布我国首份《核安全文化政策声明》，该声明强调理性、协调、并进的安全观，对核工业决策者、经营者和管理者提出要求，是核工业必须共同遵守的价值观。2015年全国核电企业积极开展公众开放日活动，并推动在运核电机组运行情况的公开，2015年核安全监管的透明度和与公众沟通的强化不断提升。

中国核能工业协会的报告显示：“2015年，各运行核电厂严格控制机组的运行风险，继续保持安全、稳定运行，未发生国际核事件分级（INES）表中1级及1级以上的运行事件。各运行核电厂未发生较大及以上安全生产事件、环境事件、辐射污染事件，未发生火灾爆炸事故，未发生职业病危害事故。”②

长期以来，我国现役核电机组保持了良好的安全运行记录，迄今为止未发生过国际核事件分级（INES）2级和以上的运行事件。根据世界核电运营者协会综合排名，我国在运核电机组各项性能指标总体居全球中上水平，部分机组处于世界先进水平。我国在建核电机组装机容量约为全球容量的1/3，在建核电机组质量保障体系运转有效，在建机组质量均处于受控状态。

在核电技术日趋成熟、核安全系数稳步提高的背景下，发展核电的最大障碍已逐渐由核安全转至公众接受度。近年来，我国内地核电站建设屡屡因遭遇民众反对而搁浅。我国公众对发展核电的态度还不容乐观。2013年7月，江门核燃

① 朱学蕊：《核电强国 回眸2015展望2016》，《中国能源报》2016年1月4日，第12版。

② 朱学蕊：《核电累计发电量占比首超3%》，《中国能源报》2016年2月1日，第6版。

料项目就因为民众反对而被迫取消。公众对于核电建设积极参与度不高，对核电安全生产及核辐射危险仍比较担忧，对核电争议仍然较大，特别是对在当地建设核电项目极为抗拒，呈现典型的“邻避效应”。

长期以来，我国核能事业发展实行准军事化管理，公众对核电知之甚少。虽然迄今为止全球范围内的重大核电事故只发生了3 起，但这足以令公众“谈核色变”，这种负面影响会在较长一段时间内影响公众的看法。提高公众的核电接受度，已成为当前核电发展的当务之急。要解决这一问题，仍需强化核电信息的公开透明度，加强与公众的信息沟通。

4. 我国核电“走出去”步伐提速

近年，核电与高铁一道成为我国“走出去”的“拳头产品”，在国家领导人的外事活动中得到了大力的推介。在核电“走出去”方面，我国核电企业已与欧洲、南美洲、亚洲和非洲等地区达成广泛合作协议。我国自主研发的“华龙一号”相继落地阿根廷和巴基斯坦，开启了中国核电“走出去”的新时代。与此同时，我国企业联合体与法国电力公司共同参与建设的英国布拉德维尔 B 核电项目也将采用“华龙一号”技术，这是我国企业首次主导开发建设西方发达国家核电项目，意味着我国自主核电技术实现了向发达国家出口的突破。

中国核电“走出去”的进程除与巴基斯坦、英国、阿根廷、埃及以及南非等国的合作取得实质性进展外，与沙特阿拉伯、马来西亚、苏丹、约旦、罗马尼亚、土耳其等国的合作也在有序推进中。我国已与沙特、南非、土耳其等国签署核电项目合作谅解备忘录，并参与了马来西亚核电供应商资格审查。泰国、印尼、肯尼亚、哈萨克斯坦等国都对“华龙一号”产生了强烈兴趣。2015 年中广核进入肯尼亚核电市场，并签署肯尼亚核电项目谅解备忘录，双方拟采用“华龙一号”及其改进技术，在研发、建设运营、燃料供应、核废物管理和核电站退役等领域开展广泛和深入的合作。在核反应堆和核燃料方面，2015 年中核集团还与美国泰拉能源签署行波堆合作文件，致力于开发新的核能技术行波堆，该技术用的是贫铀而不是浓缩铀，将在提高贫铀的利用率等方面取得突破。此外，中核集团还与比利时核研究中心签署 MOX 燃料合作备忘录，双方将在 MOX 燃料领域开展合作。

2015 年底，中核集团还与中广核集团联手成立华龙公司，共同持续推进“华龙一号”技术的融合和发展，并共同实施技术、品牌、知识产权等相关资产在国内外的经营。我国有着 30 余年的核电建设与管理经验，但核电“走出去”的历史相对较短。我国核电“走出去”的第一个项目是 1993 年开工的巴基斯坦恰希玛核电站项目。面对庞大的国际核电市场和强大的国际竞争对手，我国核电“走出去”面临着很多机遇和挑战。

随着我国自主三代核电技术的成熟，中国核电在技术安全性与国际先进水平相当的前提下，经济性显著优于国际其他堆型，这是我国核电技术的核心优势。据中核集团董事长孙勤介绍：“‘华龙一号’的反应堆堆芯从157扩容到177，可以使发电功率提高5%～10%；在经济性提高的同时，降低了堆芯内功率密度，堆芯熔化概率和大量放射性物质释放概率等多个安全指标超过现有三代核电技术要求。”① 中国核电技术和设备兼具安全性和经济性，必将赢得更多市场。我国是目前国际上少数拥有三代自主核电技术的国家之一，且在四代核电技术发展方面处于世界先进水平。我国核电站有着20多年的安全运行记录，并形成了强大的核电装备制造能力，这些都是我国核电“走出去”具有的显著竞争优势。

在国际市场上，中国核电企业面临着俄罗斯、美国、法国、日本等老牌核电大国的激烈竞争。进一步推动中国核电“走出去”，需要进一步提升我国核电标准的认可度。当前，中国核电技术路线存在数量繁多、标准认可度不高、示范工程不足等问题，这影响了国际市场对中国核电的认可度。我国亟须加强技术和标准的协调，加快推进示范项目的建设，参与国际权威组织的认证，从而提升国际市场对中国核电的认可。

此外，我国还需要完善相关的配套和扶持政策，为核电“走出去”在行政审批、融资等方面提供更多便利和优惠。目前，境外融资成本显著低于国内，而核电项目投资金额大、建设周期长，融资成本过高的问题，已经显著影响到了中国核电海外工程承包服务的竞争力。

---

① 《探秘核电“宝贝”华龙一号》，中国经济网，http：//www.ce.cn/xwzx/gnsz/gdxw/201506/11/t20150611_5615842.shtml，2016年3月15日。

B.10
后　记

《世界能源发展报告（2016）》（2016年版《世界能源蓝皮书》）终于呈现于能源问题研究界、企业界各位先学、前辈和同仁面前。

《世界能源蓝皮书》是中国社会科学院研究生院国际能源安全研究中心（以下简称中心）将其作为专业新型智库自2013年以来每年推出的研究成果之一，以国际经济、国际关系视角，结合当前世界能源问题焦点，基于世界权威机构及中国官方发布的统计数据，对现阶段全球能源问题及能源安全问题的重点及市场、政策的变化，进行及时的分析、解读，并且为中国能源安全在世界能源格局之中所应采取的战略提出了建设性的意见和建议。

近年来，能源问题和世界及中国能源安全问题，无论在理论层面还是在实践领域已经成为研究和讨论的焦点或者说形成了热潮。在更科学、更有效地促进能源为人类幸福服务的大目标下，无论从技术角度还是从经济学视角，或者从其他切入点，进入该课题研究领域并展开理性而系统的分析、提出针对各种实际问题的指导性意见和建议，毫无疑问都是具有重要意义的工作。以此为宗旨，在中心主任黄晓勇教授的带领下，20余位专家学者共同完成了本成果。

本成果的总报告部分以《世界能源发展现状、未来趋势及中国的能源发展战略》为题，由黄晓勇教授亲率中国石油大学郭海涛教授、中国社会科学院研究生院任朝旺副教授等研究人员组成总报告撰写组，完成总报告的撰写工作。总报告沿袭传统，对2015年度全球能源领域涌现的新问题、新变化进行了梳理、分析，较为全面地把握了国际视野下能源安全所面临的局势。同时，总报告首次将中国能源发展现状中的重要特点及研究课题列入其中，意义在于希望能够更进一步在国际能源版图中定位中国能源问题和能源安全问题，并切实为落实国家领导人提出的为实现中国能源安全的四项革命和国际合作的战略思想提供实践参考。

在全面把握世界各区域的能源发展现状以及各能源种类发展前景的前提下，《世界能源发展报告（2016）》的亮点在于，改变了分别以地区和能源种类为线索从横向和纵向同时展开论述的传统做法，集中力量以各能源种类的世界市场发展特点和趋势判断为线索，分析市场运行的特点和未来发展的可能性，以期更具实践指导意义。在“市场篇”中，原中国海洋石油总公司首席能源研究员陈卫东和中国海洋石油总公司经济技术研究员企业战略研究员关博博士合作撰写了《世界石油市场：现状分析与趋势判断》；中国石油集团的国际部高级经济师王海燕和经济技术研究院经济师白桦合作撰写了《世界天然气市场：市场分析与国内现状及展望》；中国石油天然气股份有限公司规划总院经济所高级经济师丛威和中国安全生产科学研究院研究员郝亦纯合作撰写了《世界煤炭市场：新稳态与结构性变革》；中国社会科学院财经战略研究院助理研究员王振霞撰写了《世界可再生能源市场：发展现状及展望》；华北电力大学副教授刘喜梅撰写了《中国电力市场：运行、投资贸易与改革形势》。

《世界能源发展报告（2016）》继续设“热点篇”，从不同角度解读世界能源领域广受瞩目的焦点问题。其中，《“一带一路”能源合作方法与外部因素应对》由哈佛大学肯尼迪学院研究员余家豪博士撰写；《清洁能源与全球气候变化的应对》由中国社会科学院副研究员徐洪峰撰写；《全球与中国核电市场的回顾与展望》由人民日报社青年学者刘先云和中国社会科学院世界经济与政治研究所青年学者张春宇撰写。

《世界能源发展报告（2016）》特别设置“企业案例”，中心邀请了多名专家学者撰写报告。中国能源经济研究院研究员魏秋利以西安隆基硅材料股份有限公司为例，分析了光伏企业的发展状况；中国能源经济研究院研究员郭春兰以兖州煤业股份有限公司为例，对中国煤炭行业转型升级战略进行分析探索；《中国能源报》供电部主任、主编李文华以国家电网公司为例，分析了中国电力行业的现实状况及未来改革所面临的课题；《中国能源报》油气部主任吴莉以中国海洋石油总公司为例，分析了危机形势下中国石油行业的应对措施。希望通过这四个案例分析，为了解当前中国能源行业改革的成果、动向及未来趋势提供帮助。

《世界能源发展报告》自 2013 年出版以来，2016 年版已经是第四部，是几年来黄晓勇教授带领下的中国社会科学院研究生院国际能源安全研究中心研究团队——有志于为实现中国能源安全战略贡献才智的能源问题专家们共同辛苦选题、调研、讨论、组稿、审查、校对、翻译、出版、宣传等的成果，得到了上级部门的重视并多次得到相关领导的批示，也得到《人民日报》、人民网等媒体的关注和支持，还得到了国内、国际能源问题研究界、企业界专家、同仁的信任和鼓励。

感谢给予《世界能源发展报告》各项工作宝贵支持的所有专家和工作人员！同时，中心各位研究员下定决心，今后继续联合各方力量力争将此项工作做得更好，共同为实现中国能源安全做出贡献。

中国社会科学院研究生院国际能源安全研究中心
秘书长王炜
2016 年 6 月 16 日

附　录

Appendixes

B.11 企业案例

光伏企业的发展现状

——以西安隆基硅材料股份有限公司为例

魏秋利 *

摘　要：　本文介绍了我国光伏行业发展现状及趋势，并通过西安隆基硅材料股份有限公司（隆基股份）的案例，分析了在机遇与挑战并存的环境下，我国光伏企业的发展现状、竞争力以及未来发展趋势。

关键词：　光伏　单晶硅　硅片　光伏组件

一　我国光伏行业发展现状及趋势

（一）发展现状

2015 年，全球光伏安装市场迅猛发展，极大地促进了全球特别是中国光伏

* 魏秋利，中国能源经济研究院研究员。

制造业的发展。根据美国绿色能源市场研究机构 GTM 的数据，2015 年全球光伏装机容量约 5900 万千瓦，与 2014 年相比增加了 34%。

在我国光伏产业发展方面，根据国家能源局公布的数据，截至 2015 年 12 月 22 日，中国成为全球光伏发电装机容量最大的国家，累计装机容量为 4318 万千瓦。其中，光伏电站与分布式光伏发电装机容量分别为 3712 万千瓦与 606 万千瓦，共计年发电量为 392 亿千瓦时。2015 年度新增并网装机目标为 1500 万千瓦，实际新增装机容量为 1513 万千瓦，占全球新增装机容量的 1/4 以上，占中国光伏电池组件年产量的 1/3 左右，为中国光伏制造业提供了有效的市场空间。

我国光伏发电分布的主要特点是东中西部共同发展，其中，中东部地区 6 省累计装机容量超过 1000 万千瓦。从各个省份来看，江苏累计装机容量 422 万千瓦，河北 239 万千瓦，浙江 164 万千瓦，山东 133 万千瓦，安徽 121 万千瓦，山西 113 万千瓦。此外，新增装机前三位的地区为新疆（含兵团）、内蒙古和江苏，分别为 210 万千瓦、187 万千瓦和 165 万千瓦。分布式光伏发电主要以中部和东部地区为主，装机容量较大的省份分别为浙江（121 万千瓦）、江苏（119 万千瓦）以及广东（57 万千瓦）。

全球及我国光伏市场的快速发展，尤其分布式光伏发电的快速增长为以单晶硅产品为主的光伏企业带来了巨大的商机。但市场的快速发展也将促使政府降低对光伏行业的扶持和补贴力度，为行业发展带来一定的挑战。例如，不久前，国家发改委就发出通知，调整了 2016 年中国光伏的上网电价，三类资源区的上网电价分别为 0.8 元/千瓦时、0.88 元/千瓦时、0.98 元/千瓦时，具体见表 1。此外，“弃光限电”也为光伏企业发展带来了风险，目前我国光伏电站“弃光”的情况依旧十分严重。根据国家能源局统计，2015 年，我国光伏电站全年平均利用小时数为 1133 小时。西北部分地区“弃光”现象较为严重。甘肃弃光率达 31%，全年平均利用小时数为 1061 小时；新疆维吾尔自治区弃光率达 26%，全年平均利用小时数为 1042 小时。显然，“弃光”问题依旧是光伏产业发展和企业经营所必须面对的风险问题。

表 1　2016 年光伏上网电价调整情况

单位：元/千瓦时

资源区	光伏电站标杆上网电价	现行上网电价	各资源区所包含的地区
I 类资源区	0.8	0.9	宁夏，青海海西，甘肃嘉峪关、武威、张掖、酒泉、敦煌、金昌，新疆哈密、塔城、阿勒泰、克拉玛依，内蒙除古赤峰、通辽、兴安盟、呼伦贝尔以外地区

续表

资源区	光伏电站标杆上网电价	现行上网电价	各资源区所包含的地区
II 类资源区	0.88	0.95	北京，天津，黑龙江，吉林，辽宁，四川，云南，内蒙古赤峰、通辽、兴安盟、呼伦贝尔，河北承德、张家口、唐山、秦皇岛，山西大同、朔州、忻州，陕西榆林、延安，青海，甘肃，新疆除 I 类外其他地区
III 类资源区	0.98	1	除 I、II 类资源区以外的其他地区

资料来源：《国家发展改革委关于完善陆上风电光伏发电上网标杆电价政策的通知》（发改价格〔2015〕3044 号），http：//jgs. ndrc. gov. cn/zcfg/201512/t20151224 768570. html。

（二）发展趋势

高转换效率产品将占据优势。晶硅产品将继续占据光伏发电的主流地位，PERC、N 型单晶等高效产品市场份额将迅速提升，掌握光伏先进技术的企业将抢占市场先机。在晶硅技术路线中，低成本、高转换效率将是技术发展的重点。目前 PERC 技术正在全球各大电池厂商中被推广使用，该技术的应用将大幅提升单晶组件的市场竞争力。此外，高效 N 型单晶转换效率优势明显，是未来技术路线的发展趋势。

分布式是光伏发电未来发展方向。在美国、日本及德国等全球一些主要光伏市场，屋顶光伏等分布式光伏占据了较大的份额。而我国也开始鼓励分布式光伏的发展，自 2014 年起，国家陆续发布了《关于推荐分布式光伏发电示范区的通知》《关于进一步落实分布式光伏发电有关政策的通知》《关于加快培育分布式光伏发电应用示范区有关要求的通知》等政策，引导国内分布式电站建设快速推进。而“十三五”规划中分布式光伏的比重也越来越大，分布式是未来光伏发展重点的趋势更加明显。

光伏制造产业集中度提升，产业链整合加速。随着光伏行业加快淘汰落后产能，行业集中度进一步提升。主流硅片企业通过技术创新和产业布局积极扩张产能，市场占有率不断提升，各制造环节的龙头企业产能均有较大提升。电池环节硅片自给程度较高，国内主要电池厂商多数拥有硅片产能。而全球主要组件企业、晶硅企业中大多数拥有“硅片—电池—组件—光伏”终端应用全产业链。

二　西安隆基硅材料股份有限公司发展概况

西安隆基硅材料股份有限公司（简称“隆基股份”）成立于 2000 年，是全球最大的单晶硅产品制造商。2012 年 3 月 15 日，经中国证券监督管理委员会批准，公司首次向社会公众发行人民币普通股 7500 万股，并于同年 4 月 11 日在上海证券交易所上市（简称：隆基股份，代码：601012）。截止到 2015 年底，公司总资产达 102.1 亿元，2015 年销售收入近 60 亿元。公司业务涉及单晶硅棒及硅片的研发、生产和销售，总部位于西安国家民用航天产业基地，拉晶工厂位于宁夏中宁和银川，切片工厂位于西安和无锡。经过十多年的发展，其已成为全球最大的单晶硅产品制造商，截至 2015 年底，公司具备单晶硅片产能超 5 吉瓦，组件产能超 1.5 吉瓦。2015 年，隆基股份受惠于全球光伏市场需求的持续增长和公司产能规模的不断扩大以及产业链向中游延伸，总体实现营业收入 59.5 亿元，同比增长 61.6%，净利润 5.2 亿元，同比增长 77.25%，前景十分光明。

公司有多项技术处于国际或国内领先地位，拥有 100 余项授权专利，其中，横向 MCZ 技术处于国际领先水平，单晶炉热屏技术处于国内领先水平。受行业权威机构委托，公司负责和参与过多项国家及行业标准的编写工作。此外，隆基股份获得了多项荣誉。2013 年 2 月，其被美国著名媒体 Fast Company 评为"2013 年中国十大最具创新力的企业"；2014 年 9 月，入选特许公认会计师公会（ACCA）发布的"中国企业未来 100 强"，居 17 位；2014 年 12 月，公司入选"2014 中国西部上市公司 50 强"。2015 年在全球光伏行业权威调查机构 PHOTON 发布的全球光伏企业竞争力评估中，隆基股份财务稳健性排名第一位，综合竞争力排名处于第一梯队。

（一）公司主要业务

自成立之日起，隆基股份始终专注于单晶硅棒及硅片的研发、生产和销售，公司主要产品包括 6 英寸、6.5 英寸、8 英寸单晶硅棒和单晶硅片及 M1、M2 型单晶硅片，其主要被应用于各类太阳能光伏电池。为提高自身在光伏领域的竞争力及应对光伏市场对单晶组件相关产品需求快速扩大的挑战，自 2014 年开始，隆基股份以单晶硅棒、硅片为基础向下游延伸，布局组件、光伏电站 EPC 与投资等业务，具体业务布局如下。

1. 硅棒、硅片业务

隆基股份的单晶硅棒和硅片业务主要由其子公司宁夏隆基硅材料有限公司、银川隆基硅材料有限公司和无锡隆基硅材料有限公司负责，公司简介如表 2 所示。

自 2015 年底起，在原有生产基地产能基础之上，隆基股份试图采用自建及并购等多种方式扩大单晶硅棒及硅片产能。2016 年 1 月，投资 30 亿元的 3 吉瓦单晶硅棒切片在银川经济技术开发区拟开工建设，2016 年 2 月完成对马来西亚古晋 SunEdison 现有 800 兆瓦硅片产能的收购，古晋 SunEdison 生产基地通过一定的技术改造后产能可达 1.2 吉瓦，且具备扩产到 1.5 吉瓦的能力。至此，隆基股份的单晶硅棒及硅片的生产能力增加近一倍。在单晶价值凸显背景下隆基股份加快产能扩张步伐，预计到 2017 年硅片产能达到 12 吉瓦。

表 2　隆基股份分公司简介

分公司	简介
宁夏隆基硅材料有限公司	成立于 2006 年 12 月，位于宁夏回族自治区中宁县新堡镇，占地 190 亩。公司专业致力于太阳能电池和晶体二极管、三极管等制造领域所需的各类单晶硅棒的研发和制造，是西安隆基重要的研发和制造基地，目前已经发展成为全球单晶硅领域最大的单体制造工厂
银川隆基硅材料有限公司	成立于 2009 年 11 月，位于银川（国家级）经济技术开发区，公司主要产品为 8 英寸单晶硅
无锡隆基硅材料有限公司	成立于 2010 年 9 月，位于江苏省无锡市高新区光伏产业园，占地 140 亩，投资超过 3 亿元，主要从事太阳能光伏发电用单晶硅片的切片加工
乐叶光伏科技有限公司	成立于 2007 年，总部位于西安，专注于高效单晶电池及组件的研发、生产和销售，推动高效单晶技术在全球光伏市场的应用，现拥有 1 吉瓦单晶组件产能。公司 2014 年年底收购浙江乐叶光伏科技有限公司，并在西安设立组件整合平台公司，进一步扩大了公司单晶组件产能

资料来源：根据隆基股份有限公司官方网站（http：//www. longji－silicon. com）资料整理。

2. 电池、组件业务

目前，隆基股份的组件业务主要由乐叶光伏科技有限公司承担。2015 年隆基股份将组件业务作为重要发展业务。7 月 8 日，公司与江苏省海陵区政府签约，根据协议，隆基股份将在泰州投资 27.88 亿元，建设年产 2 吉瓦高效单晶电池项目，此项目是国内首家仅生产高效单晶电池、组件的光伏项目。江苏泰州 2 吉瓦高效单晶电池生产基地全部采用国际先进的 PERC 太阳能电池技术，电池转化率处于全球领先水平。公司预计到 2017 年将形成 6.5 吉瓦高效单晶组件产能。

在国家领跑者引领下高效单晶产品受到电站投资者认可，高效光伏组件产品呈供不应求状态。2016 年初公司与招商新能源、中民新能、林洋能源等知名客户签署了 2016～2018 年战略合作协议，未来三年组件意向订单超过 9.6 吉瓦，订单储备充足。

3. 电站投资和开发业务

公司以隆基清洁能源作为公司集中式光伏电站业务平台，以“高效单晶电站解决方案+农业光伏”为商业模式，以乐叶能源作为公司分布式电站业务平台。分布式业务目前处于战略孵化期，分布式与储能相结合将是重大的发展机遇，乐叶能源已开始布局，并形成快速发展的扩张模式。

（二）2015年经营情况

1. 主营业务情况

2015 年，隆基股份共生产单晶硅片 64116. 47 万片，比 2014 年增长 32. 85%；销售单晶硅片 41712. 52 万片，比 2014 年增长 –4. 32% （主要是因为自用增多）；生产单晶硅组件 782. 07 兆瓦，比 2014 年增长 1732. 40%；销售单晶硅组件 720. 91 兆瓦，比 2014 年增长 3722. 43% （见表 3）。

表 3　隆基股份 2014 年和 2015 年主要产品产销量情况

产品	类型	2015 年	2014 年	增长率(%)
硅片(万片)	产量	64116. 47	48261. 17	32. 85
	销量	41712. 52	43593. 87	–4. 32
组件(兆瓦)	产量	782. 07	42. 68	1732. 40
	销量	720. 91	18. 86	3722. 43

资料来源：根据隆基股份有限公司 2014、2015 年年报资料。

2. 主要财务情况

2015 年受惠于全球光伏市场需求的持续增长和公司产能规模的不断扩大以及产业链向中游延伸，公司实现营业收入 59. 5 亿元，比上年增长 61. 68%；归属上市公司股东净利润 5. 2 亿元，比上年增长 79. 31%；全年净利率 8. 75% （见表 4）。

表 4　隆基股份 2014 年和 2015 年主要财务指标

单位：亿元，%

科目	2015 年	2014 年	增长率
营业收入	59. 5	36. 8	61. 68
净利润	5. 2	2. 9	79. 31
总资产	102. 1	64. 5	58. 29

资料来源：根据隆基股份有限公司 2014、2015 年年报资料。

三　西安隆基硅材料股份有限公司竞争力分析

2015 年，隆基股份取得了骄人的业绩，除得益于光伏市场快速发展的大环境外，公司技术能力的提升、规模快速扩张及产业链的完善功不可没。

（一）发展要素

1. 技术创新

隆基股份一直坚持技术创新战略，每年投入大量的资金进行技术研发。自 2014 年起，公司在一些关键技术领域取得了突破，成功完成从研发到生产的全过程。全面推广的重点技术成果主要有：单晶快速生长技术、金刚石线切割工艺、太阳能单晶硅片高效清洗工艺技术、提高太阳能硅单晶转换效率研究、高效晶硅生长关键技术及成套工艺等。此外，公司在 2014 年全面导入单晶快速生长技术，使单晶生长速率提升了 30% ~40%，不仅大幅缩短了长晶时间、提升了单炉产能，而且有效改善了单晶性能，在降低成本的同时提升了产品品质。以上研发成果有利于持续提高公司在拉晶与切片环节的成本控制能力与品质保障能力，进一步降低度电成本、推进产业升级，提升公司产品的综合竞争优势。

2015 年，隆基股份继续在技术研发上发力，重点开展了晶体硅材料先进检测技术研究及装备开发、太阳能级单晶硅材料关键品质因素改善研究、硅片高效环保节水型清洗技术研究、硅棒机加产线自动化改善研究及设备开发、新型低 COD 值清洗工艺研究、单多晶组件发电效率对比分析研究、单晶硅材料发电性能改善研究、单晶硅材料薄片化技术研究、单晶硅材料制造工艺对后端性能影响研究、单晶产线自动化改善研究及设备开发、高效能硅片切割工艺技术与装备验证研究、新一代综合型热场技术研发，等等。以上研究项目主要集中在产品品质提升、成本降低以及环保改善等方向，有些技术已经开始被应用到实际生产中并获得推广。

上述项目研究的开展及相关技术的应用为公司进一步巩固行业优势、拓展新兴市场提供了技术保障，并有力地促进了客户价值的实现，提升了公司产品竞争力与业绩。

2. 规模扩张

公司 2014 年底收购浙江乐叶光伏科技有限公司，并在西安设立组件整合平台公司，进一步扩大了公司单晶组件产能。

2015 年 7 月，隆基股份与江苏海陵区政府签订协议，根据协议，隆基股份将在泰州投资 27.88 亿元，建设年产 2 吉瓦高效单晶电池项目，并择机在该地区建设 2 吉瓦的高效单晶组件生产基地，进一步扩充了公司在组件及电池上的产能。

此外，在国家“一带一路”战略引领下，公司海外市场布局迈出了历史性的步伐，2015 年 9 月公司与印度安德拉邦政府签署了项目投资合同，双方就在安德拉邦 Chittoor 地区 Sri City 投资建设 500 兆瓦太阳能电池和组件项目达成合作意向，该项目总投资约 15 亿元人民币。2015 年公司还积极与 SunEdison 进行磋商和谈判，并于 2016 年初以 6300 万美元收购了 SunEdison 位于马来西亚的硅片生产资产，经升级改造后，预计 SunEdison 将成为公司辐射东南亚地区的硅片生产基地，该项目进一步提升了公司单晶硅片在全球范围内的市场份额，实现了盈利能力最大化。同时，隆基股份还与 SunEdison 签署了六年 3 吉瓦的组件销售协议（其中前三年不少于 2.1 吉瓦），该协议的签订除大幅增加公司组件业务营收外，更将有助于公司快速提升乐叶组件品牌在国际市场的知名度和影响力。

以上新建及并购活动快速地增加了隆基股份在单晶硅棒、硅片及电池组件等方面的产能，为隆基股份业绩的快速增长打下了坚实的基础。

3. 产业链完善

在规模扩张的同时，隆基股份不断完善自己的产业链。2014 年下半年公司开始进军组件业务，依托单晶组件高性价比以及卓有成效的营销推广，公司单晶组件产品迅速得到广泛认可。乐叶单晶优势的推广取得良好开端，较大提高了市场对单晶的认知度与接受度，为隆基股份单晶硅片和后续乐叶单晶组件销量增加打下了基础。2015 年 5 月成立的乐叶能源专注于分布式电站投资、开发和 EPC 业务。2015 年下半年公司基本完成了区域市场布局，分布式业务目前处于战略孵化期，“十三五”时期分布式将迎来重大发展机遇期，乐叶能源已开始布局，并形成快速发展的扩张模式。

以上经营活动使隆基股份由原来的上游原材料生产供应商华丽转变成为全产业链企业。这也让隆基股份在提升自身市场竞争力的同时，极大地提升了其经营业绩。

（二）核心竞争力

1. 技术竞争力

隆基股份一直非常重视技术研发，持续加大研发投入并远远领先于同行业水平，2015 年上半年公司研发投入超过 2 亿元，占主营业务收入的 12.3%。目前研发团队汇聚中、日、韩优秀技术人才，截至 2015 年底累计取得 133 项国家专利，多项技术处于国际、国内领先地位，具有十分强大的竞争力。

第一，硅棒、硅片环节：拥有自主研发的国内领先的 MCZ 生长技术、单晶改性技术、单晶炉热屏技术，能够降低晶体内在缺陷，保障硅棒品质，提高太阳能电池转换效率。隆基股份凭借多年的技术积累和先进的技术研发优势，在业内率先推出了低衰减单晶硅棒和高效能单晶硅棒，是国内单晶拉制技术光伏应用的领军企业。

公司通过在连续拉晶、快速长晶和热场优化方面降低成本，成本低于同行业15%。公司在切片环节的金刚线切割技术方面单晶应用领先于多晶，2014 年率先全面导入金刚线切割技术，使得单晶硅片的非硅成本快速下降，目前金刚线专用机非硅成本是砂线的一半，随着未来金刚线大规模量产，其成本仍有较大下降空间。金刚线切割比传统砂线切割在效率和薄片化方面具有优势，使得单晶降成本的空间更大，目前硅片环节成本低于竞争对手。

第二，电池、组件环节：2015 年首批通过国家“领跑者”计划一级、二级认证，子公司乐叶光伏荣获2015 年度中国光伏“领跑者”卓越组件企业奖；与世界顶尖光伏研究学府新南威尔士大学（UNSW）达成战略合作协议，在技术研发与产业化、人员培训、最大程度提高转换效率等方面展开合作；通过了 TUV、UL、JET - PVm 等海外权威机构的检测认证，拓宽了海外销售渠道。公司积极导入 PERC 电池技术并应用于单晶产品，江苏泰州 2 吉瓦太阳能电池工厂电池转化率处于全球领先地位。

2. 产品竞争力

隆基股份自成立以来一直坚持走单晶硅产品的道路，这无疑为其在未来的竞争中打下重要的基础。单晶硅太阳能电池在转换效率上一直都比多晶硅更具优势，一般要高 1 ~1. 5 个百分点。目前，隆基股份的晶硅电池转换效率已经超过20%，具有很强的竞争力。

四　西安隆基硅材料股份有限公司发展展望

面对机遇与挑战，隆基股份将以“善用太阳光芒，创造绿能世界”为使命，以“可靠、增值、愉悦”为核心价值观，以“产业联动发展，战略联盟联姻；品牌营销引领，渠道合作整合；品质成本支撑，领先技术储备；资金人才保障，先进管理护航；高效灵活投资，轻资产化运营”为发展方针，拓展国内外市场。一方面，以高品质、低成本的硅片业务为核心扩大产能，强化全球最大太阳能单晶硅厂商的战略地位，同时促使电池组件业务进入全球单晶组件企业前列，将“乐叶”打造成为全球一线单晶组件品牌。另一方面，立足国内市场，充分发挥集团优势，拓展地面电站和分布式电站业务。

为了保障战略目标的有效达成，支持公司各项业务快速发展，隆基股份将通过围绕应用市场全球化，采取四项核心举措，提高六项基础能力。四项核心举措包括布局制造基地、加大技术成果产业化、建立战略性业务伙伴关系以及多元化融资。六项基础能力包括有效投资、持续提升公司财务管理的品牌建设和营销策略、人力资源管理、信息资源管理、集团化组织管理、供应链管理和质量客户管理。

从操作层面看，2016 年初，隆基股份已经取得了较好的成绩（见表 5）。目前，公司 2016 年已签组件供货协议超 3 吉瓦，预计隆基股份全年单晶硅切片达到 8 ~ 10 吉瓦，组件产能达到 4 ~ 5 吉瓦，公司发展前景十分光明。

表 5　2016 年隆基股份相关业绩

时间	内容及效果
2016 年 1 月	收购了马来西亚古晋 SunEdison，扩大了硅片产能
2016 年 3 月 10 日	与云南省人民政府签署了战略合作框架协议，就隆基股份与云南省开展全方位合作，带动相关产业共同在云南建设千亿级单晶光伏产业集群达成意向
2016 年 3 月 16 日	与宁夏宝丰集团就销售单晶组件签订战略合作协议，合同金额 14 亿元，公司拟在宁夏投资建设宝丰集团红墩子矿区生态暨光伏产业综合示范区，初步规划建设 1.6 吉瓦大型光伏电站基地，并且全部采用单晶，一期 700 兆瓦计划今年年中并网，二期 300 兆瓦与三期 600 兆瓦在规划中
	子公司乐叶光伏拟与平煤股份共同投资建设年产 2 吉瓦太阳能电池项目

资料来源：根据隆基股份有限公司 2016 年公告资料整理，http：//vip. stock. finance. sina. com：cn/corp/go. php/vCB AllBulletin/stockid/601012. phtml。

煤炭行业转型升级战略

——以兖州煤业股份有限公司为例

郭春兰*

摘　要：　兖州煤业股份有限公司是中国唯一在中国（上海、香港）、美国（纽约）、澳大利亚三国拥有上市平台的大型煤炭企业，其控股子

* 郭春兰，中国能源经济研究院研究员。

公司兖州煤业澳大利亚有限公司是澳大利亚最大的独立上市煤炭公司。在煤炭企业普遍陷入亏损的情况下，公司创新思维，有效降本增效，强化资本运作，2015 年总体运营保持了稳健发展的良好局面。本文全面介绍了公司 2015 年的经营业绩、主要经营活动、发展战略，并对公司 2016 年的发展进行了展望。

关键词： 经营业绩 创新 降本增效

一 公司概况

（一）公司基本情况

兖州煤业股份有限公司（以下简称“兖州煤业”）由兖矿集团有限公司（以下简称“兖矿集团”）于 1997 年独家发起设立，是以煤炭、煤化工、电力、铁路运输、内河航运、机电装备制造、钾矿资源开发、金融贸易为一体的大型综合性能源企业，总部位于中国山东省邹城市凫山南路 298 号。1998 年，公司股票先后在香港证券交易所（股票代码：01171）、纽约证券交易所（股票代码：YZC）和上海证券交易所（股票代码：600188）上市。2012 年 6 月，公司控股子公司兖州煤业澳大利亚有限公司（以下简称“兖煤澳洲”）在澳大利亚证券交易所上市（股票代码：YAL）。兖煤澳洲作为兖州煤业在澳大利亚的投资平台，目前拥有和管理 9 个生产矿井/区，持有纽卡斯尔基础设施集团港口 27% 股权、威金斯岛煤炭码头 5.6% 股权和超洁净煤技术等资产，在澳大利亚所有煤炭企业中排名第六位。控股股东兖矿集团是山东省地方国有独资企业。作为国有企业改革试点，2016 年初，兖矿集团改建成国有资本投资运营公司。

兖州煤业是较早走出国门的煤炭企业，截至 2015 年 12 月 31 日拥有境外资产 536.53 亿元人民币，占总资产的 38.6%。目前，兖州煤业是中国唯一在中国（上海、香港）、美国（纽约）、澳大利亚三国拥有上市平台的煤炭企业，第一家成功收购并独立运营境外煤炭公司的中国企业，第一家向发达国家有偿输出专有技术的中国煤炭企业，全球第一家获得穆迪、标普和惠誉世界三大主流评级机构“投资级别”评级的煤炭上市公司。

依靠良好的成长性和发展潜力，兖州煤业连续多年入选普氏全球能源企业250强榜单，在2015年的榜单中，兖州煤业位列全球能源企业201位，亚洲能源企业60位，中国能源企业第16位，中国煤炭企业第4位。公司多次荣获“全国质量奖”，于2015年荣膺亚太质量组织“全球卓越绩效奖”最高级别奖。

截至2015年12月31日，兖州煤业总资产1390.62亿元人民币，净资产398.08亿元人民币。

（二）公司主营业务

公司核心业务是煤炭开采、洗选加工、销售。其他主营业务主要包括煤化工、铁路运输、电力和热力、机电装备制造等，收入规模均较小。兖州煤业2015年各主营业务收入结构详见图1。

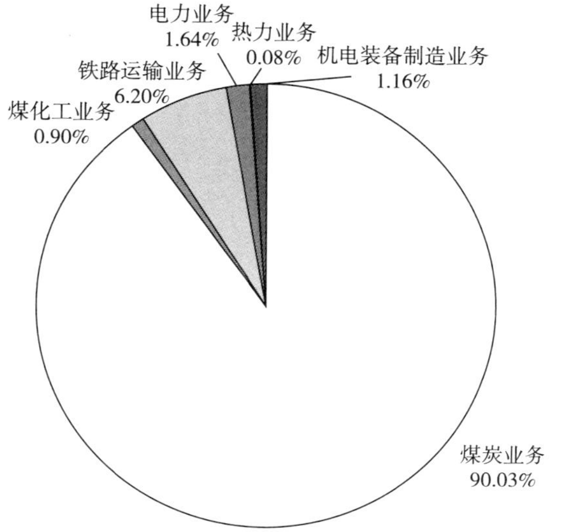

图1 2015年兖州煤业主营业务收入构成情况

数据来源：中国能源经济研究院根据兖州煤业年报整理。

公司煤炭储量丰富，是中国重要的煤炭生产基地。截至2014年底，公司拥有煤炭资源储量102.79亿吨，分布在中国的山东省、内蒙古自治区和山西省以及澳大利亚等地。公司在山东省境内拥有兖州、济宁东部、巨野三大煤田，共9座生产矿井，煤炭资源储量38.59亿吨；在内蒙古拥有3座生产矿井、2座在建矿井；在山西拥有1座生产矿井。在澳大利亚拥有9座生产矿井，煤炭可采储量

10.47亿吨，分布在新南威尔士州、昆士兰州和西澳大利亚州。

公司境内煤炭业务主要由公司本部、兖州煤业菏泽能化有限公司（以下简称“菏泽能化”）、兖州煤业鄂尔多斯能化有限公司（以下简称“鄂尔多斯能化”）、兖州煤业山西能化有限公司（以下简称“山西能化”）运营；境外煤炭业务主要由兖煤澳洲和兖煤国际（控股）有限公司（以下简称“兖煤国际”）运营。公司煤种较好，公司本部煤矿以动力煤为主，澳大利亚的煤矿主要为焦煤、喷吹煤和动力煤。客户主要分布在中国的华东、华南和华北等地区以及日本、韩国和澳大利亚等国家。

煤化工业务目前主要是甲醇的生产与销售。公司煤化工业务由子公司兖州煤业榆林能化有限公司（以下简称“榆林能化”）和鄂尔多斯能化经营。榆林能化60万吨/年甲醇项目2009年投产；2015年1月，鄂尔多斯能化所属的60万吨/年甲醇项目正式投产。由于原料供应等问题，山西能化10万吨甲醇项目已于2012年4月停产。

兖州煤业拥有并经营电厂7座，均为火力发电。其中5座由山东华聚能源股份有限公司（以下简称“华聚能源”）经营，总装机容量为144兆瓦，均是利用采煤过程中产生的煤矸石及煤泥进行火力发电。菏泽能化所属赵楼煤矿综合利用电厂1座，设计规划机组容量2×30万千瓦，1号机组于2014年投运，2号机组在建设中。榆林能化所属电厂1座，装机容量为50兆瓦，主要是为其甲醇项目生产而建立的配套电厂。热力生产除公司自用外，其余供给兖矿集团。此外，公司在济宁拥有300公里的煤炭专用铁路运输线。公司2011出资2.6亿美元收购加拿大萨斯喀彻温省19项钾矿资源探矿权，目前正在进行钾矿项目可行性研究。

装备制造业是公司2015年新收购的业务，主要经营液压支架、掘进机、采煤机等机电装备的制造、销售、租赁与维修等。

（三）公司主要成员

截至2015年12月31日，兖州煤业本部直属煤矿8家，旗下全资子公司7家，控股子公司9家。8家直属煤矿分别为南屯煤矿、兴隆庄煤矿、鲍店煤矿、东滩煤矿、济宁二号煤矿、济宁三号煤矿、北宿煤矿和杨村煤矿。

（1）全资子公司基本情况

①山西能化①。2006年收购，主要负责兖州煤业在山西省的投资项目的管

---

① 原为兖州集团的控股子公司。

理，下辖山西和顺天池能源有限责任公司和山西天浩化工股份有限公司两家控股子公司。

②榆林能化。2004 年设立，主营甲醇和电力生产。

③鄂尔多斯能化。2009 年设立，主要负责内蒙古自治区煤炭资源开发和煤化工项目，拥有安源煤矿、文玉煤矿、转龙湾煤矿和营盘壕煤矿等 4 家煤矿，下属子公司荣信化工有限公司负责甲醇生产。

④兖煤国际。2011 年于香港设立，下设兖煤国际贸易有限公司、兖煤能源公司等 7 家子公司，并设有孙公司兖煤加拿大资源公司，在澳大利亚拥有坎贝唐斯煤矿和普力马煤矿。

⑤山东中垠贸易物流公司。2014 年设立，主营煤炭销售和煤矿机械配件的采购。

⑥端信投资控股（北京）有限公司。2014 年在北京设立，主营项目投资、企业管理、投资管理等。

⑦兖矿东华重工有限公司。2015 年收购，主营矿山、机电设备和配件的设计、制造、安装、维修和销售等。

⑧山东端信供应链管理有限公司。2015 年设立，主营物流、仓储和租赁。

⑨山东中垠国际贸易有限公司。2015 年设立，主营国际贸易。

2. 控股子公司基本情况

①兖煤澳洲，控股 78%。2004 年设立，2012 年上市。兖煤澳洲旗下有格罗斯特煤炭有限公司和澳思达煤炭有限公司两家全资子公司。前者拥有格罗斯特矿区、中山煤矿和唐纳森矿区，后者拥有澳思达煤矿、雅若碧煤矿、爱诗顿煤矿和莫拉本煤矿等 4 座煤矿。

②菏泽能化，控股 98.33%。2002 年设立，主要负责巨野煤田的开发。

③内蒙古昊盛煤业有限公司，控股 74.82%。2010 年收购，主要负责在建的石拉乌素井田。

④华聚能源[①]，控股 95.14%。2009 年收购，主营电力和热力生产。

⑤山东兖煤航运有限公司，控股 92%。2003 年收购，主营内河、内湖运输，煤炭和建筑材料销售。

⑥青岛保税区中兖贸易有限公司，控股 52.38%。1997 年设立，主营矿机贸易及加工。

---

① 原为兖州集团的控股子公司。

⑦山东兖煤日照港储配煤有限公司，控股51%。2013年设立，主要从事外购煤的销售。

⑧山东煤炭交易中心有限公司，51%。2012年底设立，主营煤炭交易及信息咨询。

⑨中垠融资租赁有限公司。2014年在上海自由贸易试验区设立，兖州煤业持股75%，兖煤国际持股25%。经营融资租赁、租赁交易咨询和担保及租赁相关业务的商业保理。

⑩青岛瑞丰国际贸易有限公司，51%。2015年设立，主营国际贸易。

二　公司2015年主营业务经营情况

（一）2015年经营业绩

受宏观经济增速放缓和煤炭行业产能过剩等因素影响，2015年兖州煤业营业收入690.07亿元人民币，比去年增加5.64%，净利润85951.4万元人民币，比去年下降60.28%。2015年国内煤炭行业出现整体性亏损，企业亏损面超过90%。煤炭企业遭遇量价双降的市场困境。根据中国能源经济研究院整理的数据，2015年，煤炭价格持续下滑，具有市场代表性的秦皇岛发热量5500卡/千克的动力煤价格由年初的515~525元/吨下降到年底的365~375元/吨。中国国家统计局发布的《2015年国民经济和社会发展统计公报》数据显示，2015年全年的煤炭消费量下降3.7%。中国煤炭工业协会的数据显示，兖州煤业2015年煤炭出口量完成533万吨，同比下降7.1%；出口金额为31亿元人民币，下降27.7%。与同行业其他煤炭企业相比，兖州煤业总体运营业绩位于行业前列。

1. 主营业务概况

2015年，兖州煤业原煤产量完成6847.8万吨，比上年下降5.67%；商品煤产量6286.9万吨，比上年下降6.01%；商品煤销售8723.8万吨，比上年下降29.1%，其中外购煤下降52.5%。甲醇产量167.1万吨，比上年增加159.07%；甲醇销量160.8万吨，增幅145.5%。兖州煤业年报数据显示，兖州煤业2015年发电量263952万千瓦时，比上年增加64.44%，售电量为167736万千瓦时，增幅132.16%。甲醇、电力产量均创历史新高。2012-2015年公司主要业务数据详见表1。

表 1　兖州煤业 2012 - 2015 年主要业务数据

类别	2015	2014	2013	2012
1. 煤炭业务				
原煤产量(万吨)	6847.8	7259.6	7380	6866.4
商品煤产量(万吨)	6286.9	6689	6699.5	6278.2
商品煤销量(万吨)	8723.8	12307.5	10399.5	9382.6
2. 铁路运输业务				
货物运量(万吨)	1599.3	1656.5	1825	1751.9
2. 甲醇业务				
甲醇产量(万吨)	167.1	64.5	60.9	57.2
甲醇销量(万吨)	160.8	65.5	59.9	57.4
3. 电力业务				
发电量(万千瓦时)	263952	160512	123442	115519
售电量(万千瓦时)	167736	72249	87910	85640

资料来源：中国能源经济研究院根据兖州煤业年报整理。

甲醇业务良好的表现，得益于鄂尔多斯 60 万吨/年甲醇项目年初投产，并且当年达产达效，大大提高了公司甲醇产能。电力业务主要是赵楼电厂 30 万千瓦电站于 2014 年 11 月投入运营。

2. 煤炭业务经营情况

煤炭业务按照经营主体可分为公司本部、山西能化、菏泽能化、鄂尔多斯能化、兖煤澳洲、兖煤国际和外购煤等 7 个部分。其中，原煤产能主要集中在本部煤矿和兖煤澳洲。山西能化和鄂尔多斯能化 2015 年下半年因更换采煤面而未正常生产，导致其原煤产量大幅下降。受价格下滑的影响，2015 年公司大幅降低了外购煤的销售。各分部 2015 年煤炭产销情况见表 2。

表 2　2015 年兖州煤业煤炭产销情况

单位：万吨，%

部门	原煤生产	同比增幅	商品煤生产	同比增幅	商品煤销售	同比增幅
公司本部	3769.1	0.87	3678.3	0.97	3499.4	0.72
山西能化	71	-54.4	69.3	-55.12	74.8	-50.13
菏泽能化	320.3	6.8	319.8	6.71	242.4	-22.06
鄂尔多斯能化	258.7	-56.03	258	-56.11	232.8	-59.81
兖煤澳洲	1813.7	-9.32	1324.9	-11.16	1327.6	-15.67
兖煤国际	705	24.08	636.6	24.17	639.8	24.04
外购煤	—	—	—	—	2707	-52.53
合计	6847.8		6282.9	-6.01	8723.8	-29.1

数据来源：中国能源经济研究院根据兖州煤业年报整理。

2015 年煤炭业务收入 328.749 亿元，比上年减少 43.8%。收入下降，主要是受价格和销量的影响。自产煤价格下降使营业收入减少 46.525 亿元，自产煤销量下降使营业收入减少 17.611 亿元，外购煤销售收入减少 192.494 亿元。2015 年兖州煤业煤炭销售价格情况及销见表 3。

表 3　2015 年兖州煤业煤炭销售价格和成本情况

单位：元人民币/吨，%

部门	煤炭价格	同比增幅	部门	煤炭价格	同比增幅
公司本部	336.15	-23.58	兖煤澳洲	411.47	-11.28
山西能化	166.12	-21.15	兖煤国际	286.95	-0.18
菏泽能化	403.12	-23.31	外购煤	455.29	-17.77
鄂尔多斯能化	166.14	1.91	合　计	376.84	-20.85

数据来源：中国能源经济研究院根据兖州煤业年报整理。

公司煤炭产品主要销往电力、冶金和化工等行业。2015 年销往电力行业 2349.7 万吨，比上年增加 2.58%；销往冶金行业 734.1 万吨，比上年下降 0.41%；销往化工行业 799 万吨，比上年下降 7.37%。2015 年兖州煤业煤炭销售行业分布见图 2。

公司地处中国经济最发达的华东地区，毗邻最具活力的亚太经济体，区域内人口稠密，经济发达，煤炭需求旺盛。优越的地理位置和便利的交通运输为公司煤炭业务发展奠定了良好的基础。公司产品销售集中在中国、澳大利亚、韩国和日本等市场。2015 年煤炭业务销售地理分布图见图 3。

3. 主要财务数据

2015 年兖州煤业实现净利润 8595.14 万元，比上年下降 60.28%。净利润下降，主要是受商品煤销售价格同比下降和计提资产减值准备的影响，分别导致净利润同比减少约 27.3 亿元和 2.2 亿元。增盈点主要是通过节支降耗商品煤销售成本同比下降，使净利润同比增加约 9.7 亿元。其次，长期股权投资、金融资产出售及美元债券回购同比增加净利润 5.4 亿元。

资产负债率 69.08%，上年这一比率是 67.19%。近年来，随着资源并购的推进，公司债务不断提高。自 2013 年来，兖州煤业资产负债率一直维持在 68% 左右的较高水平。2012 ~2015 年兖州煤业主要财务数据见表 4。

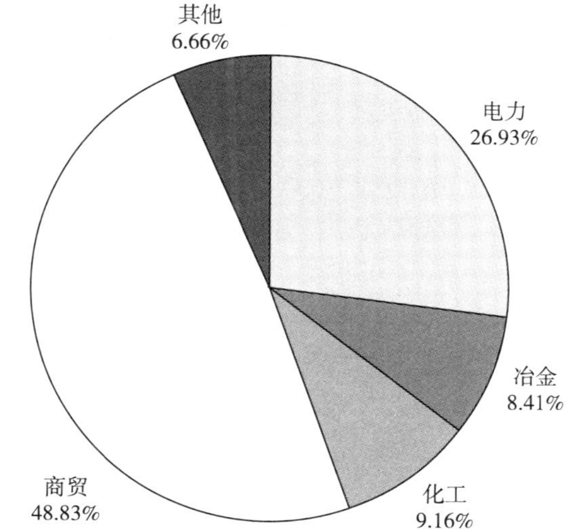

图 2　2015 年兖州煤业煤炭销售分行业情况

数据来源：中国能源经济研究院根据兖州煤业年报整理。

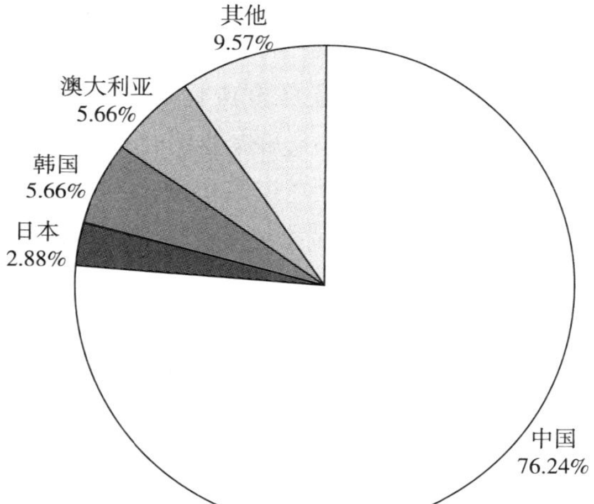

图 3　2015 年兖州煤业产品销售区域分布情况

数据来源：中国能源经济研究院根据兖州煤业年报整理。

表 4　兖州煤业 2012－2015 年主要财务数据

单位：万元人民币，%

类别	2015	2014	2013	2012
营业总收入	6900738.2	6532613.3	6111138.4	5967354.6
净利润	8595.14	228416.7	127121.1	536244.6
经营活动产生的净现金流	281792.4	565859	295650.4	811663.7
总资产	13906196.2	13368012.6	12889563.4	12075083.5
加权平均净资产收益率	2.21	5.45	2.85	12.56
资产负债率	69.08	67.19	68.05	60.56

数据来源：中国能源经济研究院根据兖州煤业年报整理。

（二）主要经营活动

面对经营环境的巨变，2015 年兖州煤业经营活动体现出三方面特点：一是创新思维降本增效；二是构建内部产业链，培育协同竞争优势；三是加快布局金融业的步伐。

1. 创新思维，降本增效

自 2011 年下半年煤炭价格下降以来，通过精细化管理降低成本成为煤炭企业的共同选择。经过连续 3 年多的挖潜增效，降低生产成本的空间日渐狭窄。2015 年兖州煤业发动创新思维，通过业务全流程再造、创新运营模式和开展全员创新创效活动，降本增效成绩显著。兖州煤业主要经营机构过去 4 年的煤炭销售成本详图 4。2015 年国内各经营单位吨煤销售成本平均为 2012 年吨煤销售成本的 50%左右。兖煤国际吨煤销售成本首次大幅下降。

（1）以“三减三提”理念实施全流程价值再造

为了有效解决煤炭生产环节复杂、用人多、效率低等问题，兖矿集团有限公司改变传统的“以增促增”发展模式，推动煤炭生产由传统“增头增面增系统”向“减头减面减系统、提速提质提效”的“三减三提”转变。2015 年，兖州煤业将“三减三提”的理念拓展到全业务链，突出“严控两端、精控中间”，实施全流程价值再造。全年生产系统减提优化 70 个项目，增效 2.3 亿元。通过实施大宗物资集采、竞争性谈判、网络采购模式，并全面推行电子招投标和职工代表民主评价模式等，严控采购成本。在中间环节，严格成本指标倒逼、预算零基控制，实施成本效益流程化、动态化管控，并创新建立存量资产管理平台，推动资产在流动中释放效益。

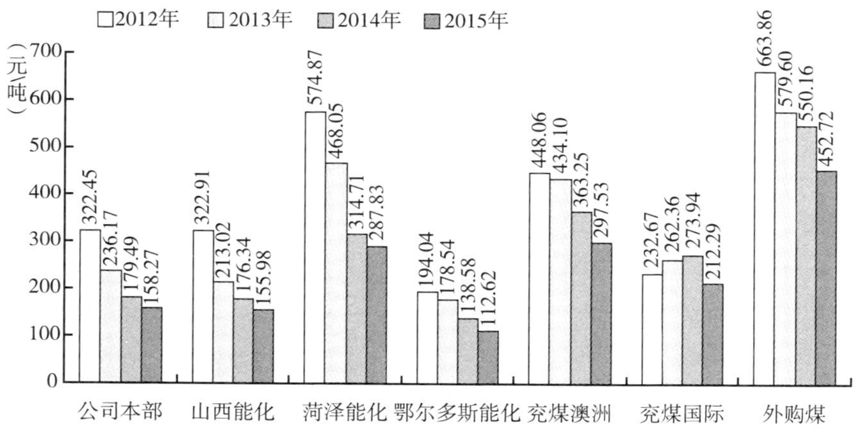

图 4　2012－2015 年兖州煤业吨煤销售成本情况

数据来源：中国能源经济研究院根据兖州煤业年报整理。

（2）创新商业运营模式

兖州煤业采取颠覆式的举措，构建起了以岗位货币化为核心的“内部市场运行模式”，“岗位竞包”模式逐步实现产业全覆盖，近 600 个工种岗位实现承包经营，降本增效成绩显著。创新营销模式，推进“订单式生产、个性化服务”，拓展产品定制，致力为用户提供体验式营销和综合能源解决方案，以“服务升级”增值“市场效益”。大力实施煤钢互保、同业市场协作开发等在开放中寻求发展的新思路。

（3）建立创新创效生态体系，激发员工活力

在企业内部开展“大众创新、全员创效”活动，设立创新创效基金，建立创新成果的内部交易、转化、推广应用机制，搭建“双创基地”“外部创业”等支撑平台，形成“全员参与、全层级贯穿、全产业覆盖、全流程融入”的多维度创新创效生态体系，全年推广转化员工技术革新、创新实践项目 470 余项。各产业依托人才和专业服务优势，组建若干创业团队，积极走出企业开拓社会化创收创效渠道。技术创新实现突破，本部矿井成功应用大采高、一次采全高工艺，首个薄煤层自动化综采配套装备在文玉煤矿投入运行。

2. 整合内部产业链，培育协同竞争优势

在煤炭领域，兖州煤业加大了对资本支出的控制，重点放在通过整合内部产业资源，最大程度释放存量资源的价值。首先是收购兖矿东华重工有限公司的

100%的股权，实现煤炭主业及矿山机电装备一体化经营和装备制造、融资租赁一体化经营。东华重工主营矿山、机电设备和配件的设计、制造、安装、维修和销售等，原为兖矿集团全资子公司。产融协同对机电装备制造产业转型升级具有重要意义。其次，整合营销、贸易、物流三大板，2015 年设立山东中垠国际贸易有限公司、青岛瑞丰国际贸易有限公司和山东端信供应链管理有限公司，实行专业运作、资源互补、运营协同。专业化的销售、贸易、物流产业链为公司开展供应链金融提供了良好的外部条件，而供应链金融业务则为前者提供了新的竞争优势。煤化工产业“燃料煤、原料煤”基本实现内部直供。通过产业整合，建立起紧密高效的内部产业协作链条，一方面提高了各板块的市场竞争力，另一方面充分发挥了协同运营带来的管理成本下降。

3. 加快金融领域布局，推进向产融协同转型

2014 年兖州煤业启动产业经营与资本运营“双轮驱动”战略，力推公司向“产融一体、财富增值”转型。在这一战略指导下，2015 年兖州煤业加快了向金融产业布局的步伐：一是通过资本运营，参股金融机构；二是自设金融运营机构，开展金融业务。年初，兖州煤业认购了齐鲁银行 2.4621 亿股定向增发股票，并以 2.6456 亿元参股投资上海中期期货有限公司（以下简称“上海中期”）33.33%股权。上海中期成立于 1993 年，是兖矿集团有限公司的全资子公司，主营业务包括商品期货经纪、金融期货经纪、期货投资咨询，是上海商品交易所、大连商品交易所和郑州商品交易所的正式会员，也是中国金融期货交易所的交易结算会员。上海中期在上海、北京等地拥有 15 家营业部，均有中国证券监督管理委员会颁发的经营许可证。齐鲁银行于 2015 年 6 月 29 日在新三板挂牌上市。在自有机构设置方面，兖州煤业组建了北京端信基金公司、深圳前海金融投资公司，成立了期货金融部作为公司期货业务专业操作执行机构，上海资本运营中心具备了运行条件。兖州煤业自 2014 年开始开展动力煤套期保值业务，2015 年下半年将套期保值业务范围扩展到动力煤及其关联产品的套期保值业务、甲醇产品的套期保值业务及其他贸易产品、大宗采购物资及其相关产品的套期保值业务。公司融资租赁、基金投资、供应链金融业务在 2015 年全面展开。

三 公司发展战略及2016年展望

（一）公司发展战略

为适应新的市场环境，把握新一轮能源革命契机，2014 年兖州煤业制定了

未来十年发展战略，确立了“国际化、清洁化、价值化”的战略方向，“资源协同、区域协同、市场协同、产融协同”的发展方式，致力于打造“创新引领、价值驱动、品牌卓越”的国际化洁净能源综合供应商，推动煤炭开采向绿色低碳开发转变、生产运营向综合服务转变、资源配置向全球化市场化转变，把兖州煤业建设成为具有投资价值和品牌影响力的国际化公司。

新的发展战略更加注重速度、质量和效益相统一，发展模式由规模扩张型向质量效益型转变。战略引领是兖州煤业发展的一个重要特色。2012 年前，兖州煤业的目标是突破省内煤炭资源的局限，通过“走出去”实现多元化布局，以并购为主实施规模扩张。在国内，兖州煤业走出山东省，投资建设陕西和内蒙煤化工基地，2010 年通过收购获得石拉乌素井田，2011 年收购安源煤矿、转龙湾采矿权、营盘壕井田等 4 座煤矿，完成了在内蒙古的布局。在海外，通过 5 次收购活动一举控股澳大利亚最大的独立上市煤炭公司。2004 年，兖州煤业以 3200 万澳元价格购得南田煤矿，将其更名为澳思达煤矿，这是中国首次整体收购海外煤矿。2009 年，收购菲利克斯资源公司煤炭资产，包括 4 个运营中的煤矿、2 个开发中的煤矿以及 4 个煤炭勘探项目。2011 年，收购澳大利亚新泰克控股公司、新泰克Ⅱ控股公司、澳大利亚西农普力马煤矿有限公司。2012 年，兖煤澳洲吸收合并澳大利亚上市公司格罗斯特公司，实现借壳上市。格罗斯特公司的主要资产包括五个在产煤矿和两个开发中煤矿。①

通过外延式的发展，兖州煤业实现了弯道超车，2012 年总资产首次超过亿元。多元化发展也从投入期进入收获期，2015 年煤化工成为实体产业最大的增盈点，省外产业集群的承载力加速提升。一度拖累兖州煤业业绩的兖煤澳洲正步入良性发展轨道。受世界煤炭价格下滑的影响，2013 ~ 2015 年兖煤澳洲连续出现亏损，亏损额分别为 8.321 亿、3.535 亿和 2.912 亿澳元。煤炭市场持续疲软严重冲击了实体产业的盈利能力和融资能力，兖州煤业寻求向产融协同转型。在金融领域的谋局始于 2010 年，兖州煤业与兖矿集团有限公司等共同出资设立兖矿集团财务有限公司（以下简称“财务公司”），持股 25%。2011 年，与建设银行等共同出资设立了山东邹城建信村镇银行有限责任公司，兖州煤业以现金出资 900 万元，持股 9%。

（二）2016年公司发展展望

1. 主营业务产业环境

国内，中国经济全面进入增速放缓新常态，环保要求不断提高，降低传统能

① 根据兖州煤业股份有限公司的新闻整理。

源消费比重是基本政策，经济稳增长面临多重困难和挑战。预计 2016 年 GDP 增速将在 6.5% ~7.0%。去产能、去库存、去杠杆、降成本、去短板是政府供给侧的改革重点。而煤炭行业是去产能的重点。2016 年 2 月 5 日，国务院印发了《关于煤炭行业化解过剩产能实现脱困发展的意见》，为推动煤炭企业实现脱困发展制定了具体目标：从 2016 年开始，用 3 到 5 年的时间，退出产能 5 亿吨左右，减量重组 5 亿吨左右，适度减少煤矿数量。煤炭行业或迎来兼并重组热潮。中国煤炭市场监测数据显示，2015 年 1 ~ 11 月，我国煤炭行业并购 49 起，比 2014 年增长 58%。煤炭去产能是个艰难的过程。中国煤炭协会的数据显示，截至 2015 年底，全国煤矿产能总规模为 57 亿吨，其中正常生产及改造的产能为 39 亿吨，而新建及扩产的产能为 14.96 亿吨。预计去产能政策难以抵御市场下滑趋势。

世界经济复苏缓慢且不平衡，受世界石油价格下跌的影响，主要煤炭消费国日本去年减少了对煤炭的需求。2016 年初，石油价格再次下跌，且没有企稳回升的迹象。国际煤炭市场供求失衡的状况经过煤炭商的兼并重组及煤矿的关停预计将有所好转。

2. 2016年公司经营目标

2016 年对公司运营来说将是更艰难的一年。首先降低成本抵御价格下跌的空间已非常小。再加上煤炭行业财务状况恶化，银行信贷等低成本资金获取难度增加，如何获取低成本资金也是个挑战。从公司 2016 年的经营计划来看，维持现有业务的稳定运转是公司的基本目标。2016 年兖州煤业计划年销售自产煤 6287 万吨，销售甲醇 150 万吨。煤炭销售目标比去年实际销售数量增加了 911 万吨，公司本部、兖煤澳洲和兖煤国际计划任务均略低于去年实际销售量，新增指标主要集中在今年将投产的年产能 1000 万吨的来乌素煤矿和年产能 1200 万吨的营盘壕矿井。甲醇销售目标亦比去年实际销售量减少了 10.2 万吨。

转型升级方面，公司坚持产融双轮驱动战略。一是做强实体产业，发挥四地上市平台优势，积极寻求兼并重组机会，推动实体产业与“互联网 +”、大数据、供应链有机融合，积极探索与电商的合作，培育转型发展新动力。二是发力金融板块，通过构建多层次金融投资体系，提高金融板块的贡献度。2016 年伊始，公司在金融领域的投资已有两起。一是以兖煤国际为主体，出资 15.84 亿港币认购浙商银行股份有限公司首次发行股份 4 亿股。浙商银行总部位于浙江省，拟在香港上市，已确定本次发行价为 3.96 港元/股。2015 年浙商银行前三个季度实现净利润 56.37 亿元人民币；截至 2015 年 9 月 30 日，浙商银行资产总额

10043.15 亿元人民币，资产净额 476.15 亿元人民币。二是 2016 年 3 月公司董事会通过了收购兖矿集团所持财务公司 65% 股权的议案，收购完成后兖州煤业将持有财务公司 90% 的股权。根据兖矿财务公司统计数据，2015 年，该公司实现营业收入 3.14 亿元人民币，利润总额 2.2 亿元，净利润 1.7 亿元。

3. 公司竞争优势

（1）优势资源储备丰富

2016 年石拉乌素、营盘壕矿井将投产。同年，石拉乌素选煤厂、输煤长廊，营盘壕选煤厂，转龙湾储煤中心竣工，规模优势显现。兖煤澳洲重点推进莫拉本煤矿二期项目的建设，莫拉本煤矿是目前澳大利亚盈利能力最好的矿井之一，只有一期工程露天矿生产。2015 年，二期项目获批，使莫拉本煤矿能够在其东部获批的井工矿和露天矿基础上另外开发两个井工开采区域和一个新的露天矿，项目达产后，莫拉本煤矿年产量最高可达 1600 万吨。

（2）技术研发实力强，核心技术向现实生产力转化空间大

2015 年，公司完成科技成果 82 项，其中 20 项达到国际先进水平，并获得中国煤炭工业科学技术奖 18 项，获奖成果数量、层次居同行业前列。2016 年公司将以陕蒙千万吨工作面、薄煤层自动化开采为重点，研发应用信息化、自动化、智能化的安全高效煤炭生产技术装备。公司还将推广应用自移式机尾等“四新”成果，加大“技术降本”“装备替人”力度，并推广应用岩巷综掘机械化作业，探索掘运支一体化快速掘进技术，提升安全高效施工水平。

（3）创新能力强

兖州煤业具有开创精神，这不仅体现在公司经营管理上，也反映在公司对存量资产的运营上。2016 年伊始，兖州煤业通过创新资产证券化方式，优化了兖煤澳洲的资产结构，同时获得了低成本资金。兖煤澳洲将其旗下拥有的艾诗顿、澳思达煤矿及唐纳森 3 个亏损比较严重的煤矿资产打包到一个全资壳公司（SPV）里面，以其为基础发行不超过 9.5 亿美元的 9 年期债券，发债资金主要用于莫拉本二期项目的开发，发行对象中银国际金融产品有限公司、联合 NSW 能源有限公司及兴业银行股份有限公司。债券发行结束后，SPV 控制权转移到联合 NSW 能源有限公司，兖煤澳洲独家为 SPV 公司提供管理、采矿管理、市场营销和基础服务。从会计角度，这部分资产的盈亏不再并入兖煤澳洲的资产负债表。以让渡控制权而不是转移所有权的资产证券化运作在澳大利亚是首例。

具有创新精神和极强的战略执行力使兖州煤业突破煤炭行业困境，成功转型之路值得期待。

电力企业发展方向及挑战

——以国家电网公司为例

李文华*

摘　要：　国家电网公司作为当前全球范围内最大的公用事业企业，始终坚持以建设国际一流企业、建设世界一流电网为战略目标；始终坚持以市场和客户为重要导向，持续提升供电服务质量和客户满意度；重点承担为全面建成小康社会，实现中华民族伟大复兴中国梦，提供更安全、更清洁、更经济、可持续的电力供应使命；积极探讨构建全球能源互联网，大力推动以绿色、清洁、高效方式满足全球电力需求。本文系统梳理国家电网公司2015年发展概况、主要业绩，并对2016年公司战略发展方向、面临的挑战和任务进行重点介绍。

关键词：　特高压电网　智能电网　清洁替代　电能替代　全球能源互联网

一　公司概况

（一）基本情况

国家电网公司（以下简称“国网公司”）成立于2002年12月29日，总部位于北京市西城区西长安街86号，是关系我国国民经济命脉和国家能源安全的特大国有重点骨干企业。公司注册资金5363亿元，经营服务区域覆盖26个省（直辖市、自治区），供电人口超过11亿人。国网公司连续11年获评中央企业业绩考核A级企业，连续5年获得国务院国资委财务绩效评价A级，连续5年蝉

* 李文华，博士，《中国能源报》供电部主任、主编。

联世界500强企业第7名，连续3年获得国际三大评级机构国家主权级信用评级。

国网公司积极贯彻落实中央“四个全面”战略布局，努力推动能源生产和消费革命，加快实现能源电力科学发展；始终坚持以加快建设世界一流坚强电网，建设国际一流先进企业为战略发展愿景；以忠诚服务党和国家工作大局、服务经济社会发展、服务发电企业和电力客户为根本宗旨；倾力打造电网坚强、业绩优秀、资产优良、服务优质的全球化、现代化公司；牢固树立“全球能源观”，加快构建全球能源互联网，大力实施清洁替代和电能替代。

国网公司加快转变公司发展方式，积极转变电网发展方式，注重以市场和客户为核心导向，持续提升供电服务质量和客户满意度。重点承担为全面建成小康社会、实现中华民族伟大复兴中国梦，提供更安全、更清洁、更经济、可持续的能源供应使命。

截至目前，国网公司资产总额31149亿元，固定资产投资4695亿元，营业收入20750亿元，实现利润865亿元（以上数据不涵盖海外资产）。

（二）主营业务

特高压进入大规模建设新时期。国网公司已经累计建成了7项特高压输电工程，目前在建9项特高压工程，并已系统掌握特高压交直流输电技术。值得关注的是，1000千伏特高压交流和±1100千伏特高压直流的输电距离已成功达到1500千米和5000千米。目前，该公司在运在建的16条特高压输电线路，长度已达到2.88万千米，累计送电已突破4347亿千瓦时。

智能电网打造能源配置新平台。智能电网的创新发展，促进了能源优化配置和能源生产方式的多样化。国网公司积极推进智能电网创新示范工程，针对加快新能源开发、分布式电源应用、便捷用电、电动汽车基础设施、支撑智慧城市、电网智能化等6类41项智能电网创新示范工程建设，推出了一批国际领先的智能电网精品和亮点工程。

稳步推进各级电网协调发展。国网公司结合我国经济社会发展、能源基地外送、清洁能源发展的现实需要，统筹考虑配套电源、电网建设。以安全、优质、高效的大规模建设特高压电网为重点，统筹推进特高压与各级电网建设，同时按照强化基础、精益管理、精准投资的基本原则，着力解决结构不合理、设备重载过载等突出问题。

积极推进国际化战略。如何确保更安全、更清洁、更经济、可持续的能源供应，是当前人类社会发展共同面临的重大挑战。国网公司以全球视野统筹能源发展战略，牢固树立“全球能源观”，倡议构建全球能源互联网，积极参与国际标准制定，加快组建海外研究机构，加强与国际组织交流合作，积极发挥技术优势和管理优势，广泛参与全球电力行业竞争，努力加强沟通，保持运营透明，积极提升产业链价值。

（三）公司架构

国网公司总部共设办公厅（董事会办公室）、总师办公室、全球能源互联网办公室、研究室、发展策划部、财务资产部、安全监察质量部、运维检修部、营销部（农电工作部）、科技部、基建部、交流建设部、直流建设部、信息通信部、物资部（招投标管理中心）、产业发展部、对外联络部（品牌建设中心）、国际合作部、审计部、经济法律部、人事董事部、人力资源部、体制改革办公室、离退休工作部、后勤工作部、思想政治工作部（与团委、直属党委合署办公）、监察局（与中纪委驻公司纪检组合署办公）、工会、国家电力调度控制中心、国家电网运营监测（控）中心、国家电网电力交易中心（北京电力交易中心有限公司）、企业管理协会 32 个职能部门，并设立 6 个分部，包括国网华北分部、国网华东分部、国网华中分部、国网东北分部、国网西北分部、国网西南分部。

为加快推动和落实全球能源互联网战略目标，2015 年国网公司总部增设全球能源互联网办公室，同时还将农电部和营销部合并为营销部。

（四）省级公司

国网公司经营区域覆盖 26 个省（自治区、直辖市），共设 27 家省级电力公司，包括：国网北京市电力公司、国网天津市电力公司、国网河北省电力公司、国网冀北电力有限公司、国网山西省电力公司、国网山东省电力公司、国网上海市电力公司、国网江苏省电力公司、国网浙江省电力公司、国网安徽省电力公司、国网福建省电力有限公司、国网湖北省电力公司、国网湖南省电力公司、国网河南省电力公司、国网江西省电力公司、国网四川省电力公司、国网重庆市电力公司、国网辽宁省电力有限公司、国网吉林省电力有限公司、国网黑龙江省电力有限公司、国网内蒙古东部电力有限公司、国网陕西省电力公司、国网甘肃省电力公司、国网青海省电力公司、国网宁夏电力公司、国网新疆电力公司、国网新疆电力有限公司。

二　公司 2015年经营情况

（一）重点业绩

2015 年国网公司营业收入 20750 亿元，比 2014 年 20914 亿元略有下降；2015 年资产总额达到 31149 亿元，利润总额 865. 2 亿元，实现利税 2143. 7 亿元，比 2014 年资产总额 28929 亿元、利润总额 812. 1 亿元、实现利税 1971. 7 亿元均有明显提升。

1. 电网能力

2015 年国网公司针对电网投资 4520. 75 亿元，输电线路长度达到 88. 99 万千米，变电设备容量 36. 12 亿千伏安，并网机组容量 11. 61 亿千瓦，并网机组上网电量 3. 62 万亿千瓦时，研究与开发经费 73. 76 亿元，累计专利拥有量 50165 项，累计获得国家科学技术奖 51 项，特高压跨区跨省输送电量 1534 亿千瓦时，主导和编制国家和行业标准 185 项。

2. 供电绩效

售电量 34506 亿千瓦时，公司经营区域最高用电负荷 6. 51 亿千瓦时，服务客户数 4. 20 亿户，城市供电可靠率 99. 957%，城市综合电压合格率 99. 989%，农网供电可靠率 99. 85%，农网综合电压合格率 99. 065%，国家电力市场交易电量 7221 亿千瓦时，供电服务“十项承诺”兑现率 99. 999%。

3. 运营服务

重点加强线损管理，2015 年综合线损率 6. 78%，同比降低 0. 28 个百分点。累计提高电网输送能力 3. 11 亿千瓦时，设备事故数 0 次，电网事故数 0 次。坚持“你用电、我用心”，着力解决“最后一公里”问题。同时开展农网发展现状和政策研究，并修订农网改造升级技术原则，实现农网投资 1222. 9 亿元，累计新增通电户数 191. 7 万户，累计新增农村通电人口 749. 6 万人。另外，大力开拓新领域、新业务。国网电子商城上线运营，打造集充换电设施监控、信息服务、资费结算、车辆服务、生活服务等业务于一体的车联网智能平台。

4. 服务清洁能源发展

清洁能源机组并网容量 39070 万千瓦。其中水电并网容量 20782 万千瓦；核电并网容量 1702 万千瓦；新能源发电机组并网容量 16586 万千瓦，包括风电并网容量 11664 万千瓦，光伏发电并网容量 4446. 5 万千瓦。清洁能源机组上网电量 10116. 4 亿千瓦时，其中水电上网电量 6698 亿千瓦时，核电上网电量 1019 亿千瓦时，新能源发电机组上网电量2399.40亿千瓦时。

5. 全面推进节能减排

2015年国网公司加强建设节能服务体系，签订节能服务项目合同635个，总投资25亿元。强化以节能服务和能效管理为核心的节能服务业务和服务体系建设，建成了覆盖公司经营区的能效服务网络。同时，降低线损节约电量104亿千瓦时，发电权交易电量1131.54亿千瓦时，电能替代电量760亿千瓦时。另外，消纳清洁能源减排量81323万吨，降低线损减排量820万吨。

6. 服务电动汽车发展

2015年，国网公司积极落实国家能源战略和节能减排政策，大力推动电动汽车快速发展。累计建成电动汽车充换电站1537座，累计建成电动汽车充电桩2.96万个。基本建成京港澳、京沪、京台、沈海、青银、沪蓉和宁沪杭环线高速公路快充网络和京津冀鲁、长三角区域重点城市内一批快充站点，覆盖城市81座、高速公路1.1万千米。累计完成电动汽车充换电量7.3亿千瓦时。

（二）核心版块

1. 大规模建设特高压电网

特高压输电技术具有大容量、低损耗、远距离、少占地的突出优势，可以实现能源配置更加高效、更加安全、更加环保，既是有效解决我国能源开发利用、加强雾霾治理的重要抓手，更是推动我国电工装备“走出去”的重要推手。

在党中央、国务院的高度重视和关心支持下，我国特高压已成功实现了“中国创造”和“中国引领”。目前，特高压在保障我国能源的安全、经济、清洁、高效发展等方面，发挥着日益重要的作用。为适应清洁能源大规模开发利用，以及满足经济社会发展对电力的供给需求，国网公司计划到2020年，形成不同资源类型互联互通的西部电网和东部电网，努力打造送、受端结构清晰及交、直流协调发展的2个同步电网。预计到2025年，将实现建成国家电网东部、西部电网同步联网工程。表1、表2为国家电网的在运、在建特高压工程及被列入大气污染防治行动计划的“四交四直”特高压工程。

2. 服务新能源，促进两个替代

2015年，我国新能源持续快速增长，并在我国能源结构优化、绿色发展方面发挥重要作用。目前，我国风电装机容量已经连续4年排名世界第一，光伏装机容量也首次超过了德国，成为世界第一。国网公司扎实推进服务新能源发展的电网建设、并网服务、运行消纳等工作。

表 1　国家电网在运在建特高压工程（截至 2015 年 12 月）

类别		工程名称	电压等级（千伏）	线路长度（公里）	变电/换流容量（万千伏安/万千瓦）	投运时间（年）
在运	交流	晋东南－南阳－荆门	1000	640	1800	2009/2011
		淮南－浙北－上海	1000	2×649	2100	2013
		浙北－福州	1000	2×603	1800	2014
	直流	向家坝－上海	±800	1907	1280	2010
		锦屏－苏南	±800	2059	1440	2012
		哈密南－郑州	±800	2192	1600	2014
		溪洛渡－浙西	±800	1653	1600	2014
在建	交流	淮南－南京－上海	1000	2×780	1200	2016
		锡盟－山东	1000	2×730	1500	2016
		蒙西－天津南	1000	2×608	2400	2016
		榆横－潍坊	1000	2×1049	1500	2017
	直流	宁东－浙江	±800	1720	1600	2016
		酒泉－湖南	±800	2383	1600	2017
		晋北－江苏	±800	1119	1600	2017
		锡盟－泰州	±800	1620	2000	2017
		上海庙－山东	±800	1238	2000	2017

表 2　被列入大气污染防治行动计划的“四交四直”特高压工程

类别	工程名称	电压等级（千伏）	线路长度（公里）	变电/换流容量（万千伏安/万千瓦）	投运时间（年）
交流	淮南－南京－上海	1000	2×780	1200	2016
	锡盟－山东	1000	2×730	1500	2016
	蒙西－天津南	1000	2×608	2400	2016
	榆横－潍坊	1000	2×1049	1500	2017
直流	宁东－浙江	±800	1720	1600	2016
	晋北－江苏	±800	1119	1600	2017
	锡盟－泰州	±800	1620	2000	2017
	上海庙－山东	±800	1238	2000	2017

（1）电网建设。国网公司在新能源并网和送出工程方面，总投资达到 96 亿元。新增新能源并网和送出线路达到 3797 千米。在省内输电工程方面，吉林通榆风电送出工程、河北张家口“三站四线”输变电工程已建成投运。在跨省跨

区通道方面，加快推进宁东到浙江特高压直流工程和锡林郭勒盟到山东特高压交流工程的建设，并开工建设蒙西到天津南的特高压交流工程，以及锡林郭勒盟到江苏、酒泉到湖南、上海庙到山东的特高压直流工程。

（2）调度运行。该公司已建立信息监测系统和光伏发电功率预测系统，实现覆盖500余座光伏电站；实现扩大风电场自动发电控制系统（AGC）覆盖范围，充分利用系统消纳空间。同时，该公司还加快优化系统运行方式。2015年，西北电网优化水电及梯级水库运行，统筹安排水火电机组配合新能源运行。公司充分利用北京十三陵、辽宁蒲石河、吉林白山等抽水蓄能电站，已累计消纳风电电量达到33.5亿千瓦时。另外，该公司还积极拓展新能源消纳空间。新能源跨省跨区的外送电量，已达到294亿千瓦时，同比增加了54%。

（3）分布式光伏并网服务。该公司坚持通过创新服务模式、简化并网手续、及时转付补贴资金等方式，加快促进分布式光伏发展。在经营区域内，已具备并网条件的3.77万千瓦光伏扶贫项目全部实现及时并网。另外，该公司还加快县域电网建设和升级改造，并积极做好“渔光互补”“农光互补”的电网接入，以及并网运行服务工作。

3. 加快建设抽水蓄能电站

抽水蓄能电站是技术可靠、运行稳定且较为经济的调峰和储能电源，重点承担调峰、填谷、调相、调频，以及紧急事故备用任务。目前，该公司经营区域内，在建抽水蓄能电站规模已达到1880万千瓦，在运抽水蓄能电站的装机容量，已经达到1674.5万千瓦。预计到2017年，我国将实现抽水蓄能装机突破3300万千瓦，发展成为世界抽水蓄能电站第一大国。

4. “走出去”取得重大突破

国网公司作为目前全球唯一具备投资、建设、运营特高压输电工程的公司，努力打造“中国创造”国际品牌，成为践行国际能源合作的典范。2015年7月，我国首个独立在海外开展工程总承包（EPC）的特高压输电项目——巴西美丽山水电±800千伏特高压直流送出二期特许经营权项目竞标成功，这标志着我国特高压技术、装备“走出去”再次取得重大突破。

巴西第二大水电站——美丽山水电站送出工程项目总投资约为70亿雷亚尔，计划将于2020年投运，工程投资回报率将超过14%。截至目前，国网公司已成功投资运营了菲律宾、巴西等6个国家和地区的骨干能源网，有力带动中国电工装备和技术成功“走出去”。

5. 全面推进农网改造升级

农村电网对促进农业生产、改善农村生活具有重要作用。2015 年，国网公司农网改造升级，总投资达到近 1600 亿元。目前，该公司已全面解决了大电网延伸覆盖范围内无电人口的用电问题，并提前实现无电地区人口通电目标，建成了新疆和西北、川藏、青藏等一批联网工程，全面结束了新疆、西藏、青海、四川等地区孤网运行的历史。

加快农网改造升级工程是“德政工程”“民生工程”。国网公司将加快建设现代农村电网，确保安全优质高效地完成农网改造升级任务，不断提高农村供电服务水平，为进一步落实好中央稳增长部署，为更好地促进新型城镇化、农业现代化和美丽乡村建设，为保障农村经济社会快速发展，为全面建成小康社会做出新的更大贡献。

三　公司战略方向及 2016年任务

（一）战略方向

2016 年，国网公司将深入贯彻党的十八届五中全会精神，落实创新、协调、绿色、开放、共享的可持续发展理念，积极推动能源生产和消费革命以实现能源电力科学发展，坚持以建设“电网坚强、资产优良、服务优质、业绩优秀”现代公司为发展目标，坚持以服务党和国家工作大局、服务经济社会发展、服务发电企业和电力客户为根本宗旨。牢固树立“全球能源观”，加快推动全球能源互联网建设，加快实施“两个替代”，持续促进清洁能源大范围配置、大规模开发、高效率利用。为全面建成小康社会、实现中华民族伟大复兴中国梦，提供更安全、更清洁、更高效、可持续的强大能源支撑。

（二）2016面临的挑战和任务

当前，资源紧张、环境污染、气候变化是世界能源发展所共同面临的三大挑战，传统能源发展方式已难以为继，积极探讨人类社会可持续发展已成为世界各国政府必须面对和彻底解决的世界难题。我国未来电力需求保持中高速增长将成为新常态。由于我国东中部地区用电基数大、经济总量大，其仍将是我国未来负荷中心。另外，随着我国西南水电基地、9 个大型风电基地、9 个大型煤电基地的规划建设，大规模“西电东送、北电南供”对我国电网的输送能力提出了新的更高要求。

2016 年，国网公司重点任务包括：完成售电量 35830 亿千瓦时；国家电力市场交易电量实现 7290 亿千瓦时；固定资产投资达到 4568 亿元，其中电网投资不低于 4390 亿元；公司资产总额达到 3.3 万亿元；营业收入实现 2.1 万亿元；开工 110（66）千伏及以上线路 7.6 万千米，变电容量 5.5 亿千伏安；投产 110（66）千伏及以上线路 4.7 万千米，变电容量 3.1 亿千伏安；资产负债率不超过 56.5%；开工建设巴基斯坦 ±660 千伏直流工程；年内投产“三交一直”特高压工程；累计建成 352 项智能电网试点示范工程；年内解决 236.5 万户农村“低电压”问题；完成替代电量 1000 亿千瓦时；全年新建充电站 2450 座、充电桩 2.8 万个；在京津冀鲁、长三角区域实现所有城市互联互通。

2016 年是我国进入全面建成小康社会决胜阶段的开局之年，也是推进结构性改革的攻坚之年。面对错综复杂的国际国内形势，国网公司肩负着极其繁重的艰巨任务。因此，必须凝心聚力，攻坚克难，努力完成本年度发展目标。

一是加快推进特高压电网建设。为加强治理严重雾霾，降低煤炭消费总量，加快解决西部、西南水电基地、北部能源基地电力外送等问题，国网公司近阶段将加快形成“三华”特高压同步电网，年内计划投产“三交一直”特高压工程，将为输送清洁电能和减少电煤消耗做出重大贡献。

二是加大服务新能源发展。2016 年，国网公司将积极推动新能源的健康可持续发展：一，持续加大新能源项目配套电网投资，努力保障新增光伏发电和风电的并网和送出；二，加快新能源配套跨区输电通道建设，在做好淮东到皖南、酒泉到湖南特高压直流工程建设的同时，力争核准张北外送特高压交流等一批特高压工程；三，加快建成投产浙江仙居、江西洪屏抽水蓄能电站，核准建设陕西镇安、新疆阜康、江苏句容、福建厦门抽水蓄能电站；四，重点建设张北可再生能源柔性直流送出与消纳示范工程等一批新能源创新示范工程。

三是实施“国网阳光扶贫行动”。2016 年，国网公司将计划开始实施“国网阳光扶贫行动”，大力开发、利用贫困地区的太阳能清洁能源资源，加快建设光伏发电项目，其项目发电收益精准用于扶贫，彻底转变“输血”扶贫方式，全新推进“造血”模式，让贫困户和贫困村集体实现长期、稳定、可持续的资产性收入。这一扶贫项目重点包括三方面：一是要实现村村“通动力电”工程，二是实现光伏扶贫项目接网工程，三是推动五县区定点扶贫工程。预计工程总投资将达到 367 亿元。

四是加快落实“一带一路”，积极推进国际产能合作。目前，国网公司与周边国家已达成合作框架，如何有效推进和加速落实是本年度重点工作之一。首先是积极推进中巴经济走廊能源合作。2015 年 4 月 20 日，在习近平主席和巴基斯坦总理谢里夫的共同见证下，国网公司与巴基斯坦水电部、国家输电公司共同签署直流输电项目合作协议。根据合作协议，国网公司将以 BOOT 模式（建设、拥有、运行、移交）投资建设巴基斯坦境内输变电项目。巴基斯坦政府充分认可国网公司在电网规划、设计、建设和运维等方面的综合实力和国际领先优势，合作协议的成功签署，是国网公司贯彻落实国家“一带一路”战略的重要举措。其次是积极推进与蒙古国开展能源合作。2015 年 11 月 10 日，在习近平主席和蒙古国总统额勒贝格道尔吉的共同见证下，国网公司与蒙古国能源部签署了《中国国家电网公司和蒙能源部关于开展锡伯敖包项目可行性研究合作的协议》，该协议明确了中蒙锡伯敖包煤电输一体化项目内容、中蒙双方在项目可研工作中的职责分工等，是双方下一步合作开展项目可研的基础。最后是积极推进与俄罗斯能源合作。2015 年 5 月 8 日，在中国国家主席习近平和俄罗斯总统普京出席的莫斯科克里姆林宫两国合作协议签字仪式上，国网公司与俄罗斯电网公司共同签署了《关于设立合资公司实施电网合作项目的协议》。按照协议约定，中俄双方将在俄罗斯境内，或者第三国，合作开展投资、建设、运营输配电网改造项目或 EPC 业务。

五是积极推动全球能源互联网建设。2015 年 9 月 26 日，习近平总书记在联大发展峰会上倡议探讨构建全球能源互联网，推动以清洁和绿色方式满足全球电力需求。要构建全球能源互联网，智能电网是基础，清洁能源是重点，特高压电网是关键。全球能源互联网实质就是将资源配置、能源传输、市场交易、智能服务融为一体的“物联网”，也是促进世界能源发展共建共享、互联互通的“巨系统”。

倡议构建全球能源互联网，既是对传统能源发展的历史超越，更是推进世界能源革命的重大举措。构建全球能源互联网可分三个阶段。一是国内互联：到 2020 年，加快推进中国国内电网互联，促进世界各国清洁能源开发，大幅提高世界各国的电网配置能力、清洁能源比重和智能化水平。二是洲内互联：2020 ~ 2030 年，加快推动电网跨国互联，积极开发洲内清洁能源大型基地，保障清洁能源在洲内的高效率、大规模优化配置。三是洲际互联：2030 ~ 2050 年，加快北极风电和赤道太阳能基地开发建设，努力实现清洁能源在全球占主导的目标，全面解决制约人类社会可持续发展的资源紧张、环境污染、气候变化等世界难题。

危机形势下的中国石油行业应对

——以中国海洋石油总公司为例

吴　莉*

摘　要：　本文阐述了2015年面对世界经济低迷、国际油价暴跌的形势，中国海洋石油总公司以质量效益为核心，通过创新驱动、降本增效等举措积极应对低油价挑战，并取得了一定成效。

关键词：　低油价　质量效益　科技创新　降本增效

2015年，世界经济增速为6年来最低，国际贸易增速更低，大宗商品价格急剧下跌，国际金融市场震荡加剧，对我国经济造成了直接冲击和影响，能源消费需求总体放缓。中国经济处于增速换挡期，经济增速明显放缓，已经进入工业化中后期，经济结构出现了不同以往的转折性变化，引领经济新常态，落实发展新理念，对能源发展提出了新要求。能源发展处于战略转型期，正在经历深刻的生产消费革命。

从石油行业方面来看，自2014年6月以来，国际油价从107.5美元/桶狂跌至2016年初的不足30美元/桶，创12年来新低。近两年，世界经济增速放缓，导致全球石油总体需求下降，占全球石油需求增量约40%的中国石油需求也趋于稳定甚至下降。另外，地缘政治的影响不可忽视。以往当油价出现变动时，中东等产油国会根据油价和市场变动，在油价上涨时会增加产量，在油价下跌时会降低产量，但现在各国更倾向于保住市场份额。石油输出国组织（OPEC）成员仍增产保市场，美国推行“能源独立”的战略使其非常规油气资源并未按预期减产。沙特坚持不减产，力图通过压低油价来挤压美国页岩油气生产。伊朗在解除国际制裁后，重返国际石油市场，急于恢复产量。经济低迷加之“供求失衡”等因素导致国际油价疯狂下跌，石油行业步入低谷期。

---

* 吴莉，《中国能源报》油气部主任。

油价暴跌严重冲击了石油产业，勘探开发、炼油销售及化工产品等均会受到影响，尤其是对上游勘探开发的影响更为深远。全球石油行业均面临着严峻的形势，石油行业感到前所未有的压力，许多国际石油公司也出现巨额亏损，埃克森美孚2015年四季度利润降低58%，壳牌全年利润暴跌80%，英国石油公司（BP）遭遇了20年来亏损最严重的一年。油价断崖式的下跌对以油气勘探开发为主业的中国石油企业同样是一种考验。以下以中国海洋石油总公司为例，分析中国石油行业的抗风险能力、为稳定发展所采取的措施，以及对未来发展的展望。

一 中国海洋石油总公司概况

中国海洋石油总公司（以下简称“中国海油”）成立于1982年，是国务院国有资产监督管理委员会直属的特大型国有企业，是中国最大的海上油气生产商。自成立以来，实现了从上游到中下游、从浅海到深海、从国内到国际的三大跨越，由一家单纯从事油气开采的上游公司，发展成为主业突出、产业链完整的国际能源公司。

2015年，中国海油在《财富》杂志“世界500强企业”排名上升至第72位，公司继续享有标普和穆迪授予的AA－和Aa3级国家主权级资信评级，为国内企业最高评级。自2004年国资委开始实行中央企业负责人经营业绩考核以来，中国海油已连续11年获得经营业绩考核A级。

与众多国企不同，中国海油自诞生之日起就打上了国际化的烙印，率先开放海洋资源的对外合作，始终把利用好国际国内“两个市场、两种资源”作为做强做大的基本途径。无论是国际化的速度还是国际化的程度，都让其在业界颇具盛名。

截至目前，中国海油已与30多个国家和地区签署了对外合作合同，业务遍及亚洲、非洲、大洋洲、北美洲、南美洲和欧洲，公司海外资产占总资产的37.2%；资源类型涵盖了传统油气资源和页岩油气、油砂、煤层气等非常规油气资源。海外储量、产量、油气销售收入占了越来越大的比重，2015年油气产量创历史新高，其总产量首次突破1亿吨油当量，成为公司持续成长的重要动力。公司海外业务已经形成常规和非常规资源、勘探和生产业务并存的有序发展的良好局面。

（一）公司主要业务

中国海油是一家主业突出、产业链完整的国际化能源公司，业务主要涵盖油气勘探开发、工程技术与服务、炼化与销售、天然气及发电、金融服务等板块。

1. 油气勘探开发

按照“寻找大中型油气田”的指导思想，中国海油依靠认识创新、技术创新和管理创新，在中国近海勘探、深水勘探和海外勘探方面都不断取得突破。公司加大常规油气勘探开发力度，持续推进煤层气、致密气等非常规天然气的规模开发。

2. 深水勘探开发

自 1982 年成立至今，中国海油通过自力更生和对外合作，基本建立起常规作业水深内完整的海洋石油工业体系，并于 2010 年实现国内油气年产 5000 万吨油当量。要实现建成“有中国特色的国际一流能源公司”的目标，仅靠浅水区的油气资源量难以突破，实施深水战略、开发南海油气资源是必然选择。目前中国海油投资建造的以“海洋石油 981”为旗舰的深水舰队已起航，实现了海洋石油作业能力从水深 300 米到 3000 米的历史跨越。

3. 工程技术与服务

工程技术与服务板块是保障中国海油油气主业持续发展的坚实基础。公司拥有海洋石油勘探开发作业需要的门类齐全的专业技术服务体系，旗下三个公司有能力提供海上石油勘探、开发、生产全过程的服务，现已成为世界上最具规模的综合型海上油田服务公司之一。

4. 炼化与销售

炼油与化工业务既是油气勘探开发的产业延伸，也是石油化工、化肥生产及市场营销的业务主导。销售业务主要开展成品油及相关产品的销售。

5. 天然气及发电业务

天然气及发电业务已成为中国海油的支柱产业之一。作为中国 LNG（液化天然气）产业的领头羊，中国海油多年来一直深耕天然气产业，在 LNG 领域具有一定的优势，已经建成 7 座接收站，累计接卸 LNG 突破 8000 万吨。天然气及发电产业已成为中海油的支柱产业之一。同时，建成中山嘉明电厂、海南杨浦电厂、广东惠州电厂、福建莆田电厂、深圳电厂、珠海电厂 6 个天然气电厂，总装机规模达 846 万千瓦，居国内第二，这也是最具发展潜力的效益增长点。2015 年累计进口 LNG 约 1316 万吨，约占全国进口量的 70%。

6. 金融服务

财务、信托、保险、投资、融资租赁等金融服务依托中国海油集团产业发展，发挥相应职能，加强产融结合和风险管控，创新服务模式，拓展服务网络，优化信息系统，打造金融服务品牌。金融资产质量和盈利能力保持较高水平，为中国海油各单位提供相应服务。

（二）2015年经营情况

2015 年末，按照国际会计准则，中国海油总资产达 11642 亿元，净利润为人民币 202.5 亿元，每股盈利为人民币 0.45 元，同比下降 66.4%。勘探、开发和生产方面，净产量 495.7 百万吨油当量，同比增长 14.6%；获得新发现 16 个；中国海域自营探井成功率达 45% ~67%；储量替代率为 67%；投产 7 个新项目。持续降本增效方面，桶油成本为 39.82 美元，同比下降 5.9%；资本支出 665 亿元，同比下降 37.9%；注重现金流管理，资产负债表保持健康。具体数据如表 1 所示。

过去几年，中国海油勘探投资均占资本支出的 20% 左右，与国际同行相比处于高端水平。但 2015 年，公司勘探资本支出 147 亿元，较 2014 年的 232 亿元下降 36.6%。这一年，公司以大中型油气田勘探为主线，适当减少高风险、高投入井的比例，资本支出虽然下降，但勘探成果较为突出。2015 年，中国海油剔除经济修正的储量替代率为 163%，净产量同比增长 14.6%，完成年初目标的上限。全年生产原油 7970 万吨，天然气 251 亿立方米。中国和海外产量占比分别为 65% 和 35%，石油液体和天然气占比分别为 83% 和 17%。

表 1　中国海洋石油有限公司经营情况

指标	2015 年	2014 年	变动（%）
产量（百万桶油当量）	495.7	432.5	14.6
—石油液体（百万桶）	410.3	348.8	17.6
—天然气（10 亿立方英尺）	497.0	485.5	2.4
实现油价（美元/桶）	51.27	96.04	-46.6
实现气价（美元/千立方英尺）	6.39	6.44	-0.8
油气销售收入（百万元）	146597	218210	-32.8
净利润（百万元）	20246	60199	-66.4
每股基本盈利（元）	0.45	1.35	-66.4

资料来源：中国海洋石油有限公司 2015 年年报。

二　保持稳定发展的措施及成效

2015 年，全球行业处于低油价的“寒冬”，受其影响，中国海油经营业绩也出现大幅下滑，利润同比下降 66.4%。在巨大的生存压力下，2015 年，中国海油采取各种应对措施，全产业链保持稳定有序发展。

（一）抓牢油气勘探开发主业，实现历史性突破

上游勘探开发是中国海油的主业。2015 年，中国海油油气总量首次突破 1 亿吨油当量。这主要得益于新项目的顺利投产和老项目的深度挖潜，以及海内外勘探的突破进展。

1. 新老项目协调

2015 年，锦州 9－3 油田综合调整、垦利 10－1 油田等七个新项目均已顺利投产。在增加新储量的同时，狠抓老油田精细化管理，加大非常规油气田开发力度。例如，面对生产油田产量递减的形势，南海西部油田合理优化，大力采取增产措施，使得生产油田的年综合递减率仅为 4.5%，远低于规划的 19.5% 的水平，实现油气产量连续 6 年保持在 1000 万吨以上，创造了油气产量连续 8 年超过 1000 万立方米的记录。南海东部油田通过精细化分析油田生产动态，因地制宜，有力推动在产油气田滚动扩边，提前完成重点开发项目，实现油气全年产量超过 1500 万吨油当量，同比大幅增长超 40%，创本海域历史新高，实现连续 20 年稳产超 1000 万立方米油当量。

2. 海内外勘探

高效完成渤海三个大中型构造的评价：曹妃甸 6－4、旅大16－3/16－3 南和渤中 34－9，轻质油占比较高；南海东部白云凹陷发现流花20－2 和流花 21－2 两个油田，有力地提升了该地区勘探开发整体效益；南海西部中央峡谷水道勘探东西扩展及新层系拓展取得突破，取得新发现陵水 18－1，并成功评价陵水 25－1 构造。

（二）加大科技创新力度，带动油气储量和产量增长

海洋石油勘探开发具有“高投入”“高科技”“高风险”的“三高”特点，低油价形势下，科技创新不仅是企业实现可持续发展的核心驱动力，更是企业提升竞争力的重要利器。2015 年，中国海油科技创新硕果累累。公司利用自主研发的两种深水水泥泥浆体系，通过优化设计，确保首口超深水探井固井作业顺利完成，标

志着公司已具备超深水固井技术能力；这一年，“海洋石油 981”承钻的我国首口超深水井成功完成作业，标志着中国已具备海上深水钻井和测试全套能力。

2015 年，公司通过自主科研攻关，掌握了 3000 米水深大型起重铺管船总体和基本设计技术，以“贪吃蛇”钻井技术、海底防砂工具为代表的一批核心技术实现国产化，海洋新型绿色能源技术基础性研究探索不断深入，多项重大科研技术项目获得国家奖励。中国海油不断加大科技攻关力度，涌现出一批技术创新项目，实现了以技术创新带动油气储量和产量增长。

2015 年，中国海油钻井技术获重大突破，中国海油自主研发的旋转导向技术和随钻测井系统联合完成某海上作业，标志着我国在油田定向钻井、随钻测井技术领域打破了国际垄断，可自主完成海上“从式井”和复杂油气层的开采需求，有望大幅降低国内油气田开发综合成本。目前两大系统已先后在渤海油田和陆地油田高质量地完成了 10 口商业井的商业化作业。

海上稠油技术开发在这一年也有所突破，公司突破海上平台注采关键技术，形成海上聚合物驱油技术系统，并实现规模化应用。该技术已达到国际领先水平，预期可增加海上稠油油田采收率 10 个百分点以上，全面推广应用可增加可采储量上亿立方米。

高温高压水平井技术难题一直是海洋石油勘探开发的重要难题之一。2015 年，中国海油攻克了这一难题，并形成完整的海上高温高压气田开发技术体系。公司首口高温高压水平井气田成功放喷，比计划提前近 10 天，产能远超预期。

（三）以质量效益为中心，降本增效新成效凸显

油价低位徘徊已成定势，紧盯低油价不如降本增效。中国海油认为低油价“寒冬”仍在持续，其不仅对石油公司影响巨大，也波及上中下游各业务板块，给公司带来了全方位、深层次、多领域的困难和挑战。做好降本增效工作，切实加强成本管控，进一步提升协同发展水平，是公司战胜挑战、化危为机、抱团取暖“抗严冬”的重要手段，也是重塑公司低成本优势、提升核心竞争力和可持续发展能力的必然要求，对公司持续健康发展具有重要意义。

2015 年初，中国海油提出继续深化“质量第一、降本增效、勤俭办企”理念，全力打造“质量效益年”活动升级版。深化“质量效益年”在中国海油已深入人心，并转化为实实在在的行动。为此，从勘探到开发生产，再到整个公司的供应链的管理，中国海油都制定了严密的实施方案。在勘探上，公司通过优化勘探部署，加强精细化管理，提升作业效率，使其在中国海域勘探投资占比

65%，中国海域单井成本同比下降29%。在开发生产上，公司通过前期研究、项目管理、专项治理系列过程来实现最优化生产，加强供应链管理。前期研究在以效益为中心的基础上优化设计，有效降低投资额，以35~50美元/桶的油价进行评估，得出新项目仍具经济性的结论，用以指导生产。通过强化项目管理、优化工程和钻完井方案、缩短项目周期，新项目建设节约成本超过人民币100亿元。对以低成本战略著称的中国海油来说，其精打细算的本色得以体现，公司开展多项作业费用专项治理，并建立起长效机制，产量增长了14.6%，而作业费用同比下降了28亿元。

通过这些举措，中国海油降本增效成果明显。例如，渤海石油管理局“二次优快”钻完井技术护航高效低成本开发，仅歧口18－1等3个油田就节约10.8亿元。东海石油管理局投身技改技革，近300项创新项目创效约2000万元。公司“十二五”期间650个节能项目开花结果，2015年增效近10亿元。

（四）注重发挥一体化优势

低油价形势对石油公司是一个巨大的考验。在抓好上游主业的同时，中国海油注重发挥一体化优势，中下游产业成为油价风险的平衡器。

1. 炼化和销售业务

在低油价形势下的产业对冲效果初步显现。惠州炼化原油加工量及各主要高价值产品产量均创历史新高，主要技术经济指标保持高水平。销售分公司加大成品油直销开发力度，成品油零售量和非油品销售收入同比实现较大幅度增长。油气利用公司“中海油36－1”沥青品牌效应进一步凸显，润滑油市场开发稳步推进。山东海化经营效益和发展质量进一步提升。大榭石化总体运行平稳，超额完成利润目标。中海壳牌完成大修并顺利复产。气电集团力保海气消纳，广东市场份额继续提升，液态销售大幅增长。进出口公司深耕国际油品市场，加强海内外一体化运作，贸易量、利润总额等关键指标实现逆势增长。中海化学强化精细化运行管理，推进产业转型升级，在行业产能过剩局面下利润好于预期。新能源业务推进优化重组工作。

2. 金融业务

业绩表现优良，发挥金融服务价值，帮助集团所属单位加强资金管控、提高资金使用效率、降低融资成本，并抓住外部市场机会，实现投资收益新突破，多家金融类企业利润创新高。

3. 重点领域改革

2015 年是全面深化改革的关键之年。中央出台了《关于深化国有企业改革的指导意见》等重要文件。公司共召开 4 次深化改革领导小组会议，谋划改革思路，并以重大问题为导向推进重点领域改革。“三项制度”、炼化与销售体制、科技、计划投资体制、资产优化等改革稳步推进。聚焦天然气业务协调发展机制。渤海石油管理局确立深化改革 7 大课题，成立专项改革工作组，持续增强发展动力；南海东部石油管理局重点完成机构优化和人员上岗。这些改革措施在逐渐推进的同时，可以说在低油价形势下也发挥了重要的提质增效作用。

三　保持未来稳定发展的要素

经过 30 多年的发展，中国海油已经具备较好的产业基础、体制基础、队伍基础和文化基础，建立了比较完整的海洋石油工业体系和油气主业突出、综合一体化的产业体系，已形成“专业化发展、市场化运作、集团化管理”的发展模式，构建了科学规范、运转有效的现代企业制度，在海上气勘探开发的多个技术和管理领域具有比较优势，培育了独具特色的海油文化，更拥有一支具备高度责任感、使命感、奉献精神和艰苦奋斗作风的干部员工队伍。但对于未来的发展，中国海油仍面临着国际与国内的严峻形势。

从国际看，世界经济深度调整，复苏乏力，国际贸易增长低迷，金融和大宗商品市场波动不定，地缘政治风险上升。外部环境的不稳定和不确定因素增加，对我国发展的影响不可低估。持续低油价已成国际石油行业面临的新常态，市场潜力相对变小，行业正面临洗牌。

从国内看，2016 年是“十三五”开局之年，新常态下经济发展基本面向好，但也面临困难挑战，长期积累的矛盾和风险进一步显现，经济增速换挡、结构调整阵痛、新旧动能转换相互交织，经济下行压力加大。而供给侧改革逐步推进，经济增长速度、发展方式、经济结构、发展动力都将发生深刻变化。首先，全面深化改革已成时代发展的主题，2016 年政府工作报告明确提出，要大力推进国有企业改革，今明两年，要以改革促发展，坚决打好国有企业提质增效攻坚战。深化国企改革将进一步发挥市场配置资源的作用，国有企业市场化程度的提高，对中国海油战略决策、治理体系、管控能力、参与市场竞争和抗风险能力等提出更高要求。其次，绿色、低碳已是世界能源发展大势所趋，全球能源转型进程正在加快，应对气候变化议题深入推进。替代能源、新能源发展加快，竞争力提升，对化石能源造成较大冲击。同时，我国经济发展的资源环境约束进一步强化，新《环保法》《大气污染防治法》等一系列环境保护法律法规出台，大力保护环境，使国家加快发展清洁能源的政策导向更加明确，对行业不断提升绿色低碳发展水平提出更高要求。最后，从行业来看，国际油气供需格局和市场正发生深刻变化，全球石油需求减少，预计 2015 ~ 2020 年石油消费年均增速仅为 2.8%，2020 ~ 2030 年年均增速降为 1.1%，① 但世界石油产量却还在增加，供应出现严重过剩，导致油价短期内难以回升，预计“十三五”期间国际油价为 30 ~ 80 美元/桶，② 将进一步压缩石油公司盈利空间。

此外，随着国内油气市场的准入和开放，市场主体更加多元化，石油公司的竞争压力也将会增大。我国能源生产与消费革命正在加快推进，“四个革命、一个合作”（能源消费、供给、技术、体制革命和全方位加强能源国际合作）都将深刻影响能源行业的发展走向。对中国石油公司来说，其在企业发展的同时，同样面临着资源品位变差、低效储量增加、炼油能力增加但利微、规模速度与质量效益矛盾等问题。高油价好比靠天吃饭，会掩盖很多问题，低油价形势下反倒使企业清楚地看到自身的劣势所在。中国海油已经意识到桶油成本优势不再、LNG 产业先发优势渐弱、产业转型升级面临较大压力、干部队伍老化等日益凸显的问题。

面对种种困境，如何保障未来的稳定发展至关重要。

（一）创新驱动提升核心竞争力

低成本是石油公司提升竞争力和抵御价格风险的关键，而科技创新则是实现成本领先的核心。大型国际石油公司普遍把科技创新视为核心竞争力，视为公司发展的生命线。

对从事高难度的海上石油勘探开发的中国海油来说也是如此，经过 30 多年的发展，科技创新已成为中国海油发展的重要基因。2015 年，中国海油在资本支出降低的同时，桶油成本却下降了，油气产量创历史新高，其中科技创新发挥了重要作用。

“十三五”期间，创新被置于中国海油发展的重中之重，通过持续推进科技创新、管理创新和产业创新，进一步提升公司产业链价值。

---

① 中国石油经济技术研究院：《2015 年国内外油气行业发展报告》。

② 中国石油经济技术研究院：《2015 年国内外油气行业发展报告》。

（二）低成本战略优势

低成本战略一直是中国海油高速发展的“法宝”之一。经过多年发展，中国海油已由一家单纯的石油公司逐渐发展成为上下游一体化的国际化能源公司，并通过技术创新、科学管理等方式，形成低成本的优势，但这项优势正面临弱化的危险。中国海油认为，质量、效益的好坏已经成为关系石油企业生死存亡的头等大事，必须要进一步提质增效，也就是要继续贯彻低成本战略，提升核心竞争力。

2016 年，公司将通过继续加强精细化管理，切实提高投资效益，合理制定不同油价下公司的资本支出选择方案，加强一体化管理，提高协同发展水平，加强油公司和专业服务公司、上下游业务的协同发展水平。

（三）“抱团取暖”对外合作的基础

积极开展对外务实合作是中国海油长期以来始终坚持的一项重要发展方针。截至目前，公司海外油气资产类型和布局更加多元化，涉及油气勘探开发、专业技术服务、液化天然气生产储运多个领域，海外业务覆盖全球 30 多个国家和地区，建立了多个海外油气生产基地，2015 年末海外资产占总资产比例达 37.2%。

低油价形势下，仅仅依靠单打独斗难以在全行业遭受的困境中突围，必须“抱团取暖”。在以往对外开放的基础上，中国海油表示，未来将在以下四个方面重点加强：一是继续深化在中国海域的油气业务合作；二是继续深化在国际业务领域里的合作，持续探索创新能源合作模式和商业模式；三是继续深化在科技创新和新业务领域里的合作；四是继续关注并积极参与公司的体制机制改革。

四　2016年发展战略及展望

“十三五”期间，国际政治形势和安全局势总体仍然平稳可控，全球经济联系日益紧密、利益交融不断加深，新的技术革命和产业革命对全球经济的影响力不断上升，推动产业转型升级的外部条件更加完善。我国仍处于工业化、城镇化加快发展阶段，能源需求仍将保持增长。“一带一路”、建设海洋强国、“京津冀一体化”、“长江经济带”、“创新驱动”等国家发展战略的实施，为中国海油进一步拓展战略空间、扩大对外合作创造了机遇。

根据国际能源署 3 月的预测，原油价格可能已经触底回升。伊朗重返国际市场的势头并不像国际上曾预料的那么强劲，且有迹象显示非石油输出国组织

（欧佩克）产油国的供给量正在下降，但上半年的供应协议并不会改变，这意味着2016年下半年油价可能会出现小幅反弹，利好石油公司。

2016年，世界经济仍将缓慢复苏。低油价形势下，在谋求生存的同时仍然要有所发展，中国海油的目标是要建设有中国特色的国际一流能源公司。2016年1月19日，中国海油公布了2016年经营策略和发展计划：公司净产量目标为470~485百万桶油当量，其中中国约占66%，海外约占34%。2017年和2018年净产量目标分别约为484百万桶油当量和502百万桶油当量。

年内，将有4个新项目计划投产，分别为垦利10-4、番禺11-5、涠洲6-9/6-10油田综合调整和恩平18-1。目前，共有近20个项目在建。

年内，公司计划钻探115口勘探井，采集二维地震数据约1.0万公里及三维地震数据约1.4万平方公里。

2016年，公司的资本支出总额将低于600亿元人民币，其中，勘探、开发和生产资本化支出分别约占19%、64%和13%。公司将通过控制成本提高效益，确保在资本支出下降的情况下，完成公司全年各项目标。

不难看出，为应对低油价的冲击，中国海油将继续强化成本措施，缩减投资，将充分利用市场机制，结合技术创新和管理创新，继续降本增效，并合理平衡短期效益和长期发展，推动公司稳步健康发展。同时，2016年将突出质量效益，深化改革，把创新摆在公司发展的核心位置，继续保持油气主业稳健发展，持续提升协调发展境界，着力开展提质增效活动，防范化解经营风险，大力推进产业绿色改造和清洁生产技术升级，积极融入“一带一路”国家发展战略，加快推进对外合作模式创新，坚定不移推进合作，与合作伙伴共同应对挑战，努力实现共赢发展。

B.12 大事记

贾潇*

2015年国内能源大事记

时间	事件	国际及社会影响
1月5日	上海市政府宣布，同意由新华社旗下的新华中融投资有限公司联手中石油、中石化、中海油、申能、新奥燃气、北京燃气、中燃燃气、港华投资、华能国际等上下游企业合资成立上海石油天然气交易中心	该中心接受国家发改委、国家能源局及商品现货交易市场管理部门的指导和监督。半年后的7月1日，交易中心正式启动，第一单成交1400万立方米天然气。根据规划，上海石油天然气交易中心的目标是要“成为与美国 Henry Hub、英国 NBP 并驾齐驱的亚太地区石油天然气交易中心、信息中心和金融中心，提升中国在国际石油天然气领域定价权和影响力”
2月4日	在国家主席习近平和阿根廷总统克里斯蒂娜见证下，国家能源局局长努尔·白克力与阿根廷联邦计划、公共投资与服务部部长胡里奥·德维多代表两国政府签署《关于在阿根廷合作建设压水堆核电站的协议》	作为项目实施者，中核集团表示，该协议的签署标志着中国自主三代核电技术——“华龙一号”(ACP1000)将出海远航。这是我国核电“走出去”的里程碑式事件，也标志着“华龙一号”技术得到了其他国家的认可
2月底	我国并网风电装机容量首次突破1亿千瓦，达到10004万千瓦，实现10年百倍增长	我国并网风电持续3年领跑全球并成为世界上第一个达到1亿千瓦的国家，风电也成为继火电、水电之后，第三个迈入我国“1亿千瓦俱乐部”的发电类型，继续稳居我国第三大发电类型的地位，我国风电装机持续居于世界风电装机首位
2月26日	国家发改委下发通知，决定自4月1日采暖基本结束后将存量气和增量气门站价格并轨，即增量气最高门站价格每立方米降低0.44元，存量气最高门站价格每立方米提高0.04元。试点放开直供用户用气价格，居民用气门站价格不做调整。同时将尽快建立健全居民生活用气阶梯价格制度	此次天然气价格并轨“意味着我国天然气价格改革完成‘破冰之旅’”。按照党的十八届三中全会提出的“凡是能由市场形成价格的都交给市场，政府不进行不当干预”的价格改革方向，我国天然气价格改革的最终目标应该是“完全放开气源价格，政府只监管具有自然垄断性质的管道运输价格和配气价格”

* 贾潇，中国社会科学院研究员生院国际能源安全研究中心职员。

续表

时间	事件	国际及社会影响
3月10日	国家发改委发布文件，确定中广核红沿河核电二期项目两台百万千瓦核电机组获批准	这是继2012年12月核准田湾二期工程以来，我国真正意义上新批的核电项目。红沿河核电二期项目两台机组的建设将进一步提高中国核电自主化水平，促进我国核电产业技术升级
3月15日	国务院发布《进一步深化电力体制改革的若干意见》，揭开了新一轮电改序幕。新一轮改革涉及电价改革、电网独立、放开市场等一系列核心内容	新一轮电改配套文件的出台，标志着改革进入实际操作阶段。本次电力体制改革按照“管住中间、放开两头”的思路，通过有序缩减发用电计划，在发电侧和用电侧引入市场竞争机制，其将彻底改变我国供用电模式
3月18～19日	“2015年中国新能源汽车推广应用高峰论坛”在江苏省盐城市举行	论坛以“聚焦商业化瓶颈、推动市场化转型”为主题，400余名与会代表围绕新能源汽车前沿技术、政策环境、商业模式、运营安全、充换电设施等我国新能源汽车推广应用中涉及的主要问题进行深入研讨
4月12日	在中国航天科技集团六院火箭发动机试验区，使用由神华集团与中国航天科技集团共同研制的液氧煤基航天煤油的火箭发动机整机热试车获圆满成功	这是世界首次将煤基煤油应用于航天领域，标志着我国煤基航天煤油研制取得重要阶段性成果，对保障我国高速发展的航天工业燃料需求，拓宽航天燃料供给来源，具有深远的战略意义
4月15日	国务院总理李克强主持召开的国务院常务会议提出，按照核电中长期发展规划，在沿海地区核准开工建设“华龙一号”示范机组	“华龙一号”是具有三代特征和水平的中国自主开发的技术，三代核技术意味着当今世界最高的核电标准，该技术将用于福建福清的5号、6号两台示范机组的建设，年中就将开工，前期准备已经接近完成。这将是“华龙一号”技术首次被用于国内核电项目
4月23日	《2015世界能源中国展望》英文版在美国纽约首发	《2015世界能源中国展望》英文版报告让中国了解世界的发展趋势，同时也将推动外部世界尤其是西方国家更深入地研究中国国情、中国的能源数据与政策，从而深入认识中国在世界上的角色与作用、中国的贡献和发展趋势
5月4日	“三桶油”同日换帅，中国石油企业欲“重树形象”	同一天上任的“三桶油”新任掌门人拥有一个基本相同的特征：都是在石油企业工作多年且从基层技术岗位成长起来的学者型官员。人们有理由对中国石油企业稳健发展并再创辉煌给予更多期许

续表

时间	事件	国际及社会影响
5月19日	以“塑造未来，推动水电可持续发展”为主题的2015世界水电大会在北京怀柔雁栖湖畔召开	来自60多个国家和地区的近千名与会代表和嘉宾交流了水利建设技术、管理经验，畅谈水利发展方向。本次大会建起了水电合作的桥梁和平台，使得这届首次在中国举办的世界水电大会成为近年来在中国召开的规格最高、规模最大的国际水电盛会
5月20日	港股光伏上市公司汉能薄膜股价暴跌46.95%，并短暂停牌	股价暴跌，令汉能薄膜的市值瞬间蒸发了1443亿港元（约合1155亿元人民币）。拥有汉能薄膜约73%股份的汉能控股集团董事局主席兼首席执行官李河君也因此从“首富”宝座上跌落
5月27日	国家发改委在其官网登出了《关于山东东明石化集团有限公司进口原油使用评估情况的公示》，初步确认山东东明石化集团有限公司可使用进口原油750万吨/年，其成为首家获得进口原油使用权的地炼企业，中国炼油产业开始迈进新的阶段	国家放开进口原油使用资质，将为包括东明石化在内的民营炼油企业提供新的、重大的历史发展机遇。油源多元化是石油市场形成充分竞争格局的前提，这意味着我国在解决地方炼油企业原油供应问题上迈出实质性步伐
6月17日	国家发改委和国家能源局联合颁布电改又一细则——《输配电定价成本监审办法（试行）》，文件确定了输配电定价成本监审遵循的原则，明确了输配电定价成本构成与归集，以及输配电定价成本核定办法	这是我国第一个针对超大网络型自然垄断行业的成本监审办法，标志着国家对电网企业成本监管全面进入科学监管、制度监管的新阶段。新电改落实迈出关键一步——输配电定价规范化
6月29日	中俄东线天然气管道中国境内段开工仪式在北京、莫斯科和黑河三地施工现场通过视频方式隆重举行，标志着这条连接中俄两国的陆上能源通道全线启动建设	东线天然气项目是中俄两国最大的务实合作项目，也是全球天然气合作重大战略性项目。这一项目的实施，将结束东北（中俄）能源通道长期以来“有油管、无气管”的历史。东北、西北、西南和海上四大能源战略通道将成为名副其实的“四大油气进口通道”
7月1日	来自中石油西气东输公司1400万立方米的管道天然气在中国金融信息中心的大厅屏幕上闪动。挂牌价为2.6109元/立方米，摘牌方为上海管网	这是我国首单管道天然气的现货网上交易。它的诞生，标志着上海石油天然气交易中心进入试运行阶段

续表

时间	事件	国际及社会影响
7月15日	由中电投集团与国家核电技术公司重组而成的国家电力投资集团正式挂牌。该公司是全国唯一同时拥有水电、火电、核电、新能源资产的综合能源企业集团	中电投和国核技的成功重组，宣告了既有核电开发建设资质又有技术研发能力的国电投集团的诞生。中电投和国核技的合并被视为互补式的“联姻”，前者是国内拥有核电项目开发建设资质的三家企业之一，而后者则拥有较强的核电设计研发能力
8月31日	国家能源局发布了《配电网建设改造行动计划(2015～2020年)》	该计划明确加大配电网资金投入，与以往类似文件很大的不同之处在于，其几乎数字化的指标明确了未来五年内的配电网建设改造的目标，这是政府执政更加务实的大环境所决定的
9月7～9日	由中国机械工业联合会、中国石油和化学工业联合会联合主办的“2015中国国际能源峰会”在京举办	会议研讨内容涵盖电力、油气、光伏、生物质能、核电等众多领域，是我国能源与能源装备产业的全景式活动平台
9月26日	国家主席习近平在纽约出席联合国发展峰会并发表题为《谋共同永续发展　做合作共赢伙伴》重要讲话	中国倡议探讨构建全球能源互联网，推动以清洁和绿色方式满足全球电力需求。国家电网公司董事长刘振亚称，构建全球能源互联网，是实现世界能源可持续发展的必由之路，是破解化石能源困局的治本之策，也是全球经济拉动和产业升级的重要抓手
10月12日	“第四届光伏领袖峰会”召开。光伏作为一种丰富、清洁和可再生的新能源，再次成为国内外政策制定者、学者专家、企业领袖和金融精英关注的焦点	包括国际能源署在内的多家国际组织都认为到2050年光伏将成为全球第一大电力来源，光伏发电是最有发展前景，也是当前最有实践意义的清洁能源
10月16日～18日	首届“中国能源互联网大会暨智慧能源产业博览会”在杭州召开	作为我国首个且唯一一个以能源互联网和智慧能源为主题的博览会，“2015中国能源互联网大会暨智慧能源产业博览会”囊括了政策解读、学术研讨、技术交流、展览展示、产业链接、项目对接等重要内容，旨在为智慧能源产业相关企业、研究单位、第三方机构提供一个宣传推广、产业链接和项目对接的平台
11月初	“中国煤炭消费总量控制和政策研究”课题组于11月初发布《中国煤炭消费总量控制规划研究报告》	报告指出，在“十三五”期间，煤矿开采和洗选企业数量要从2015年的6390家压减到3000家以内，即一半以上的煤炭企业或将退出市场，或有逾80万煤炭人失业。作为全球第一的煤炭消费国，中国承认每年燃烧的煤炭量比此前披露的数值高出17%

续表

时间	事件	国际及社会影响
11月6日	中国国家能源局、江苏省人民政府和国际可再生能源署联合主办的“2015国际能源变革论坛”在江苏苏州召开	“2015国际能源变革论坛”共同探讨了未来全球能源发展所面临的挑战和机遇，分享了清洁能源环保领域的技术创新和优异实践，并发表了国际能源转型领域的首个共同宣言——《苏州宣言》。这次论坛不仅深入探讨了我国能源革命面临的挑战和问题，形成了我国全球化的能源战略思路，而且也促进了各国政府在全球能源变革领域凝聚共识，助力全球能源体系变革与结构调整
11月10日	国家太阳能热发电示范项目启动会议如期召开	此次会议标志着我国太阳能热发电首批示范项目正式启动。会议云集了全国范围内几乎所有欲开发太阳能热发电示范项目的单位的代表。伴随着项目的正式启动，项目评审也拉开序幕
11月17日	国家发改委印发《电动汽车充电基础设施发展指南（2015～2020年）》，明确提出到2020年，我国目标为新增集中式充换电站超过1.2万座，分散式充电桩超过480万个，以满足全国500万辆电动汽车充电需求	大力发展电动汽车，能够加快燃油替代，减少汽车尾气排放，对保障能源安全、促进节能减排、防治大气污染、推动我国从汽车大国迈向汽车强国具有重要意义
11月18日	在国际能源署（IEA）2015年部长级会议上，中国成为国际能源署联盟国	随着世界经济和能源格局的变化，中国、印度等新兴市场国家开始扮演越来越重要的角色。中国政府意识到，要积极参与全球能源治理，开展全方位国际能源合作，才能在开放的市场环境下保障国家能源安全
11月30日	习近平主席在巴黎气候大会上发表重要演讲	中国国家主席习近平在巴黎气候大会上发表重要演讲，为本次气候谈判注入了前所未有的政治推动力。巴黎气候大会能够取得成功，中国在会场内外的积极作为是决定性因素之一
11月30日	国家发改委、国家能源局下发电力市场建设、交易机构组建和规范运行、发用电计划有序放开、输配电价改革、售电侧改革以及规范燃煤自备电厂监督管理6大核心配套文件（“9号文”），标志着电力体制改革继往开来，再次启航	“9号文”延续了5号文“管住中间、放开两头”的改革思路，又赋予了改革新的时代特征和内涵。新一轮电改将逐步打破垄断，改变电网统购统销状况，推动市场主体直接交易，充分发挥市场在资源配置中的决定性作用

续表

时间	事件	国际及社会影响
11 月底	2015 年 11 月底，全国 6000 千瓦及以上电厂发电设备容量突破 14 亿千瓦，同比增速高达 9.7%。但在需求侧，全社会用电量增速却屡创新低，2015 年增速低于 1%，更是创下 1978 年以来的最低水平，与 1995 年以来年均 10% 的增速形成巨大反差，供需形势也因此逆转	随着近年来我国发电能力的持续高速增长，以及经济发展进入增速换挡期，我国电力供需形势在 2015 年迎来了供应过剩的全新局面。同时，考虑到电源建设周期产生的惯性效应，未来 2 ~ 3 年，我国电力装机仍将维持高速增长态势，其间电力供需过剩局面恐将持续
12 月 2 日	国务院常务会议决定，2020 年前全面实施燃煤电厂超低排放和节能改造，大幅降低发电煤耗和污染排放	高效清洁发展一直是电力行业追求的目标，作为我国电源结构中的主力军，煤电也一直在找寻适合自己的清洁发展之路。会议要求到 2020 年"全国所有具备改造条件的煤电厂力争实现超低排放"。该方案覆盖范围较《行动计划》明显扩大，东、中部地区达标时间节点也提前 2 ~ 3 年。超低排放正式扩围提速，煤电迎来"加强版"
12 月初	中国冶金科工集团有限公司整体并入中国五矿集团公司，成为其全资子企业	中冶集团不再是国资委直接监管企业。重组后的新集团总资产超过 6000 亿元
12 月 15 日	国际原油价格已跌破 40 美元/桶，年内第 24 个调价窗口来临时，为避免国内油企亏损幅度进一步扩大，国家发改委决定暂停此次成品油价格调整	油价巨幅下跌直接拖累油企盈利水平，进而极大抑制其上游投资积极性，最终对行业长期发展产生负面影响。当前国内石油的平均生产成本已明显高于国际油价，原油生产已进入亏损状态。可以预见的是，"应对低油价挑战"在未来相当长一段时间内将成为石油行业的必修课
12 月 16 日	国务院常务会议确定，对已列入国家相关规划、具备建设条件的广西防城港红沙核电二期工程"华龙一号"三代核电技术示范机组和江苏连云港田湾核电站扩建工程项目予以核准	中国自主三代核电技术即将全面落地，中国核电 3.0 时代的大幕已开启
12 月 21 日	国家电网公司发布消息称，截至 2015 年 11 月，国网调度范围内新能源并网装机容量合计达到 14626 万千瓦，占总装机容量的 12.4%。国网成全球接入新能源规模最大的电网	新能源大规模消纳是一个世界性难题。特别是在当前因化石能源消费带来的大气污染愈加严重的大背景下，我们不能一边创造着新能源产业发展全球之最，一边制造着大规模的新能源浪费。"弃风""弃光"问题亟待解决

续表

时间	事件	国际及社会影响
12 月 23 日	青海省全面解决无电人口通电工程竣工投运，实现电力全覆盖	至此，中国最后 9614 户、3.98 万无电人口告别无电时代。目前，虽然无电人口已全部实现通电，但并不代表其用电问题已得到完美解决。通电只是一个新的开始，稳定的电力供应值得期待
12 月 25 ~ 26 日	全国能源工作会议召开	国家发改委副主任、国家能源局局长吴新雄在会上做题为“适应新常态落实新举措努力推动能源生产和消费革命”的工作报告，提出 2015 年要推进能源消费革命、能源供给革命和能源技术革命

2015年国际能源大事记

时间	事件	国际及社会影响
2 月 6 日	欧盟能源联盟宣布正式启动	在欧洲能源市场，有理由期望联盟发挥积极作用，对国际能源市场产生深远影响。这对我国能源市场改革及亚洲能源发展也有相当的借鉴意义
2 月 25 日	欧盟能源联盟正式公布总体架构	确立五大原则：保障能源供应安全；建立完全一体化、具有竞争力的内部能源市场；降低能源需求，提高能源效率；加强利用再生资源；加强研究、创新以发展绿色技术
2 月	经合组织核能署（OECD-NEA）联合国际能源署（IEA）共同发布了《2015 核能技术路线图》	《2015 核电技术路线图》提出的七大主要观点：1. 核电在节能减排中扮演重要角色；2. 预期核电装机容量有所下降，但对核电需求依然强烈；3. 福岛核事故带来的影响仍未完全消除；4. 监管部门在核安全领域应发挥重要作用；5. 核电需要政府稳定的支持政策；6. 核电技术在不断发展更新中；7. 小型模块化反应堆大有可为
3 月 28 日	作为全球最大可再生能源公司之一的西班牙的阿本戈集团（Abengoa）申请破产保护	作为西班牙可再生能源产业的旗舰企业，阿本戈集团数月以来一直在与债权人谈判以避免成为该国最大的破产公司之一
4 月初	壳牌公司宣布斥资近 700 亿美元（约合 4529.63 亿元人民币）收购规模较小的竞争对手英国天然气集团（BG Group，不含债务）	成为 1996 年以来全球第四大油气业合并案，也是今年最大的并购交易

续表

时间	事件	国际及社会影响
5月20日	经由荷兰经济事务部主持的部长级会议协同来自75个国家的代表团正式通过《国际能源宪章》	能源宪章旨在加强签约国间的能源合作关系，且不承担任何具有法律约束力的义务。国家发改委副主任、国家能源局局长努尔·白克力参加会议，并代表中国签署《国际能源宪章宣言》
6月10日	BP《世界能源统计年鉴（2014）》在英国伦敦正式发布	能源世界发生了显著的“地壳运动”，即供应和需求的“结构性”变化。其中，除煤炭外，其他燃料产量都出现了攀升。除核能外，所有燃料消费均出现增长。中国仍是全球最大的一次能源增长市场（增幅为2.6%），是世界最大的能源消费国，能源消费占全球消费量的23%，能源消费增长占全球净增长的61%
8月3日	美国总统奥巴马公布了《清洁电力计划》（简称CPP）最终方案，要求到2030年发电企业碳排量减少32%，该计划被视为美国史上最为严格的减排计划	这一计划毫无疑问将影响美国电力市场的发电格局、电价等。美国政府预计，如果最终方案得以实施，到2030年美国可再生能源发电占美国总装机容量的比例将增至28%，高于此前预计的22%，2020～2030年将为美国消费者节省1550亿美元电费支出
8月11日	日本九州电力公司宣布，川内核电站1号机组当日成为日本全国首座被审查符合新安全标准后重启的反应堆。日本也由此结束了近两年的“零核电”状态	核电曾是日本重要的电力来源。重启核反应堆，将会有助于日本减少用于能源进口的开销，同时减少温室气体排放
9月9日	英国太阳能贸易协会（STA）宣布，英国政府决定，对太阳能上网电价补贴进行批量削减，削减幅度将高达87%，此举将对住宅、商业和太阳能发电厂产生重大影响	该提议一经提出就引发英国民众强烈不满。据英国可再生能源协会研究显示，这一提议可能最终使英国损失税收，并增加额外福利支出，其总额将近一亿英镑
10月2日	首届二十国集团（G20）能源部长会议在土耳其伊斯坦布尔召开。这次峰会重点关注能源获取、可再生能源、能源效率和能源投资等问题，各国能源部长强调“包容性”合作，以在布里斯班峰会上达成的二十国集团能源原则（G20 Energy Principles）为基础，携手应对未来的能源挑战	作为原本属于布雷顿森林体系框架下的一种旨在推动国际金融贸易合作的对话机制，二十国集团首次召开能源部长会议，对全球能源业意义重大。G20对可再生能源的关注和支持、对全球能源结构的优化和调整，以及全球气候变化的改善都将产生积极而重大的影响

续表

时间	事件	国际及社会影响
11 月初	美国通用电气(GE)宣布完成对阿尔斯通电力电网业务的并购,成交价最终锁定在 97 亿欧元(约合 678 亿元人民币)	GE 在实现其工业板块最大并购案的道路上又迈进了一步,该并购案成为行业历史上最大的收购案。交易后,GE 将拥有约 1500GW 的发电装机量,相比此前增长了 50%
11 月 6 日	美国总统奥巴马正式公布否决美加基石 XL(Keystone XL)输油管道项目,宣示在这场长达 7 年之久得利益博弈中,环保主义最后获得了胜利	早在 2008 年加拿大 TransCanada 公司就向美国国务院呈交了基石 XL(Keystone XL)输油管项目许可证申请。但该项目遭到环保人士激烈反对,历尽波折。环保组织 350. org 联合创始人比尔・麦吉本(Bill McKibben)称,“这是一场重大胜利”,奥巴马的决定“是具有历史意义的,这为化石燃料产业设置了一个先例”
11 月 30 日 ~ 12 月 12 日	联合国气候变化大会在巴黎举行。最终,大会通过《巴黎协定》	协定指出,各方将加强对气候变化威胁的全球应对,把全球平均气温较工业化前水平升高值控制在 2 摄氏度之内,并为把升温控制在 1. 5 摄氏度之内而努力。全球将尽快实现温室气体排放达峰,21 世纪下半叶实现温室气体净零排放
12 月 11 日	陶氏化学和杜邦正式宣布合并,新公司将更名为“Dow Du Pont”(陶氏杜邦)	两者合并后的总市值为约 1300 亿美元(约合 8390 亿元人民币)。新公司在合并后,将按计划拆分成农业、材料科学以及特种产品三个独立板块
12 月 18 日	英国煤炭控股有限公司“凯灵利”煤矿正式宣告关闭	这意味着英国煤炭工业彻底告别历史舞台。这个位于英格兰西约克郡的深层煤矿在兴盛时期曾有逾一百万名工人和 3000 个矿井
12 月 18 日	美国废除了 1975 年以来一直有效的原油出口禁令	此举为美国长达 40 年的原油出口禁令画上了句号。该禁令旨在缓和未来的石油供应危机,多年来此禁令并未引起人们关注,因为美国依然进口大量原油。但随着“页岩革命”造成美国原油和成品油进口量持续下降,目前其进口量已经低于 1975 年颁布禁令时的水平
12 月 21 日	国际原油价格跌至 2004 年年中以来最低点,油价已暴跌一半以上,且仍在不断探底	全球经济增长放缓导致原油需求持续疲软,而供应过剩的主要原因如下:欧佩克 2015 年 12 月初宣布放弃限产保价配额,美国 12 月 18 日通过立法取消了实施了 40 年的石油出口禁令,非欧佩克国家仍在继续增加产量以期降低成本。这些都对本已十分低迷的石油市场造成了打击

Abstract

The general report reviews the entire energy sector in 2015. It conducts research on the supply, demand and price of oil, natural gas, coal, renewable energy and electric power respectively, and does an in-depth analysis on the factors influencing the energy market, including government policies, economic conditions, and geopolitics. The paper also makes forecasts on the development trend of various energy sources. On the basis, suggestions are made on China's strategies for different energy sources.

Part 2 of the report conducts a detailed analysis on various sectors of global energy market. The paper notes that the global oil market has become oversupplied since 2014, and the weak demand and cumulated storage could suppress the oil price in the foreseeable future. The paper also analyses, both quantitatively and qualitatively, on the supply and demand, trade, prices in the natural gas markets of North America, Europe, and Asia-Pacific regions.

Part 3 of the report does case studies. Four domestic energy companies from different sectors are chosen as cases. And through these cases, insights can be gained on the profits, opportunism, threatens, as well as responses to the changing market of the energy companies.

Part 4 of the report does research on the hot topics of the global energy industry in 2015. It touches upon the issues of renewable energy and climate change, and the global and Chinese development of nuclear power sector. Meanwhile, it summarizes the major events of energy industry in 2015.

Keywords: World Energy; Development Trend; Price; Supply; Demand

Contents

Ⅰ General Report

Abstract: The article reviews the world energy development in 2015, and gives an introduction to oil, coal, natural gas, renewable energy and power market in perspective of supply, demand, price and other factors. Detailed analyses are made about factors which may exert influence on the energy development, such as economy, policy and geopolitical clash. Predictions are also made on world energy development in 2016. On this basis, summary and analysis are given on the current and long-term energy development in China. Problems in the energy development are pointed out and respective strategies are given.

Keywords: World Energy; Development Overview; Influencing Factors; Development Trends; Energy Development of China

Ⅱ Markets Review

Abstract: The global oil market has become oversupplied since 2014. The weak demand and cumulated storage could suppress the oil price in a foreseeable period. The fundamental market dynamic has been changed. The boost of domestic oil production makes U. S. the gradually replace the role of OPEC as a new "swing producer" in today's global market structure. Consequently, lasting low oil price puts pressures on oil producers to cut cost for surviving. The conventional mechanism of pricing system known as "benchmark oil pricing" has to reform into a "marginal income-driven oil pricing" system in order to cope with the situation. Furthermore, oil storage absorbed huge amount of oversupplied crude in the market and reached the historical high level, resulting in a rising anxious of approaching the limit. Thus, global oil market is facing the problem of reshaping the price-volume relation. The influential factors, as the author discussed in this article, are not only the impetus of breaking the conventional market balance, but also the main driver to reform the new balance.

Keywords: Global Oil Market; Oil Price; Oil Storage

B. 3 Global Natural Gas Market

Abstract: This paper analyzes, both qualitatively and quantificationally, the supply and demand, trade, prices, hot topics as well as important issues of the natural gas markets of 2015 in North America, Europe, and Asia-Pacific firstly. Based on that, the paper then forecasts the future situation of world natural gas market in 2016, predicts the supply and demand of global natural gas market, and estimates the prices of regional natural gas markets. Besides, the paper discusses the supply, consumption, and features of China's natural gas market in 2015, and also analyzes the constraints of current natural gas market in China. Finally, the paper makes an outlook of short-term tendency of the natural gas market in China.

Keywords: World; China; Natural Gas Consumption; Natural Gas Supply; Natural Gas Price;

B. 4 Global Coal Market: New Conditions and Restructuring Revolution

Abstract: The paper makes an in-depth analysis on the demand and supply of global coal industry, and explains the decline of demand and supply. The paper also analyzes the cases of coal trade, as well as merger and acquisition in coal mine industry.

On basis of the analyses, the paper holds that the growth potential for coal resources is limited, the growth of global coal trade is slowing down, and the efficiency of using coal resources will be improved. Finally, the suggestions are made on the restructuring of the coal industry.

Keywords: Coal Industry; Decline; Restructuring

B. 5　Status Quo and Predictions on Global Renewable Energy

Wang Zhenxia / 152

Abstract: Since the 21st century, major countries in the world have been built a safe, clean and sustainable energy supply system. After the worldwide financial crisis of 2008, the renewable energy industry is not only a matter of national energy security, but also an important measure to deal with the financial crisis. The renewable energy industry is a new economic growth point. In recently, the world's renewable energy industry is developing rapidly. In regional level, the renewable energy industry in EU is entering the stage of maturity. Meanwhile, with the rapid development of China, Japan and other countries, the Asia-Pacific region has become an important force in the world's renewable energy market. As the industry aspect, wind, solar and biomass energy developed rapidly. Although the world's renewable energy industry have been developed well, it still faces many challenges, and needs policy support from the governments.

Keywords: Renewable Energy; Analysis and Forecast; Policy Implications

B. 6　China's Electric Power Market

Liu Ximei / 173

Abstract: In recent two years, the growth rate of China's economy was slowing down. In 2013, the growth rate was 7.7 %, and in 2014 and 2015 the rates were just 7.3% and 6.9%. With the "new normal" of Chinese economy, electricity production and consumption appear new features as well. Supplying and demanding tendency turns to ease. And the supplying structure of electricity was continuously adjusted. The main driving power of electricity consumption was also changed from high energy consumption enterprises to emerging industries, service industries and residential use. In order to meet needs for economic development and environmental protection, price of electricity has been adjusted too. And new breakthroughs happened to electronic investment, trade and mergers and acquisitions. Electricity Distribution Investment Strategy and investments in new energy reflected the initial characteristics of electricity restructuring. Under the "the Belt and Road Initiative", international power trade and international mergers and acquisitions are further implemented. A new round of electricity reform started with marketing characteristics. And reforms in electricity transmission and distribution and opening in sale side of electricity are also in experimental progress. The forecasts indicate that the speed of China's economy growth may slowly declining with its stability, and the consumption of electric power would also be staying in a comparatively slow growth. Nationally, power supply enjoys sufficiency and transformation for electricity investments and supply system is speeding up. The proportion of clean energy will be increasing enlarged, and electricity market investments and trades will be staidly implemented with the market reforms.

Keywords: Situation of the Electricity Supply and Demand; Electricity Price; Electricity Investment; Electricity Trade; Electricity Market Reform

Ⅲ Hot Issues Review

Abstract: The Belt and Road Initiative is a huge and inclusive big policy initiative built by Chinese leadership to deal with the perceived growing negativity in China's neighbourhood. The initiative will include five areas of connectivity: policy, infrastructure and facilities, trade, currency, and people. According to the Chinese statement, the Belt and Road Initiative has an economic objective. It can also be understood as a new round of China's opening up in response to the challenges of overproduction and overcapacity, rise in labour cost, backward development in western part of China, and transforming to a net capital exporter. The implementation of the initiative would involve huge investments in infrastructure development and regional economic cooperation, with energy as an important pillar. This chapter examines the energy cooperation in the Belt and Road Initiative, its implication and the Western factor.

Keywords: The Belt and Road Initiative; China; Energy Cooperation; China-US Relationship

B. 8　Clean Energy and Global Climate Change Responses

Xu Hongfeng / 216

Abstract: According to research of the Intergovernmental Panel on Climate Change (IPCC), increasing the use of clean energy could effectively reduce the greenhouse gas emission on the Earth, and thus slow down the global warming. Advancing the development of clean energy, as one of the most important measures of retarding the earth warming, more and more appears on the agenda of combating the climate change around the global. Paris Climate Conference in 2015 and the IPCC's fifth Climate Change Report both put forward the new aims and arrangements for global greenhouse gas reduction. Through the efforts of international community, the ratio of clean energy in the global primary energy supply has increased to a certain extent since the 1970s. On the background of combating climate change and quickening fossil fuel replacement, global clean energy technology R&D and investments both maintain increased in 2014 and 2015, however, the growing rate of both decreased as the result of international oil price slump, week global economic recovery and the European debt crisis.

Keywords: Clean Energy; Climate Change; Paris Climate Conference; Greenhouse Gas Emission Reduction

B. 9　Review and Forecast on Global Nuclear Power Industry

Liu Xianyun, *Zhang Chunyu* / 234

Abstract: After the Fukushima nuclear accident in March, 2011, the world nuclear power station construction has been on the growing path. In 2015, Japan restarted the No. 1 reactor of Kawauchi Nuclear Power Plant, ending its 23 months long zero nuclear era. In 2015, China also started building new nuclear power station in coastal areas. And the number of power plants being started building and the number of power plants being put into commercial use both peaked in 2015. From the worldwide perspective, the core of global nuclear power construction has transferred from the developed countries to the new emerging economies, such as China, India, Brazil, and Russia. The nuclear industry speed up upgrading its technologies, and the relevant companies enlarge their scope of competition and cooperation. Moreover, China is increasing its nuclear power plants construction, and its companies go globally to explore the overseas nuclear power market.

Keywords: Nuclear Power; Grow; Go Globally

Ⅳ Appendixes

皮书起源

“皮书”起源于十七、十八世纪的英国，主要指官方或社会组织正式发表的重要文件或报告，多以“白皮书”命名。在中国，“皮书”这一概念被社会广泛接受，并被成功运作、发展成为一种全新的出版形态，则源于中国社会科学院社会科学文献出版社。

皮书定义

皮书是对中国与世界发展状况和热点问题进行年度监测，以专业的角度、专家的视野和实证研究方法，针对某一领域或区域现状与发展态势展开分析和预测，具备原创性、实证性、专业性、连续性、前沿性、时效性等特点的公开出版物，由一系列权威研究报告组成。

皮书作者

皮书系列的作者以中国社会科学院、著名高校、地方社会科学院的研究人员为主，多为国内一流研究机构的权威专家学者，他们的看法和观点代表了学界对中国与世界的现实和未来最高水平的解读与分析。

皮书荣誉

皮书系列已成为社会科学文献出版社的著名图书品牌和中国社会科学院的知名学术品牌。2011 年，皮书系列正式列入“十二五”国家重点出版规划项目；2012~2015 年，重点皮书列入中国社会科学院承担的国家哲学社会科学创新工程项目；2016 年，46 种院外皮书使用“中国社会科学院创新工程学术出版项目”标识。

中国皮书网

www.pishu.cn

发布皮书研创资讯，传播皮书精彩内容

引领皮书出版潮流，打造皮书服务平台

栏目设置：

- □ 资讯：皮书动态、皮书观点、皮书数据、皮书报道、皮书发布、电子期刊
- □ 标准：皮书评价、皮书研究、皮书规范
- □ 服务：最新皮书、皮书书目、重点推荐、在线购书
- □ 链接：皮书数据库、皮书博客、皮书微博、在线书城
- □ 搜索：资讯、图书、研究动态、皮书专家、研创团队

中国皮书网依托皮书系列“权威、前沿、原创”的优质内容资源，通过文字、图片、音频、视频等多种元素，在皮书研创者、使用者之间搭建了一个成果展示、资源共享的互动平台。

自 2005 年 12 月正式上线以来，中国皮书网的 IP 访问量、PV 浏览量与日俱增，受到海内外研究者、公务人员、商务人士以及专业读者的广泛关注。

2008 年、2011 年中国皮书网均在全国新闻出版业网站荣誉评选中获得“最具商业价值网站”称号；2012 年，获得“出版业网站百强”称号。

2014 年，中国皮书网与皮书数据库实现资源共享，端口合一，将提供更丰富的内容，更全面的服务。

法律声明